[제3판]

인권법 강의

- 이론과 사례 -

오승진 저

진원사

제3판 서 문

제3판을 내게 되었다. 몇 가지 부분을 보충하였다.

첫째, 인권의 근거에 관하여 다양한 생각을 할 수 있도록 하였다. 이를 위하여 다양한 철학자들의 견해나 신학적 견해를 소개하였다. 그리고 왜 사람들이 인권침해적인 사고를 하고 행동을 하는가, 인권을 침해하지 않으려면 어떠한 태도를 취해야 하는가를 생각해 볼 수 있도록 하였다.

둘째, 단순히 인권에 관한 법률이나 규정을 소개하는데 그치지 않고 인권과 관련된 쟁점을 담고 있는 자료나 실제로 인권 침해의 모습을 보여주는 자료를 많이 소개하였다. 인권은 추상적인 것이 아니라 구체적이다. 이러한 자료를 통하여 인권에 관한 다양한 쟁점을 접하고 생각을 해 볼 수 있을 것이다.

셋째, 한국의 민주주의와 인권의 발달에 관한 부분을 넣었다. 민주주의와 인권은 동전의 양면과 같다. 한국의 민주주의와 인권의 역사를 아는 것도 인권을 이해하는데 큰 도움이 된다. 그 외에 오래된 자료를 새 것으로 교체한 것은 이전과 마찬가지이다.

2021년 2월

저 자 씀

제2판 서 문

제2판을 내게 되었다. 기본적인 골격과 내용은 초판과 동일하다. 책의 내용 중에는 저자가 발표하였던 논문을 바탕으로 한 것이 일부 있지만 각주들은 가능한 한 삭제하거나 줄이기로 하였다.

이 책은 기본적으로 대학의 교양과정에 개설된 인권관련 과목과 법과대학의 인권법 수업에 사용될 수 있도록 교재를 구성하였다. 토론식 수업이 가능하도록 '해설과 검토'란을 두었다. 앞으로 이 부분을 조금 더 보충할 생각이다.

어떻게 하면 인권이 보장되는 사회를 만들 수 있을 것인가? 2016년 말에 이르러 정권에 조금이라도 순응하지 않는 사람들에 대하여는 블랙리스트를 통하여 불이익을 주는 현실을 보면서 인권보장의 출발점은 민주적인 정부를 구성하는 것이라고 생각된다. 부패하고 반민주적인 정권에서 인권이 보장되기를 기대할 수는 없다. 그만큼 민주적이고 인권을 보장하는 정권을 세워야 하겠다는 유권자의 고양된 정치적인 의식이 무엇보다 필요한 시점이다. 이 책으로 앞으로 우리 사회의 미래를 책임질 학생들의 인권의식이 조금이라도 높아지기를 기대한다.

2017년 2월

저 자 씀

서 문

학부와 대학원에서 국제인권법 및 인권법 강의를 해온지 여러 해가 되었다. 그때마다 마음에 드는 교재를 선택하는데 어려움이 있어서 나름대로 강의안과 자료를 이용하여 수업을 해왔다. 학생들에게 매번 자료를 출력하여 수업을 듣도록 하는 것도 어려움이 있어서 이번에 부족하나마 교재로 출간하기로 하였다.

이 교재를 만들면서 몇 가지 점에 유의하였다.

첫째, 15주 내지 16주를 기본으로 하는 학기에 맞추어 인권법의 기본이론은 물론 인권에 관한 다양한 쟁점을 접할 수 있도록 하였다. 인권에 관한 교양과정이나 법과대학의 인권법 및 국제인권법의 교재로 사용할 수 있을 것이다.

둘째, 인권법을 공부하는데 있어서 모든 내용을 다 알려주기보다는 다양한 견해들을 접하고 비판할 수 있도록 하였다. 이를 위하여 판결의 다수 및 소수의견을 가능한 한 그대로 인용하였다.

셋째, 인권법에서는 국내의 자료 외에도 다른 나라 및 국제적인 논의가 중요하므로 원문의 자료를 일부 수록하였다. 요즘 학생들의 영어 실력이 우려되는 부분이 없지 아니하여 학교시험에서 인권에 관한 짧은 영어문장을 번역하도록 하고 있는데, 이를 위하여 영어원문을 일부 넣어 보았다. 부족한 부분은 앞으로 계속 수정하여 보완할 생각이다.

2014년 8월

저 자 씀

약어표

ICESCR

International Covenant on Economic, Social and Cultural Rights
(경제적, 사회적, 문화적 권리에 관한 국제규약)

ICCPR

International Covenant on Civil and Political Rights
(시민적, 정치적 권리에 관한 국제규약)

CEDAW

Convention on the Elimination of Discrimination against Women
(여성차별철폐협약)

CAT

Convention against Torture and Other Cruel, Inhuman or Degrading Treatment or Punishment(고문방지협약)

CRC

Convention on the Rights of the Child(아동권리협약)

목 차

인권법 강의

제 1 장
인권의 기초이론

1. 인권사상의 기초

유엔총회가 1948년 채택한 세계인권선언(Universal Declaration of Human Rights, 인권선언)은 종교적, 철학적, 문화적 다양성에도 불구하고 보편적으로 적용될 수 있는 인권의 내용을 확인한다. 인권선언은 인류의 모든 구성원이 고유의 존엄성, 평등하고 불가양의 권리를 가짐을 확인하면서 이것이 세계의 자유, 정의 및 평화의 기초임을 밝히고 있다. 인권선언은 인권이 법치주의에 따라 보호되지 않으면 마지막 수단으로 전제와 억압에 저항할 수 있음도 밝히고 있다. 인권선언은 오늘날까지 확인된 보편적인 인권사상을 가장 잘 나타내는 문서라고 볼 수 있다.

인권선언은 자유권규약(The International Covenant for Civil and Political Rights, ICCPR)과 사회권규약(The International Covenant for Social, Economic and Cultural Rights, ICSECR)을 통하여 법적인 문서가 되었다. 이 규약들은 전문에서 인간의 존엄성, 평등권 및 불가양의 권리를 확인함과 아울러 시민적, 정치적 권리와 경제적, 사회적, 문화적 권리를 누릴 경우에 비로소 인간이 공포와 결핍으로부터 자유로워 질 수 있음을 확인하고 있다. 위와 같은 문서들에 나타나고 있는 인권사상에 따르면 인간은 존엄하며, 평등하다. 인간이 존엄하며 평등하다는 생각이 인권사상의 핵심이다. 이러한 권리는 국가가 부여한 것일 수 없다. 인권은 국가가 허용하거나 부여하는 것이 아니며, 국가는 단지 이미 존재하는 인권을 확인하고 보장할 의무만을 부담한다. 이는 인권이 국가 또는 사회 이전에 존재하는 권리이며, 자연적인 권리라는 것을 잘 나타내준다.

인권선언과 인권규약에 나타난 인권사상이 인류의 역사에 등장한 다양한 종교, 철학, 문화에 나타난 사상과 완전히 무관한 것은 아니다. 대부분의 종교, 철학,

문화 등은 어느 정도 보편적인 인간의 존엄성, 자유 및 평등에 관한 언급이나 표현을 담고 있는 것이 보통이다. 그러므로 각자의 종교, 사상, 철학, 문화 등에 기초하여 인권을 주장하는 것도 가능하다. 그러나 현대적인 인권사상은 18세기에 발달한 계몽주의적 인권관에 바탕을 두고 있는데, 이에 따르면 인권은 자연법으로부터 유래하는 자연권에 기초한다. 이러한 사상은 다양한 종교, 철학, 문화적 배경과 상관없이 보편적으로 적용될 수 있는 인권의 근거를 제공한다. 인간이 고유의 존엄성과 평등권, 불가양의 권리를 갖는다면 이는 다양한 종교, 사상, 철학, 문화 등에 따라 그 내용이 달라질 수 없다. 인권사상은 필연적으로 자연권에 의지할 수밖에 없을 것이다. 그런 의미에서 인권의 자연권성을 명시한 위 국제적인 인권문서들은 인권사상의 출발점이며, 인권사상의 종합이다.

오늘날 18세기 계몽주의 시대에 등장한 자유주의적 인권사상이 그대로 타당하다고 보기는 어려운 면이 없지 않다. 오늘날의 국가는 더 이상 자유방임주의 시대의 국가가 아니며, 개인의 자유와 권리를 보장하기 위한 국가의 적극적인 역할이 강조된다. 그럼에도 불구하고 인권이 사회 또는 국가의 존재 이전에 개인이 가지는 권리라는 출발점은 변하지 않는다.

한국사회에서는 언제나 인권의 침해가 문제였으며, 인권의 과잉보호가 문제라고 볼 수는 없다. 그럼에도 불구하고 한국 사회에서 인권이 지나치게 보장되는 것이 문제라는 생각을 하는 사람이 적지 않다. 이는 인권이 인간이 태어나면서 가지는 본래의 자연권이라기보다는 오로지 국가가 인정하는 범위 내에서만 인정되는 것이라는 관념에 기인한 것이다. 한국에서 인권이 충분히 보장된 시기는 없었다는 점을 고려하면 18세기 서구에서 등장한 자유주의적 인권사상의 가치는 한국사회에서 여전히 중요하다.

한국의 경우, 제헌헌법부터 기본권에 관한 조항이 존재하였으므로 한국의 헌법은 그 등장 무렵부터 인권사상을 수용하였다고 볼 수 있다. 그러나 이것이 재판규범으로 제대로 기능하였다고 보기는 어렵다. 한국에서는 해방 이후 1980년대 말까지 군사정권이 국민의 의사와 상관없이 통치하였다. 한국의 수사관행에서 1980년대 말까지 구타, 물고문, 전기고문 등 광범위하게 사용되었지만, 재판절차에서 피고인이 고문을 받았다는 주장이 법정에서 인정되거나 그로 인하여 무죄판결을 받는 경우는 거의 없었다. 사람들은 국민교육헌장이나 국기에 대한 맹세가 더 친숙하다. 학교는 오랜 기간 인간의 존엄성을 가르치기보다는 국가와 사회에 대한 충성을 가르쳐왔다. 인권사상을 반영한 헌법의 규범과 사람들의 인식 사이에는 많은 괴리가 있었던 것이다.

인권사상은 개인, 사회 및 국가의 관계에 대한 진지한 질문에서 출발한다. 사회와 국가를 위하여 개인은 언제라도 희생될 수 있는 존재로 이해한다면 인권사상은 탄생할 수 없을 것이다. 인권사상은 개인의 고유한 존엄과 가치를 인정하며, 사회와 국가는 이를 위한 목적으로 필요에 의하여 인위적으로 탄생하였다는 사고에서 출발한다. 인간은 그 자체가 목적이며 그보다 상위의 다른 목적을 위하여 존재하는 것이 아니다. 이에 반하여 사회나 국가는 그 자체가 목적이 아니라 인간을 위하여 존재한다. 오늘날 이러한 사상은 당연한 것처럼 여겨지지만(오늘날에도 이러한 사상을 받아들이지 않는 사람이 적지는 않다) 이러한 사상이 등장한 것은 그리 오래되지 않으며, 인류는 그 대부분의 기간 동안 통치자의 권위는 신이나 하늘로부터 부여받은 것이며, 개인은 당연히 지배자에 복종해야 한다는 이념이 지배하는 사회 안에서 살아왔다. 인권사상의 역사는 매우 짧다.

2. 인간의 가치에 대한 다양한 근거와 견해

우리는 인간의 고유한 존엄과 가치를 다양한 근거에서 찾을 수 있다. 공자는 나라를 다스림에는 백성을 사랑하며 백성을 부릴 때는 시기에 맞게 하여야 한다고 강조하였다. 공자는 덕에 의하여 통치, 즉 덕치주의를 자연의 질서로 보았다. 그러므로 군주가 관대하면 민중의 지지를 얻게 되고, 신의가 있으면 백성이 믿고 의지하게 되며, 민첩하면 공로를 이룩하게 되고, 공평하면 모두가 기뻐한다.

불교의 가르침은 평화, 비폭력, 자비 등을 강조한다. 불교는 모든 생명이 연관되며 순환한다는 윤회사상에 바탕하고 있는데, 이는 필연적으로 타인의 생명의 존중은 결국 자신의 생명을 존중한다는 자비의 사상으로 이어진다.

서구의 인권사상은 어느 정도 기독교사상에 바탕을 두고 있다. 성경에 따르면 하느님은 "당신의 모습대로 사람을 지어 내셨다(창세기 1장 27절)." 하느님은 이어 아담의 갈빗대로 여자를 만들었다(창세기 2장 22절). 기독교는 신이 그 모습대로 인간을 창조하였다고 함으로써 인간이 고유한 가치를 지니고 있다는 사상적 기반을 제공한다. 예수는 자비와 평화를 강조하였으며(마태복음 5장 7절, 9절), 원수를 사랑할 것을 설파하면서 "자기를 사랑한 사람들만 사랑한다면 무슨 상을 받겠느냐?"(마태복음 5장 46절), "자기 형제들에게만 인사를 한다면 남보다 나을 것이 무엇이냐? 이방인들도 그만큼은 하지 않느냐?(마태복음 5장 47절)" 가르친다. 성경에 따르면 모든 신앙인은 예수 안에서 모두 하나가 되므로 유대인이나 그리스인, 종이나 자유인, 남자나 여자를 구분하지 않고 차별이 없다(갈라디아 3장 28절). 성경은 이미 박애정신과 평등의 정신을 전파하고 있다는 점에서 현대의 인권사상의 기초를 제공하고 있다고 볼 수 있다.

이슬람의 가르침은 신이 인간을 가장 훌륭한 형상으로 창조하였다고 하여, 인간이 고유한 존엄과 가치를 가진다는 점을 나타낸다. 꾸란은 고아를 비롯하여 소외된 자나 도움을 요청하는 자를 내치지 말 것을 가르친다. 꾸란은 "너희에게는 너희의 종교가 있고 내게는 나의 종교가 있노라."라고 하여 종교적인 관용을 가질 것을 가르친다.

철학자들도 개인과 사회의 관계, 이상적인 사회에 대하여 나름의 주장을 해 왔다. 플라톤은 국가가 인간의 욕망을 충족시키기 위하여 존재하는 것이며, 정부는 출생이나 재산이 아닌 개인의 성격과 지배에 대한 적합성에 따라 맡겨져야 하며, 통치자들은 법에 복종해야 한다고 주장하였다. 아리스토텔레스는 정의를 합법적인 것과 공정하고 공평한 것으로 이해하면서 법에 복종하는 것을 의미하는 보편적 정의와 국가가 시민들에게 공적에 따라 재화를 나누는 분배적 정의 등으로 구분하였다. 로마의 철학자 키케로는 자연법은 본질상 최상의 지위에 있으며 실정법 또는 국가가 등장하기 이전에 이미 존재하며 모든 정의의 근원이라고 주장하였다. 그는 이러한 보편적 정의와 법이 인간의 이성을 올바르게 행동하도록 이끌었다고 보았다. 그는 자연법이 인간사회를 구속하며 모든 인류에게 적용된다고 보았으며, 국가가 법을 만들 때에도 옳고 그름을 알려주는 정의의 규범이 된다고 주장하였다. 그에 의하면 자연법은 영원불변하며 국가와 시대를 초월하여 효력을 갖는다.

3. 신학적 인간관의 한계

서구에서 역사적으로 오랫동안 퍼져 있었으며, 현재에도 강하게 남아 있는 견해는 하느님이 인간을 창조하였으므로 인간은 고귀하다는 견해이다. 예를 들어, 미국 독립선언은 모든 인간이 평등하게 창조되었으며, 창조주는 인간에게 생명권, 자유권 및 행복추구권 등 불가양의 권리를 부여하였다는 사실을 자명한 것으로 받아들이고 있다. 그러나 인간의 존엄과 가치의 근거를 종교에서 찾는 것은 많은 어려움을 낳는다. 찰스 다윈이 인류의 기원에 관하여 진화론을 주장한 이래, 과학의 발달과 과학적 사고방식은 하느님이 인간을 창조하였다는 종교적인 믿음이 이 더 이상 유효하지 않음을 보여준다.

과학적 증거에 의하면 우주는 지금으로부터 약 130억 년 전에 탄생하였으며, 지구는 약 45억 년 전에 탄생하였다고 알려져 있다. 지구의 최초의 단세포 생명체는 약 38억 년 전에 출현하였으며, 최초의 인류는 약 3백만 년 전에 지구에 출현하였다. 현생 인류가 아프리카에 등장한 것은 약 20만 전이다. 인류는 오랜 기간 동안 태양, 달, 별 등을 숭배하였으며, 신이 인간을 창조하였다는 믿음이 등장한 것은 기껏해야 수천 년 전의 일이다.

생명의 기원에 관한 의문이 거의 설명되고 있는 오늘날에 인간 존엄성의 근거를 종교에서 찾는 것은 설득력이 모자란다. 신이 인간을 창조한 것이 아니라 인간이 신을 창조한 것이라면 인간의 존엄성과 가치의 근거를 종교에서 찾기는 어려운 것이다. 십자군, 이단 재판, 마녀사녕, 종교 전쟁 등에서 보듯이 특정한 종교를 믿는 사람이 같은 종교를 믿지 아니하는 집단이나 사람에 대하여 배타적이거나 매우 적대적, 폭력적으로 변할 가능성이 상존한다.

일반적으로 종교는 이웃을 사랑하라고 가르치지만 이웃이 자신과 같은 신을 믿지 않는다면 문제는 달라진다. 그리하여 자신의 신을 받아들이지 아니하면 폭력을 사용하게 되며, 그래도 굴복하지 아니하면 이교도를 절멸하고자 하는 의지가 불타오르게 된다. 종교가 오히려 인간의 폭력을 조장할 수 있다는 점을 역사는 보여준다. 뿐만 아니라 인간의 존엄과 가치를 종교에서 찾을 경우에는 종교를 갖지 않거나 다른 종교를 갖는 사람에는 설득력을 갖기 어려울 것이다. 인간의 존엄성과 가치를 조금 더 보편적인 근거에서 찾을 필요가 있다.

4. 생명의 기원과 보편적 인간관

인간의 존엄과 가치는 우주 및 생명의 탄생과 그 이후의 진화과정에서 찾을 수 있다. 수십억 년 전에 지구상에 최초의 생명체가 등장하였으며, 다양한 생물로 진화하였다. 그러므로 모든 동, 식물은 유전자를 통하여 모두 연결되어 있다. 모든 동식물은 어떤 의미에서 형제자매이다. 인간이 인간만이 아니라 동식물을 사랑해야 할 이유도 있는 것이다. 칼 세이건에 따르면 진화의 산물인 생물 하나하나가 모두 소중한 존재이다. 그에 따르면 인간은 지구에만 존재하므로 우주적 시각에서 볼 때 인간 하나 하나가 모두 귀중하다. 그가 언급한 바와 같이 인류는 처음에는 자기 자신과 가까운 가족에게, 사냥과 채집을 같이 하는 동료에게, 그리고 자신이 속한 마을, 부족, 도시, 국가 등으로 충성의 범위를 넓혀 왔다. 사람은 원래 낯선 사람을 경계하고 혐오하는 경향이 있지만 활동의 범위와 인식의 범위가 넓어질수록 더 넓은 범위의 사람에게 관심을 갖고 경계심을 풀기 마련이다. 인류는 순간마다 전쟁을 하였지만, 긴 관점에서 보면 사랑의 범위를 계속해서 확장해 왔다. 이러한 충성의 범위가 인류 전체와 지구 전체로 확대되지 말아야 할 이유가 있겠는가? 인류가 단 하나의 생명체에서 진화하여 오늘에 이르렀다는 점을 생각하면 인간은 존귀하지 않을 수 없을 것이다.

5. 법실증주의, 자연권론과 사회계약론

인권이나 권리는 법에 기초한 개념이므로 인권사상은 법에 대한 이해와 밀접한 관련이 있다. 법은 크게 두 가지로 이해되어 왔다. 첫째는 법이란 사람 또는 국가에 의하여 만들어지는 현실의 법을 의미한다는 생각이다. 국회를 비롯하여 절차에 따라 현실적으로 만들어지는 법이 여기에 해당한다. 그러므로 이러한 현실의 만들어진 법을 떠난 법이라는 존재할 수 없다. 이러한 사고방식을 법실증주의라고 부른다. 둘째는 법이란 사람 또는 국가에 의하여 만들어지는 것이 아니라 자연적으로 존재하거나 자연의 질서를 반영한다는 생각이다. 그러므로 현실의 법이 이러한 자연적 질서에 어긋난다면 현실의 법은 부당하거나 효력이 없게 된다. 이러한 사고방식을 자연법사상이라고 부른다. "법이 법다워야 법이지"라는 말이 있는데, 이는 법에 대한 다양한 견해를 반영한다고 볼 수 있다.

인권사상의 기초는 자연권론과 사회계약론이다. 자연권론은 인간의 권리가 국가 이전의 자연 상태에서 이미 존재하는 것이라는 사상이다. 인간이 자연상태에서 아무런 간섭이나 제약을 받지 않고 자유를 누렸을 것이라는 점은 짐작해 볼 수 있다. 그리고 이러한 인간의 자유와 권리를 국가가 부여한 것이 아니라는 점도 분명하다. 그러므로 인간의 자유와 권리는 사회나 국가가 부여한 것이 아니라 인간이 자연 상태에서 가지는 것이다. 사람이 가지는 자유와 권리는 국가가 준 것이 아니라 그 이전의 자연 상태에서 인정되는 것이라는 생각을 자연권사상 또는 자연권론이라고 한다. 자연권론은 국가가 개인의 권리를 함부로 제약할 수 없다는 이론적인 근거가 된다. 그러므로 인권사상은 언제나 국가가 현재의 법률이나 제도를 준수해야 할 것을 요구하는 데에 그치지 않고, 현재의 법, 제도, 관행이 과연 정당한가 하는 질문을 끊임없이 제기한다.

사회나 국가가 등장한 것은 인류의 역사에 비추어 보면 매우 최근의 일이다. 당연히 국가는 왜 무엇을 위하여 왜 등장했을까 하는 의문이 제기된다. 사회계약론은 현대 민주주의 사회에 가장 적합한 설명으로 사람들의 계약에 따라 국가가 등장했다는 이론이다. 현실적으로 사람들의 계약에 따라 국가가 등장하였다는 의미가 아니라 관념적으로 존재하는 계약에 따라 국가가 조직되었다는 의미이다. 이에 따르면 인간은 자신들의 자유와 권리를 더 잘 보장하기 위하여 계약에 따라 사회 또는 국가를 받아들였다. 국가는 신성한 존재라기보다는 사람들의 현실적인 필요에 의하여 계약에 의하여 등장하였다. 사회계약론은 국가의 존립근거가 개인의 자유와 권리를 보장하기 위한 것이며, 국가가 이를 소홀히 하는 경우에는 저항권이 행사될 수 있다는 근거가 된다. 사회계약론에 따르면 인민은 자신의 자유와 권리를 더 잘 보존하기 위하여 계약에 따라 주권자에게 주권을 위임한 것이다. 그러므로 이러한 주권을 위임받은 자가 위임의 목적을 위반한 경우에 인민은 계약의 원리에 따라 계약을 해제하여 위임된 권력을 회수할 수 있는 것이다.

오늘날 여러 나라의 헌법이나 법률은 자연권사상 및 사회계약론에 따라 개인과 국가의 관계를 규정하는 것이 보통이다. 그러나 모든 사람 또는 모든 국가가 그렇게 생각하는 것은 아니다. 특히 독재국가의 법률은 당연히 자연권사상 및 사회계약론을 받아들이지 않는다. 독재국가의 법률이나 교육은 끊임없이 사람이 가지는 자유와 권리는 국가가 부여하는 것이며, 오로지 국가가 인정하는 범위 내에서만 허용되는 것이라고 가르치며, 개인들에게 국가를 위하여 모든 것을 다 희생하도록 강요한다. 이러한 나라에서는 당연히 인권이 제대로 보장될 수 없다.

인권사상의 기원을 살펴보자. 홉즈는 1651년에 출간된 '리바이어던(Leviathan)'에서 인간에게 가장 중요한 목적은 자기 보존이라고 보았다. 인간은 자연상태에서 평등하지만 경쟁, 불신, 명예욕 등으로 '만인의 만인에 대한 전쟁상태'가 된다. 이러한 상태에서는 사회가 존재할 수 없으며, 지속적인 공포와 죽음에 노출된다. 인간의 삶은 "고독하고, 가난하고, 난폭하고, 잔인하고, 짧다." 그리하여 인간은 자기보전을 위하여 사회계약에 따라 시민사회를 구성하고 주권자에게 복종한다. 그에 따르면 주권자가 인민을 보호하는 한 복종의무는 유지되지만 주권자가 인민을 보호하지 못하는 경우에는 인민의 저항권이 인정된다. 홉즈는 절대왕정을 지지하였지만 그 근거를 신의 의사가 아닌 계약에서 찾았다는 점에서 이론적으로 절대왕정을 무너뜨릴 단초를 제공한 셈이다. 이것이 중요한 것은 국가가 개인들을 위하여 존재한다는 것을 의미하기 때문이다. 개인이 국가를 위하여 존재하는 것이 아니다.

존 로크는 1689년에 출간한 '정부에 관한 두 논문(Two Treatise of Government)'이라는 제목의 책에 포함된 '시민정부의 참된 기원, 범위 및 목적에 관한 시론(An Essay Concerning the True Original, Extent, and End of Civil Government)'이라는 제목의 글에서 인간은 완전한 자유와 다른 모든 사람들과 평등하게 자연법상의 모든 권리 및 특권을 가지고 태어나며, 생명, 자유, 재산에 관한 권리를 가진다고 보았다. 로크도 국가보다 개인을 중시하였으며, 국가는 사회계약에 의하여 탄생하는 것으로 보았다. 그러나 로크가 상정하는 자연 상태는 홉즈의 그것과는 다르다. 로크가 말하는 자연상태는 홉즈의 경우보다 평화적이다. 그에 따르면 인간은 이성을 가진 존재이며, 자신의 생명, 자유 및 재산의 권리를 보장하기 위하여 계약의 원리에 따라 사회와 정부를 만들었다. 그러므로 입법자들이 인민의 재산을 빼앗거나 파괴하는 경우, 인민을 자의적인 권력 아래의 노예로 만드는 경우에 이는 계약위반이 되므로 인민은 원래의 자유를 회복할 권리와 새로운 입법부를 설립할 권리가 있다. 존 로크는 개인이 생명, 자유, 재산 등에 관하여 자연법상의 권리를 가지며, 국가가 인민의 동의에 기초하여 구성된다는 점, 국가가 그 임무를 위반할 경우에는 인민이 저항권을 행사하여 정부를 교체할 권리가 있음을 분명히 하였다. 그에 따르면 개인이 국가를 위하여 존재하는 것이 아니라 국가가 개인을 위하여 존재한다. 로크는 1688년에 발생한 영국의 명예혁명을 옹호하기 위하여 위 글을 썼지만 로크의 사상은 미국혁명 및 프랑스혁명에 지대한 영향을 미쳤다.

장 자크 루소(Jean-Jacques Rousseau)도 인권사상의 발전에 공헌하였다. 그는 1762년에 출간된 '사회계약론'에서 "사람은 자유롭게 태어났지만 사슬에 묶여 있다." 그는 누구도 타인에 대하여 자연적인 권위를 가질 수 없으며 힘만으로는 권리가 발생하지 않으므로 사람들 사이의 합법적인 권위는 규약(covenants)에 기초해야 한다고 하였다. 그는 노예제도와 관련하여 자유를 포기하는 것은 인간성, 인간으로서의 권리와 의무를 포기하는 것이며, 인간의 본성에 반하므로 불가능하다고 보았다. 루소는 사회계약에 따라 각자는 자신과 모든 힘을 '일반 의지(general will)'의 최고의 지도 아래 공동체에 맡긴다고 보았다. 루소는 사회와 국가가 피치자의 동의에 기초한다는 점을 분명히 하였다. 칸트도 인권사상의 발달에 기여하였다. 칸트는 '도덕형이상학적 기초(Foundation of the Metaphysics of Morals)'에서 모든 이성적 존재는 수단이 아니라 목적으로 존재하므로 인간을 목적으로 대우할 것을 강조하였다.

존 스튜어트 밀(John Stuart Mill)은 1859년 '자유론(On Liberty)'을 통하여 문명사회에서 다른 사람에 대한 해악을 방지하기 위한 경우에만 그 구성원의 의사에 반하여 힘이 사용될 수 있다고 주장하였다. 그는 개인은 자신의 육체와 정신에 대하여 주권자라고 보았다. 그에 따르면 권력자가 다른 사람의 의견을 억압하는 것이 부당한 것처럼, 한 사람이 모든 사람과 다른 의견을 가진 경우에도 그 사람의 의견을 억압해서는 아니 된다. 그에 따르면 의견을 억압하면 현세대뿐만 아니라 다음 세대의 행복을 빼앗으며, 의견을 제시하는 사람보다 그 의견에 반대 하는 사람의 권리를 빼앗는다. 의견이 참이라면 오류를 진리와 바꿀 기회를 상실하며, 의견이 거짓이라면 진리가 오류와 충돌하면서 생기는 진실에 대한 명백한 인식과 인상을 놓치게 되는 손실을 입게 된다. 그에 따르면, 첫째, 기존의 의견이 거짓이고 반대의견이 진실일 수도 있으므로 이를 억압하면 다른 사람이 진실에 대하여 판단할 기회를 잃게 된다. 둘째, 진실은 반대의견에 답하는 과정에서 더욱 드러나므로 기존의 의견이 진실이고 반대의 의견이 거짓인 경우에도 이를 막아서는 아니 되고 오히려 이를 환영해야 한다. 기존의 의견이 도전받지 않는다면 이는 죽은 도그마에 불과하다. 셋째, 어느 주장에나 다소의 진실을 포함하며 절대적인 진실이나 거짓은 없으므로 지속적인 의견의 교환을 통하여 잘못을 바로 잡을 수 있다. 그는 개인의 사상, 양심 및 표현의 자유 등을 강조하여 이러한 자유가 존중되지 아니하는 사회는 정부형태를 불문하지 않고 자유가 없는 것이라고 주장하였다.

자연권론과 사회계약론은 서구의 민주주의와 인권사상의 바탕이 된다. 이러한 사상에 따르면 국가는 더 이상 신성한 존재가 아니며, 국민, 종교 또는 인종, 역사발전, 혼을 상징하지도 않는다. 국가는 개인의 행복을 위하여 묵시적인 계약에 따라 인위적으로 만들어진 수단에 불과하다. 이러한 사상은 개인이 국가를 위하여 희생되어야 한다는 모든 주장을 거부한다. 인권사상은 과학적 사실은 아니다. 이는 인간과 국가 사이의 관계에 관한 세계관이다.

6. 공리주의와 정의론

자연권론과 사회계약론에 따른 인권사상은 그 자체로 훌륭한 사상이기는 하지만 현실의 다양한 문제를 해결하는 데에는 부족함이 많다. 인권이 국가 이전의 자연권이라면 절대적으로 보장되어야 하겠지만 국가안전보장, 질서유지 또는 공공복리를 위하여 필요한 경우에는 법률의 규정에 의하여 제한될 수 있다. 예를 들어, 사형제가 생명권을 침해하는가, 양심적 병역거부를 처벌하는 것이 양심의 자유 또는 종교의 자유를 침해하는가 여부는 단순히 생명권이나 양심의 자유 또는 종교의 자유가 자연권이라는 것만으로는 답을 할 수 없는 문제이다. 이에 답을 하려면 더 나아가 사형제가 범죄의 예방에 효과적인가, 양심적 병역거부를 처벌하는 것이 국가의 안전보장에 필요한가 여부 등을 고려해야 하는 것이다. 이러한 상황에서 사람들은 대체적으로 국가 또는 사회의 이익을 우선하거나 아니면 단순히 개인의 인권 보호가 우선이라는 입장을 취하기 쉽다.

개인보다 국가 또는 사회의 이익을 우선하는 세계관을 공리주의적 세계관이라고 한다. 대표적인 공리주의자로 제레미 벤담을 들 수 있다. 벤담은 최대다수의 최대행복을 사회규범으로 제시하였다. 이에 따르면 사회의 법이나 정책은 가능한 한 많은 사람이 더 많은 행복 또는 더 많은 이익을 누리도록 수립되어야 한다. 이는 사람들이 통상적으로 생각하는 방식이다. 바람직한 행위의 모든 판단 기준은 행위 자체에 대한 도덕적, 윤리적 판단보다는 결과가 어느 정도로 사회에 유용한가 여부에 달려 있다. 행위자의 윤리나 도덕적 인식이나 의도를 묻지 않고 결과의 유용성을 묻는 결과지상주의의 행동윤리라고 볼 수 있다. 예를 들어, 특정한 범죄인에게 타당한 형벌이 무엇인가를 묻기 보다는 범죄를 예방하기 위하여 효과적인 형벌은 무엇인가를 묻게 되는 것이다. 동성애의 경향이 선천적인가 후천적인가를 묻기 보다는 동성애를 인정하지 않는 것이 사회에 유용한지 여부를 묻게 된다. 그러나 이러한 행위원칙은 약자 또는 소수자의 형편이나 이익을 무시할 가능성이 높으므로 정의나 인권의 관념에 반할 수 있다.

공리주의에 대항하여 사회의 지배원리는 정의에 기초해야 한다는 주장이 있다. 대표적으로 존 롤스의 정의론을 살펴보자. 그는 사람들이 스스로의 계급, 성, 인종, 정치적 의견, 종교적 신념을 전혀 모르는 이른바 '무지의 상태(veil of ignorance)'에서 사회의 원리를 선택한다면 공리주의를 선택하지 않을 것으로 보았다. 그는 사람들은 양심 및 사상의 자유 등을 포함하여 모든 시민들의 평등한 자유에 관한 권리를 최대한 누려야 한다고 주장하였다. 그에 따르면 사람들은 사회적, 경제적 이익을 위하여 기본적 권리 및 자유를 희생하지 않을 것이다. 그는 이어서 사회적, 경제적 불평등은 사회의 하층민의 이익을 위한 경우에만 허용되어야 하며, 사회적 지위에 접근할 기회가 평등해야 한다고 주장하였다. 롤스의 정의론은 모든 사람이 소수자가 될 수 있다는 가정에서 정의로운 사회는 어떤 사회인가라는 질문을 던졌으며, 정의를 특정한 신념이나 종교에 근거하지 아니한 공정한 절차로 이해하였다. 롤스는 이를 통하여 자유와 평등을 조화시키려고 하였다. 롤스의 주장은 다수의 이익을 위하여 소수자의 자유나 권리를 침해할 수 없다는 내용을 담고 있다. 이는 공리주의 사고방식과는 거리가 있는 것이다.

해설 및 검토

1. 인간 존엄성의 근거를 종교에서 찾을 경우에 어떠한 한계가 있는가?
2. 종교 이외에 인간의 존엄성의 근거가 될 수 있는 사상에는 어떠한 것들이 있는지 생각해 보자.
3. 인간의 존엄성과 관련하여 진화론과 창조론을 비교해 보자.
4. 한국 헌법의 인권에 관한 규정은 어떻게 자연권론과 사회계약론을 받아들이고 있는지 확인해 보자.
5. 개인과 국가 사이의 관계에 관한 올바른 견해에 대하여 토의해 보자.

참고문헌

1. 김학주 역주, 『논어』, 서울대학교 인문학연구원 대학고전총서(2008)
2. 손주영 역주, 『꾸란 선-35개장의 의미번역과 주해-』, 한국외국어대학교 출판부(2009)
3. 안옥선, 『불교와 인권』, 불교시대사(2008)
4. 군나르 시르베크, 닐스 길리에, 윤형식 옮김, 『서양철학사』, 이학사(2016)
5. 칼 세이건, 홍승수 옮김, 『코스모스』, 사이언스 북스(2013)
6. 토머스 홉스, 진석용 옮김, 『리바이어던』, 나남(2008)
7. 프레드릭 코플스턴, 김보현 옮김, 『그리스 로마 철학사』, 북코리아(2015)
8. John Stuart Mill, *On Liberty and Other Essays* (Oxford World Classics, 2008)

제 2 장 인권사상의 발달

1. 인권선언의 등장

인권사상이 단지 몇몇 사람이나 학자들의 주장으로만 머물렀다면 세상은 달라지지 않았을 것이다. 지금으로부터 약 2, 3백 년 전부터 인권 사상을 수용하고 이를 현실의 세계에서 실천하려는 노력이 있었으며, 많은 시행착오가 있었지만 많은 나라에서 성공하였다. 그리고 인권 사상은 실제로 정치적, 법적으로 제도화되었으며, 법률과 문서에 반영되었다.

1776년 버지니아 권리선언은 "모든 인간은 태어나면서 평등하게 자유스럽고 자주적이며, 고유의 권리를 갖는다. 인간이 사회의 구성원이 될 때 계약을 통하여 후손으로부터 재산의 취득 및 소유, 행복 및 안전의 추구를 통하여 생명 및 자유를 누릴 권리를 빼앗거나 박탈할 수 없다."고 규정하였다. 버지니아 권리선언은 모든 권력이 인민에게 속한다는 점, 정부가 인민의 공동의 이익에 반하는 행위를 하는 정부를 변경할 권리를 규정하였다. 1776년의 미국 독립선언은 모든 사람이 평등하게 창조되었으며, 생명, 자유 및 행복의 추구권이 불가양의 권리에 속하며 이는 창조주로부터 받은 것이라는 점을 분명히 하였다. 독립선언은 정부는 이러한 권리를 보장하기 위하여 조직되었으며, 정부의 권한은 통치를 받는 사람의 동의에 기초한다는 점과 저항권도 규정하였다. 당초의 미국헌법에는 기본권에 관한 규정이 존재하지 않았는데, 1791년 정치적 자유, 사생활의 자유, 형사피의자의 권리 등에 관한 규정을 포함하는 권리장전(Bill of Rights)이 추가되었다. 노예제를 폐지한 헌법수정 제13조는 1865년, 평등권을 규정한 헌법수정 제14조는 1868년에 채택되었다.

1789년에 채택된 '인간과 시민의 권리선언(The Declaration of the Rights of Man and of the Citizen, 프랑스 인권선언)'은 인권에 대한 획기적인 견해를 제시하였다. 프랑스

인권선언은 모든 사람이 자유롭고 권리에서 평등하게 태어나며 이를 누리며, 모든 정치적 결사의 목적은 인간의 자연적이며 시효에 의하여 소멸하지 아니하는 권리를 보호하는 것이며, 그 권리에는 자유, 재산, 안전 및 압제에 대한 저항이 포함된다고 선언한다. 프랑스 인권선언은 주권이 국민에게 있다는 점, 자유는 타인을 해치지 아니하는 범위에서 무엇이든 할 수 있는 것이며, 자연권의 행사는 타인에게 동일한 권리를 보장하기 위한 경우 외에는 제약받지 않음을 명시하였다. 나아가 참정권, 형사절차에서의 적법절차, 소급입법에 의한 처벌의 금지, 무죄추정의 원칙, 사상과 표현의 자유, 권력분립의 원칙, 소유권의 신성불가침 등을 규정하고 있다. 이 선언은 인간이 정부가 국가의 존재 이전부터 자연적인 권리를 가지며, 정부의 존재 근거가 군주나 신분, 계급에 기초하는 것이 아니라 자연법에 따른 개인의 권리를 보장하기 위함에 있다는 점을 명확히 하였다. 이 선언은 오늘날 각국의 헌법에서 규정하고 있는 중요한 인권의 목록을 대부분 포함하고 있다는 점에서 선구적인 인권문서라고 볼 수 있다.

토머스 페인(Thomas Paine)은 1791년 '인간의 권리(The Rights of Man)'에서 프랑스혁명을 옹호하였다. 페인은 모든 인간은 평등하게 태어나며 평등한 자연권을 갖는다고 보았다. 그는 인간이 더욱 권리를 보장받기 위하여 사회를 구성한 것이며, 인간이라는 이유만으로 갖는 권리인 자연권과 사회의 구성원으로 갖는 시민권을 구분하여 시민권은 자연권에서 유래한다고 보았다.

프랑스 인권선언(발췌)

제1조 인간은 자유롭고 평등한 권리를 가지고 태어나며 살아간다. 사회적 차별은 오로지 공공 이익을 위해서만 허용된다.

제2조 모든 정치적 결사의 목적은 자연적이며 소멸되지 않는 인간의 권리를 보전하기 위한 것이다. 이러한 권리는 자유, 재산, 안전 및 압제에 대한 저항이다.

제3조 모든 주권의 원리는 본질적으로 국민에게 있다. 어떠한 단체나 개인도 국민으로부터 직접 나오지 않는 권력을 행사할 수 없다.

> **제4조** 자유는 타인을 해치지 않는 한 모든 행위를 할 수 있는 것을 의미한다. 각자의 자연권의 행사는 사회의 다른 구성원에게 동등한 권리를 보장해야 하는 경우를 제외하고는 제약받지 않는다.
>
> **제5조** 법은 사회에 해로운 행위만을 금지할 수 있다. 법으로 금지되지 아니한 것은 막을 수 없으며, 누구도 법으로 요구되지 아니한 행위를 강요당하지 아니한다.
>
> **제6조** 법은 일반 의지의 표현이다. 모든 시민은 직접 또는 대표자를 통하여 법의 제정에 참여할 권리가 있다. 법은 보호하는 경우나 처벌이나 모든 사람들에게 똑 같이 적용되어야 한다.
>
> ……………………………………………………………………
>
> **제12조** 권리가 보장되지 않거나 권력 분립이 확립되지 아니한 사회는 헌법이 없는 것이다.

신과 왕이 지배하는 체제 밖에 경험하지 못하던 시기에, 특히 절대왕정이 지배하던 프랑스에서 이를 타도하고 당시까지 누구도 경험하지도 들어보지도 못한 세계관을 선언한 것은 '위대한 발견'이라고 밖에 볼 수 없다.

2. 국제인권규범의 발달

18세기의 인권사상이 세계로 확산되는 데에는 오랜 시간이 필요하였다. 인권사상의 발달은 국제공동체가 개별국가의 인권을 보호하기 위한 체제를 확립하기 시작한 것과 궤를 같이 한다. 초기의 국제인권법은 노예제도의 폐지에 집중되었다. 1890년경에 '아프리카 노예무역의 억제를 위한 일반협정(General Act for the Repression of the African Slave Trade)'이 체결되었으며, 그 이후부터 국제사회는 노예무역을 금지하거나 억제하는 다수의 조약을 체결하였다. 특히 1926년의 '노예금지협약(The Slavery Convention of 1926)'은 노예제도를 직접적으로 금지한 최초의 국제협약이다. 오늘날 노예제도의 금지는 조약의 가입여부를 불문하고 모든 국가가 부인할 수 없는 강행규범(jus cogens)로 인식되고 있다. 또 하나의 초기 인권법의 발달은 전쟁법의 영역에서였다. 1864년 무력충돌의 희생자를 보호하려는 조약이 체결되었으며, 1899년과 1907년 헤이그 만국평화회의에서 육전과 해전에 관한 조약이 체결되었다. 이는 1949년 4개 제네바협약 및 1977년 2개의 추가의정서채택으로 이어졌다.

그러나 2차 세계대전 이전까지 노예제도의 폐지, 전쟁에서의 부상자보호와 같은 부분적인 인권규범은 존재하였지만 국제인권체제라는 것은 존재하지 않았으며, 국가주권은 절대적인 것으로 인식되었다. 국가주권의 절대성은 다른 나라가 개별국가의 국내문제에 대하여 간섭하는 것을 허용하지 않았다. 국가가 자국민들을 어떻게 대우할 것인가 하는 문제는 그 국가의 재량에 맡겨진 것이었으며 인도적인 이유로 다른 나라의 간섭을 허용하는 것은 국가주권의 원칙과는 맞지 않는 것이었다.

2차 세계대전을 거치면서 이러한 인식은 변하기 시작하였다. 나치(Nazi) 전범들을 '인도에 반하는 범죄'(crimes against humanity)로 기소하면서 인권문제는 국제사회의 관심사라는 생각이 싹트기 시작했다. 유엔헌장 제1조는 인권의 존중을 국제평화와 안전의 유지와 함께 유엔의 목적의 하나로 규정하였다. 그러나 유엔이 성립할 당시에도 대부분의 국가들은 자국민들 어떻게 대우할 것인가의 문제, 즉 인권에 관한 사항은 본질적으로 국내관할권에 속하는 문제이며, 국제사회가 이에 관여할 수 없다고 생각하였다.

세계인권선언은 구속력이 있는 조약은 아니지만 이에 기초하여 1966년에 '시민적·정치적 권리에 관한 국제규약(International Covenant on Civil and Political Rights)', '경제적·사회적, 문화적 권리에 관한 국제규약(International Covenant on Economic, Social and Cultural Rights)'이 각각 채택되었다. 위 규약의 채택 이후에 '여성차별철폐협약(Convention on the Elimination of Discrimination against Women, CEDAW)', '고문방지협약(Convention against Torture and Other Cruel, Inhuman, or Degrading Treatment or Punishment, CAT)', '아동권리협약(Convention on the Rights of the Child, CRC)', '이주노동자권리협약(International Convention on the Protection of the Rights of All Migant Workers and Members of their Families)'이 순차적으로 채택되었다. 그 외에도 중요한 인권조약으로는 '유럽인권협약(European Convention on Human Rights), '국제형사재판소설립협정(Rome Statute of the International Criminal Court, 1998)' 등을 들 수 있다. 이와 같이 국제인권법은 주로 2차 대전 이후에 체결된 다양한 인권조약들을 통하여 발달하여 왔다. 그리고 이와 같이 발달한 국제인권법은 각국의 인권법의 발달에 많은 영향을 미치고 있다.

세 계 인 권 선 언 문

전 문

인류 가족 모든 구성원의 고유한 존엄성과 평등하고 양도할 수 없는 권리를 인정하는 것이 세계의 자유, 정의, 평화의 기초이며, 인권에 대한 무시와 경멸이 인류의 양심을 짓밟는 야만적 행위를 낳았으며, 인류가 언론의 자유와 믿음의 자유를 누리고 공포와 궁핍으로부터 자유로운 세상은 모든 사람의 지고한 열망이며, 인간이 폭정과 억압에 대항하는 마지막 수단으로 반란에 호소하도록 강요받지 않으려면 인권이 법의 지배에 의하여 반드시 보호되어야 하며, 유엔의 여러 국민들은 그 헌장에서 기본적 인권과 인간의 존엄성과 가치, 남녀의 평등한 권리에 대한 신념을 재확인하였으며, 더 넓은 자유 속에서 사회적 진보와 생활수준의 개선을 촉진할 것을 다짐하였으며, 회원국은 유엔과 협력하여 인권과 기본적 자유에 대한 보편적 존중과 준수를 강화할 것을 서약하였으며, 이러한 권리와 자유에 대한 공통의 이해가 이러한 서약의 이행을 위하여 가장 중요하므로, 유엔총회는 모든

개인과 사회의 각 기관은 이 선언을 항상 마음속에 간직할 채, 교육과 학업을 통하여 이러한 권리와 자유에 대한 존중을 신장시키기 위하여 노력하고, 점진적인 국내적 및 국제적 조치를 통하여 회원국의 관할권에 속하는 영토의 국민들 모두에게 권리와 자유의 보편적이고 효과적인 인정과 준수를 보장하기 위하여 노력하도록 모든 국민들과 국가에 대한 공통의 기준으로 이 세계인권선언을 선포한다.

제1조 모든 사람은 태어날 때부터 자유롭고, 존엄성과 권리에서 평등하다. 인간은 이성과 양심을 가지며, 서로에게 형제자매의 정신으로 대해야 한다.

제2조 모든 사람은 인종, 피부색, 성, 언어, 종교, 정치 또는 그 밖의 견해, 민족 또는 사회적 출신, 재산, 출생 또는 기타의 지위 등에 따른 어떠한 구별도 없이, 이 선언에 제시된 모든 자유와 권리를 누릴 자격이 있다.

제3조 모든 사람은 생명권과 신체의 자유와 안전을 누릴 권리가 있다.

제4조 어느 누구도 노예나 예속상태에 놓이지 아니한다. 모든 형태의 노예제도 및 노예매매는 금지된다.

제5조 어느 누구도 고문이나 잔혹하거나 비인도적이거나 모욕적인 취급 또는 형벌을 받지 아니한다.

제6조 모든 인간은 어디에서나 법 앞에 인간으로서 인정받을 권리를 갖는다.

제7조 모든 사람은 법 앞에 평등하고, 어떠한 차별도 없이 법의 평등한 보호를 받을 권리를 가진다. 모든 사람은 이 선언을 위반하는 어떠한 차별에 대하여도, 그리고 그러한 차별의 선동에 대하여도 평등한 보호를 받을 권리를 갖는다.

제8조 모든 사람은 헌법 또는 법률이 부여하는 기본권을 침해하는 행위에 대하여 해당 국가의 법원에서 효과적인 구제를 받을 권리를 갖는다.

제9조 어느 누구도 자의적인 체포, 구금 또는 추방을 당하지 않는다.

제10조 모든 사람은 자신의 권리와 의무, 자신에 대하여 형사상의 혐의에 관하여 독립적이고 편견이 없는 법정에서 공정하고 공개적인 심문을 완전하고 평등하게 받을 권리를 갖는다.

제11조

1. 형사상의 범죄로 기소당한 모든 사람은 자신의 변호를 위하여 필요한 모든 장치를 갖춘 공개된 재판에서 법률에 따라 유죄로 입증될 때까지 무죄로 추정될 권리를 갖는다.
2. 어느 누구도 행위 시의 국내법 또는 국제법상 범죄를 구성하지 아니하는 작위 또는 부작위를 이유로 유죄가 되지 아니한다. 그리고 범죄 행위 시에 적용될 형벌보다 무거운 형벌이 부과되지 아니한다.

제12조 어느 누구도 자신의 사생활, 가정, 주거 또는 통신에 관하여 자의적인 간섭을 받지 않으며, 자신의 명예와 신용에 대하여 공격을 받지 아니한다. 모든 사람은 그러한 간섭과 공격에 대하여 법률의 보호를 받을 권리를 갖는다.

제13조

1. 모든 사람은 각국의 영역 안에서 이동과 거주의 자유를 누릴 권리를 갖는다.
2. 모든 사람은 자국을 포함하여 어떤 나라에서 출국할 권리가 있으며, 자국으로 돌아올 권리를 갖는다.

제14조

1. 모든 사람은 박해를 피하여 타국에서 피난처를 구하고 비호를 누릴 권리를 갖는다.
2. 이 권리는 비정치적인 범죄나 진정으로 유엔의 목적과 원칙에 반하는 행위로 인한 범죄의 경우에는 원용될 수 없다.

제15조

1. 모든 사람은 국적을 가질 권리를 갖는다.
2. 어느 누구도 자의적으로 자신의 국적을 박탈당하거나 국적을 바꿀 권리를 부인당하지 아니한다.

제16조

1. 성년에 이른 남녀는 인종, 국적, 종교에 따른 어떠한 제한도 없이 결혼하여 가정을 이룰 권리를 갖는다. 이들은 결혼 기간 중 및 그 해소 시 결혼에 관하여 평등한 권리를 갖는다.
2. 결혼은 장래의 배우자의 자유롭고 완전한 동의에 의하여 성립된다.
3. 가정은 사회의 자연적이며 기초적인 구성단위이며, 사회와 국가의 보호를 받을 권리를 가진다.

제17조

1. 모든 사람은 단독으로는 물론 타인과 공동으로 자신의 재산을 소유할 권리를 갖는다.
2. 어느 누구도 자신의 재산을 자의적으로 박탈당하지 아니한다.

제18조 모든 사람은 사상, 양심 및 종교의 자유에 대한 권리를 가진다. 이 권리는 자신의 종교, 신념을 바꿀 자유와 선교, 행사, 예배, 의식에서 단독으로 또는 다른 사람과 공동으로, 공적 또는 사적으로 자신의 종교나 신념을 표현할 자유를 포함한다.

제19조 모든 사람은 의견의 자유와 표현의 자유에 관한 권리를 갖는다. 이 권리는 간섭을 받지 않고 의견을 가질 자유와 모든 매체를 통하여 국경에 상관없이 정보와 사상을 추구하고 받고 전달할 자유를 포함한다.

제20조

1. 모든 사람은 평화적 집회와 결사의 자유에 관한 권리를 갖는다.
2. 어느 누구도 어떠한 결사에 소속될 것을 강요당하지 아니한다.

제21조

1. 모든 사람은 직접 또는 자유롭게 선출된 대표를 통하여 자국의 통치에 참여할 권리를 가진다.
2. 모든 사람은 자국의 공무를 맡을 평등한 권리를 가진다.
3. 국민의 의사는 정부의 권위의 기초가 된다. 이 의사는 보통, 평등 선거권에 의하며, 비밀투표 또는 이와 동등한 자유로운 투표 절차에 따라 실시되는 정기적이고 진정한 선거를 통하여 표현된다.

제22조 모든 사람은 사회의 일원으로 사회보장제도에 관한 권리를 가지며, 국가적 노력과 국제적 협력을 통하여, 각 나라의 조직과 자원에 따라 자신의 존엄성과 인격의 자유로운 발전을 위하여 불가결한 경제적, 사회적, 문화적 권리의 실현에 관한 권리를 가진다.

이하 내용 생략

3. 한국 헌법과 인권의 자연권성

근대 이전의 한국에서 통치의 대상인 백성을 귀하게 대해야 한다는 사고는 있어도 인간이 고유한 존엄과 가치를 가진다는 사고는 존재하지 않는 것으로 보인다. 조선시대의 성호 이익은 풍속이 인재를 천대하므로 유능한 사람들이 퇴장하며, 문벌제도를 숭상하여 서얼, 중인의 차별이 있어서 그들의 자손은 백대를 지나도 좋은 관직을 할 수가 없고, 노비의 법이 엄격하여 그 자손들이 평민과 같이 서지 못하니 전국 백성의 10분의 9가 모두 원한과 비분에 싸여 있다고 비판하였다. 정약용은 태고 시대에는 백성만이 존재하였다면서 백성들 사이에 분쟁해결의 필요성으로 마을의 지도자가 탄생하였다고 하여 왕도 근본적으로는 민의에 의하여 추대되어야 함을 주장하였다. 동학농민군은 1894년 정부군과 화약을 맺고 폐정개혁안을 실천하였는데, 여기에는 노비문서의 소각, 천인에 대한 처우개선, 토지의 평균 분작 등 혁신적인 내용이 담겨 있다. 그러나 이러한 학자들의 주장이나 운동도 왕정을 타파하고 인간의 존엄과 고유한 가치를 확인하는 단계에 이르지는 못하였다.

1919년의 기미독립선언문은 조선이 독립국임과 조선인이 자주민임을 선언하고 있으므로 민족자결권을 확인한 것이라고 볼 수 있으며, 타고난 자유권을 언급하고 있다. 그러나 기미독립선언은 말 그대로 독립선언문이라고 볼 수 있으며, 인권사상을 충분히 담고 있다고 보기는 어렵다. 현대의 국가들은 헌법에 통치구조는 물론 인권에 관한 내용을 규정하는 것이 보통이므로 인권사상도 주로 헌법에 반영된다. 오늘날 대부분의 국가들은 헌법의 기본권에 관한 규정에서 인권의 자연권성에 기초한 인권규정을 두고 있으므로 인권의 선진국이든 아니든 헌법에 반영된 인권사상 자체가 새로운 것은 없다. 다른 것이라면 헌법의 기본권규정이 법규범으로서 어느 정도로 실효적으로 보장되는가 여부일 것이다.

인권은 인간이 단지 인간이라는 이유로 가지는 권리이다. 세계인권선언 및 ICCPR의 전문은 "인류사회의 모든 구성원의 고유의 존엄성 및 평등하고 양도할 수 없는 권리"라는 표현을 사용하고 있고, 한국 헌법 제10조는 인간으로서의 존엄과 가치에 관한 권리를 규정하면서 "국가는 개인이 가지는 불가침의 기본적 인권을 확인하고 이를 보장할 의무를 진다"고 규정하고 있다. 헌법 제37조 1항은 국민의 자유와 권리가 헌법에 열거되지 아니한 이유로 경시되지 않음을 확인하고 있다. 이와 같은 헌법의 규정은 인권이 국가 이전에 존재하는 천부적, 불가침, 불가양의 권리라는 점을 확인하고 있다고 볼 수 있다.

한편, 헌법 제37조 2항은 국민의 모든 자유와 권리는 국가안전보장, 질서유지 또는 공공복리를 위하여 필요한 경우에 한하여 법률로써 제한할 수 있다고 규정하여 국민의 인권도 제한될 수 있음을 선언하고 있다. 헌법 제10조 및 제37조의 규정을 종합하면 인권은 원칙적으로 자연법적인 권리이지만 법률에 의하여 제한될 수 있음을 알 수 있다. 그러므로 기본권에 관한 원칙 규정인 헌법 제10조를 강조하느냐 아니면 제37조 2항을 강조하는가에 따라 인권을 보는 견해는 차이가 난다.

저 항 권(김재규 내란음모 사건 중)

대법원 1980. 5. 20. 선고 80도306 판결

[다수의견]

생각하건대 현대 입헌 자유민주주의국가의 헌법이론상 자연법에서 우러나온 자연권으로서의 소위 저항권이 헌법 기타 실정법에 규정되어 있든 없든 간에 엄존하는 권리로 인정되어야 한다는 논지가 시인된다 하더라도 그 저항권이 실정법에 근거를 두지 못하고 오직 자연법에만 근거하고 있는 한, 법관은 이를 재판규범으로 원용할 수 없다 더구나 오늘날 저항권의 존재를 긍인하는 학자 사이에도 그 구체적 개념의 의무내용이나 그 성립요건에 관해서는 그 견해가 구구하여 일치된다 할 수 없어 결국 막연하고 추상적인 개념이란 말을 면할 수 없고, 이미 헌법에 저항권의 존재를 선언한 몇 개의 입법례도 그 구체적 요건은 서로 다르다 할 것이니 헌법 및 법률에 저항권에 관하여 아무런 규정도 없는(소론 헌법 전문중 "4·19의거 운운"은 저항권 규정으로 볼 수 없다)

우리나라의 현 단계에서는 더욱이 이 저항권이론을 재판의 준거규범으로 채용적용하기를 주저 아니할 수 없다.…

[대법원 판사 임항준의 소수의견]

우리나라에 있어서의 정치의 기본질서인 인간존엄을 중심가치로 하는 민주주의 질서에 대하여 중대한 침해가 국가기관에 의하여 행하여 져서 민주적 헌법의 존재 자체가 객관적으로 보아 부정되어 가고 있다고 국민 대다수에 의하여 판단되는 경우에 그 당시의 실정법상의 수단으로는 이를 광정할 수 있는 방법이 없는 경우에는 국민으로서 이를 수수방관하거나 이를 조장 할 수는 없다 할 것이므로 이러한 경우에는 인권과 민주적 헌법의 기본질서의 옹호를 위하여 최후의 수단으로서 형식적으로 보면 합법적으로 성립된 실정법이지만 실질적으로는 국민의 인권을 유린하고 민주적 기본 질서를 문란케 하는 내용의 실정법상의 의무 이행이나 이에 대한 복종을 거부하는 등을 내용으로 하는 저항권은 헌법에 명문화 되어 있지 않았더라도 일종의 자연법상의 권리로서 이를 인정하는 것이 타당하다 할 것이고 이러한 저항권이 인정된다면 재판규범으로서의 기능을 배제할 근거가 없다고 할 것이다.

위와 같은 저항권의 존재를 부정할 수 없는 근거로는 4.19 의거의 이념을 계승하여 … 새로운 민주공화국을 건설한다고 선언하여 4.19 사태가 당시의 실정법에 비추어 보면 완전한 범법행위로 위법행위임에도 불구하고 이를 우리나라의 기본법인 헌법의 전문에서 의거라고 규정짓고 그 의거의 정신을 계승한다고 선언하고 있어 위 헌법 전문을 법률적으로 평가하면 우리나라 헌법은 4.19의 거사를 파괴 되어가는 민주질서를 유지 또는 옹호하려는 국민의 저항권 행사로 보았다고 해석할 수밖에 없는데 우리나라 헌법이 인정한 것으로 보여지는 저항권을 사법적 판단에서는 이를 부정할 수가 있을는지 의문이고 또 저항권이 인정되는 이상 재판규범으로는 적용될 수 없다고 판단하여 그 실효성을 상실시킬 합리적 이유가 있다고 볼 수도 없다. 다수의견은 저항권이 실정법에 근거를 두지 못하고 있어서 이를 재판규범으로 적용할 수 없다는 취지로 실시하고 있으나 자연법상의 권리는 일률적으로 재판규범으로 기능될 수 없다는 법리도 있을수 없거니와 위에 적시한 우리나라 헌법의 전문은 저항권의 실정법상의 근거로 볼 수도 있다고 할 것이다.…

생명권이 자연법적인 권리라는 견해

헌법재판소 2010. 2. 25. 선고 2008헌가23 판결 참조

인간의 생명은 고귀하고, 이 세상에서 무엇과도 바꿀 수 없는 존엄한 인간 존재의 근원이다. 이러한 생명에 대한 권리는 비록 헌법에 명문의 규정이 없다 하더라도 인간의 생존본능과 존재목적에 바탕을 둔 선험적이고 자연법적인 권리로서 헌법에 규정된 모든 기본권의 전제로서 기능하는 기본권 중의 기본권이라 할 것이다. 따라서 인간의 생명권은 최대한 존중되어야 하고, 국가는 헌법상 용인될 수 있는 정당한 사유 없이 생명권을 박탈하는

> 내용의 입법 등을 하여서는 아니 될 뿐만 아니라, 한편으로는 사인의 범죄행위로 인해 일반국민의 생명권이 박탈되는 것을 방지할 수 있는 입법 등을 함으로써 일반국민의 생명권을 최대한 보호할 의무가 있다. 사형은 이러한 생명권에 대한 박탈을 의미하므로 만약 그것이 형벌의 목적달성에 필요한 정도를 넘는 과도한 것으로 평가된다면 우리 헌법의 해석상 허용될 수 없는 위헌적인 형벌이라고 하지 않을 수 없을 것이다.

한국헌법은 인권의 자연권성을 선언하고 있다. 그럼에도 불구하고 제헌헌법 이래로 현행헌법까지 헌법에 규정된 인권이 실질적으로 보장되었다고 보기는 어렵다. 헌법의 인권에 관한 조항들이 대통령의 긴급조치에 관한 규정과 반공법, 국가보안법 등 하위의 법률 등으로 인하여 심하게 훼손되어 거의 아무런 기능을 하지 못하였다. 헌법의 인권관련 규정들은 단지 장식품에 그쳤던 것이다.

한국 사회를 오랜 기간 동안 통치한 군사정권이 헌법의 인권규정을 무력화하는 반인권적 법률을 양산한 것은 물론이거니와 법률가를 포함하여 사람들은 인권의 가치를 제대로 인식하지 못하고 있다. 오늘날 어느 정도 개선은 되었지만 반인권적 법률이 상당 부분 남아 있으며, 대부분의 사람들의 의식 속에는 반인권적 사고가 여전히 남아 있다. 헌법과 법률의 인권관련 조항이 제 기능을 발휘하지 못하는 상황에서 인권침해가 발생하는 것은 필연적이다. 한국에서 인권이 제대로 보장되지 못하는 것은 법적, 제도적으로 미비한 점이 없지 않기 때문이기도 하지만 개별적, 집단적으로 사람들의 의식 속에 널리 퍼져 있는 반인권적인 이데올로기가 적지 않은 역할을 한다.

심리학자인 스티븐 핑커에 따르면 이데올로기는 일반적으로 그 목표가 매우 이상적이다. 그러므로 이데올로기에 사로잡힌 사람은 반대자들을 거리낌 없이 처벌하여도 아무런 가책을 느끼지 못한다. 이상적인 이데올로기의 목표를 위하여 사람을 해칠 필요가 있다고 느낀다면 이는 매우 위험하다. 한국 사회에 널리 퍼져 있는 이데올로기에 국가주의와 반공주의가 있다. 수사기관이나 사법기관이 이에 사로잡히는 경우 고문을 하여도 아무런 거리낌이 없으며, 사형을 비롯한 가혹한 처벌을 정당화하게 된다.

4. 국가주의

한국에서 인권의 발달을 가로 막는 요인 중의 하나는 사회에 널리 퍼져 있는 국가주의이다. 국가주의는 사회 또는 국가가 개인을 위하여 존재한다는 관념을 부정하며, 오히려 개인의 인권은 언제라도 국가의 이익을 위하여 제한될 수 있다고 본다. 이러한 사고방식은 사람들이 인간의 생명, 자유 및 재산의 권리를 보장하기 위하여 계약의 원리에 따라 사회와 정부를 구성한다는 사회계약론의 입장, 미국독립선언, 프랑스인권선언의 사상과 대비되며, 인권의 존재근거를 부인하는 것과 마찬가지이다.

1968년에 반포된 국민교육헌장은 국가주의의 결정체이다. 이에 따르면 개인은 "민족중흥의 역사적 사명을 띠고 이 땅에 태어나며", "공익과 질서를 앞세워야 하며", "스스로 국가건설에 참여하고 봉사하는 국민정신을 드높이며", "신념과 긍지를 지닌 근면한 국민으로서" "새 역사를 창조"해야 한다. 1974년부터 2007년까지 사용된 국기에 대한 맹세문도 국가주의로 가득 차 있다. 이 맹세문에서 개인은 "자랑스러운 태극기 앞에 조국과 민족의 무궁한 영광을 위하여 몸과 마음을 바쳐 충성을 다"해야 한다.[1] 국가모독죄에 관한 아래의 대법원의 판결에도 국가주의가 등장한다.

> 오늘의 세계를 국제시대라고 한다. 이 국제시대를 사는 우리 국민이 자주독립국가의 민주국민으로서의 그 긍지와 자각이 그 어느 때 보다도 요청된다는 것은 그 아무도 이를 부인할 수 없다.… 일부 국민이 우리 민족의 역사적 병폐라고 하는 사대주의를 버리지 못하고 국내외에서 외국인이나 외국단체에 대하여 그의 조국일 수밖에 없는 대한민국이나 그 헌법에 의하여 설치된 국가기관을 모욕, 비방하고 그에 관한 사실을 왜곡하거나 허위사실을 날조, 유포하는 행위를 자행하여 국가의 안전이나 이익을 위태롭게 하는 사례가 거듭 되풀이되고 있음은 널리 알려진 사실이다.[2]

---

1) 2007년 이후 국기에 대한 맹세문은 "정의로운 대한민국의 무궁한 영광을 위하여 충성"을 하는 것으로 바뀌어 있지만 국가주의가 강하게 남아 있음에 변함이 없다.

2) 대법원 1983. 6. 14. 선고 83도515 전원합의체 판결.

밀(Mill)에 따르면 다수의 의견에 반하는 소수의견, 심지어 거짓인 주장도 억압되어서는 아니 된다. 그러나 위 대법원의 판결을 보면, 표현의 자유에 대한 조금의 검토나 고려도 보이지 않으며, 개인이 국가기관을 비방하는 것은 당연히 처벌받아야 한다.

국가주의 사상은 필연적으로 개인의 자연법상의 권리를 인정하지 않는다. 헌법의 인권에 관한 규정은 아무런 효력이 없으며, 인권은 오로지 법률이 인정하는 범위 내에서만 인정된다. 예를 들어, 1974년 대통령긴급조치 제1호는 헌법을 부정, 반대, 왜곡 또는 비방하는 행위, 헌법을 개정, 폐지를 주장, 발의, 제안, 청원하는 행위, 유언비어를 날조, 유포하는 행위에 대하여 15년 이하의 징역에 처하며, 그 위반자에 대하여는 영장 없이 체포할 수 있도록 규정하고 있다. 긴급조치 제9호는 국가나 정부에 대한 어떠한 비판도 징역형으로 처벌하고 법원의 사법심사에서 배제하였다.

이른바 '인혁당사건'에서 대법원은 대통령의 일방적인 명령으로 국민의 자유와 권리를 잠정적으로 정지하고 이에 대한 법원의 사법심사를 배제하는 대통령긴급조치의 효력에 관하여, 헌법 제53조에 국민의 일부 권리와 자유를 잠정적으로 정지하고 법원의 권한도 배제할 수 있는 권한이 규정되어 있으므로 이에 관한 대통령의 명령은 헌법을 위반한 것이라고 볼 수 없다고 판단하였다.[3] 위 대법원판결은 개인의 생명권을 박탈하면서도 이것이 자연권인 생명권을 침해하는 것인지에 관하여 아무런 판단을 하지 않는다. 위 판결은 개인의 인권을 불가침의 자연권법상의 권리로 인식하지 아니하며, 국가에 의하여 언제라도 제약될 수 있다고 본다. 위 판결은 저항권의 행사에 관하여는 "「저항권」 자체의 개념이 막연할 뿐 아니라 … 그것은 실존하는 실정법적 질서를 무시한 초실정법적인 자연법질서 내에서의 권리주장이며 이러한 전제하에서의 권리로써 실존적 법질서를 무시한 행위를 정당화하려는 것"이라고[4] 보았다. 이 판결은 자연법사상이 일반적으로 국가의 존재근거가 피치자의 동의에 근거하는 계약이며, 국가가 이러한 계약의 존재목적을 위배할 때에는 피치자가 언제든지 저항권을 행사할 수 있다고 보는 근대의 계몽주의적 자연법사상

---

3) 대법원 1975. 4. 8. 선고 74도3323 판결.
4) 위 대법원 판결.

과 비교되며, 법은 어떠한 내용을 포함하더라도 효력이 있다는 이른바 법실증주의에 기초하고 있음을 알 수 있다.

국가주의 아래에서는 개인의 존엄성과 가치는 인정되지 않는다. 예를 들어, 1980년대 초의 삼청교육대 사건은 국가주의가 개인의 인권을 언제라도 말살할 수 있음을 잘 보여준다. 1980년 8월부터 1981년 12월까지 약 4만 여명이 군부대에 설치된 삼청교육대에서 순화교육, 근로봉사 등의 명목으로 가혹한 육체적, 정신적 학대를 받았으며 그 과정에서 54명의 사망자가 발생하였다. 이들은 '사회풍토 문란사범, 사회질서 저해사범'이라는 이유로 수용되어 극심한 학대를 받았다. 국가주의가 만연할 경우에 고문은 아주 자연스러운 현상이다. 1980년대의 국가보안법위반 사건에서는 일반적으로 물고문, 전기고문 등이 행해졌는데, 아래의 사건은 당시의 고문의 모습을 잘 보여준다.

> 장소에서 피해자의 옷을 벗기고 팬티만을 입은 알몸상태에서… 피해자를 눕히고 담요를 말아 몸을 감싼 후 군대 허리띠 같은 줄로 발목, 무릎, 허벅지, 배 및 가슴 등 다섯 부위를 결박하고 얼굴 위에 두꺼운 수건을 덮어씌운 다음 주전자 또는 샤워기로 얼굴 위에 물을 부어서 호흡곤란 등으로 고통을 받게 하는 방법으로 이른바 '물고문'을 당하고, 팬티까지 벗은 알몸상태로 위 고문대 위에 눕게 하여 결박한 다음 가슴과 사타구니 및 발 등에 물을 뿌리고 위와 같은 다소 약한 물고문을 하고 이어서 발가락 부위에 전기도선을 연결하여 붕대로 감은 다음, 처음에는 짧고 약하게 전류를 보내다가 점점 강하게 전류를 흘려보내어 극심한 통증을 느끼게 하는 방법으로 이른바 '전기고문'을 당하였으며,[5]

국가주의에서 개인의 자유, 권리, 행복을 위하여 국가가 존재한다는 인식은 사라지게 된다. 개인은 국가를 위하여 희생되며, 정부의 권위에 저항하는 사람들은 개조되거나 처벌의 대상이 된다. 국민교육헌장이 폐지되고 국기에 대한 맹세의 내용이

---

5) 서울고등법원 1993. 8. 23. 선고 91노976 판결.

다소 바뀌어도 아직도 대부분의 사람들의 의식 속에는 국가주의가 그대로 남아 있다. 국가주의에 따르면 구체적인 존재인 개인은 언제나 추상적인 존재인 국가를 위하여 양보해야 한다. 개인이 국가를 위하여 존재하는 것이다.

5. 반공주의

한국에서 인권을 발달을 가로 막는 또 다른 요인은 반공주의이다. 반공주의는 북한이나 공산주의에 대항하는 것이라면 어떠한 것도 허용한다. 반국가단체나 그 구성원의 활동을 찬양, 고무 하는 등의 활동을 처벌하는 반공법,[6] 국가보안법이 반공주의를 제도화한다. 이에 따라 북한의 주장에 동조하거나 북한을 이롭게 한다고 인식되는 모든 행위나 의사의 표현은 단지 비난의 대상이 되는 것이 아니라 억제, 금지, 처벌되며, 이는 심각하게 정치적 활동의 자유나 표현의 자유를 억압한다. 1961년 5월 16일 군사쿠데타를 일으킨 박정희는 반공을 국시로 내걸었다. 국회의원이 대정부질문과정에서 한국의 "국시는 반공이 아니라 통일이어야 한다."는 발언으로 국가보안법위반혐의로 구속된 것은 한국의 반공주의가 어느 정도인지를 잘 보여준 사례이다.[7]

시위도중에 성조기를 소각하고 반미투쟁을 선언하며 한미관계를 종속관계로 표현하는 것은 국가보안법위반으로 처벌된다.[8] 그리고 단체의 강령에 반미자주화, 미국의 한반도 지배양식 제거 등이 포함되고 조직이 내부적으로 북한의 주체사상과 선군정치를 추종· 동조하는 세력으로 구성되어 있으며, 반미반정부 투쟁을 전개하여 왔으며, 북한이 이에 맞추어 방송을 통해 단체의 활동을 지속적으로 보도하면서 체제선전에 이용하였다면 이른바 이적단체에 해당하여 처벌된다.[9] 국가보안법 및 이에 따른 법원의 판례는 정부의 견해에 반대하거나 우연히 북한의 주장과 유사한 주장을 하는 사람들을 탄압하는 주요한 도구가 된다. 아래의 판례를 보면 피고인들이 행하였다는 범죄가 모두 일정한 주장을 하였다는 것인바, 존 스튜어트 밀이

6) 이법은 1980년 폐지되었으나 그 주요한 내용은 국가보안법으로 흡수되었다.
7) 서울고등법원 1991. 11. 14. 선고 87노1386 판결, 서울형사지방법원 86고합1513 판결 참조.
8) 대법원 1983. 2. 8. 선고 82도2655 판결.
9) 대법원 2010. 7. 23. 선고 2010도1189 전원합의체 판결.

정치하게 주장하고 있는 표현의 자유에 대한 이해가 결여되어 있다.

> '임금의 기초이론'이라는 제목의 책자는 우리헌법의 기본질서중의 하나인 자유경제체제의 붕괴와 임금제도의 최종적 폐지를 주장하면서 노동자계급은 자본가계급 전체와 투쟁하여 자신들을 해방시켜야 하고, 임금인상투쟁은 자본주의체제를 붕괴시키는 데에 그 목적을 두어야 한다고 선동하는 내용이고,… '미국, 누구를 위한 미국인가?'라는 제목의 게재물은 전체적으로 대한민국을 친일매국노와 미국이 합작하여 세운 미국의 식민지 정부라는 관점에서 대한민국의 정통성을 부정하고 북한의 인민공화국과 같은 정통성 운운하여 그 정통성을 시인하면서 미국을 매도하고 제주폭동을 미제국주의에 대한 민중의 궐기라고 표현한 내용이며,… '새벽 6호'라는 책자는 노동자계급이 중심이 되어 반민주자주화투쟁과 반독재민주화투쟁 및 조국통일운동을 삼위일체적으로 수행하면서 민족 민주 통일전선을 구축하고 민주정부수립을 위해 식민통치하의 한국사회를 변혁시켜야 하고 반합법적이고 비합법적인 대중조직도 광범하고 다양하게 건설해 나갈 것을 주장하는 내용으로 되어 있는바, … 대한민국의 안전과 자유민주주의체제를 위협하는 적극적이고 공격적인 표현으로서 표현의 자유의 한계를 벗어난 것이라고 볼 것이므로…[10]

반공주의 이념이 만연한 상황에서 인권이 보장될 수 없는 것은 필연의 결과이다. 제주도에서는 1948년 4월부터 1954년까지 무장대와 토벌대의 무력충돌과 토벌대의 진압과정에서 약 25,000명~30,000명이 사망하였다.[11] 피해자의 대부분은 민간인들인데, 이들의 피해가 이렇게 컸던 것은 이들이 북한 또는 공산주의 사상에 동조한다고 여겨졌기 때문이다.[12]

어로 조업 중 납북되었다가 귀환한 어부들이 장기간의 구금과 구타, 물고문 등으

10) 대법원 1992. 3. 31. 선고 90도2033 전원합의체 판결

11) 제주4·3사건진상규명 및 희생자 명예회복위원회, 제주4·3 사건 진상보고서 (2003), 536쪽.

12) 위의 보고서, 535쪽.

로 허위의 자백을 하여 간첩죄 등으로 처벌받거나[13] 재일동포가 한국에 유학을 왔다가 고문으로 허위의 자백을 하여 간첩죄 등으로 처벌받기도 하였다.[14] 북한을 우호적으로 생각하거나 자의든, 타의든 북한을 방문하거나 북한의 친척 등과 교류를 하는 모든 행위가 고문을 정당화하는 근거가 되고, 범죄로 처벌되었다.[15] 반공주의는 아래와 같이 수사관이 아무런 양심의 가책도 없이 피해자를 고문할 수 있도록 허용해 준다.

> 무릎을 꿇고 앉혀놓고 그 아래에 박달나무 곤봉 같은 나무를 넣고는 수없이 많은 사람이 번갈아가며 워커발로 허벅지 위를 짓밟은 통에 기절하였음은 물론 정강이 아래는 피투성이가 되고 … 손가락 사이에 볼펜을 끼워 누르는 등의 무수한 육체적 고문이 가해졌으나 그 중에서도 제일 참기 어려웠던 괴로움은 무수히 많은 수사관님들이 교대로 들어와서 감시하는 통에 계속해서 한 주일 이상을 거의 자지 못한데서 오는 불면의 고통과 '면도칼로 살껍데기를 벗기겠다. 빨갱이는 삼족을 멸하니 너 하나쯤이야'라는 그 지하실의 분위기에 어울리는 전율할 만한 말들이었습니다.… [16]

납북되었다가 귀환한 어부를 조사하였던 경찰관은 진실화해위원회의 조사에서 다음과 같이 회상하였다.

> 납북귀환어부 간첩 등은 그냥 조사를 하면 자백을 하지 않는다. 그래서 구타나 물고문 등을 하여야 자백을 한다.… 그 때는 간첩이라면 사람 새끼로 안 보았다. 어떻게 때리지 않고 조사를 할 수 있냐, 다 때리고 하였다.… 조사할 때 몽둥이를 가져다 놓고 조사를 한다.[17]

---

13) 진실화해를 위한 과거사정리위원회, 직비-10868-4, 10권-10 사건.
14) 국방부 과거사진상규명위원회, 종합보고서 (제1권), (2007), 94~114쪽.
15) 진실화해를 위한 과거사정리위원회, 바10840-4, 10권-2 사건.
16) 위 보고서
17) 진실화해를 위한 과거사정리위원회 제3소위원회 사건, 직비-10868 (분리) 납북귀환어부 김이남에 대한 간첩조작 의혹사건, 10권 5 (2010년 상반기 조사보고서) 314쪽.

6. 국가주의와 반공주의의 극복

국가주의와 반공주의는 한국의 입법 및 법률의 해석, 집행에 큰 영향을 미치고 있으며, 인권의 자연권성과 보편성을 부인하여 인권의 보장을 약화시킨다. 헌법재판소는 국가보안법 제7조 1항 위헌확인 사건에서 표현의 자유의 자연권성에 대하여는 언급하지 아니한 채, "북한이 … 각종 도발을 계속하는 특수한 긴장 상황에서 국가의 존립과 안전을 보장하고 헌법질서를 수호하기 위해서는 표현의 자유에 대한 제한이 어느 정도 불가피하다. … 특수한 안보현실에서 … 찬양, 고무, 선전, 동조 등의 행위로 인한 … 위험은 그것이 반드시 현재 시점에 당장 현실화될 것은 아닐지라도 언제든지 국가안보에 상당한 위협이 될 수 있고"라고 하여,[18] 표현의 자유에 대한 제한을 정당화한다.

대법원은 다음과 같이 국가보안법 제7조의 찬양, 고무의 고의를 지극히 넓게 인정하고 있는 바, 이러한 해석은 양심의 자유, 표현의 자유, 학문의 자유를 지극히 제한하며, 인권의 자연권성을 부인하는 것으로 이어진다.

> 찬양·고무 등의 행위를 한 자에게 국가의 존립·안전이나 자유민주적 기본질서를 위태롭게 한다는 정에 대한… 인식은… 반국가단체의 이익을 목적으로 하거나 이를 의욕할 것까지 필요로 하는 것은 아니고, 다른 목적이 있었다 하더라도 현실적으로 반국가단체가 이를 우리 내부의 교란책 등으로 악용하면 역시 우리나라의 존립·안전이나 자유민주체제를 위태롭게 할 수 있는 것에 해당하고 그러한 악용이 가능하다는 인식이 있었다면 그 범의를 인정할 수 있다.[19]

한국에서 인권의 보편성은 위협받아 왔다. 인권이 인간이라는 이유로 갖는 권리라면 인권의 내용은 인종, 종교, 성별, 문화 등의 구분이 없이 누구에게나 동일하게 보장되어야 할 것이다. 개인의 권리가 언제나 개인이 처한 특수한 상황이 허용하는

18) 헌법재판소 2015. 4. 30. 2012헌바95 판결.
19) 대법원 2004. 7. 15. 선고 2004도2965 판결 참조.

범위 내에서만 보호되는 것이라면 인권은 존재하지 않을 것이다.[20] 한국의 특수성을 강조할수록 인권의 보장은 약화된다. 양심적 병역거부에 관한 헌법재판소의 판결은 한국의 특유한 안보상황을 강조한다.

> 우리에겐 남한만이라도 독립된 민주국가를 세울 수밖에 없었던 헌법제정 당시의 특수한 상황이 있었고, 또 동족 간에 전면전을 했던 6·25전쟁의 생생한 기억과 더불어 휴전상태 이후 좌우의 극심한 이념대립 속에서 군비경쟁을 통하여 축적한 막강한 군사력을 바탕으로 아직까지도 남북이 적대적 대치상태에 있는 세계 유일의 분단국인 사정도 있다.… 북한의 핵무기 개발, 미사일 발사 등으로 초래되는 한반도의 위기상황은 미국, 중국, 일본을 비롯한 주변국들의 외교·안보적 상황에도 큰 영향을 미치고 있으며, 특히 최근 각종의 무력 도발에서 보는 바와 같이 북한의 군사적 위협은 이제 간접적·잠재적인 것이 아니라 직접적·현실적인 것이 되고 있는 상황이다.[21]

한국에서 국가주의와 반공주의는 인권의 자연권성, 보편성을 부인하도록 하는 주요한 요인이며, 당연히 인권의 보장수준을 약화시킨다. 이데올로기의 만연으로 인한 인권침해를 방지하려면 사람들과 사상들이 자유롭게 이동하며 지배적인 정치적인 견해에 반대하는 의견을 제시하였다는 이유로 처벌받지 않는 열린 사회라야 한다. 이는 단 한 사람의 소수의견이나 심지어 거짓인 의견도 억압해서는 아니 된다는 밀의 주장과 상통한다.

나아가 한국의 인권상황을 개선하기 위하여 입법, 법집행 및 법해석에서 인권의 자연권성, 보편성을 재확인할 필요가 있다. 라드부르흐는 자연법, 신법, 이성법과 같이 법률보다 상위에 있는 법, 다시 말해 불법이 설령 법률의 형식을 갖추었을지라도 불법은 불법일 수밖에 없는 없음을 확인할 수 있게 만들어 주는 기준으로서의 초법률적 법이 존재한다면서 고대, 기독교 중세, 계몽시대에 공통되는 수천 년에

---

20) Donnelly, Jack, *Universal Human Rights* (Cornell University Press, 2003), p.91.
21) 헌법재판소 2011. 8. 30. 2008헌가22 결정.

걸친 지혜를 다시 진지하게 성찰할 것을 요구하였는데, 이는 오늘날에도 타당한 지적이다. 18세기의 서구의 계몽사상가들과 시민혁명은 인간이 고유한 존엄성과 가치, 자유와 권리를 가지며, 국가는 이러한 개인의 인권을 실현하기 위하여 동의에 기초하여 조직되었다는 점을 확인하였다. 그리고 오늘날 한국의 헌법이나 세계인권선언, 자유권규약, 사회권규약은 모두 이러한 사상에 기초하고 있다.

7. 인권의 보편성과 상대성

인권에 관한 여러 문서들은 인권의 보편성을 강조한다. 인권이 보편성을 갖는다는 말은 모든 사람은 사회적, 경제적, 문화적, 역사적 상황이나 배경에 상관없이 동일한 인권을 누린다는 것을 의미한다. 이론적으로 인권의 보편성을 부인하는 견해는 찾아보기 어렵지만 구체적인 사안, 특히 국가가 인권을 침해하였다고 비판을 받는 상황에서 인권의 상대성을 주장하는 견해가 자주 등장한다.

일부 나라에서는 종교가 다르면 혼인신고가 불가능하고, 여성은 성인남자를 동반하지 않고는 외출할 수 없으며 자동차를 운전할 수도 없다고 한다. 그리고 일부 국가에서는 전통적으로 나이가 어린 여자 어린이들이 나이가 아주 많은 남자와 결혼을 하는 일이 흔하다고 한다. 일부 이슬람 국가에서는 여성이 외출할 때에는 반드시 얼굴을 가리는 전통의상을 입어야 한다.

인권조약을 해석, 적용함에 있어서 특정한 국가의 역사나 전통에 따라 형성된 제도나 관습이 존중받아야 하는지 아니면 전통적인 제도나 관습도 보편적인 인권조약에 맞추어 비판받거나 수정되어야 하는지가 문제가 되는 것이다. 나아가 평등권에 동성결혼이 포함되는지, 학교에서의 체벌이 허용되는지, 종교의 자유에 다른 종교를 비판하거나 포교의 자유도 포함되는지 등의 쟁점에서 인권의 보편성과 상대성은 충돌한다.

역사적 또는 전통적인 제도가 과연 인권법상 허용될 수 있는지가 문제될 수 있다. 자식이 아버지의 성을 따르도록 한 민법의 규정과 관련하여 이 문제가 논의된 바 있다. 대법원은 종중을 "공동선고의 후손 중 성년 이상의 남자를 종원으로 하여 구성되는 종족의 자연발생적 집단"이라고 정의하여(대법원 94다56999 판결 참조), 남자만이 종중의 구성원이 될 수 있다고 보았으며 이는 한국의 오랜 전통에도 부합하는 것이었다. 그 결과, 종중의 재산을 분배하는 경우에 남자들에게만 재산이 분배되었다. 대법원 2002다1178 판결은 전통적인 종중이 남자들로만 구성되어 왔다는 사실에 불구하고 여성이 종중의 구성원이 될 수 있다고 판시하였다. 이 판결은 인권의 상대성보다 보편성을 강조한 것으로 이해된다. 동성동본금혼 위헌사건이나 부성주의에 관한 헌법재판소의 결정에서도 보편성과 상대성의 대립을 볼 수 있다.

동성동본 금혼 위헌 제청

헌법재판소 1997. 7. 16. 95헌가6내지13(병합)

[위헌의견]

이러한 동성동본금혼제가 생성하여 정착할 수 있었던 시대와 비교하면 현대사회는 너무나 많은 사회 환경의 변화가 있었음을 부인할 수 없다.

첫째, 사회를 지배하는 기본이념의 변화를 들 수 있다. 왕조를 중심으로 하여 유학이 발달하고 충효정신을 숭상하며 신분적 계급제도 및 남존여비사상에 기초한 족벌적, 가부장적 사회이었던 그 당시에 비하여, 현재의 우리사회는 헌법에 명시되어 있듯이 "자유와 평등"을 근본이념으로 하며 신분적 계급제도와 남존여비사상을 배척한 자유민주주의사회로 탈바꿈하였고, 이에 따라 헌법도 제36조 제1항에서 "개인의 존엄과 양성의 평등"의 바탕위에서 혼인과 가족생활이 성립되고 유지되어야 함을 천명하고 있을 뿐만 아니라 이에 대한 국가의 보장의무까지 규정하고 있으며, 이에 맞추어 국민의 의식구조도 그렇게 변화하고 있다.

둘째, 혼인 및 가족관념의 변화와 남녀평등관념의 정착을 들 수 있다. 혼인이 1남 1녀의 정신적·육체적 결합이라는 점에 있어서는 변화가 없다고 할지라도 국민 대다수의 혼인관(婚姻觀)이 주로 "집안(家)과 집안(家)간의 결합"이라는 관념에서 혼인당사자의 자유의사를 존중한 "인격 대 인격의 결합"이라는 관념으로 바뀌었고, 가족의 관념이나 형태도 대체로 가부장적 대가족에서 분화된 핵가족으로 바뀌었다. 친족사이의 유대가 약화되고 있다는 것이 결코 바람직한 현상은 아니라고 할지라도 동성동본인 혈족이 "같은 집안"이라는 의식이 희박해지고 있다는 점은 엄연한 현실이고, 특히 가족 내의 가족원의 지위 내지 역할분담이나 그에 대한 의식이 현저히 달라졌으며, 또 건국 이래 꾸준한 여성교육의 확대로 인한 남녀평등관념의 정착은 매우 중요한 변화라 할 수 있다. 이는 여성의 사회진출 내지 사회활동의 확대에 따른 그 지위의 향상과도 관련되는 것이지만, 이에 따라 남아선호(男兒選好) 내지 가계계승(家系繼承) 관념의 쇠퇴, 아들·딸을 구별치 않는 다자녀출산의 기피, 독신여성 및 이혼녀의 증가 등 여러 가지 의식의 변화가 오고 있다.

셋째, 경제구조의 변화와 인구의 급격한 증가 및 그 도시집중화를 들 수 있다. 봉건적, 폐쇄적인 농경중심 내지 자급자족 원칙의 농경사회가 고도로 발달된 산업사회로 바뀌었다는 것은 중대한 사회환경의 변화이며, 이는 국민의 의식구조 및 그 가치관, 인생관, 행복관 등에 지대한 영향을 미친 것이다.

[합헌의견]

행복추구권이라 할지라도 반사회적 내지 반자연적 행위를 금지하는 규범이나 전통문화로 인식되어 온 국민의 법감정에 반하여 이를 남용할 수 없음은 물론 타인의 행복추구권을 침해하거나 방해할 수 없음은 너무나 당연하다고 할 것이며 적어도 국민의 의사에 정면으로 반하지 아니하는 한 전통·관습에 반한 행복추구권을 추구할 수는 없다고 할 것이다.

따라서 이 사건 법률조항은 앞서 본 바와 같은 전통문화라는 역사적 사실과 전통문화의 계승이라는 헌법적 이상에 부응하며 아직도 우리 사회의 유지수단의 정신적 지주역할을 하고 있을 뿐, 다수의견이 주장하고 있는 바와 같이 사회유지수단으로서의 기능을 상실하였다고는 보기 어렵다.

다수의견은 이 사건 법률조항이 남계혈족만을 기준으로 동성동본인 혈족간의 혼인을 금하고 있으므로 여성의 평등권을 침해한다고 주장한다. 그러나 우리 민법은 가족법상 전통관습의 법제화라는 입장에서 이 사건 법률조항을 둔 것이므로 이를 합리성이 없는 자의적 남녀차별이라고 할 수는 없다. 또한 우리의 친족체계는 남계혈족을 중심으로 이루어져 온 것이고(친족체계가 모계중심으로부터 부계중심으로 전환되어 형성되어 온 것은 인류 공통의 역사이다) 그러한 친족체계가 사회적, 경제적 그 밖의 요인의 변화에 의하여 남녀평등적 또는 여계혈족 중심으로 점차 변하여 갈 수는 있겠지만 오랜 역사에 걸쳐 형성되어 온 현재의 가족관계를 단순한 논리만으로서 평가하여 하루아침에 변혁시킬 수는 없다고 할 것이다.

법 제781조 제1항 부성주의 위헌제청

헌법재판소 2005. 12. 22. 선고 2003헌가5 판결

[위헌의견]

헌법은 모든 국가 질서의 비탕이 되는 국가사회 최고의 가치체계이므로 역사와 문화에 뿌리박은 가족제도일지라도 헌법적 심사를 회피할 수는 없다. 헌 법 제9조에 따라 계승·발전시켜야 할 전통 또는 전통문화란 이 시대의 제반 사회·경제적 환경에 맞고 오늘날에 있어서도 보편타당한 윤리 내지 도덕관념이라 할 것이다. 따라서 역사적으로 오랜 기간 유지되어 온 전통적 가족제도라 할지라도 그것이 가족제도에 관한 오늘날의 헌법이념인 개인의 존엄과 양성의 평등에 반하는 것일 수는 없다는 자명한 한계를 가진다.…

성은 개인의 혈통을 상징하는 것이므로 부성주의는 곧 부의 혈통을 기준으로 개인의 혈통을 인식함을 의미한다. 인간은 생물학적으로 부와 모 양계(兩系)로부터 함께 혈통을 이어받지만 부(父)의 성(姓)을 사용하여 자신의 혈통을 표시함으로써 개인의 혈통 계승 인식은 부계를 중심으로 형성되고 유지된다. 곧 부성주의(父姓主義)는 부(父)의 혈통 계승을 의미하므로 세대를 이어 부성주의가 적용될 경우 결국은 남계(男系)를 통한 혈통 계승을 의미하게 된다. 따라서 부성주의는 부(父)와 남성(男性)을 기준으로 가족제도를 구성하는 부계혈통주의의 핵심을 이룬다. 물론 동일한 성을 사용하지 않는다고 해서 모 또는 모계 친족과의 혈통관계가 부인되는 것은 아니지만, 동일한 성으로 표현되는 혈통에 대한 계승 의식이 훨씬 강력하고 지속적인 것이 될 것임은 두말할 나위가 없다.

흔히 '대(代)를 잇는다'고 표현되는 가계(家系)의 계승(繼承)도 성(姓)으로 상징되는 혈통의 계승을 의미하는데, 예외 없는 부성주의의 관철은 남성을 통해서만 가계의 계승이 보장되는 결과를 가져와 결국 딸을 통해서는 그 다음 세대에 대하여 혈통의 상징인 성(姓)을 물려줄 수 없어 그 가계의 계승이 단절되는 것으로 인식되어 남아선호(男兒選好)의 관념을 낳게 하고 가족 내부에 있어서의 딸의 지위를 아들의 지위에 비해 부차적이고 열등한 것으로 만든다.

부(父)가 그들의 자녀에 대해 자신의 성을 부여하는 것은 당연한 사실로 받아들여지지만 모(母)는 자신의 성을 그 자녀에게 부여할 수 없다는 사실은 자녀에 대한 관계에 있어 모의 지위가 부의 지위에 비해 명백히 차별받고 있다는 것을 의미한다. 또한 자녀는 부의 성을 따름으로써 부를 가족의 중심으로 여기게 되고 부와 자녀가 동일한 성을 사용하여 혈연적 일체감이 자연스럽게 드러남에 비해 모(母)는 자신의 가족들과 다른 성을 사용하게

되어 심리적으로 소외감을 느끼는 경우도 적지 않을 수 있다.

나아가 부성의 사용을 통해 동일한 성을 사용하는 부계의 혈연집단 구성원들 상호간의 혈연적 일체감과 귀속감은 일반적으로 모계의 혈연집단 구성원 상호간의 그것에 비해 우선하게 된다.

이와 같이 이 사건 법률조항이 규정하고 있는 부성주의는 부(父)와 남성(男性)을 중심으로 한 혈통 계승을 강제하여 부와 남성을 가족의 중심에 놓게 하여 가부장적(家父長的) 가치질서를 유지, 강화하고 가족 내 여성의 지위를 남성에 비해 부차적이고 열등한 것으로 놓이게 하여 여성을 차별하고 있다. 그런데 아래에서 보는 바와 같이 그와 같은 차별을 정당화할 수 있는 아무런 구체적인 이익을 찾을 수 없다.

역사적으로 오랜 기간 전통적으로 부성주의를 취해왔다는 사실로부터 부성주의로 인한 차별취급을 정당화하려는 견해도 그 근거를 인정할 수 없다. '동성동본금혼 규정'에 대한 헌법불합치결정과 '호주제'에 대한 헌법불합치결정에서 이미 우리 재판소가 이미 판시한 바와 같이, 역사적으로 오랜 기간 유지되어 온 가족제도라는 사실만으로 그 제도가 곧바로 헌법적으로 정당화 될 수는 없으며 그 제도가 오늘날의 가치에 부합하고 헌법이념에 반하지 않는 것이어야 한다는 한계를 가진다.

부성주의가 오랜 기간 유지되어 왔으므로 오늘날에도 정당화 될 수 있다는 주장은 전통적으로 남성과 여성을 차별취급 해 왔으므로 현재도 그 차별취급이 정당하다는 논리에 지나지 않는다.

[합헌의견]

문화가 항상 헌법에 선행하는 것은 아니다. 그러나 선행하는 경우도 있다. 가족제도, 그 중에도 부성주의(父姓主義) 같은 것은, 분명히 헌법에 선행하는 문화의 하나이다.…

여기서 자(子)의 부가 누구인가를, 한편으로는 사회에 대하여 인식케 하고, 다른 한편으로는 사회로부터 인정받게 하는, 대외적 공시의 필요성이 대두된다.

이러한 사회적 필요에 응하여 등장한 인류의 문화적 발명의 하나가 바로 부성주의라고 할 것이다. 그러므로 자(子)가 부의 성을 사용한다고 하는 것은 그 자(子)가 특정한 부의 혈통을 이어받은 사실을 공시하는 효과를 갖는 것이고 이러한 의미에서 성은 기호로서의 본질을 갖는 것이다. 환언하면 자(子)는 부(父)의 성(姓)을 사용함으로써 부자관계의 존재를 대외적으로 명확히 공시할 수 있고 그 공시에 따른 공신력을 상당한 정도로 사회로부터 인정받게 되는 것이다. 따라서 혈통관계의 공시의 필요성에 부합하는 측면에서는 자(子)가 부의 성을 사용하는 것이 모의 성을 사용하는 것 또는 그 어떤 다른 것보다도 훨씬 더 효과적이고 실용적이다.

또한 출산과 수유 같은 생리적 기능을 갖지 못하는 남자는 그런 기능을 수행하는 여자에 비하여 자녀와의 관계에서 일체감과 유대감이 원천적으로 약할 수밖에 없고 가정에 대한 소속감 역시 마찬가지로 약할 수밖에 없다. 모자관계에 비해 상대적으로 소원하거나 결속력이 약할 수 있는 부자관계는 자(子)가 부의 성을 사용함으로써 그 일체감과 유대감이 자연히 강화되고 부(父)의 자(子)에 대한 책임의식이 더욱 고취되어 결과적으로 가족 전체의 통합과 결속이 강화될 수 있다.

이와 같이 부성주의는 자(子)의 부계혈통을 대외적으로 공시하는 기능을 가지는 동시에 생래적으로 모에 비해 약화되기 쉬운 부와 그 자녀간의 일체감과 유대감을 강화하여 가족의 존속과 통합을 보장하는 기능을 가진다.

요컨대 부성의 사용은 부계혈통의 공시를 필요로 하는 사회적 수요에 응하는 하나의 기술적 기호의 채택에 불과하고 이러한 기술을 채택한 것은 모계혈통의 공시 필요성이 부계혈통의 공시 필요성보다 상대적으로 적다는 자연적·사회적 상황에 따른 문화적 결단인 것이다. 그렇다면 부성주의는 나름대로 그 합리성을 충분히 인정할 수 있다.…

부성주의를 취할 경우 모의 혈통은 성(姓)에 반영되지 않는다는 점에서 여성에 대한 차별적 효과가 발생하는 것은 부인할 수 없다. 그러나 성은 사람을 식별하는 데 사용되는 여러 기호체계의 하나일 뿐이다. 단지 이 기호에 부계혈통의 공시기능과 상당한 공신력이 부여되어 있을 뿐이다. 이러한 기호의 채택이 여성이라는 존재가 갖는 인간으로서의 존엄성의 실체에 무슨 영향을 미칠 수 없다는 것은 기호의 본질상 자명한 일이다.

오늘날 재혼이나 입양의 증가로 인하여 자녀가 생부(生父) 아닌 사람과 사실상 부자관계를 형성하고 생활하는 경우가 많게 되었다. 이에 따라 생부의 성을 따르던 것을 계부(繼父)나 양부(養父)의 성으로 변경하는 것을 허용해야 한다는 주장이 있다. 그러한 주장의 주된 근거는, 입양 가족 또는 재혼을 통해 새로 구성된 가족의 경우에 그 자녀가 사실상의 부(父)와 성을 달리 사용함으로써 입양이나 재혼 사실이 다른 사람에게 노출되는 불이익을 받게 되고 이것이 입양이나 재혼 가정의 통합을 저해하는 요소가 된다는 것이다.

그러나 재혼이나 입양 사실이 노출됨으로써 개인이 받는 불이익이라는 것은 재혼이나 입양에 대한 사회적 편견 내지 사시(斜視)가 그 원인이지 부성주의가 그 원인은 아니다. 물론 계부나 양부의 성으로 성을 변경하지 못하면 재혼이나 입양 사실이 노출될 가능성이 커질 수 있지만 성의 변경을 허용한다고 해서 그러한 사실이 노출될 가능성을 전부 막을 수도 없거니와 경우에 따라서는 성의 변경 사실 자체가 오히려 그 개인의 가족사를 그대로 노출할 수도 있다. 재혼 가정이나 입양 가정의 가족 구성원이 받는 불이익의 직접적인 원인이 이와 같이 따로 있음에도 불구하고 그와 같은 불이익의 발생에 간접적이고 우연적인 연계를 가질 뿐인 부성주의를 여기에 끌고 들어와 그 위헌성을 비난하는 것은 문제의 소재와 비난의 대상을 잘못 파악한 것이다.…

우리의 역사를 살펴보면 부성주의는 성이 사용되기 시작할 무렵부터 형성되고 발전하여 오늘날에 이르기까지 계속 유지되어 온 가족제도의 한 내용이다. 부성주의는 모성주의 기타 다른 제도와의 선험적 비교를 통해 논리적 판단에 따라 선택된 결과가 아니라 구체적 생활관계에서 자연스럽게 그 합리성이 인정되어 형성되고 발전된 생활양식이며 규범 이전에 존재하는 문화적 현상이다. 이러한 생활양식과 문화로서의 부성주의는 사회 구성원의 생활관계와 의식 속에서 구체적인 행동기준으로 자리 잡음으로써 규범으로 반영되기에 이르렀고 그와 같은 규범으로서의 부성주의가 바로 이 사건 법률조항인 것이다.

그러므로 시대의 변천과 사회 구성원의 구체적인 생활상의 변화에 따라 생활양식과 문화의 변화가 선행된다면 생활양식과 문화현상을 반영하는 규범도 변화된 생활양식과 문화를 따라 자연스럽게 변화되는 것이 사물의 자연스러운 이치이다. 이러한 이치와는 달리 의도적인 규범의 변경을 통하여 생활양식과 문화의 변화를 앞장서서 강제하고자 하는 것은 새로운 규범이 만인 공감의 고도의 합리성을 갖는 것이 아닌 한 수없이 많은 새로운 문제와 심지어는 불법까지를 야기한다.

그러므로 부성주의를 규정하고 있는 이 사건 법률조항의 합헌성 여부를 판단하기 위해서는, 생활양식과 문화 현상으로서의 부성주의가 오늘날 우리 사회의 일반적인 의식과 생활상에 부합하여 그 존재 가치를 가지느냐에 대한 검토가 필요하며 단순히 일면적 법논리에 의해서만 평가할 수는 없다.

종중의 범위에 여성이 포함된다고 본 대법원 판결

대법원 2005. 7. 21. 선고 2002다1178 판결

[다수의견]

사회의 거듭된 관행으로 생성된 사회생활규범이 관습법으로 승인되었다고 하더라도 사회 구성원들이 그러한 관행의 법적 구속력에 대하여 확신을 갖지 않게 되었다거나, 사회를 지배하는 기본적 이념이나 사회질서의 변화로 인하여 그러한 관습법을 적용하여야 할 시점에 있어서의 전체 법질서에 부합하지 않게 되었다면 그러한 관습법은 법적 규범으로서의 효력이 부정될 수밖에 없다.…

사회 환경과 인식의 변화로 인하여 종원의 자격을 성년 남자로만 제한하고 여성에게는 종원의 자격을 부여하지 않는 종래의 관습에 대하여 우리 사회 구성원들이 가지고 있던

법적 확신은 그것이 현재 소멸되었다고 단정할 수는 없으나 상당 부분 흔들리거나 약화되어 있고, 이러한 현상은 시일의 경과에 따라 더욱 심화될 것으로 보인다.

우리 헌법은 1948. 7. 17. 제정 시에 모든 국민은 법률 앞에 평등이며 성별에 의하여 정치적, 경제적, 사회적 생활의 모든 영역에 있어서 차별을 받지 아니한다고 선언하였으나, 가족생활관계를 규율하는 가족법 분야에서는 헌법에서 선언한 남녀평등의 원칙이 바로 반영되지는 못하였다.

그 후 1980. 10. 27. 전문 개정된 헌법에서는 혼인과 가족생활은 개인의 존엄과 양성의 평등을 기초로 성립되고 유지되어야 한다는 규정이 신설되었는바, 이는 유교사상에 의하여 지배되던 우리의 전통적 가족제도가 인간의 존엄과 남녀평등에 기초한 것이라고 보기 어렵기 때문에 헌법이 추구하는 이념에 맞는 가족관계로 성립되고 유지되어야 한다는 헌법적 의지의 표현이라고 할 것이다.

한편, 1985. 1. 26.부터 국내법과 같은 효력을 가지게 된 유엔의 여성차별철폐협약(CONVENTION ON THE ELIMINATION OF ALL FORMS OF DISCRIMINATION AGAINST WOMEN)은 '여성에 대한 차별'이라 함은 정치적, 경제적, 사회적, 문화적, 시민적 또는 기타 분야에 있어서 결혼 여부와 관계없이 여성이 남녀동등의 기초 위에서 인권과 기본적 자유를 인식, 향유 또는 행사하는 것을 저해하거나 무효화하는 것을 목적으로 하는 성별에 근거한 모든 구별, 제외 또는 제한을 의미한다고 규정하면서, 위 협약의 체약국에 대하여 여성에 대한 차별을 초래하는 법률, 규칙, 관습 및 관행을 수정 또는 폐지하도록 입법을 포함한 모든 적절한 조치를 취할 것과 남성과 여성의 역할에 관한 고정관념에 근거한 편견과 관습 기타 모든 관행의 철폐를 실현하기 위하여 적절한 조치를 취할 의무를 부과하였다. 그리고 1990. 1. 13. 법률 제4199호로 개정되어 1991. 1. 1.부터 시행된 민법은 가족생활에서의 남녀평등의 원칙을 특히 강조하고 있는 헌법정신을 반영하여 친족의 범위에 있어서 부계혈족과 모계혈족 및 부족인척과 처족인척 사이의 차별을 두지 아니하고, 호주상속제를 폐지하는 대신 호주승계제도를 신설하면서 실질적으로 가족인 직계비속 여자가 호주승계인이 되어 조상에 대한 제사를 주재할 수 있도록 하였으며, 재산상속분에 있어서도 남녀의 차별을 철폐하였다.

또한, 1995. 12. 30. 법률 제5136호로 제정되어 1996. 7. 1.부터 시행된 여성발전기본법은 정치·경제·사회·문화의 모든 영역에 있어서 남녀평등을 촉진하고 여성의 발전을 도모함을 목적으로 하여, 모든 국민은 남녀평등의 촉진과 여성의 발전의 중요성을 인식하고 그 실현을 위하여 노력하여야 하고, 국가 및 지방자치단체는 남녀평등의 촉진, 여성의 사회참여확대 및 복지증진을 위하여 필요한 법적·제도적 장치를 마련하고 이에 필요한 재원을 조달할 책무를 지며, 여성의 참여가 현저히 부진한 분야에 대하여 합리적인 범위안에서 여성의 참여를 촉진함으로써 실질적인 남녀평등의 실현을 위한 적극적인 조치를 취할 수 있도록 규정하였다.

나아가 2005. 3. 31. 법률 제7428호로 개정된 민법은, 호주를 중심으로 가를 구성하고 직계비속의 남자를 통하여 이를 승계시키는 호주제도가 남녀평등의 헌법이념과 시대적 변화에 따른 다양한 가족형태에 부합하지 않는다는 이유에서 호주에 관한 규정과 호주제도를 전제로 한 입적·복적·일가창립·분가 등에 관한 규정을 삭제하고, 자녀의 성과 본은 부의 성과 본을 따르는 것을 원칙으로 하되 혼인신고 시 부모의 협의에 의하여 모의 성과 본을 따를 수도 있도록 규정하기에 이르렀다.

앞에서 본 바와 같이 종원의 자격을 성년 남자로만 제한하고 여성에게는 종원의 자격을 부여하지 않는 종래 관습에 대하여 우리 사회 구성원들이 가지고 있던 법적 확신은 상당 부분 흔들리거나 약화되어 있고, 무엇보다도 헌법을 최상위 규범으로 하는 우리의 전체 법질서는 개인의 존엄과 양성의 평등을 기초로 한 가족생활을 보장하고, 가족 내의 실질적인 권리와 의무에 있어서 남녀의 차별을 두지 아니하며, 정치·경제·사회·문화 등 모든 영역에서 여성에 대한 차별을 철폐하고 남녀평등을 실현하는 방향으로 변화되어 왔으며, 앞으로도 이러한 남녀평등의 원칙은 더욱 강화될 것인바, 종중은 공동선조의 분묘수호와 봉제사 및 종원 상호간의 친목을 목적으로 형성되는 종족단체로서 공동선조의 사망과 동시에 그 후손에 의하여 자연발생적으로 성립하는 것임에도, 공동선조의 후손 중 성년 남자만을 종중의 구성원으로 하고 여성은 종중의 구성원이 될 수 없다는 종래의 관습은, 공동선조의 분묘수호와 봉제사 등 종중의 활동에 참여할 기회를 출생에서 비롯되는 성별만에 의하여 생래적으로 부여하거나 원천적으로 박탈하는 것으로서, 위와 같이 변화된 우리의 전체 법질서에 부합하지 아니하여 정당성과 합리성이 있다고 할 수 없다. 따라서 종중 구성원의 자격을 성년 남자만으로 제한하는 종래의 관습법은 이제 더 이상 법적 효력을 가질 수 없게 되었다고 할 것이다.

민법 제1조는 민사에 관하여 법률에 규정이 없으면 관습법에 의하고 관습법이 없으면 조리에 의한다고 규정하고 있는바, 성문법이 아닌 관습법에 의하여 규율되어 왔던 종중에 있어서 그 구성원에 관한 종래 관습은 더 이상 법적 효력을 가질 수 없게 되었으므로, 종중 구성원의 자격은 민법 제1조가 정한 바에 따라 조리에 의하여 보충될 수밖에 없다.

종중이란 공동선조의 분묘수호와 제사 및 종원 상호간의 친목 등을 목적으로 하여 구성되는 자연발생적인 종족집단이므로, 종중의 이러한 목적과 본질에 비추어 볼 때 공동선조와 성과 본을 같이 하는 후손은 성별의 구별 없이 성년이 되면 당연히 그 구성원이 된다고 보는 것이 조리에 합당하다고 할 것이다.

[별개의견]

… 종중은 다른 나라에서 유래를 찾아보기 어려운 우리나라에 독특한 제도이며, 우리 전통의 산물이다. 그런데 우리 헌법상 국가는 전통문화의 계승·발전과 민족문화의 창달에 노력하여야 할 헌법적 의무를 지고 있다(헌법 제9조). 그러므로 종중에 관한 종래의 관습법을 평가함에 있어서도 우리의 전통문화가 현대의 법질서와 조화되면서 계승·발전되도록 노력하여야 할 것이다.

… 대법원판례가 종중이 자연발생적이라고 한 것은 조상숭배를 일족일가의 가장 중요한 일 중의 하나로 여기는 남계혈족 중심의 종법 아래 특별한 소집권자나 소집절차 없이 그야말로 자연스럽게 모여 제사를 지내고 친목을 도모하던 현상을 있는 그대로 표현한 것이지, 종중은 자연발생적이어야 한다는 규범을 설정한 것이 전혀 아니다. 그러므로 종중이 자연발생적 단체이기 때문에 성년여자도 그 의사와 관계없이 모두 종중 구성원이 되어야 한다는 논리구성을 취하는 것이라면, 이는 사실과 규범을 혼동한 것이라고 생각된다.

그리고 종래의 관습법상 성년남자는 그 의사와 관계없이 종중 구성원이 된다고 대법원이 파악하여 왔음은 주지하는 바와 같고, 이 부분에 관한 한 현재로서는 문제될 것이 없다는 것이 우리의 견해이다. 그러나 그와 같이 보는 것은 고유한 의미의 종중에 있어서 종원의 가장 주요한 임무는 공동선조에 대한 제사를 계속 실천하는 일이고, 따라서 종원은 기제·묘제의 제수, 제기 구입, 묘산·선영 수호, 제각 수리 등을 비롯한 제사에 소요되는 물자를 조달·부담하는 것이 주된 임무였으며, 종원의 이러한 부담행위는 법률적으로 강제되는 것이 아니고 도덕적·윤리적 의무에 불과하여, 그들의 권리가 실질적으로 침해되는 바가 없었으므로 법률이 간섭하지 않더라도 무방하다고 보기 때문일 뿐이다.…

양심적 병역거부에 대한 대법원 판결

대법원 2018. 11. 1. 선고 2016도10912 전원합의체 판결

[다수의견]

자유민주주의는 다수결의 원칙에 따라 운영되지만 소수자에 대한 관용과 포용을 전제로 할 때에만 정당성을 확보할 수 있다. 국민 다수의 동의를 받지 못하였다는 이유로 형사처벌을 감수하면서도 자신의 인격적 존재가치를 지키기 위하여 불가피하게 병역을 거부하는 양심적 병역거부자들의 존재를 국가가 언제까지나 외면하고 있을 수는 없다. 일방적인

형사처벌만으로 규범의 충돌 문제를 해결할 수 없다는 것은 이미 오랜 세월을 거쳐 오면서 확인되었다. 그 신념에 선뜻 동의할 수는 없다고 하더라도 이제 이들을 관용하고 포용할 수는 있어야 한다.… 자신의 내면에 형성된 양심을 이유로 집총과 군사훈련을 수반하는 병역의무를 이행하지 않는 사람에게 형사처벌 등 제재를 해서는 안 된다. 양심적 병역거부자에게 병역의무의 이행을 일률적으로 강제하고 그 불이행에 대하여 형사처벌 등 제재를 하는 것은 양심의 자유를 비롯한 헌법상 기본권 보장체계와 전체 법질서에 비추어 타당하지 않을 뿐만 아니라 소수자에 대한 관용과 포용이라는 자유민주주의 정신에도 위배된다. 따라서 진정한 양심에 따른 병역거부라면, 이는 병역법 제88조 제1항의 '정당한 사유'에 해당한다.

[소수의견]

공통의 역사적·종교적·문화적 배경 아래에서 상당수의 서구사회 구성원들 사이에는 양심적 병역거부를 주장하는 다른 기독교 종파의 교리에 대해 종교적 또는 윤리적 관점에서 공유하는 부분이 작지 않을 것으로 보인다. 따라서 기독교적 이념에 기초하여 양심적 병역거부를 주장하는 소수의 사람들에 대해서도 사회적 관용의 분위기가 보다 쉽게 형성될 수 있고, 나머지 다수의 구성원들 사이에 대체복무제나 병역면제 등의 방법으로 이들을 법률적·제도적으로 받아들이는 데 거부감이 상대적으로 적으며, 그에 관한 사회적 합의를 이루기도 보다 쉬울 것이라는 추론을 해볼 수 있다.

양심적 병역거부의 합법화나 이를 주장하는 사람들을 보호하기 위한 대체복무제의 도입에 적극적으로 찬성하면서 주변 국가에 동참을 촉구하는 미국, 영국, 프랑스, 독일, 스웨덴, 노르웨이, 핀란드, 네덜란드, 이스라엘, 캐나다, 호주, 뉴질랜드 등 대부분의 국가들은 서구사회에 속해 있다는 사실과 이와는 달리 현재까지도 양심적 병역거부를 처벌하고 있다고 알려진 알제리, 싱가포르, 터키, 이집트, 투르크메니스탄 등은 대체로 기독교의 영향권으로부터 벗어나 있는 국가라는 사실은 이러한 추론의 타당성을 뒷받침하는 강력한 증거이다.

반면 우리나라는 유구한 역사와 문화적 전통을 계승·유지해 왔지만, 국가적으로나 사회적으로 특정 종교나 이념을 공동체 구성원의 사고 및 도덕 체계를 지배하는 기본 이념으로 받아들인 후 이를 고수해 오지는 않았음이 주지의 사실이다.… 이러한 사정을 종합해 보면, 우리 사회에서 기독교적 이념을 보편적인 사회윤리로 인정할 수 없음은 물론이고, 이에 기초한 양심적 병역거부는 아직 대다수 사회구성원에게는 익숙하지 않은 이념이나 신조이다. 우리의 역사적·종교적 전통이나 경험을 토대로 할 때 기독교적 이념이나 교리에 기초한 양심적 병역거부의 주장은 대다수 구성원이 쉽게 받아들이기 어려운 것으로 보인다.

우리 역사 중 조선시대(1392년~1910년)로 한정해 볼 때, 통치세력에 의해 주도적인 사회 이념 및 윤리 체계로 기능하였던 유교의 경우 사람의 생명을 존귀하게 여겨 살상과 폭력을 경계하고 양심과 인격에 대한 존중을 통해 사람을 감화시킴으로써 이른바 '덕치(덕치)'와 '왕도(왕도)'에 의한 인도주의 국가를 실현함을 주된 정치 이념으로 삼았다. 또 다른 영향력 있던 종교인 불교의 경우에도 이른바 '불살생(불살생)'의 계율을 핵심적인 생활 규범으로 한 더욱더 강력한 생명존중 사상으로 일관하였다. 그리하여 일견 그 이념이나 교리 면에 있어서는 양심적 병역거부의 이념적 뿌리로 인정되는 서구사회의 기독교적 이념이나 평화주의 및 전쟁 거부의 사상과도 맞닿아 있다고 볼 수 있다. 그러나 우리 조상들은, 중국, 일본 등 주변 강국의 군사적 침입으로 국가안보와 국토방위의 위기에 직면하고 이에 대응할 병력형성이 긴요한 상황에서는 자연스럽게 위와 같은 개인적·종교적 이념이나 계율에서 한 발 물러났고, 의병이나 승병으로서 병력을 조직하여 직접 무기를 들고 전장에 나아가 외적에 맞서 투쟁하는 데에 주저함이 없었다. 나아가 이를 사회의 구성원으로서 책무를 다하는 의로운 행위로 간주함으로써 양심적 병역거부가 토대로 삼는 이념이나 신조와는 달리 행동하였음이 너무나도 익숙한 역사적 사실이다.

해설 및 검토

1. 서구의 인권 사상은 오늘날 우리에게 어떠한 의미가 있는가?
2. 인권이 실효적으로 보장되는지 여부를 판단할 때, 각 나라의 형편이나 특성을 고려해야 하는가?
3. 북한 주민은 북한법이 인정하는 범위 내에서만 자유와 인권을 누려야 하는가? 대한민국의 국민은 한국법이 인정하는 범위 내에서만 자유와 인권을 누려야 하는가?
4. 프랑스에서는 법령으로 이슬람 여성들이 얼굴을 가리는 복장을 착용하는 것을 금지하는 경우가 있다. 이는 인권을 침해하는 것인가 아니면 여성의 인권을 보장하기 위한 것인가?

5. 1970년대 및 1980년대의 '국민교육헌장'에 나타난 표현인 "우리는 민족중흥의 역사적 사명을 띠고 이 땅에 태어났다.… 나라의 융성이 나의 발전의 근본 … 반공 민주 정신에 투철한 애국 애족이 우리의 삶의 길 …"이라는 표현이나 종전의 '국기에 대한 맹세'인 "…조국과 민족의 무궁한 영광을 위하여 몸과 마음을 바쳐 충성을 다할 것을 굳게 다짐한다."라는 표현은 국가와 개인의 관계에 대하여 어떠한 태도를 취하는가?

참고문헌

1. 베르너 마이호퍼, 윤재왕 옮김, 『실존법으로서의 자연법』, 세창출판사(2011)
2. Jack Donnelly, *Universal Human Rights*, Cornell University Press (2003)
3. Jack Donnelly, *International Human Rights*, Westview (2007)
4. Thomas Paine, *The Rights of Man in The Thomas Paine Reader* (Penguin Classics, 1987)

제 3 장
인간 심리, 종교와 인권

1. 인간, 인식 및 의사결정

인간은 합리적으로 의사결정을 하는가? 전통적인 경제학 이론에 따르면 인간의 의사결정은 합리적이다. 경제학 이론은 인간이 합리적인 의사결정을 한다는 가정을 한다. 로크도 인간은 자연 상태에서도 이성을 가진 존재라고 보았으며, 세계인권선언은 제1조에서 인간은 이성과 양심을 가지며, 서로에게 형제자매의 정신으로 대해야 한다고 규정하였다. 스스로를 비이성적이거나 비합리적인 사람이라고 생각하는 사람은 찾기 힘들다. 인간이 이성적인 존재라면 인권을 침해하거나 인종, 종교, 성별 기타의 사유로 인한 차별도 논리적으로 설명하기 어렵다. 그럼에도 불구하고 이성적으로 설명이 불가능한 인권침해는 발생한다. 예를 들어, 타인의 인종, 피부색, 종교가 자신과 다르면 열등하다고 생각하거나 혐오한다. 외국인이나 난민은 내국인보다 범죄를 저지를 가능성이 높다고 생각한다. 직장과 가정 내에서 여성의 역할에 대한 고정관념을 가지거나 특별히 해악이 있다는 증거가 없어도 동성애는 금지해야 한다고 생각한다. 이와 같은 편견이나 편향이 집단화, 제도화 되면 국가 단위에서 광범위한 인권 침해가 발생한다.

그러므로 사람들이 왜 인권을 침해하고 차별을 받아들이는가에 관한 질문을 한번쯤 던져볼 필요가 있다. 최근의 인지심리학의 연구 성과에 따르면 인간은 그렇게 이성적인 존재가 아니며, 인식이나 의사결정에서 많은 오류를 저지른다는 사실이 밝혀졌다. 사람들은 대부분은 자신이 이성적인 존재라고 생각하며 자신의 인식이나 의사결정에 오류가 없다고 여기지만 사실은 터무니없는 오류를 저지른다. 물론, 이것이 사람들이 비이성적인 존재라는 의미는 아니다. 다만, 우리가 인식이나 의사결정에서 오류를 저지르는 환경이나 요인을 잘 이해하면 터무니없는 잘못을 저지를 가능성을 낮출 수 있다. 대부분의 인권침해는 근거가 없는 인식이나 의사결정에서 기인하는 경우가 많으므로 인간의 인식이나 의사결정의 체계를 이해하는 것은 인권 침해적인 사고(思考)나 행동을 줄이는데 도움이 된다.

2. 인간 심리의 진화

오늘날 지구상의 모든 생물은 수십억 년 전의 단세포 생물에서 자연선택에 따라 다양한 생물로 진화하였다. 인지심리학에 따르면 인간 자체가 자연선택에 의하여 진화한 결과이듯이 인간의 심리도 생존을 위하여 오랜 기간 동안 진화한 결과물이다. 스티븐 핑커는 마음이란 우리의 조상들이 채집생활에서 사물, 동물, 식물과 타인들을 이해하고 정복하면서 마주치는 문제를 해결하기 위하여 자연선택에 의하여 고안된 기관들의 연산 체계라고 정의하였다. 마음은 뇌의 활동이며, 여러 모듈로 구성되어 있다. 인간의 뇌는 입력되는 정보를 종합하고 해석하도록 진화하여 왔다.

인간이 지구상에 등장한 수십만 년 동안의 기간에서 거의 99퍼센트 이상을 소규모로 식량을 채집하며 살아왔다. 그러므로 인간의 뇌는 농경이나 산업사회가 아니라 수렵 및 채집생활에 적합하도록 진화하였다. 현재의 인간의 심리는 수렵과 채집생활에 적합하도록 발달되어 있는 것이다. 인간은 채집과 수렵을 하던 시기의 마음으로 오늘을 살고 있다. 현대사회의 각종 제도들은 인간의 마음에서 본다면 매우 낯선 것이다. 인간이 수렵 및 채집생활을 할 때나 오늘날이나 기본적으로 인간의 심리 모듈은 동일하다고 볼 수 있다. 기본적으로 인간의 심리가 작동하는 방식은 인간이 수렵과 채집생활을 하던 시기와 크게 다르지 않다. 인식과 의사결정의 편향과 오류는 인간의 뇌 또는 마음이 정보의 해석, 종합 과정에서 발생하는 것이다. 이러한 편향과 오류 자체도 인간의 생존을 위한 진화의 과정에서 발생한 것이라고 볼 수 있다.

3. 인식과 의사결정의 편향, 오류

심리학자인 다니엘 케네먼에 따르면 인간은 직관적이며 즉흥적인 사고를 하는 시스템 1과 신중하고 이성적인 사고를 하는 시스템 2를 이용하여 선택과 의사결정을 한다. 시스템 1은 인간의 진화 과정에서 발달한 것으로 복잡한 상황을 순간적으로 파악하여 대처할 수 있게 해주며, 인간이 마주치는 위험을 신속하게 피할 수 있도록 도와준다. 시스템 1은 직관이라고 볼 수 있다. 시스템 1에 의한 사고는 현실생활에서 매우 유용하지만 종종 잘못된 인식이나 판단을 초래하기도 한다. 통계적으로 보면 비행기사고로 죽을 확률보다 자동차사고로 죽을 확률이 훨씬 높지만 사람들은 비행기를 탔을 때 더 불안함을 느낀다. 뉴스에서 본 비행기사고가 사람들의 인식에 강하게 영향을 미치기 때문이다. 즉흥적인 사고를 한다면 우리는 평평한 지구위에 산다고 인식할 수밖에 없다. 신중하고 이성적으로 증거를 살펴보고 종합해야만 지구가 둥글다는 것을 믿을 수 있다. 그러나 사람들은 매 순간 정밀하게 상황을 분석하여 인식하거나 판단을 할 여유가 없으므로 순간마다 편리한 어림짐작(heuristics)을 이용하여 인식하거나 판단을 한다. 이러한 어림짐작은 편리하기는 하지만 종종 편향을 일으킨다. 시스템 2를 이용하여 인식하고 의사결정을 하면 이성적인 판단이 가능하지만 시스템 2는 게으르다. 일부러 작동시키지 않으면 시스템 1의 결정을 그대로 받아들인다. 시스템 1에 의한 의사결정은 종종 인식, 의사결정의 오류나 편향이 발생한다.

이러한 오류나 편향이 발생하는 다양한 상황이 존재할 수 있다. 첫째, 기준점 효과이다. 사람들은 인식이나 의사결정을 할 때 이미 알고 있는 기준점을 출발점으로 삼아 옳다고 여기는 방향으로 조정을 한다. 예를 들어, 부패하지 않은 정치인 또는 덜 부패한 정치인을 뽑는 것이 국가를 위하여 좋다는 것은 누구나 안다. 그러나 평소에 부패하지 않을 것으로 여겨지던 정치인이 뇌물을 받았다는 사실이 드러나면 평소에 부패할 것으로 예상되는 정치인이 실제로 뇌물을 받았을 때보다 더 많은 비난을 받는다. 그러므로 유권자들은 덜 부패한 정치인을 뽑는 것이 더 좋다는 알지만 더 부패한 정치인을 뽑게 된다. 상대방과 협상을 할 때는 가능한 한 처음에 많은 금액을 청구하는 것이 유리하다. 이 금액이 협상의 출발점이 될 가능성이 높기 때문이다. 인간의 사람, 사물, 현상에 대한 평가는 기준점에서 출발하며 이는 종종 평가에서 오류를 일으킨다.

둘째, 대표성 어림짐작이다. 이는 어떤 특징이나 속성으로 전체의 특성이나 속성을 추정하는 것을 말한다. 고정관념에 따른 사고가 여기에서 생긴다. 예를 들어, 어떤 사람이 이슬람교도가 테러행위를 저질렀다는 뉴스를 보고 이슬람교를 믿는 사람은 대부분 테러행위자라고 생각한다면 이는 대표성 어림짐작에 따라 의사결정을 한 것이다. 사람들은 특정 지역 사람, 여성, 장애인, 피부색, 종교, 특정 출신국, 성별에 따른 고정관념을 가지고 있는 경우가 많은데, 이는 대표성 어림짐작 때문이다. 고정관념은 낯선 사람을 쉽게 파악할 수 있게 해주므로 편리하기는 하지만 오류가 많다.

셋째, 가용성 어림짐작이다. 이는 사람들이 머릿속에 먼저 떠오르는 정보를 이용하여 판단을 하는 오류이다. 이는 특정 사건이 뉴스에 빈번하게 오르내릴수록 사람들의 인식이나 의사결정이 더 많이 영향을 받을 때 생긴다. 예를 들어, 교통사고, 자살, 음주, 흡연 등으로 인한 사망자가 테러행위로 인한 사망자보다 훨씬 많음에도 불구하고 뉴스에는 주로 테러행위로 인한 사망 사건만 보도되므로 사람들은 테러행위로 인한 위험을 훨씬 위험하다고 본다. 외국인은 한국인보다 한국에서 전쟁이 발발할 가능성이 더 높다고 여길 가능성이 크다. 외국인들이 한국과 관련하여 접하는 소식은 전쟁의 위협과 관련된 것이 대부분이기 때문이다. 다양한 이유로 군복무를 면제받는 사람의 수가 훨씬 많음에도 불구하고 사람들은 매년 수백 명의 양심적 병역 거부자가 국가 안보에 훨씬 위험하다고 생각한다. 사람들이 뉴스에서 양심적 병역 거부자에 관한 소식만 듣기 때문이다. 외국인이나 이민자 등의 범죄는 내국인의 범죄보다 뉴스에 더 많이 등장하므로 사람들은 이들의 범죄율이 내국인보다 더 높다고 생각한다.

4. 기타 인식과 의사결정에 미치는 요인

위와 같은 요인 이외에도 인간의 인식과 의사결정에 편향이나 오류를 일으키는 요인이 있다. 첫째, 인간은 권위에 복종하기 쉽다. 이것은 유명한 스탠리 밀그램의 실험에서 확인된 바 있는데, 사람들은 권위가 있는 사람의 명령에 대하여는 명령의 옳고 그름을 확인하지 않고 따르는 경향이 있다. 부모, 선생님, 직장 상사, 법, 국가 등 권위에 대한 복종은 사회가 원만하게 유지되기 위한 조건이다. 그러나 명령이 합리적이거나 정당한지 의문을 제기하지 않으면 심각한 결과를 초래하기 쉽다. 집단살해나 고문과 같은 명령에는 거부하는 것이 당연하지만 의외로 사람들은 이와 같은 명령에도 따르는 경향을 보인다. 명령에 복종하기 이전에 명령이 정당한지 생각할 필요가 있는 것이다.

둘째, 인간은 다른 사람의 행동을 따라하고 순응하는 경향이 있다. 예를 들어, 열차가 매우 덥거나 추워도 다른 사람들이 불평을 하지 않으면 대부분은 참는 쪽을 택한다. 주변의 사람들이 부당한 일을 당하거나 인권침해를 당해도 문제를 제기하는 것은 상당한 용기를 필요로 하므로 대부분의 사람들은 그냥 모른 체 지나간다. 개인이 집단에 순응하는 이유는 군중의 일원이 되므로 책임감을 덜 느껴도 되며, 내가 나서지 않더라도 다른 사람이 나설 것이라는 마음이 들기 때문이다. 이러한 순응의 경향이 인권침해의 문제가 제기되고 해결되는 것을 어렵게 한다. 옳지 않은 일이라면 많은 사람들이 동조해도 따라가면 안 되는 것이다.

셋째, 인간은 익숙하거나 알고 있는 사람에게 호의를 보인다. 그리고 집단에 속하려고 하며, 자신이 속한 집단에 호의를 보인다. 인간은 사람들을 동료와 이방인으로 구분하고 이방인들에게 두려움을 느끼며 공격을 통하여 문제를 해결하려는 경향이 있다. 사람들이 동성애자, 난민, 피부색이 다른 사람에 대하여 유난히 혐오감을 보이는 이유는 이러한 사람들을 만나 본 일이 전혀 없기 때문일 가능성이 높다. 그런데, 특정한 집단에 속하려는 의지가 강할수록 다른 집단에 편견을 갖게 되어, 다른 집단을 열등하게 보거나 혐오하게 된다. 집단내의 구성원들은 더욱 동질적인 사고로 뭉치게 되어 극단적으로 흐를 가능성이 높아진다. 집단은 개인보다 극단적이 될 가능성이 높다. 종교, 민족, 국가에 대한 충성심이나 귀속감이 강할수록 타종교, 타민족, 타국에 대한 혐오나 배타적인 태도가 강화된다. 이러한 태도가 인권침해를 초래할 가능성이 많다. 많은 인권침해가 종교, 민족, 국가의 이름으로 행해졌다. 사람들이 신의 이름으로 행동하거나 민족과 국가의 영광을 지나치게 강조할 때 극단적인 인권침해가 발생할 가능성이 높다.

넷째, 사람들이 인과관계를 무시하거나 착각하는 예는 너무도 많다. 예를 들어, 머리가 좋은 남성은 배우자로 의도적으로 자신보다 덜 똑똑한 여성을 선택한다는 말이 있는데, 머리가 좋은 남성은 아주 드물기 때문에 확률 상 자신보다 덜 똑똑한 여성을 선택할 가능성이 높다. 그러므로 이는 확률 상 당연한 것이며, 머리가 좋은 남성이 일부러 의도한 것이 아니다. 병원에 열심히 다녀 병이 나은 사람이 병을 낫게 해 주어 감사하다고 신에게 감사의 기도를 드리는 것을 흔히 볼 수 있다. 흡연이 건강에 해로운가 여부에 답하려면 흡연으로 인한 사망률을 살펴야 하며, 주위에서 평생 흡연을 하고서도 100세까지 산 사람이 있다는 점을 근거로 들어서는 안 된다. 사형제가 범죄의 예방에 효과가 있는지 여부에 답하려면 사형제가 있는 국가와 사형제가 폐지된 국가의 범죄율을 비교해야 하며, 처벌이 무거우면 범죄를 저지르지 않을 것이라는 막연한 추측에 의지해서는 안 된다. 인과관계를 잘못 판단하면 인식과 의사결정에 심각한 오류를 범할 수 있다.

다섯째, 지나친 낙관주의와 과신이다. 사람들은 중요한 문제에 대하여 지나치게 낙관하거나 과신하는 경향이 있다. 예를 들어, 통계상 결혼한 사람들 중에서 절반이 이혼한다고 하더라도 자신에게는 그런 일이 일어나지 않을 것처럼 생각한다. 자신은 장애인이 될 가능성이 없다고 생각하며, 자신의 자녀 중에는 동성애자가 없을 것이라고 생각한다. 국제사회가 한국 정부에게 인권 문제를 개선할 것을 권고하여도 사람들은 보통 큰 문제가 없다거나 시간이 지나면 해결될 것으로 생각한다. 어떠한 문제도 시간이 해결해주지는 않는다. 인권문제를 개선하기 위하여 노력하지 않으면 시간이 지날수록 인권상황이 악화될 수 있다. 실제로 많은 나라에서 인권상황이 개선되기 보다는 악화하는 예를 보기는 어렵지 않다.

여섯째, 손실 회피 및 현상 유지 성향이다. 사람들은 똑 같은 정도로 이익을 얻거나 손해를 보는 경우에 손해에 더 민감하다. 예를 들어, 학생들이 매번 수업에 들어갈 때마다 어느 곳에 앉아야 할지 결정하는 것은 피곤한 일이다. 그리하여 한 학기 내내 같은 좌석에 앉듯이 사람들은 현상을 변경하기보다는 유지하려는 경향이 강하다. 동일한 정도로 저소득층을 지원하는 입법과 고소득층에게 증세를 하는 입법을 추진하는 경우에 저소득층이 입법을 원하는 정도보다 고소득층의 반발이 훨씬 강하다. 일단 부여된 혜택을 없애는 입법에 대한 반발은 혜택을 주는 입법이 좌절되어 이익을 얻지 못함으로 인한 반발보다 훨씬 크다. 마찬가지로 사람들은 장기간 유지되어온 차별적 입법이나 관행들의 문제점을 잘 느끼지 못하거나 바꾸어야 한다고 생각하지 못한다. 현상을 유지하는 것이 편하기 때문이다. 어느 사회에서나 보수적인 사람이 다수일 가능성이 높다. 매번 변화하는 사회적 이슈에 관하여 관심을 가지고 사회를 바꾸어야 한다고 주장하는 것은 매우 피곤한 일이다.

일곱째, 틀짜기(Framing)가 인식 및 의사결정에 영향을 미친다. 사람들은 어떠한 프레임으로 문제가 제기되는가에 따라 인식 및 의사결정에서 영향을 받는다. 예를 들어, 양심적 병역거부를 인정할 것인가 여부를 물으면 대다수가 반대의견을 나타내도, 대체복무를 인정할 것인가 여부를 물으면 찬성 의견이 높게 나온다. 사실은 동일한 문제라고 볼 수 있다.

5. 종교의 기원

인권 문제와 관련하여 인간의 인식이나 의사결정에 편견을 초래할 수 있는 것으로 종교가 있다. 종교의 자유는 기본적인 인권의 하나로 여겨진다. 종교의 자유가 잘 보장되는 것이 인권 보장의 수준을 알 수 있는 척도로 인식되기도 한다. 그런데, 사람들은 오래 전의 경전에 기초하여 오늘날 인간이 어떻게 살아야 하는가 하는 문제에 대하여 답을 제시하려고 한다. 성직자들은 믿음이 깊은 신자들이라면 당연히 종교적인 신념에 따라 행동할 것을 요구한다. 이 때 심각한 모순이 발생한다. 종교 단체들은 낙태 및 동성애를 극도로 반대하는데, 그 이유는 주로 신의 섭리나 가르침에 반한다는 것이다. 종교적인 믿음에 빠지면 타 종교나 신을 믿지 않는 사람에 대한 적대감을 가질 수 있다. 종교적인 믿음이 없이 자살폭탄 공격을 하는 것은 불가능하다. 그러므로 종교적인 믿음에 따라 오늘날의 사회문제에 대하여 답을 하는 것이 바람직한가를 생각해 볼 필요가 있다.

종교 중에서도 신을 믿지 않는 종교가 있다. 예를 들어, 유교에서는 신이 이 세상을 창조하였다고 믿지 않으며, 신이 세상일에 관여하지 않는다는 점에서 다른 종교와 다르다. 유교와 같이 신이 세상을 창조하였다고 믿지 않는 종교는 이미 종교가 아니라는 사람도 있다. 종교 중에서 특히 인권과 관련하여 언급할 필요가 있는 것은 기독교이다. 기독교의 교리에 따르면 인간이 신의 형상에 따라 창조되었으며, 동물과는 근본적으로 구분된다. 그리고 신은 세상을 창조하였으며, 인간은 신을 믿음으로써 죄에서 벗어나 구원을 받아 영원히 살 수 있다. 신을 믿지 않으면 영원히 지옥에서 고통을 받는 벌을 받는다. 이는 강력하게 종교를 믿도록 하는 유인이 된다. 물론, 이러한 가르침은 성서에 바탕을 둔다.

종교적인 믿음에 따르면 신은 세상을 창조하였을 뿐만 아니라 인간사에 관심을 가지며, 인간사에 일일이 개입한다. 신은 기도에 응답하며, 죄를 용서하거나 처벌한다. 신은 인간이 행하는 선행이나 저지르는 악행을 잘 안다. 신이 단지 이 세상을 창조하기만 하고 그 이후에 벌어지는 일에 대하여는 무관심하거나 개입하지 못한다면 그 신은 지나치게 게으르거나 무능력할 것이다.

나아가 신은 전지전능하다. 물리법칙을 벗어난 방식으로 인간사에 관심을 가지고, 개입한다. 신이 자연적인 물리법칙을 따른다면 신이라고 부를 수 없을 것이다. 내 마음 속의 기도를 신이 들을 수 없다면 신은 이미 신이 아니다. 신을 믿으면 인간은 죽어도 죽지 않으며, 영생한다. 신은 처녀의 몸에서 사람이 태어나도록 할 수 있다. 신은 죽었다가도 부활할 수 있으며, 불치병을 낫게 하거나 물위를 걸을 수도 있다. 성직자들이 자연재해나 질병 등 인간에게 닥치는 불행이 신이 인간에게 교훈을 주기 위함이라고 설명하는 것은 우연이 아니다. 자연재해나 질병이 신의 뜻과 아무런 관계가 없다면 신은 전지전능하지 않은 것이고, 신의 뜻에 따른 것이라면 그런 신을 인간이 좋아할 이유는 없을 것이기 때문이다. 교훈을 주거나 벌하기 위한 것이라면 설명이 된다. 그러나 자연재해나 질병은 신의 뜻과는 아무런 상관이 없으며 물리적인 법칙에 따른 결과일 뿐이다.

전지전능한 신을 믿기 위해서는 이성적으로 생각해서는 아니 되며, 증거를 요구해서도 아니 된다. 근거나 증거는 없지만 그냥 믿을 뿐이다. 종교에서는 보지 않고 믿는 것이 진정으로 믿는 것이다. 종교적인 믿음에 대하여 의문을 제기하거나 증거를 요구하는 것은 매우 불경스러운 일이다. 신자들은 감히 성직자들에게 이러한 행동을 하지 못한다. 사람들은 학자나 과학자에게는 근거나 증거를 요구하지만 성직자에게는 그렇게 해서는 안 된다고 여긴다. 이는 종교인들도 마찬가지이다. 종교인들이 무신론자에게 신의 존재를 설득하는 것은 당연하게 여겨지지만 무신론자가 종교인에게 신의 부재를 설득하는 것은 무례한 일로 여겨진다. 왜냐하면 종교인들이 신의 존재를 입증하는 것은 불가능하기 때문이다.

그러면 인간은 왜 종교적인 신념을 가지게 되었을까? 종교도 진화의 산물이다. 인간의 육체가 진화의 산물이듯이 인간의 마음도 진화의 산물이다. 이에 관하여는 두 가지 견해가 존재한다. 첫째, 종교는 인간의 추론 능력에서 비롯된 것이다. 사람은 본래 생존을 위하여 특정한 사건의 원인을 알아내어 인과관계를 이해하고 설명하려는 경향이 있다. 이는 생존에 중요했을 것이다. 그러나 인간이 모든 자연현상의 원인을 알 수는 없으므로 과학이 발달하지 아니한 시기에는 초월적인 존재를 상정하는 것은 매우 편리한 설명이 되었을 것이다. 인간은 설명할 수 없는 현상을 신의 의사로 설명하였다. 번개가 치거나 폭풍이 치는 것과 같은 자연현상을 신이 인간을 벌하거나 교훈을 주려는 것으로 해석하는 것은 오늘날에도 흔히 볼 수 있는 현상이다. 그런 점에서 본다면 종교 자체도 인간의 심리가 진화한 산물이다.

둘째, 인간의 생존에서 유리한 복종의 기질이 종교를 낳았다는 견해가 있다. 인간의 마음이 작동하는 방식은 아직도 수렵, 채집의 시기에 맞추어져 있다. 인간은 그 생존능력을 높이기 위해서 부모나 연장자의 말을 따라야 한다는 마음의 작동방식이 진화하였다. 부모의 말을 듣는 것이 듣지 않는 것보다 훨씬 생존에 유리하다. 문제는 부모나 연장자의 말을 듣는 것이 합리적인지 따져야 하는 경우에도 무조건 따른다는 점이다. 인간의 심리는 반항보다는 복종에 맞추어져 있다. 이러한 마음의 작동방식이 종교지도자나 신의 가르침을 무조건 받아들이는 방향으로 발달하여 종교가 탄생하였다. 이는 마치 나방이 불에 뛰어드는 것과 같은 이치이다. 나방은 달빛이나 별빛 등을 나침반으로 이용하여 날아가는데, 이는 매우 유용하다. 그러나 인공 불빛이 없던 시기에는 아무런 문제가 없었지만 인간이 인공적인 불빛을 만듦으로 인하여 이에 현혹되어 마치 자살하는 것처럼 불빛으로 달려든다. 생존 가능성을 높이기 위하여 진화한 기제가 오히려 생존을 위협하는 결과가 된 것이다.

지구상에 생명이 어떻게 탄생하였는가 하는 질문에 대한 답변은 증거가 필요한 과학적인 질문이다. 우주의 나이 130억년, 지구의 나이 45억년에 비하면 현생 인류가 출현한 20만년 전은 그야말로 최근의 일이다. 현생 인류가 지구에 등장하기 이전에 이미 많은 동식물이 등장하였다가 소멸하였다. 이는 신이 정해 놓은 계획에 따른 것이라고 볼 수 없다. 공룡이 지구상에서 사라진 것은 지구가 그들이 살 수 없는 환경이 되었기 때문이며, 신의 의지가 아니다. 오늘날 많은 사람이 사망하는 자연재해도 신이 인간에게 교훈을 주기 위하여 의도된 것이 아니다. 인류가 다신교를 숭배하다가 세상을 창조한 일신교를 숭배하기 시작한 것은 대략 2천년 정도에 불과하다. 종교의 나이는 우주나 지구의 나이에 비할 바가 아니다. 그러므로 현재의 사회가 당면한 문제를 해결하기 위해서는 종교보다 증거에 기초한 과학적이고 이성적인 사고가 필요하다.

6. 종교적 가르침에 대한 의문

사람들은 책을 읽을 때에 어느 부분이 내용이 좋다거나 좋지 않다거나 판단을 한다. 어느 누구도 책의 내용을 신성하게 생각하거나 책의 내용 그대로 살아야 한다고 생각하지 않는다. 취사선택을 한다. 그러나 종교의 경전은 다르다. 종교 지도자들은 경전의 내용대로 살도록 가르치며, 종교적 신념이 강한 사람들은 경전을 신성한 것으로 그대로 믿을 뿐만 아니라 모든 사람이 따라야 하는 것으로 생각한다. 경전의 내용 중에서 '원수를 사랑하라'라거나 '네 이웃을 사랑하라' 등 좋은 내용을 취사선택하여 받아들여 삶의 지침으로 삼으면 좋겠지만 경전을 선택적으로 수용하는 것은 종교가 원하는 바가 아니다. 신실한 종교인은 그 내용이 합리적이든 아니든, 근거가 있든 아니든 모든 내용을 받아들여 실천해야 한다. 그러나 종교의 바탕이 되는 경전이 진정으로 믿을 만한 것인가, 나아가 경전의 가르침대로 사는 것이 바람직한 것인가에 관하여는 의문이 제기된다. 종교의 경전들은 인류가 소규모로 유목생활을 하던 시기에 자연현상에 대하여 거의 알지 못하던 시기에 쓰여진 것이 대부분이다. 종교의 경전이 가르치는 데로 사는 것은 엄청난 문제를 야기한다.

전지전능한 신이 창조한 뱀은 왜 그렇게 사악한지, 뱀의 유혹에 넘어가 나무열매 하나를 따 먹은 것이 본인은 물론 그 후의 인류가 그렇게 큰 벌을 받아야 하는 일인지 의문이 든다. 성경의 노아의 홍수, 소돔과 고모라 등의 이야기에서는 신이 인류를 절멸하는 장면이 나온다. 창세기를 보면 롯이 낯선 남자에게 자신의 딸을 내어주는 장면이나 아브라함이 이사악을 제물로 바치는 장면도 볼 수 있다. 출애굽기에는 종에 관한 다양한 법령이 있는데, 주인이 종을 결혼시켜 종의 아내가 아들이나 딸을 낳았을 경우에는 그 아내와 자식은 주인의 것이며, 종은 혼자 나가야 한다. 만일 종이 나가고 싶지 않으면 주인은 종을 하느님 앞으로 데리고 가서 귀를 송곳으로 뚫어야 하는데, 그러면 그는 죽을 때까지 종으로 남는다. 이처럼 성서가 노예제도를 용인하고 있는 것은 의외이다. 출애굽기의 살인에 관한 법령에 따르면 부모를 때린 자나 업신여기는 자는 반드시 사형에 처해야 하는데, 이는 오늘날 도저히 적용할 수 없으며, 생명권 사상과 부합하지 않는다. 모세의 십계명에 노예제도를 허용하지 않거나 인종 학살을 금지하는 내용은 없다. 구약을 보면 곳곳에 매우 사소한 일로 신이 불같이 화를 내어 잔혹한 벌을 내리는 장면을 무수히 볼 수 있다. 사소한 일에 불같이 화를 내는 신의 모습은 신의 모습이라기보다는 참을성이 매우 부족하고 잔혹한 인간의 모습에 가깝다. 성서에는 사실로 믿을 수 없는 장면들이 많이 나온다. 결국, 성서의 내용은 역사적 사실이라기보다는 성서가 쓰여진 당시의 사회에서 적절한 교훈을 주기 위한 것이라고 보아야 한다.

코페르니쿠스나 갈릴레오 등 천문학자들이 태양이 지구를 도는 것이 아니라 지구가 태양의 주위를 도는 것이라고 주장하였을 때에 교회는 이러한 주장이 성서의 가르침에 어긋난다는 이유로 종교재판으로 이러한 견해를 억압하였다. 지구가 움직인다는 내용을 담은 책은 1835년까지 금서가 되었다. 우주의 존재를 알지 못하던 시기에 사람들은 자신들이 살던 곳이 세상의 전부인 줄 알았을 것이다. 이것이 성서가 쓰인 당시의 사람들의 세상에 대한 인식이다. 이는 성서가 전지전능한 신과는 아무런 상관이 없으며, 단지 그 당시 특정한 지역에 살던 사람들의 세계관을 보여주는 것이라는 점을 보여준다. 오늘날 지구가 우주의 중심의 아니며, 우주의 크기에 비하면 지구는 티끌에 불과하다는 점은 누구나 안다. 지구가 태양을 돈다는 사실을 신이 몰랐을 리는 없다. 이것은 두 가지를 의미할 수 있다. 신이 존재하지 않거나 성직자들이 신의 뜻을 전혀 알지 못하거나 둘 중의 하나이다.

다윈의 진화론은 신학자들로부터 격렬한 비판을 받았다. 다윈이 진화론을 주장할 때까지 기독교는 인간이 기껏해야 수 천 년 전에 신에 의하여 창조되었다고 주장하고 있었다. 최근에는 신이 오랜 기간 동안 심혈을 기울여 인간을 설계하였다는 지적설계론이 등장하였다. 지적설계론은 사실 창조론의 아류라고 볼 수 있다. 태초에 신이 인간을 창조하고 그 이후에 인간이 진화하였다는 주장도 있다.

오늘날 성서의 해석에 기초하여 다양한 종파가 출현하고 있는데, 이는 성서가 신의 뜻이 기술된 것이 아니라 인간의 작품임을 잘 보여준다. 성서가 다양하게 해석되는 이유는 특별히 해석하는 사람에게 문제가 있어서가 아니다. 성서가 상호 모순되는 내용을 포함하고 있으며, 불분명한 부분이 많기 때문이다. 인간의 삶의 지침을 담은 문헌이 다양하게 해석될 수 있다면 이는 많은 문제를 야기한다.

7. 종교와 인권

위에서 종교에 관하여 비교적 상세히 살펴본 이유는 오늘날 인권에 관한 중요한 쟁점이 종교와 관련되어 있기 때문이다. 종교적인 신념에 기초하여 인권에 관련된 주장을 하는 사례가 적지 않다. 물론, 종교가 항상 부정적인 면이 있다는 것은 아니다. 종교적 신념으로 평생 봉사의 삶을 사는 사람이 적지 않다. 그것은 훌륭한 일이다. 누군가가 나를 지켜보고 있다는 느낌은 사람을 도덕적으로 만들 수도 있다. 그리고 종교는 인간에게 구원을 받을 수 있다는 편안함을 주기도 한다. 다시 말하면 인간에게는 신이 필요할 수 있다. 많은 사람들은 신이 존재한다기보다 신이 필요하여 믿는다. 그러나 신이 필요하다고 하여 존재하지 않는 신이 존재하게 되는 것은 아니다. 그리고 신앙이 없더라도 인간은 얼마든지 도덕적인 존재가 될 수 있다. 인간은 종교와 무관하게 사랑, 희생, 봉사, 충성, 평화, 박애 등의 감정을 가지며, 이를 실천할 수 있다. 종교와 인권의 관계에 관하여 몇 가지 생각해 보자.

첫째, 생명의 문제이다. 기독교에서 생명은 신으로부터 받은 것이다. 그러므로 낙태, 자살을 포함하여 모든 생명 박탈행위는 신의 뜻에 어긋나는 것이다. 심지어 인위적인 피임, 강간 등을 이유로 한 낙태, 무의미한 연명치료의 중단 등에 대하여 반대한다. 1991년 미국에서는 임신 중절을 막기 위하여 의사들을 죽이겠다고 협박하던 단체의 구성원이 실제로 임신 중절 시술을 하는 의사를 사살하는 일이 발생했다. 이들의 눈에는 임신 중절도 살인에 해당하므로 이를 막기 위하여 살인을 하는 것이 정당화된다. 임신 중절을 하는 의사를 죽이는 행위는 일종의 정당방위인 셈이다. 종교적인 신념에 빠지면 비교, 형량하는 능력이 사라진다. 종교적인 믿음은 절대적이기 때문이다. 과학적인 근거에 기초한 주장이이라면 반박이 가능하지만 종교적인 신념에 대하여는 반박이 불가능하다.

둘째, 이슬람이나 기독교 등 종교가 이혼, 동성애에 혐오감을 표현하는 것은 경전의 영향이 크다. 신이 남녀를 창조하여 짝을 맺어 주었는데 이혼을 하거나 동성애, 나아가 동성결혼을 하는 것은 신의 뜻에 어긋나는 것이며, 받아들일 수 없다. 이들에게는 동성애의 경향이 유전적인 것인지 아니면 선택에 의한 것인지 따져보는 것이 중요하지 않다. 종교인들에게는 유전자라는 개념이 아예 없으며, 동성애는 신의 뜻에 어긋난다는 신념만이 중요하다.

셋째, 천년 이전에 쓰여 진 경전에는 당연히 민주주의, 성평등 등 인권 등의 개념이 들어 있지 않다. 노예제도마저 인정된다. 경전에 등장하는 이상적인 사회는 왕이 다스리는 왕국이다. 왕국에서는 복종이 중요하다. 사람들은 신의 뜻에 복종할 뿐 자유로운 의사에 따라 삶의 중요한 문제를 결정하지 못한다. 여자는 남자의 갈비뼈로 만들어졌으므로 남자는 주인이며, 여자는 하녀이다. 성서에서 남녀차별적인 장면을 쉽게 만날 수 있는 것은 우연이 아니다. 신의 왕국에서 삶의 행복은 신의 뜻에 따라 신에게 영광을 돌리는 것이다. 생명을 중시하는 종교에서 종교를 위하여 순교한 사람들을 찬양하는 시설이 많은 것은 역설적이다. 어느 종교에서든 종교를 위하여 목숨을 바친 사람을 성인으로 추앙하는 것을 쉽게 볼 수 있다. 만일 신이 존재한다면 이는 의미가 있는 일이겠지만 신이 존재하지 않는다면 의미 없는 죽음일 뿐이다.

넷째, 종교는 증오를 증폭시킬 수 있다. 중세시대의 십자군 전쟁이나 끔찍한 마녀사냥이 종교적인 신념에 근거를 두고 있다는 점은 분명하다. 성경에는 악마나 사탄이 영적인 개념으로 사용되었지만 오늘날 이러한 용어는 교회의 오류를 지적하는 사람들을 지칭하는 용어로 사용된다. 오늘날 볼 수 있는 수많은 자살폭탄 테러나 비행기를 납치하여 건물에 돌진하는 테러행위들은 육체적으로는 죽지만 정신적으로는 구원받아 영원히 살수 있다는 종교적인 신념에 기초한다. 이들에게는 테러행위가 천국으로 가는 길이다. 육체와 정신은 분리될 수 없으며, 구원이나 영생은 없다고 여긴다면 자살테러를 감행할 사람은 현저히 줄어들 것이다. 종교적인 신념은 중세시대에 가장 강했으며, 이때를 암흑의 시대라고 부른다.

전지전능한 신과 인간의 불행의 관계는 설명이 어렵다

한겨레신문(2011. 3. 14.)

○○○ 원로목사가 일본 지진과 관련해 '일본 지진이 하나님의 경고'라는 발언을 해 구설수에 오르고 있다. 개신교계 인터넷신문인 〈뉴스미션〉은 ○ 목사에 대한 '창간 6돌 특별 인터뷰'에서 ○ 목사가 "일본 국민이 신앙적으로 볼 때는 너무나 하나님을 멀리하고 우상숭배, 무신론, 물질주의로 나가기 때문에 하나님의 경고가 아닌가 하는 생각이 든다"고 말한 내용을 13일 보도했다.

○ 목사는 이 인터뷰에서 "아울러 우리 한국은 일본을 봐서 물리적인 지진보다 거룩한 영적 지진이 일어나야 될 때에 와 있다고 생각한다"고 말했다.… 한편 지난 2005년 20만명 이상이 사망한 동남아시아의 쓰나미 대재앙 때는 ○○○ 목사가 '이교도에 대한 하나님의 심판'이라는 발언을 했다고 구설에 휘말린 적이 있다.

한겨레신문(2014. 5. 29.)

세월호 참사와 관련한 목사들의 막말 파문이 이어지고 있는 가운데, 서울 강동구의 대형교회인 ○○○ 담임 목사가 "하나님이 공연히 이렇게 (세월호를) 침몰시킨 게 아니다. 꽃다운 애들을 침몰시키면서 국민들에게 기회를 주는 것"이라고 말한 사실이 〈오마이뉴스〉 보도를 통해 뒤늦게 드러나 파문이 확산하고 있다. ○ 담임 목사는 지난 11일 열린 '믿음의 3요소'란 제목의 주일예배 설교에서 "하나님이 공연히 이렇게 (세월호를) 침몰시킨 게 아니다. 나라를 침몰하려고 하니 하나님께서 대한민국 그래도 안 되니, 이 어린 학생들이 꽃다운 애들을 침몰시키면서 국민들에게 기회를 주는 것"이라고 말했다.

8. 인식 또는 의사결정의 오류를 피할 수 있는가?

스스로를 합리적이라고 생각하는 사람도 그다지 합리적인 사고를 하지 않으며, 편향이나 오류에 젖을 수 있다. 전문가들은 자신의 전문분야가 아닌 영역에서는 거의 합리적인 의사결정을 하지 못하며, 심지어 자신의 전문분야에서도 편향된 의사결정을 하는 경우가 적지 않다. 인간 사고의 편향이나 오류의 경향은 주변 환경에 적응하기 위한 오랜 기간 진화의 산물이며, 이는 편향이나 오류를 피하는 것이 쉽지 않다는 것을 의미한다. 일상적 생활에서는 합리적, 이성적인 인식이나 판단이 그렇게 필요하지 않다. 사람들이 일부러 합리적, 이성적 판단을 기피하는 경우도 있다. 그러나 광고업계가 일상적으로 인간 심리의 오류나 약한 점을 이용하여 상품을 팔아먹으려고 하듯이 정치인이나 종교인들은 종종 터무니없는 이념이나 신념을 우리에게 주입하거나 근거가 없는 주장으로 사람들을 설득하려고 한다. 이러한 주장들에 현혹되면 광범위하고 심각한 인권침해가 발생할 가능성이 있다.

인간은 적어도 중요한 문제나 이성적, 합리적 인식이나 판단이 필요한 영역에서는 편향이나 편견에 빠지지 않고 올바른 인식과 의사결정을 해야 한다. 아무리 군인이나 경찰이라도 전쟁에서 포로 또는 민간인을 죽이거나 사람을 고문하거나 죽이는 것이 나쁜 일이라는 것을 알고, 그러한 명령에는 따르지 말아야 한다. 아무리 애국심과 종교적인 믿음이 있더라도 자신과 피부색이 다르거나 종교가 다른 사람을 미워해야 한다는 선동에 넘어가서는 아니 된다. 여성이나 약자 등 소수자를 차별해야 할 합리적인 이유가 있는지 스스로 생각해 보아야 한다. 잘못된 직관의 목소리는 크고 이성의 목소리는 약하며, 자기 자신의 오류를 찾아내기는 남의 오류를 찾아내는 것보다 더 어렵다. 편향이나 오류를 피하려면 직관적인 판단에 의존하기보다는 신중하고 이성적으로 증거나 통계 등 객관적인 기준에 의존하는 것이 필요하다. 이는 자연스럽게 되는 것이 아니며, 부단한 노력과 훈련이 필요하다. 사람들이 자연스럽게 받아들이는 생각 중에 근거가 없거나 편견에 기초한 것이 적지 않다.

해설 및 검토

1. 특정한 인종, 종교, 출신지, 출신국에 따라 어떠한 고정관념이 존재하는지 알아보자.

2. 자신이 믿고 있는 신념과 그 신념의 근거에 관하여 이야기 해 보자.

3. 종교의 긍정적 측면과 부정적 측면은 무엇인가?

4. 종교가 인권 문제에 대하여 가지는 긍정적인 점에 대하여 토론해 보자.

참고문헌

1. 장대익, 『인간에 대하여 과학이 말해준 것들』, 바다출판사(2016)
2. 다니엘 카너먼, 『생각에 관한 생각』, 김영사(2018)
3. 리차드 도킨스, 홍영남 옮김, 『이기적 유전자』, 을유문화사(2006)
4. 리차드 도킨스, 이한음 옮김, 『만들어진 신』, 김영사(2007)
5. 버트런드 러셀, 김이선 옮김, 『종교와 과학』, 동녘(2011)
6. 스티븐 핑커, 김한영 옮김, 『마음은 어떻게 작동하는가?』, 동녘 사이언스(2007)
7. 스튜어트 서덜랜드, 이세진 옮김, 『비합리성의 심리학』, 교양인(2014)
8. 행크 데이비스, 김소희 옮김, 『양복을 입은 원시인』, 지와 사랑(2010)

제 4 장
한국의 민주주의와 인권

1. 민주주의와 인권

민주주의의 발달과 인권의 발달은 매우 밀접한 관련이 있다. 사회계약설은 시민의 계약에 따라 국가가 성립되었다는 이론이므로 국가의 힘의 원천은 통치를 받는 시민의 동의이다. 그러므로 사회계약설은 주권이 국민에게 있다는 민주주의 원리에 부합한다. 지금으로부터 약 2천 5백여 년 전에 고대 아테네에서는 시민들이 직접 정치에 참여하는 직접 민주주의를 발전시켰다. 약 6천명의 시민으로 구성된 민회가 국가의 주요한 의사를 결정하였다. 그러나 아테네에서도 여성이나 노예 등 많은 사람들이 정치적인 의사결정 과정에서 배제되었을 뿐만 아니라 법적 또는 제도적으로 인간의 고유한 존엄성, 가치, 자유와 권리 등의 개념이 확인된 것은 아니어서 아테네의 정치체제에서 인권 사상을 발견하기는 쉽지 않다.

오늘날 민주주주의 발달한 나라에서는 일반적으로 인권도 잘 보장되지만 절차적으로 시민들의 정치참여가 인정된다고 하여 인권이 잘 보장되는 것은 아니다. 민주주의 정치체제에서는 인권이 보장될 가능성이 높지만 그렇다고 인권이 충분히 보장된다고 단언할 수는 없다. 미국 독립선언은 모든 인간이 평등하게 태어났다고 선언하였지만 선언의 기초자들은 노예가 인간에 속한다고는 생각하지 않았다. 왕정, 군사정권, 부정선거를 통하여 집권하여 정권 자체가 국민의 의사에 반하여 탄생한 경우에 그러한 정권이 인권을 보장하기를 기대할 수는 없다. 민주주의는 인권 보장의 전제 조건이다.

2. 한국의 민주주의와 인권의 암흑기

한국에서 인권 사상의 기원은 어디에서 찾을 수 있을까? 한국 헌법은 제1조에서 대한민국은 민주공화국이며, 대한민국의 주권은 국민에게 있으며, 모든 권력은 국민으로부터 나온다고 규정하고 있다. 헌법 제10조는 모든 국민이 인간의 존엄성과 가치, 행복을 추구할 권리를 가지며, 국가의 의무가 개인이 가지는 불가침의 기본적 인권을 확인하고 보장하는 것이라고 규정한다. 이러한 헌법의 규정은 사회계약론과 자연권론을 반영하는 것이라고 볼 수 있다. 그러나 헌법이 인권사상에 충실하다고 하여 인권이 잘 보장된다고 보기는 어렵다. 한국에서도 인권을 증진하기 위해서는 개별적인 문제, 예를 들어, 고문금지, 생명권 보장, 표현의 자유 등의 확대를 위해서 노력하는 것도 중요하지만 국가의 권력 자체가 민주주의 원리에 따라 조직되고 운영되는 것이 중요하다. 정권의 민주적 정당성이 취약한 정권에서 인권이 보장되기를 기대하기는 어렵다. 1948년 대한민국 정부가 수립된 이후에 민주주의 발달에 중요한 기여를 한 사건으로 4·19, 5·18 광주민주화운동, 6·10항쟁, 촛불 시위를 들 수 있다. 이러한 사건들을 통하여 사람들은 민주주의와 인권 사상을 경험, 수용하고 실천하게 된 것이다.

한국에서 민주주의와 인권을 억압한 주요한 모티브는 '반공'이다. 해방 이후부터 최근까지 한국은 공산주의에 반대하는 이른바 반공 이념이 지배하는 사회였다. 수많은 인권 침해가 반공 이념 아래에서 저질러졌다. 반공의 뿌리는 일제강점기 시대의 친일 세력과 밀접한 관련이 있다. 국회는 1948년 9월 일제 강점기 시기의 친일 인사들을 처벌하기 위하여 반민족행위처벌법(반민법)을 제정하여 반민족행위특별조사위원회(반민특위)와 특별경찰, 특별검찰, 특별재판소를 설치하였다. 그러나 이승만 정부는 반공을 빌미로 갖은 방법을 통하여 이 법을 무력화하려는 시도를 하였다. 당시 경찰에는 일제 강점기 시대의 친일 경찰이 많았는데, 이들은 노골적으로 친일 청산 작업을 방해하였다. 반민특위는 1949년 1월 악명 높은 친일 경찰로 해방 후 수도경찰청에서 몸을 담은 노덕술을 체포하였는데, 이를 계기로 이승만은 1949년 5월 반민법 제정에 앞장선 국회의원을 간첩으로 몰아 구속하는 '국회프락치 사건'을 일으켰다. 그리고 경찰은 반민특위 사무실을 습격하여 서류를 탈취하고 해산해 버렸다. 반민법은 1951년 폐지되어 해방 후 친일파를 청산하려는 시도는 실패하고 말았다. 오히려 친일파들은 해방 후 반공을 앞세움으로써 다시 한 번

한국 사회의 지배적 지위를 공고히 하였으며, 이 반공 이념은 이후 수십 년 간 정치적 반대자들을 억압하고 인권 침해를 정당화하는 이념이 되었다.

1948년 초경 여순반란 사건과 제주도에서 4·3 사건이 발생하여 수 만 명의 민간인이 진압과정에서 희생되었다. 특히, 제주도에서는 약 3만 명의 사망자가 발생하였다. 많은 민간인이 재판절차 없이 국군에 의하여 즉결 처형되었다. 제주도 4·3 사건은 수십 년 간 진상이 은폐되었다.

1950년 6월 25일 한국 전쟁이 발발하자 이승만 대통령은 전쟁 발발 3일 만에 서울시민에게 안심하라는 방송을 하면서 서울을 빠져나가 한강다리를 폭파해 버렸다. 한강다리 폭파로 피난민 1,500명이 함께 폭사하였다. 이승만은 서울을 수복한 후 서울에 남아있던 수많은 사람들을 부역자로 처벌하였으며, 이들의 가족들의 공직 취임, 해외여행 등을 제약하는 연좌제를 실시하였다. 그로 인한 피해자들의 고통은 말할 수 없었다. 연좌제는 공식적으로 1984년도에 폐지되었다.

한국은 1948년 한국 정부가 수립된 이후부터 1960년까지 이승만의 독재 아래에 있었다. 사법절차를 이용한 정치적 탄압도 빈번하였다. 예를 들어, 이승만의 정치적 반대자인 조봉암이 1959년 사형판결을 받아 사형이 집행되었는데, 그는 2011년 재심에서 무죄판결을 받았다. 해방 후 대통령으로 계속 집권하던 이승만은 1960년 3월 15일 열린 대통령 선거에 출마하였다. 선거는 완전한 부정선거였다. 시민들은 이에 저항하여 민주주의를 위한 대규모 시위를 벌였다. 4월 11일 최루탄에 눈을 맞아 사망한 김주열 학생의 시신이 마산 앞바다에서 발견되었다. 정부는 시민들의 시위를 공산당이 조종하는 것이라고 선전하였다. 4월 19일 서울에서 대규모의 시위가 벌어졌으며, 이 날 경찰이 발포하여 21명이 죽고 170여명이 부상을 입었다. 이승만은 4월 26일 대통령에서 하야하였다. 이것이 4·19이다. 비록 4·19는 우리의 역사에서 최초로 시민들이 저항권을 행사한 사례라고 볼 수 있다.

일본군 장교 출신인 박정희는 1961년 5월 16일 군사 쿠데타를 일으켜, 민주적으로 수립된 정부를 전복하였다. 박정희는 일본이 만주에 세운 만주국의 군관학교에 '충성혈서'를 보내 입학허가를 받았으며, 일본 육사에 편입하여 졸업한 후 만주군에서 복무하였다. 해방 후에는 국군에 입대하여 남로당에 가입한 사실이 드러났으나 남로당 인맥을 털어놓아 수사에 협조하여 풀려났다. 그는 한국 전쟁이 발발하자 군에 복귀하였으며, 그 후 쿠데타를 일으켜 정권을 장악하였다.

박정희 정권은 1965년 일본과 외교관계를 수립하면서 일제 강점으로 인한 모든 청구권 문제를 해결하는 이른바 '한일청구권협정'을 체결하였다. 이 때 강제징용 피해자, 위안부 피해자, 근로정신대 피해자의 손해를 충분히 청구하여 손해를 회복하지 않음으로써 수십 년 후까지 이들이 피해회복을 위하여 투쟁을 벌이게 하는 문제를 남겼다.

1967년 7월 동백림(동베를린) 사건이 발생하였다. 이 사건은 중앙정보부가 한국의 유학생 등이 동베를린을 거점으로 간첩활동을 하였다고 발표한 사건이다. 중앙정보부는 30여명을 한국으로 유인하거나 대사관에 모아 한국으로 납치하였다. 1968년부터 예비군 제도가 만들어졌으며, 고등학생과 대학생에게 군사교육이 실시되었다.

박정희의 통치 아래에서 많은 인권 침해가 저질러졌다. 야당 지도자들과 반정부 활동가들의 활동은 심각하게 억압되었다. 민족일보사의 조용수는 1961년 북한의 활동을 찬양하였다는 이유로 사형판결을 받아 사형이 집행되었다. 그는 2008년 재심에서 무죄가 확정되었다. 박정희의 통치 시대에 노동자들의 삶은 가혹하였는데, 1970년 11월 13일 동대문 평화시장의 노동자 전태일은 '근로기준법을 준수하라, 우리는 기계가 아니다. 일요일은 쉬게 하라'는 구호를 외치며 분신자살하였다.

박정희는 대통령의 3선 출마를 금지하는 헌법을 고쳐 1971년 대통령이 되었다. 1972년 불법적으로 헌법을 개정하여 이른바 유신헌법을 만들어 사실상 종신 대통령이 되었다. 대통령은 통일주체국민회의에서 간접선거로 뽑혔으며, 대통령이 국회의원의 3분의 1과 모든 법관을 임명하여 입법부 및 사법부의 자율성과 독립성은 크게 훼손되었다. 특히, 대통령의 명령 하나로 개인의 기본권과 자유를 언제라도 정지시키고, 처벌할 수 있었으며, 사법부의 재판권을 무력화할 수는 긴급조치제도를 도입하였다.

학교와 사회는 병영이 되어 갔다. 모든 학생은 국민교육헌장을 암송해야 했으며, 학교에는 학생회 대신에 학도호국단이 조직되었다. 고등학생이 되면 이른바 교련복이라는 군복을 입고 등교하여 남학생들은 제식훈련을 받았으며, 여학생들은 간호훈련을 받았다. 머리가 긴 사람은 언제라도 길거리에서 강제로 짧게 이발을 해야 하였으며, 영화관에서 영화를 보기 위해서는 일어서서 애국가를 불러야 했다. 매일 오후 5시가 되면 국기하강식이 열려 누구라도 길가는 사람은 국기하강식이 끝날 때까지 걸음을 멈추고 가슴에 손을 올려야 했다.

대통령긴급조치 제1호(1974. 1. 8.)

1. 대한민국 헌법을 부정, 반대, 왜곡 또는 비방하는 일체의 행위를 금한다.
2. 대한민국 헌법의 개정 또는 폐지를 주장, 발의, 제안, 또는 청원하는 일체의 행위를 금한다.
3. 유언비어를 날조, 유포하는 일체의 행위를 금한다.
4. 전 1, 2, 3호에서 금한 행위를 권유, 선동, 선전하거나, 방송, 보도, 출판 기타 방법으로 이를 타인에게 알리는 일체의 언동을 금한다.
5. 이 조치에 위반한 자와 이 조치를 비방한 자는 법관의 영장없이 체포, 구속, 압수, 수색하며 15년 이하의 징역에 처한다. 이 경우에는 15년 이하의 자격정지를 병과할 수 있다.
6. 이 조치에 위반한 자와 이 조치를 비방한 자는 비상군법회의에서 심판, 처단한다.

대통령긴급조치 제9호(1975. 5. 13.)

1. 다음 각호의 행위를 금한다.
   가. 유언비어를 날조, 유포하거나 사실을 왜곡 하여 전파하는 행위.
   나. 집회·시위 또는 신문, 방송, 통신 등 공중전파수단이나 문서, 도화, 음반 등 표현물에 의하여 대한민국 헌법을 부정·반대·왜곡 또는 비방하거나 그 개정 또는 폐지를 주장·청원·선동 또는 선전하는 행위.
   다. 학교당국의 지도, 감독하에 행하는 수업, 연구 또는 학교장의 사전 허가를 받았거나 기타 의례적 비정치적 활동을 제외한, 학생의 집회·시위 또는 정치관여 행위.
   라. 이 조치를 공연히 비방하는 행위.
2. 제1에 위반한 내용을 방송·보도 기타의 방법으로 공연히 전파하거나, 그 내용의 표현물을 제작·배포·판매·소지 또는 전시하는 행위를 금한다.
3. 재산을 도피시킬 목적으로, 대한민국 또는 대한민국 국민의 재산을 국외에 이동하거

나 국내에 반입될 재산을 국외에 은익 또는 처분하는 행위를 금한다.

4. 관계서류의 허위기재 기타 부정한 방법으로 해외이주의 허가를 받거나 국외에 도피하는 행위를 금한다.
5. 주무부장관은 이 조치위반자·범행당시의 그 소속 학교, 단체나 사업체 또는 그 대표자나 장에 대하여 다음 각호의 명령이나 조치를 할 수 있다.
   가. 대표자나 장에 대한 소속임직원·교직원 또는 학생의 해임이나 제적의 명령.
   나. 대표자나 장·소속 임직원·교직원이나 학생의 해임 또는 제적의 조치.
   다. 방송·보도·제작·판매 또는 배포의 금지조치.
   라. 휴업·휴교·정간·폐간·해산 또는 폐쇄의 조치.
   마. 승인·등록·인가·허가 또는 면허의 취소조치.
6. 국회의원이 국회에서 직무상 행한 발언은 이 조치에 저촉되더라도 처벌하지 아니한다. 다만, 그 발언을 방송·보도 기타의 방법으로 공연히 전파한 자는 그러하지 아니하다.
7. 이 조치 또는 이에 의한 주무부장관의 조치에 위반한 자는 1년 이상의 유기징역에 처한다. 이 경우에는 10년 이하의 자격정지를 병과한다. 미수에 그치거나 예비 또는 음모한 자도 또한 같다.
8. 이 조치 또는 이에 의한 주무부장관의 조치에 위반한 자는 법관의 영장없이 체포·구금·압수 또는 수색할 수 있다.
9. 이 죄를 범한 공무원이나 정부관리기업체의 간부직원 또는 동법 제5조(국고손실)의 죄를 범한 회계관계직원 등에 대하여는, 동법 각조에 정한 형에, 수뇌액 또는 국고손실액의 10배에 해당하는 벌금을 병과한다.
10. 이 조치위반의 죄는 일반법원에서 심판한다.
11. 이 조치의 시행을 위하여 필요한 사항은 주무부장관이 정한다.
12. 국방부장관은 서울특별시장·부산시장 또는 도지사로부터 치안질서 유지를 위한 병력출동의 요청을 받은 때에는 이에 응하여 지원할 수 있다.
13. 이 조치에 의한 주무부장관의 명령이나 조치는 사법적 심사의 대상이 되지 아니한다.

긴급조치명령에 따라 정부의 정책을 비판하거나 불만을 표시하는 사람은 언제라도 영장 없이 체포되어 무거운 처벌을 받았으며, 고문이 일상화되었다. 북한에 납북되었다가 귀환한 어부, 한국에 유학을 온 재일교포 유학생, 반정부 활동에 참여한 학생이나 정치인 등 많은 사람들이 체포되고, 고문 받고 투옥되었다. 아무리 평범한 사람이라도 정부에 불만을 표시한 사람은 처벌을 받았다. 1975년 인민혁명당 사건에 관련된 8명에 대하여 사형판결이 확정되어 그 다음날 판결이 집행되었는데, 2006년 재심판결을 통하여 무죄판결이 확정되었다. 법원은 광범위한 인권침해에 대하여 아무런 견제를 하지 않았으며, 오히려 불법적인 체포와 고문을 정당화하는 수단에 불과하였다. 국민들의 불만은 폭발할 지경에 이르렀다. 1979년 10월경 부산과 마산에서 박정희의 철권통치에 반대하는 대규모 시위가 발생하였으며, 박정희는 부산에 비상계엄을 선포하여 대응하였다.

박정희의 총애를 받던 전두환은 1979년 10월 26일 박정희가 살해당한 후 같은 해 12월 12일 박정희 살해 사건 수사를 구실로 군지휘부를 무력화하여 군의 실권을 장악하였다. 전두환은 1961년 박정희가 쿠데타를 일으켰을 때 육군사관학교 생도들을 선동해 쿠데타 지지시위를 벌인 인연이 있다. 전두환이 1981년 5월 17일 김대중을 체포하자 광주시민들은 1981년 5월 18일부터 민주화를 요구하는 시위를 하였다. 전두환은 전국적으로 비상계엄을 확대, 선포하였으며 군대를 동원하여 시민들을 살상하였다. 이에 광주시민들은 무장하여 계엄군에 저항하였다. 이 과정에서 공식적으로 약 200여 명의 시민들이 목숨을 잃었다. 이것이 5·18 광주민주화운동이다.

1979년 12·12 군사반란에 대한 단죄

대법원 1997. 4. 17. 선고 96도3376 전원합의체 판결

우리나라는 제헌헌법의 제정을 통하여 국민주권주의, 자유민주주의, 국민의 기본권보장, 법치주의 등을 국가의 근본이념 및 기본원리로 하는 헌법질서를 수립한 이래 여러 차례에 걸친 헌법개정이 있었으나, 지금까지 한결 같이 위 헌법질서를 그대로 유지하여 오고 있는 터이므로, 피고인들이 공소사실과 같이 이 사건 군사반란과 내란을 통하여 폭력으로 헌법에 의하여 설치된 국가기관의 권능행사를 사실상 불가능하게 하고 정권을 장악한 후 국민투표를 거쳐 헌법을 개정하고 개정된 헌법에 따라 국가를 통치하여 왔다고 하더라도 피고인들이 이 사건 군사반란과 내란을 통하여 새로운 법질서를 수립한 것이라

> 고 할 수는 없다. 우리나라의 헌법질서 아래에서는 헌법에 정한 민주적 절차에 의하지 아니하고 폭력에 의하여 헌법기관의 권능행사를 불가능하게 하거나 정권을 장악하는 행위는 어떠한 경우에도 용인될 수 없는 것이다.

전두환의 통치 아래에서도 광범위한 인권 침해가 저질러졌다. 구타, 전기 고문, 강간, 영장 없는 체포 등이 일상적으로 저질러졌다. 정권에 비판적인 학생들과 야당의 지도자들은 북한의 스파이나 동조자로 처벌받았다.

1986년 6월 회사에 취업한 대학생을 경찰관이 성고문하고, 경찰과 검찰이 이를 은폐한 이른바 '부천서 성고문사건'이 발생하였다. 당시 전두환 정권은 피해자의 주장에 대하여 성을 혁명의 도구로 이용한다면서 사건을 은폐하고자 시도하였다. 1987년 1월에 경찰이 대학생 박종철을 불법 체포하여 물고문 하다가 사망하게 하고, 이를 은폐한 '박종철 고문치사사건'이 발생하였다. 이 때 경찰은 피해자가 갑자기 사망하였다고 발표하였으며, 사건을 은폐하기 위하여 조직적으로 관여하였다. 1987년 6월 9일 연세대학교에서 시위하던 대학생 이한열이 경찰의 최루탄에 맞아 사망하였다. 그 다음날인 6월 10일 시민들은 군사정권의 연장을 거부하는 대규모 시위를 벌었다. 이것이 6월 항쟁이다. 군사정권은 이에 굴복하였으며, 민주적인 선거에 의한 정권교체를 가능하게 하는 헌법의 개정에 동의하였다.

3. 민주주의와 인권 발달의 초기

한국의 민주주의와 인권은 1990년대 초부터 다소 개선되기 시작하였다. 1990년대부터 한국의 민주주의가 진전됨에 따라 점차적으로 국제인권법을 수용하기 시작하였다. 한국은 1951년 집단살해방지조약에 가입하고, 1979년에 인종차별철폐협약에, 1985년에 여성차별철폐협약에 가입하였다. 한국은 1990년에 시민적, 정치적 권리에 관한 국제규약과 경제적, 사회적, 문화적 권리에 관한 국제규약에 가입하였다. 이어서 아동권리협약(1991), 고문방지협약(1995)에 가입하였다.

한국은 국제인권조약에 가입하면서 국내법과의 충돌의 문제로 준수하기 어려운 조항에 대하여 다양한 유보를 첨부하였다. 그러나 점차로 민주주의와 인권의 보장이 자리를 잡게 되자 기존에 첨부되었던 유보를 점차로 철회하여 국제인권조약을 완전하게 이행할 의지를 표명하였다. 예를 들어, 한국은 1991년 결혼에서 양성의 평등을 규정하고 있는 ICCPR 제24조 4항에 대한 유보를 철회하여 양성의 평등을 보장하기로 하였다.

한국의 인권은 김대중 대통령(1998~2003)과 노무현 대통령의 시기에 크게 발전하였다. 2001년에 국가인권위원회가 설립되었다. 군사정권 시기의 인권침해사건을 조사하기 위한 위원회들이 다수 설립되었다. 그 대표적인 것이 2005년부터 2010년까지 활동한 진실과 화해를 위한 과거사정리위원회이다. 위원회들이 발간한 보고서는 군사정권 시기에 고문 등으로 유죄판결을 받은 피해자들이 재심을 통하여 무죄판결을 받거나 국가를 상대로 손해배상을 청구하는 데에 많은 기여를 하였다. 이명박, 박근혜가 대통령으로 재임하던 시기에는 정치적 참여의 자유와 표현의 자유가 상당한 정도 제약 당하였다. 선거에 국가기관 등이 개입하여 선거의 공정성이 크게 훼손되었으며, 정부에 비판적인 시민들은 경찰 등으로부터 사찰을 당하는 피해를 입었다. 정부는 정치적 반대자들에 대한 블랙리스트를 만들어 불이익을 주었다. 국가인권위원회의 독립성은 크게 훼손되었다. 2016년 말경 대통령 박근혜의 퇴진을 요구하는 시위가 시작되었다. 2016년 12월 9일 국회에서 박근혜에 대한 탄핵이 가결되었으며, 헌법재판소는 2017년 3월 10일 박근혜를 대통령에서 파면하였다.

4. 한국의 자유민주주의

현대적인 국가는 자유주의와 민주주의를 기본적인 질서로 채택한다. 자유주의는 시민의 자유가 헌법 및 법률에 의하여 보호되며, 국가가 함부로 개인의 자유를 침해할 수 없다는 것을 의미한다. 민주주의는 입법부와 행정부 등 국가의 권력이 선거에 의하여 구성된다는 것을 의미한다. 한국의 헌법도 전문에서 '자율과 조화를 바탕으로 자유민주적 기본질서를 더욱 확고히 하여'라고 하여 자유민주주의를 국가 구성의 원리로 채택하고 있음을 선언하고 있다.

그러나 한국에서 자유민주주의는 본래의 의미와는 매우 다르게, 오히려 개인의 인권을 침해하는 개념으로 사용되고 있다. 자유가 개인의 자유를 보장하는 개념이 아니라 자유민주주의라는 질서를 침해하는 행위를 처벌하는 개념으로 사용되고 있다. 예를 들어, 한국은 국제인권기구 등으로부터 표현의 자유를 침해한다는 이유로 국가보안법 제7조를 폐지할 것을 권고 받고 있는데, 제1항은 '자유민주적 기본질서를 위태롭게 한다는 정을 알면서' 반국가단체의 활동을 찬양, 고무, 선전 또는 이에 동조하는 자를 7년 이하의 징역에 처하도록 규정하고 있다. 대법원의 판결을 보면, 자유민주주의를 개인의 자유와 권리의 보호보다는 질서의 유지라는 개념으로 이해하는 것으로 보인다.

이적표현물과 자유민주주의

대법원 2001. 2. 23. 선고 99도5117 판결

국가보안법상 이적표현물로 인정되기 위하여는 그 표현물의 내용이 국가보안법의 보호법익인 대한민국의 존립·안정과 자유민주주의 체제를 위협하는 적극적이고 공격적인 것이어야 하고, 표현물에 이와 같은 이적성이 있는지 여부는 표현물의 전체적인 내용뿐만 아니라 그 작성의 동기는 물론 표현행위 자체의 태양 및 외부와의 관련사항, 표현행위 당시의 정황 등 제반 사정을 종합하여 결정하여야 한다.

원심이 채택한 증거를 기록에 비추어 살펴보면, 이 사건 '주체사상에 대하여', '우리당의 주체사상과 공화국정부의 대내외 정책의 몇 가지 문제점에 대하여'라는 제목의 유인물과, '현대 제국주의를 잘 알아야 필승불패'라는 제목의 글이 보관된 컴퓨터디스켓을 피고인이 배포한 사실이 충분히 인정되고, 한편, 이 사건 각 표현물은 그 내용이 주체사상을 찬양·미화하고, 대한민국을 미제국주의의 군사적 강점과 식민지 지배에 의하여 자주성을 무참히 유린당한 신식민지로 조명하는 등 그 정통성을 부인하면서 레닌의 제국주의론에 기초하여 근로대중을 의식화·조직화하고 국제공산주의운동 및 식민지 민족해방운동 조직과 연대하여 끊임없는 투쟁을 하여야 한다며 사회주의 혁명을 선전·선동하고 있는 등 대한민국의 존립·안정과 자유민주주의 체제를 위협하는 적극적이고 공격적인 것이어서 그 이적성을 인정하기에도 충분…

해설 및 검토

1. 1970년대 및 1980대 한국의 경제발전을 위하여 정치적 권리의 제한이 필요하였는가?

2. 인권사상에 충실한 자유민주주의란 무엇인가?

참고문헌

1. 유시민, 『나의 한국현대사 : 1959-2014, 55년의 기록』, 돌베게(2014)
2. 한홍구, 『대한민국사 1, 2, 3, 4』, 한겨레출판(2003)

인권법 강의

제 5 장 국가의 인권보장의무

1. 머 리 말

세계인권선언 제8조는 모든 사람이 헌법 또는 법률이 부여하는 기본권을 침해하는 행위에 대하여 법원에 의하여 효과적인 구제를 받을 권리를 가진다고 규정한다. ICCPR 제2조는 국가들이 어떠한 차별도 없이 규약상의 권리를 존중하고 보장하며, 입법조치 등 필요한 조치를 취할 것을 규정하고 있다. 유엔총회가 2005년 채택한 '심각한 국제인권침해 및 심각한 국제인도법위반의 피해자의 구제 및 회복의 권리에 관한 기본 원칙'에 따르면 심각한 인권침해에 대하여는 원상회복, 보상, 재활, 만족(사실 확인 및 진실의 공개, 실종자의 수색, 납치 피해자의 확인 등, 피해자의 명예를 회복하기 위한 공식적인 선언이나 사법적 판단, 공식 사과, 책임의 인정, 가해자에 대한 사법 및 행정적 제재, 피해자에 대한 추모), 재발방지 등의 조치가 취해져야 한다.

2. 사실조사 및 가해자 처벌

인권이 제대로 보장되려면 인권침해범죄에 대한 철저한 사실에 대한 조사 및 수사, 인권침해의 가해자 처벌, 손해배상 등이 이루어져야 한다. 그러나 한 한국의 경우에 1960년 이후 고문, 납치 사건에 대한 제대로 수사 및 기소가 이루어져 가해자가 처벌된 사례는 거의 없으며, 대체적으로 사실은 적극적으로 은폐되었다. 재판에 의한 처벌이 이루어진 경우에도 사면이 행해진 경우가 적지 않다.

최종길 교수 사망 사건

서울고등법원 2006. 2. 14. 선고 2005나 27906 판결

중앙정보부는 최종길에 대한 내사 결과 아무런 간첩 혐의를 발견하지 못하였음에도 불구하고 최종길을 간첩으로 조작하거나 공작에 이용할 목적으로, 구속영장을 발부받지 않은 채 최종길을 중앙정보부 남산 분청사에 구금한 다음, 잠 안재우기, 모욕 등 언어폭력, 발길질, 각목을 무릎에 끼워 허벅지를 발로 짓밟기 등의 고문을 가하면서 간첩활동에 대한 자백을 강요한 사실이 인정되고, 더 나아가 최종길이 위와 같은 고문 등 가혹행위로 인하여 사망하였거나, 고문 등 가혹행위를 견디지 못하여 이를 피하려는 과정에서 사망하였거나, 또는 고문 등 가혹행위에 따라 의식불명 상태에 이른 최종길이 이미 사망한 것으로 오인한 피고 2, 소외 7이 건물 밖으로 던졌을 것으로 인정된다.…

중앙정보부는, 자체 감찰 조사 결과에 의하여 수사관들이 최종길에게 고문을 하였고, 최종길은 간첩혐의를 시인하는 자백을 한 바 없다는 사실이 밝혀졌음에도 불구하고, "최종길이 간첩임을 자백하고 7층 화장실에서 투신자살하였다."는 내용으로 피의자신문조서, 긴급구속장, 현장검증조서, 압수수색장 등의 서류 일체를 허위로 작성하여 사건을 서울지방검찰청으로 송치하였고, 나아가 1973. 10. 25.에는 기자회견을 자청하여, 방송과 신문기자들을 상대로 "유럽 거점 대규모 간첩단"을 적발하였다고 하면서, "최종길이 간첩임을 자백한 후 여죄를 조사받던 중 조직을 보호하기 위하여 스스로 변소 창문을 통하여 투신자살하였다."는 내용을 발표한 사실을 인정할 수 있다.…

대한항공 폭파범에 대한 사면

뉴시스(2018. 8. 23.)

KAL 858기 폭파사건 희생자 유족들이 이 사건 주범으로 알려진 김현희(54)씨에 대한 철저한 수사를 통해 의혹의 진상을 규명해야 한다고 주장했다. KAL 858 가족회와 사건진상규명대책본부는 23일 오후 명예훼손 등 사건의 고소인 조사를 받기 위해 서울 서초구 서초경찰서에서 출석하면서 "KAL 858기 사건의 진상이 밝혀질 수 있도록 김씨에 대한 철저한 수사를 진행해야 한다."며 "김씨는 당당히 조사를 받고 국민 앞에서 진실을 밝혀야

할 것이다."고 밝혔다. 이들은 "과거 국가정보원은 김씨가 북한에서 왔다는 물증을 하나도 제시하지 않았다. 신원이 명확하게 밝혀지지 않은 채 수사 발표를 했고, KAL 858기 사건에 대한 유족들과 국민의 의혹은 풀리지 않은 상태"라고 했다. 이어 "김씨가 정말 북한에서 왔다고 하면, 이산가족 상봉을 통해 증명할 수 있을 것이다."며 "그가 북에 있는 가족들을 만나는 모습을 본다면 KAL 858기 사건에 대한 의구심을 풀 수 있을 것이다."고 주장했다. 앞서 가족회 등은 7월 23일 김씨에게 명예훼손과 업무방해 혐의가 있다는 취지의 고소장을 서울중앙지검에 제출했다. 검찰은 해당 사건을 서초경찰서에 수사 지휘 했다. 가족회 등은 고소장에서 김씨가 방송 등에서 자신들을 '친북성향 단체'라고 지칭하고 '북한을 이념적으로 옹호한다.'라고 언급했다는 점 등을 제시하면서 "비방할 목적으로 거짓 발언을 했다."라고 주장했다. 또 대책본부 등이 진행하고 있는 'KAL 858기 폭파 사건' 진상 규명 활동에 대한 부정적인 언급 등을 통해 명예가 훼손됐으며, 희생자 가족 사이의 유대 강화나 진상 규명 활동 등에 대한 업무방해가 있었다면서 김씨에 대한 조사를 요구했다.

KAL 858기 폭파 사건은 1987년 발생했다. 그해 11월 29일 대한항공 소속 858편 보잉 707기가 이라크 바그다드에서 서울로 향하던 중 미얀마 안다만 해상에서 실종된 사건이다. 당시 승무원 20명과 승객 95명(한국인 93명, 외국인 2명) 등 모두 115명이 실종됐고 유해·유품은 발견되지 않았다. 국정원의 전신인 국가안전기획부는 이 사건을 북한의 폭파 테러로 규정하고 김씨를 주범으로 지목했다.

백범 김구 시해와 사적 단죄

머니투데이(2016. 10. 23.)

"아이들이 어른이 돼 아버지는 단순한 살인자가 아니라 큰일을 했다고 자랑스럽게 여겨줬으면 한다. 정의를 위해 큰 일을 한 것 같아 후회는 없다."

버스 운전기사로 일하며 생계를 꾸려가던 평범한 아버지 박기서씨(당시 46세)는 20년 전 오늘(1996년 10월 23일) 백범 김구 선생 암살범으로 알려진 안두희씨(사망당시 79세)를 살해한 뒤 경찰에 자수하며 이 같은 심경을 밝혔다.

경기 부천에 살고 있던 박씨는 이날 오전 4시 30분쯤 집을 나와 안씨가 사는 인천 중구 아파트에서 때를 기다렸다. 오전 11시30분쯤 현관문이 열리는 순간 박씨는 안으로 들어가 동거녀를 묶고 옆방에 누워있던 안씨를 나무 몽둥이로 폭행했다.

당시 중풍으로 거동조차 불편했던 안씨는 특별히 반항하지도 못했던 것으로 알려졌다. 육군 장교였던 안씨는 1949년 6월 백범을 총으로 살해해 종신형을 선고받았으나 한국전쟁이 일어나면서 집행정지를 받은 뒤 복귀했다. 이후 백범 암살 배후를 밝히기 위한 사회운동가 등을 피해 은신해 있었다.

박씨가 휘두른 몽둥이는 '견이사의 견위수명'(이로움을 보거든 의를 생각하고 위태로움을 보거든 목숨을 던져라)이라는 안중근 의사의 글귀가 적힌 종이로 둘러싸여 있었고 '정의봉'이란 글자가 선명하게 새겨져 있었다.

박씨는 거사를 치른 뒤 곧장 평소 다니던 부천 삼정동 성당에서 고해성사를 하고 인천중부경찰서에서 자수했다. 그는 "백범 선생을 존경하고 정의감에서 범행을 결심했다."며 "관련 단체와 관련 없는 단독범행"이라고 담담히 밝혔다.

그는 특히 백범 암살의 배후를 추적해 온 사회운동가 권중희 선생이 쓴 책 '역사의 심판에는 시효가 없다'에 가장 큰 영향을 받았다고 밝혔다. 그는 사건 당일 권 선생에게 연락해 범행계획을 밝히기도 했다. 박씨는 "역사의 심판에 맡기자"는 권 선생의 만류를 뿌리쳤다.

박씨는 이 같은 사실을 가족들에도 비밀에 부쳤다. 그의 부인은 "남편이 한 달 전부터 안두희를 없애 역사를 바로 잡아야 겠다는 말을 했다."며 "사건 당일 비번이었고 등산을 다녀오겠다고 집을 나섰다."고 말했다.

박씨는 이 사건으로 온 국민의 관심을 받았다. 시민단체들을 중심으로 박씨의 무죄판결을 위한 구명운동이 벌어졌고 국민들의 지지가 이어졌다. 박씨를 통해 '안씨가 죗값을 치렀다'며 독립운동가로 평가하기도 했다.

다만 박씨가 저지른 살인죄에 대한 처벌은 받아야 하고 백범암살에 대한 진실규명의 열쇠를 쥐고 있는 안씨를 살해한 데 대해 오히려 배후를 감춘 게 아니냐는 지적도 있었다.

재판에 넘겨진 박씨는 9년을 구형받았지만 1심에서 살인죄 최소형량인 5년이 선고됐고 2년이 감형돼 3심에서 3년형이 확정됐다. 대법원은 "박씨의 범행동기나 목적은 주관적으로 정당성을 가진다."면서도 "법질서 전체의 관점에선 용인될 수 있는 정당성을 갖는다고 볼 수 없다."고 판결했다.

각계의 구명운동으로 그는 1998년 3월 특별사면을 받아 풀려났다. 박씨는 현재 택시운전을 하고 있는 것으로 알려졌다.

3. 손해배상

민법에 의하면 불법행위로 인한 손해배상의 청구권은 피해자나 그 법정대리인이 그 손해 및 가해자를 안 날로부터 3년 또는 불법행위가 발생한 날로부터 10년을 경과하면 시효로 소멸한다. 그런데, 국가에 의한 인권침해는 대부분 수사기관에 의하여 은폐되고, 피해자들이 법정에서 고문을 받았다고 주장하여도 법원이 이를 받아들이지 않으므로 피해자들이 손해배상을 청구하지 아니한 상태에서 장기간이 경과하여 피해자들의 손해배상청구권이 소멸하는 상황이 발생하게 된다. 그러므로 이와 같은 상황에서는 손해배상의 시효시간의 기산점을 달리 산정할 필요가 있다.

소멸시효와 국가의 배상의무

헌법재판소 2018. 8. 30. 2014헌바148 결정

헌법 제10조 제2문은 "국가는 개인이 가지는 불가침의 기본적 인권을 확인하고 이를 보장할 의무를 진다."라고 규정한다. 이처럼 헌법상 기본권 보호의무를 지는 국가가 소속 공무원들의 조직적 관여를 통해 불법적으로 민간인을 집단 희생시키거나 국민에 대한 장기간의 불법구금 및 고문 등에 의한 허위자백으로 유죄판결 등을 하고 사후에도 조작·은폐 등을 통해 피해자 및 유족의 진상규명을 저해하여 오랫동안 국가배상청구권을 행사하기 어려운 상황이었음에도, 그에 대한 소멸시효를 불법행위시점(민법 제766조 제2항) 내지 객관적으로 권리를 행사할 수 있는 시점(민법 제166조 제1항)으로부터 기산함으로써 국가배상청구권이 이미 시효로 소멸되었다고 선언하는 것은 헌법 제10조에 반하는 것으로 도저히 받아들일 수 없기 때문이다.…

소속 공무원들의 조직적 관여를 통해 불법적으로 민간인을 집단 희생시키거나 국민에 대한 장기간의 불법구금 및 고문 등에 의한 허위자백으로 유죄판결을 하고 사후에도 조작·은폐 등을 통해 피해자의 진상규명을 저해한 상황이었음에도 불구하고, 그 불법행위 시점을 소멸시효의 객관적 기산점으로 삼는 것(민법 제166조 제1항, 제766조 제2항)은 피해자와 가해자 보호의 균형을 이루고 있는 것으로 보기 어렵다. 과거사정리법 제2조 제1항 제3호의 '민간인 집단 희생사건'은 그 유족들이 사건 이후 국가로부터 희생자들에 관한 적절한 통지를 받지 못함으로써 집단희생의 일시·이유·경위·절차 등에 대해 구체적

으로 알지 못했기에 국가에 대해 손해배상을 청구할 수 없었던 경우가 많고, 과거사정리법 제2조 제1항 제4호의 '중대한 인권침해사건과 조작의혹사건'은 수사기관의 가혹행위 등에 의한 유죄판결의 확정으로 형의 집행을 받았기에 피해자로서는 그 유죄판결이 재심으로 취소되기 전까지는 그에 관한 국가배상을 청구할 수 없었던 경우가 많은바, 이러한 사안에 대해 그 불법행위 시점으로부터 소멸시효의 객관적 기산점을 적용하도록 하는 것은 발생한 손해의 공평·타당한 분담이라는 손해배상제도의 지도원리에도 부합하지 않기 때문이다.

4. 학문 및 사상의 자유와 군인의 재판청구권

이른바 군대내 불온서적 반입금지 사건

대법원 2018. 3. 22. 선고 2012두26401 전원합의체 판결

피고 국방부장관은 2008. 7. 15. 국군기무사령관으로부터 한국대학총학생회연합이 군 장병들에 대한 반정부·반미 의식화 사업을 강화하기 위하여 23종의 '교양도서 보내기 운동'을 추진한다는 정보를 보고받았다.

피고 국방부장관은 2008. 7. 22. 각 군 참모총장과 직할 부대장에게 23종의 도서가 부대 내에 반입되지 않도록 조치하라는 '군 내 불온서적 차단대책 강구(지시)'(이하 '이 사건 지시'라 한다)를 하달하였고, 피고 육군참모총장은 2008. 7. 24. 같은 내용의 지시를 예하부대 지휘관들에게 하달하였다.

원고를 비롯한 군법무관 6인(이하 이들을 통칭할 경우 '원고 등'이라 한다)은 2008. 10. 22. 이 사건 지시 및 그 근거 법령인 구 군인사법(2011. 5. 24. 법률 제10703호로 개정되기 전의 것, 이하 '구 군인사법'이라 하고, 현행 군인사법은 '군인사법'이라 한다) 제47조의2, 구 군인복무규율(2009. 9. 29. 대통령령 제21750호로 개정되기 전의 것, 이하 '군인복무규율'이라 한다) 제16조의2의 위헌확인을 구하는 헌법소원심판(헌법재판소 2008헌마638, 이하 '이 사건 헌법소원'이라 한다)을 청구하였고, 이 사실이 언론에 널리 보도되었다.

원고 등은 2009. 3. 18. 지휘계통을 통한 건의 절차를 거치지 않고 이 사건 지시에 대한 헌법소원을 제기하여 군 기강을 문란케 하였다는 등의 사유로 징계처분을 받았다.

그중 헌법소원제기에 주도적 역할을 한 원고는 파면처분을 받고 제적 및 보충역편입되었다.

원고 등이 2009. 4. 15. 제기한 징계처분취소소송에서 원고에 대한 파면처분이 재량권 일탈·남용의 위법이 있다는 이유로 취소되었고(서울행정법원 2009구합14781), 항소심에서 그대로 확정되었다(서울고등법원 2010누15614). 피고 육군참모총장은 2011. 10. 20. 원고에게 동일한 징계사유로 정직 1월의 징계처분을 하였고(이하 '이 사건 징계처분'이라 한다), 피고 국방부장관은 2012. 1. 18. 원고에 대하여 군인사법 제37조 제1항 제4호에 따라 현역복무부적합자 조사를 거쳐 '본인의 의사에 따르지 아니한 전역'을 명하는 처분(이하 '이 사건 전역처분'이라 한다)을 하였다. …

상명하복에 의한 지휘통솔체계의 확립이 필수적인 군의 특수성에 비추어 군인은 상관의 명령에 복종하여야 한다. 군인복무규율 제23조 제1항은 그와 같은 취지를 규정하고 있다. 군인이 일반적인 복종의무가 있는 상관의 지시나 명령에 대하여 재판청구권을 행사하는 경우에는 재판청구권이 군인의 복종의무와 외견상 충돌하는 모습으로 나타날 수 있다.

그러나 상관의 지시나 명령 그 자체를 따르지 않는 행위와 상관의 지시나 명령은 준수하면서도 그것이 위법·위헌이라는 이유로 재판청구권을 행사하는 행위는 구별되어야 한다. 법원이나 헌법재판소에 법적 판단을 청구하는 것 자체로는 상관의 지시나 명령에 직접 위반되는 결과가 초래되지 않으며, 재판절차가 개시되더라도 종국적으로는 사법적 판단에 따라 위법·위헌 여부가 판가름 나므로 재판청구권 행사가 곧바로 군에 대한 심각한 위해나 혼란을 야기한다고 상정하기도 어렵다. 상관의 지시나 명령을 준수하는 이상 그에 대하여 소를 제기하거나 헌법소원을 청구하였다는 사실만으로 상관의 지시나 명령을 따르지 않겠다는 의사를 표명한 것으로 간주할 수도 없다. 종래 군인이 상관의 지시나 명령에 대하여 사법심사를 청구하는 행위를 무조건 하극상이나 항명으로 여겨 극도의 거부감을 보이는 태도 역시 모든 국가권력에 대하여 사법심사를 허용하는 법치국가의 원리에 반하는 것으로 마땅히 배격되어야 한다.

따라서 군인이 상관의 지시나 명령에 대하여 재판청구권을 행사하는 경우에 그것이 위법·위헌인 지시와 명령을 시정하려는 데 그 목적이 있을 뿐, 군 내부의 상명하복관계를 파괴하고 명령불복종 수단으로서 재판청구권의 외형만을 빌리거나 그 밖에 다른 불순한 의도가 있지 않다면, 정당한 기본권의 행사라 할 것이므로 군인의 복종의무를 위반하였다고 볼 수 없다.

이 사건 지시는 정신적 자유의 핵심인 학문과 사상의 자유의 기초가 되는 '책 읽을 자유'를 제한하는 내용으로 되어 있다. 그런데 피고 국방부장관이 반입을 금지한 책들은 대체로 국가의 존립·안전과 자유민주주의체제를 해치거나 군인의 정신전력을 심각하게 저해하는 책으로 볼 수 없고, 오히려 학술단체나 언론기관에서 양서로 선정되는 등 사회 일반에서 양질의 교양도서로 받아들여지고 있는 책들도 포함되어 있다. 따라서 이 사건 지시가 군인의 정신적 자유권을 과도하게 침해하여 위헌이 아닌가 하는 의심을 가질 수도 있는 상황이었다. 기록에 의하면, 당시 원고 등은 이 사건 지시의 위헌성에 관하여 법령이 정한 방법인 헌법재판소의 판단을 받아 보기 위하여 이 사건 헌법소원을 청구하였다고 보이고, 그 밖에 다른 목적이나 의도가 있었다고 볼 만한 자료는 없다. 이 사건 지시가 한국대학총학생회연합이 군 장병들에게 반정부·반미 의식화 사업을 강화하기 위하여 교양도서 보내기 운동을 추진한다는 정보에 기초하여 이루어지기는 하였으나 당시 상황에 비추어 원고 등이 제기한 헌법소원으로 인하여 군 내부 지휘명령체계에 심각한 훼손이 초래될 우려가 있었다고 보이지 않는다.

위와 같은 사정들을 앞서 본 법리에 비추어 볼 때, 원고 등이 이 사건 지시에 대하여 헌법소원을 제기한 행위는 그것이 권리행사로서의 실질을 부인해야 할 특별한 사정이 없는 이상 헌법과 법률에 의하여 허용되는 권리의 행사라고 볼 수 있고, 군인의 복종의무에 위반된다고 평가할 수 없다.

5. 대규모 인권침해, 사과 및 명예회복 등 기타 피해회복을 위한 조치

인권침해 사건에서는 가해자 처벌 및 손해배상만으로는 피해자에게 충분한 구제가 되지 않는 경우가 많다. 가해자처벌 및 손해배상이 행해지지 않은 상태에서 장기간이 경과되는 경우도 있다. 그러므로 인권침해사건에서는 피해자의 명예회복 등 기타의 조치가 중요할 수 있다.

과거사 정리위원회의 종합 권고(2010)

[피해자의 명예회복과 구제를 위한 조치]

권고 1 : 국가는 잘못 알려진 진실규명 사건의 진실을 널리 알리는 등 피해자의 명예회복을 위하여 노력할 필요가 있다.

권고 2 : 국가는 6·25전쟁 전후 민간인 희생 사건의 피해자 및 인권침해 사건의 피해자와 그 가족 중에서 후유증으로 고통 받는 사람들에게 의료·상담 치료 등을 지원할 필요가 있다.

권고 3 : 국가는 한국전쟁 전후 미군 관련 사건의 피해자에 대한 적절한 피해구제 방안을 마련하고 이를 위하여 미국 측과 그 방안을 논의하는 등 외교적 노력을 할 필요가 있다.

권고 4 : 국가는 '재일동포 등 간첩조작 사건의 피해자들이 부당하게 일본 내에서 겪고 있는 불이익과 고통을 해소하기 위하여 외교적 노력을 기울일 필요가 있다.

[재발방지를 위한 국가의 조치]

권고 5 : 국가는 6·25전쟁 전후 민간인 희생사건 조사 과정에서 드러난 집단학살의 재발방지를 위해 가해자 처벌 등 제도적 장치를 보완할 필요가 있다.

[법령, 제도, 정책, 관행의 시정 및 개폐]

권고 6 : 국가는 오·남용의 우려가 있는 국가보안법의 적용에 신중을 기할 필요가 있다.

권고 7 : 국가는 비록 비상사태에 처한 경우라 할지라도 예비검속, 주거제한, 재산동결 등의 기본권 제한이 최소화될 수 있도록 하는 제도적 방안을 마련할 필요가 있다.

권고 8 : 국가 안보 등에 관한 비밀문서에 대해 국가 안보에 영향을 미치지 않는 범위내에서 일정 기간이 경과되면 공개하는 등의 조치가 필요하고, 이를 위해 공공의 이익과 국민의 알 권리가 조화될 수 있는 범위내에서 정보공개법이 보완될 필요가 있다.

권고 9 : 국가는 위원회의 진실규명 결과에 따라 유가족이 희생자에 대한 가족관계등록부의 작성과 정정을 용이하게 할 수 있도록「가족관계의 등록 등에 관한 법률」을 개정하여 과태료의 면제 등 지원방안을 마련하여야 한다.

권고 10 : 국가는 사인확인제도'(검시제도)의 신뢰성을 제고하는 방안을 마련할 필요가 있다.

[진실규명사건의 가해자에 대한 법적, 정치적 화해조치에 관한 사항]

권고11 : 국가는 가해자의 참회와 피해자·유족의 용서를 통한 화해가 이루어질 수 있도록 제도적 장치를 마련하는 등 적극 지원에 나서야 한다.

[국민화해와 민주발전을 위한 조치]

권고12 : 국가는 과거 공권력의 위법·부당한 행사 사실에 대하여 피해자와 유가족 등에게 사과할 필요가 있다.

권고13 : 국가는 적절한 장소를 확보하여 위원회가 발굴한 민간인 집단희생사건 희생자들의 유해를 안장하고 이곳에 한국전쟁 전후의 모든 민간인 희생자를 위한 단일 화해·위령시설을 건립할 필요가 있다.

권고14 : 국가는 군경사건 희생자와 적대사건 희생자 모두를 위령하는 지역합동위령제를 지원함으로써 국민적 화해와 통합에 노력할 필요가 있다.

[역사의식의 함양을 위한 교육, 홍보에 관하여 국가가 할 조치]

권고15 : 국가는 생명존중, 평화와 인권을 중시하는 사회적 풍토를 조성하기 위해 적극적인 교육과 홍보를 실시하고, 아울러 전쟁의 참상 등을 내용으로 하는 평화안보교육을 실시할 필요가 있다.

제 6 장
인권의 국제적 보호

1. 유엔헌장에 의한 인권 보장

가. 유엔총회

유엔헌장 제13조는 인종, 종교, 언어 또는 종교에 따른 차별 없이 모든 사람에게 인권과 기본적 자유의 실현을 위한 연구를 제안하고 권고를 한다고 규정하고 있다. 유엔총회는 매년 제3위원회(Third Committee)를 통하여 인권최고대표(High Commissioner on Human Rights)가 제출한 보고서에 기초하여 인권문제에 대한 논의를 하며, 결의를 행한다. 이러한 점에서 유엔총회는 인권의 국제적 보호를 위한 기능을 수행한다고 볼 수 있다. 다만, 결의는 법적으로 강제력이 없다는 점에서 한계가 있다. 다음은 2016년에 채택된 북한 인권에 관한 유엔총회의 결의이다.

Situations of human rights in the DPRK(A/C.3/71/L.23)

The General Assembly…

Condemns the long-standing and ongoing systematic, widespread and gross violations of human rights in the Democratic People's Republic of Korea…

Express its very serious concern at:

(a) the persistence of continuing reports of violation of human rights…
(i) Torture and other cruel, inhuman or degrading treatment or pun-

ishment, including human conditions of detention; rape; public executions; extrajudicial and arbitrary detention; the absence of due process and the rule of law, including fair trial guarantees and an independent judiciary; extrajudicial, summary and arbitrary execution; the imposition of the death penalty for political and religious reasons; collective punishments extending up to three generations; and the extensive use of forced labor;

(ii) The existence of an extensive system of political prison camps, where a vast number of persons are deprived of their liberty and subjected to deplorable conditions, including forced labour, and where alarming violations of human rights are perpetrated;

(iii) The forcible tranfer of populations and the limitations imposed on every person who wishes to move freely within the country…

(v) All-pervasive and severe restrictions, offline and online, on the freedoms of thought, conscience, religion or belief, opinion and expression, peaceful assembly and association, the right to privacy and equal access to information…

9. Encourages the Security Council to continue its consideration of the relevant conclusions and recommendations of the commission of inquiry and take appropriate action to ensure accountability, including through consideration of referral of the situation… to the International Criminal Court and consideration of the further development of sanctions in order to target effectively those who appear to be the most responsible for human rights violations that the commission has said may constitute crimes against humanity…

나. 인권이사회

인권이사회(Human Rights Council)는 유엔 안에서 인권의 보호와 증진, 인권 상황에 대한 검토와 권고를 담당하는 정부간 기구이다. 인권이사회는 유엔총회에 의하여 선출되는 47개의 국가들로 구성된다. 인권이사회는 인권의 보호와 증진을 위하여 다양한 메커니즘을 사용한다. 여기에는 보편적 정기보고(Universal Periodic Review), 특별절차(Special Procedures), 진정절차(Complaint Procedures)가 있다. 보편적 정기보고 제도는 유엔회원국들의 인권상황을 매 4년마다 검토하는 절차이다. 이사회의 위원들은 정기검토의 대상이 되는 국가와 인권상황에 대한 대화를 한다. 이 제도는 유엔의 회원국 모두가 검토 대상이 된다는 점에서 긍정적인 면이 있다. 이사회는 유엔헌장, 세계인권선언, 각종의 인권조약 등에 기초하여 회원국들의 인권상황을 검토한다. 검토가 끝난 후에는 국가의 인권상황에 대한 평가, 이사회의 권고, 당해 국가가 수용한 권고 등이 포함된 문서가 작성된다.

인권이사회의 특별절차는 인권위원회(Human Rights Commission) 당시부터 존재하던 제도로 특정한 국가의 인권상황이나 특정한 인권에 관한 주제를 다루는 절차이다. 특별보고관이나 실무반이 이러한 역할을 담당한다. 나아가 이사회는 개인 및 기구들이 인권 침해에 대하여 이사회의 주의를 환기할 수 있는 진정절차(Complaint Procedure) 제도를 가지고 있다. 그리고 이사회는 인권문제에 대하여 자문을 행하는 자문위원회(Advisory Committee)를 두고 있다.

다. 안전보장이사회

유엔헌장상 안전보장이사회(안보리)는 국제평화와 안전의 유지를 위한 일차적 책임을 지며, 안보리의 결의는 회원국들에게 구속력이 있다. 안보리는 헌장 7장에 따라 평화에 대한 위협, 평화의 파괴, 침략행위의 존재를 결정하고 국제평화와 안전을 유지하거나 이를 회복하기 위하여 필요한 조치를 취할 수 있다. 헌장 제39조는 원래 안보리가 전쟁이나 무력충돌에 대처하기 위하여 한 규정이지만 안보리는 냉전이 종식된 이후에 대규모의 인권침해를 평화에 대한 위협으로 보는 결의를 하고 있다. 이 경우에 안보리는 대규모의 인권침해를 방지하기 위하여 경제제재와 군사적 조치를 취할 수 있다. 이러한 의미에서 안보리도 국제인권보장체제라고 볼 수 있다.

소말리아 사태에 대한 안보리 결의

Resolution 794(1992)

The Security Council…

Determining that the magnitude of the human tragedy caused by the conflict in Somalia, further exacerbated by the obstacles being created to the distribution of humanitarian assistance, constitutes a threat to international peace and security…

2. Demands that all parties, movements and factions in Somalia take all measures necessary to facilitate the efforts of the United Nations, its specialized agencies and humanitarian organizations to provide urgent humanitarian assistance to the affected populations in Somalia…

6. Decides that the operations and the further deployment of the 3,500 personnel of the United Nations Operation in Somalia (UNOSOM)…

안보리는 구 유고 및 르완다에서 발생한 대규모의 인권침해 사태의 책임자를 처벌하기 위하여 헌장 7장의 규정에 따라 구 유고국제형사재판소(International Criminal Tribunal for the Former Yugoslavia, ICTY)와 르완다국제형사재판소(International Criminal Tribunal for Rwanda, ICTR)을 설립한 예도 있다.

라. 인권최고대표(High Commissioner for Human Rights)

인권최고대표는 유엔의 인권활동을 조정하고 인권문제에 조언한다. 인권최고대표는 1993년 유엔총회의 결의로 설치되었다.

2. 조약에 기한 이행체제

인권조약들은 당해 조약의 이행을 감독하기 위한 위원회(committee)를 두고, 체약국의 조약이행을 감독한다. 이를 위하여 국가보고, 개인통보, 국가간 통보제도가 이용된다. 국가보고(State Reporting Procedure)제도는 체약국이 정기적으로 조약의 이행상황에 관한 보고서를 제출하여 위원회의 심사를 받는 제도를 말한다. 현재 거의 모든 인권조약에 국가보고제도가 채택되어 있다. 체약국은 정기적으로 당해 인권조약의 이행에 관한 진전과 한계를 보고해야 하며, 보고서는 조약상 의무의 국내적 이행을 위한 입법적 활동, 관행 등을 포함해야 한다. 보고서가 제출된 후, 위원회는 국가의 대표와 보고서의 내용을 바탕으로 이행상의 문제점을 확인하고 해결하기 위한 회의를 가지고, 검토의견서(Concluding Observations)를 작성한다.

자유권규약위원회(Human Rights Committee)는 시민적, 정치적 권리에 관한 국제규약에 따라 한국이 제출한 제4차 보고서에 대하여 2015년 검토의견을 제시하였다(CCPR/C/KOR/CO/4, 3 December 2015). 그 주요한 내용은 다음과 같다.

1. 한국은 규약위반에 대한 위원회의 권고사항을 이행하기 위한 제도와 절차를 갖추지 않고 있으므로 이를 갖추어야 한다(para 7).

2. 한국은 기업이 규약에 보장된 인권기준을 준수하도록 명백하게 입법해야 한다(para 11).

3. 한국은 모든 영역에서 인종, 성적 지향 및 성정체성을 포함하여 어떠한 이유로도 차별을 금지하는 포괄적 차별금지법을 입법할 필요가 있다(para 13). 이를 위반하는 사람은 적절한 처벌을 해야 하며, 피해자에 대한 효과적인 구제책을 마련해야 한다(para 13). 한국은 성적 지향 또는 성정체성에 기초한 어떠한 형태의 사회적인 낙인, 차별, 특히 동성애자에 대한 전환 치료, 증오 표현 및 폭력을 용인하지 않는다는 것을 명백하고 공식적으로 선언해야 한다(para 15). 국가가 소유한 건물에서 전환치료가 행해지지 않도록 해야 하며, 다양한 성정체성에 대한 포괄적이며 정확하고 적절한 정보를 학생들에

게 제공하는 성교육을 개발해야 한다(para 15). 성적 지향 및 성정체성과 관련하여 인식을 제고하고 다양성을 존중하도록 하는 공공 캠페인을 실시하고, 공무원들을 위한 훈련을 개발해야 한다(para 15).

4. 한국은 포괄적인 인식 제고 프로그램을 실시하여 가정과 사회에서 남녀평등에 대한 이해와 지지를 강화하는 등으로 가부장적인 태도와 성에 대한 고정관념을 타파하는 조치들을 취해야 한다(para 17). 남녀 사이의 임금 차별을 철폐하고 가정이 있는 노동자를 정규직으로 포용할 수 있는 조건을 마련하고, 비정규직에 대한 차별을 철폐해야 한다(para 17). 한국은 교육, 고용, 주거 등의 분야에서 미혼모에 대한 차별을 철폐하고 지원을 강화해야 한다(para 17).

5. 한국은 모든 부부강간을 범죄화해야 하며, 강간을 협박이나 폭력의 사용이 아닌 동의의 부재로 정의해야 한다(para 19). 한국은 성에 기초한 폭력을 예방하고 대처하기 위한 포괄적인 전략을 수립해야 한다. 한국은 경찰, 사법부, 검찰, 지역 대표, 남녀들 사이에서 가정폭력 및 피해자의 삶에 비치는 부정적인 영향의 중대성에 관한 인식을 제고하는 조치들을 강화해야 한다(para 19). 한국은 가정폭력과 부부강간을 철저히 수사하고, 범죄자들이 기소되어 유죄판결을 받아 적절한 처벌을 받도록 하고, 피해자들이 피해배상을 받을 수 있도록 보장해야 한다(para 19).

6. 대테러법과 관행은 규약에 완전히 일치하고 오로지 테러리즘에만 적용되고 차별금지원칙에 부합해야 한다. 사이버테러리즘을 포함하여 테러행위는 정확하고 좁게 정의되어야 하며, 테러행위에 해당하는 범죄에만 적용되어야 한다(para 21). 테러리즘의 정의는 A/HRC/16/51 및 안보리결의 1566, 3절 참조.

7. 한국은 젊은 사람들의 높은 자살률에 유의하여 자살을 방지하는 노력을 경주해야 한다. 특히, 자살의 근본적인 원인을 조사하고 예방정책을 개선해야 한다(para 25).

8. 한국은 규약 제7조 및 국제적인 기준에 부합하는 고문의 개념을 형법에 포함시켜야 한다. 모든 고문 및 가혹한 대우에 관한 사건은 독립적인 기구에 의하여 적절하게 조사되어야 하며, 조사자와 피조사자 사이에 조직적 또는 수직적 관련성이 없어야 한다(para 27).

9. 한국은 정신병원 입원절차가 엄격하게 필요성 및 비례성에 맞고, 자신 또는 타인에 대한 심각한 위해는 방지하는 목적으로 행해지도록 해야 한다. 나아가 마지막 수단으로

단기간에 한하도록 해야 한다(para 29). 비자발적 강제입원의 절차는 개인의 견해를 존중하고, 보호자가 진정으로 관련자의 희망과 이익을 대표하고 보호하도록 해야 한다. 나아가 강제입원은 적절한 절차와 실체적인 안전장치에 의하여 담보되어야 한다(para 29).

10. 한국은 조사과정에서 변호사의 조력을 받을 권리가 어떠한 상태에서도 제한받지 않도록 보장하여야 한다(para 33).

11. 교도소의 독방 수용은 극히 예외적인 상황에서 극히 제한적인 기간 동안에만 사용되어야 하며, 징계위원회는 독립적인 기관에 의하여 임명되어야 한다(para 35).

12. 북한 이탈주민들은 가능한 한 짧은 기간 동안 구금되어야 하며, 피구금자는 구금의 전 기간 동안 변호인의 조력을 받아야 한다. 심문 동안에도 변호인의 도움을 받아야 하며, 심문의 기간 및 방법은 국제인권 기준에 엄격히 부합해야 한다. 개인이 제3국으로 추방되기 이전에 독립적인 이의 절차에 따른 심사가 있어야 한다(para 37).

13. 한국은 이민자 구금의 기간을 제한해야 하며, 구금은 마지막 수단으로 가장 짧은 기간이어야 한다. 아동은 구금될 수 없으며, 예외적으로 인간의 자유 및 안전에 관한 위원회의 일반 논평 35(2014)에 따라 아동의 이익을 고려한 마지막 수단으로 그리고 가장 짧은 기간 동안만 인정되어야 한다. 이민자 구금 센터의 생활환경은 국제기준에 부합해야 하며, 정기적으로 독립적인 모니터링을 받아야 한다(para 39).

14. 한국은 인신매매에 적극적으로 대응해야 하며, 특히 인신매매의 수요를 억제해야 한다. 고용허가제 하의 모든 이주노동자는 자유롭게 고용주를 선택할 수 있어야 한다. 한국은 강제노동을 예방하는 노력을 강화해야 한다. 한국은 인신매매의 정의를 국제기준에 맞게 정의하고, 인신매매의 피해자를 확인하는 체제를 갖추며, 이들이 필요한 모든 지원을 받을 수 있도록 보장해야 한다(para 41).

15. 국가안보의 목적을 위한 것을 포함하여 모든 감시는 규약에 부합해야 한다. 특히, 가입자 정보의 제공은 영장의 제시를 요하며, 국가정보원의 통신감청을 감시하는 체제를 도입하고, 기지국에 대한 자의적인 조사를 방지할 안전판을 마련해야 한다(para 43).

16. 한국은 자신들의 권리를 행사하여 병역을 거부하였다는 이유로 수감된 모든 양심적

병역거부자들을 즉시 석방해야 한다. 양심적 병역거부자들의 유죄기록은 삭제되어야 하며, 보상이 제공되어야 하고, 이들의 개인정보가 공개되어서는 아니 된다. 양심적 병역거부를 법적으로 인정하고 민간 성격의 대체복무제를 도입해야 한다(para 45).

17. 명예훼손죄를 폐지하는 것을 고려해야 하며, 어느 경우에도 심각한 명예훼손 사안에 대하여만 명예훼손죄를 적용해야 한다. 명예훼손을 이유로 구속하는 적은 결코 적절하지 않다. 민주주의를 위하여 비판에 대하여 관용적인 문화를 조장해야 한다(para 47).

18. 국가보안법 제7조의 규정이 매우 불명확하므로 공개적인 대화에 부정적인 영향을 가질 수 있으며, 불필요하고 과도하게 의견 및 표현의 자유를 침해할 수 있다. 국가보안법이 검열의 목적으로 사용될 수 있음을 지적한다(para 48). 표현의 자유에 대한 일반논평 34(2011)과 2차 국가보고서에 대한 검토의견(CCPR/C/79/Add.114, para. 9)에 따라 이적단체의 사상과 우연히 일치한다거나 이적단체를 고무한다는 이유로 사상의 표현에 대한 제한은 허용되지 않는다. 국가보안법 제7조는 폐지되어야 한다(para 49).

19. 정당의 해산으로 인한 결과가 특히 중대한 결과를 초래하므로 정당의 해산은 최소한으로 마지막 수단으로 사용되어야 하며, 비례성의 원칙을 준수해야 한다(para 51).

20. 평화적인 집회에 에 대한 엄격한 제한, 특히, 경찰이 평화적인 집회에 대한 사실상 허가제, 과도한 공권력 사용, 버스 차벽의 설치, 자정을 넘은 시위 제한 등 문제가 있다(para 52). 집회의 자유에 대한 권리를 고려하지 않고, 기자, 인권운동가들이 집회를 조직하거나 참여하였다는 이유로 벌금을 부과하거나 체포하는 등 형사법을 적용하는 사례가 있다(para 52). 그러므로 한국은 모든 사람이 평화적인 집회의 권리를 향유하고, 이 권리에 대한 제약이 규약 제21조에 엄격히 부합하도록 보장해야 한다. 공권력의 사용에 대한 규정을 재검토하여 협약을 준수하도록 해야 하며, 이에 맞게 경찰관들을 교육해야 한다(para 53).

21. 공무원의 결사의 자유에 대하여 부당한 제한이 존재하며, 해고된 노동자들이 조합원으로 있다는 이유로 노동조합등록이 거부된 사례가 존재한다. 그러므로 한국은 규약 제22조에 대한 유보를 철회하여 공무원 및 해고된 노동자를 포함한 모든 부문의 노동자가 노동조합에 가입할 수 있도록 허용해야 한다(para 55).

개인통보(Individual Complaint Procedures)는 인권침해의 피해자가 가해국가를 상대로 위원회에 구제를 요청하는 제도이다. 현재 아동권리협약을 제외한 나머지 인권조약에 대부분 마련되어 있다. 개인통보가 허용되기 위해서는 체약국이 위원회의 개인통보에 관한 권한을 인정하는 선언을 하거나 별도의 선택의정서를 수락해야 한다. 개인통보는 침해가 발생한 국가에서 국내적인 구제절차를 거친 후에야 제기될 수 있다. 다만, 형식적인 구제절차가 있더라도 당사자가 이를 이용할 수 없거나 국내법원이 이미 유사한 사안에서 심사를 한 경우에는 국내구제를 거칠 필요가 없다고 본다. 국가간 통보제도는 체약국의 일방이 다른 체약국의 조약상의 의무불이행에 관하여 제소하는 절차이다. 강제실종방지협약에는 현장조사절차(inquiry procedures)가 있으며, 고문금지협약 선택의정서에는 예방절차(preventive procedure)가 규정되어 있다.

한국과 관련하여 대법원에서 국가보안법위반으로 처벌받은 피고인이 ICCPR 개인통보절차에서 구제결정을 받은 사안이 있다.[1)]

이른바 모내기 그림 사건

대법원 1998. 3. 13. 선고 95도117 판결

기록에 의하면, 이 사건 모내기 그림은 130.3㎝×160.2㎝ 크기의 캔버스에 유화물감을 이용하여… 위 인정 사실에 비추어 보면 그림 상반부는 북한을 그린 것으로서 통일에 저해되는 요소가 전혀 없이 전체적으로 평화롭고 풍요로운 광경으로 그림으로써 결과적으로 북한을 찬양하는 내용으로 되어 있고, 그림 하반부는 남한을 그린 것으로서 미·일 제국주의와 독재권력, 매판자본 등 통일에 저해되는 세력들이 가득하며 농민으로 상징되는 민중 등 피지배계급이 이들을 강제로 써래질하듯이 몰아내면 38선을 삽으로 걷듯이 자연스럽게 통일이 된다는 내용을 그린 것이라 할 것이므로, 결국 이는 피지배계급이 파쇼독재정권

1) 자유권규약위원회는 2004년 위 모내기 그림을 반환할 것을 한국 정부에 권고하였지만 국내법상 압수물을 반환하는 절차는 없으므로 위 그림은 이적표현물로 약 30년 가까이 범죄의 증거물로 압수되어 검찰청에 보관되어 있었다. 그러다가 2018년 국립현대미술관에서 위탁, 보관하는 것으로 결론이 났다. 2018. 1. 29. 연합뉴스.

과 매판자본가 등 지배계급을 타도하는 민중민주주의 혁명을 일으켜 연방제통일을 실현한다는 북한 공산집단의 주장과 궤를 같이하는 것으로 여겨질 뿐만 아니라, 위에서 본 제작동기, 표현행위 당시의 정황 등 제반 사정을 종합하여 보면, 위 그림은 반국가단체인 북한 공산집단의 활동에 동조하는 적극적이고 공격적인 표현물로서 구 국가보안법 제7조 5항 소정의 이적표현물에 해당한다고 봄이 상당하다고 할 것이다.

ICCPR 개인통보 결정문의 예(모내기 그림 사건)

Communication No. 926/2000 (2004. 3. 19.)

Consideration of the merits

7.1 The Human Rights Committee has considered the present communication in the light of all the information made available to it by the parties, as provided in article 5, paragraph 1, of the Optional Protocol.

7.2 The Committee observes that the picture painted by the author plainly falls within the scope of the right of freedom of expression protected by article 19, paragraph 2; it recalls that this provision specifically refers to ideas imparted "in the form of art". Even if the infringement of the author's right to freedom of expression, through confiscation of his painting and his conviction for a criminal offence, was in the application of the law, the Committee observes that the State party must demonstrate the necessity of these measures for one of the purposes enumerated in article 19 (3). As a consequence, any restriction on that right must be justified in terms of article 19 (3), i.e. besides being provided by law it also must be necessary for respect of the right or reputations of others, or for the protection of national security or public order (ordre public) or of public health and morals ("the enumerated purposes").

7.3 The Committee notes that the State party's submissions do not seek to identify which of these purposes are applicable, much less the necessity thereof in the particular case; it may however be noted that the State party's superior courts identified a national security basis as justification for confiscation of the painting and the conviction of the author. As the Committee has consistently found, however, the State party must demonstrate in specific fashion the precise nature of the threat to any of the enumerated purposes caused by the author's conduct, as well as why seizure of the painting and the author's conviction were necessary. In the absence of such justification, a violation of article 19, paragraph 2, will be made out. (5) In the absence of any individualized justification therefore of why the measures taken were necessary in the present case for an enumerated purpose, therefore, the Committee finds a violation of the author's right to freedom of expression through the painting's confiscation and the author's conviction.

8. The Human Rights Committee, acting under article 5, paragraph 4, of the Optional Protocol to the International Covenant on Civil and Political Rights, is of the view that the facts before it disclose a violation of article 19, paragraph 2, of the Covenant.

9. In accordance with article 2, paragraph 3 (a), of the Covenant, the State party is under an obligation to provide the author with an effective remedy, including compensation for his conviction, annulment of his conviction, and legal costs. In addition, as the State party has not shown that any infringement on the author's freedom of expression, as expressed through the painting, is justified, it should return the painting to him in its original condition, bearing any necessary expenses incurred thereby. The State party is under an obligation to avoid similar violations in the future.

10. Bearing in mind that, by becoming a State party to the Optional Protocol, the State party has recognized the competence of the Committee

> to determine whether there has been a violation of the Covenant or not and that, pursuant to article 2 of the Covenant, the State party has undertaken to ensure to all individuals within its territory and subject to its jurisdiction the rights recognized in the Covenant, the Committee wishes to receive from the State party, within 90 days, information about the measures taken to give effect to its Views. The State party is also requested to publish the Committee's Views.

3. 지역적 인권보장체제

지역적 인권보장체제는 지역적으로 밀접한 관련을 갖는 국가들이 보편적인 인권보장체제와 병존적으로 별도의 인권보장체제를 갖는 것을 말하는데, 여기에 해당하는 것으로는 미주 및 아프리카 인권보장체제, 그리고 가장 실효적인 체제를 가지고 있다고 평가되는 유럽인권보장체제 등을 들 수 있다. 아시아에서는 아직 지역적 인권보장체제가 마련되어 있지 않다.

인권은 보편적인 성격을 갖는 것이므로 전세계적으로 보편적이고 공통적인 인권보장체제를 갖는 것이 바람직하기는 하다. 그리하여 지역적인 인권보장체제를 설치하는 것이 인권의 보편성을 훼손하는 것이라는 견해도 있다. 이 주장은 첫째, 인권은 본질상 보편적이며 모두에게 속하는 것이므로 보편적인 문서에 규정되고 보편적인 기구에 의하여 감시되어야 한다고 주장한다. 아시아나 아프리카의 인권이 미국이나 유럽의 인권과 다를 수 없다는 주장이다. 둘째, 지역적 인권보장체제는 기껏해야 보편적 인권보장체제를 그대로 답습하거나 심한 경우에는 그와 반대되는 정책이나 기준을 채택할 가능성이 있다고 주장한다. 그러므로 지역적 인권보장체제는 보편적인 인권보장체제를 훼손할 가능성이 있다고 한다.

이에 반하여 세계는 너무 크고 이질적이기 때문에 가치관, 이해관계, 문제점 등을 공유하는 지역 내의 기구가 오히려 효과적으로 기능할 수 있다는 주장이 있다. 보편적인 인권보장체제는 어디까지나 최소한의 보장을 규정한 것이며, 가치관을 공유하는 국가들 사이의 지역적 인권보장체제가 효과적으로 인권보장의 수준을 높일 수 있다. 보편적인 인권보장체제와 더불어 보다 실효적으로 인권을 보장하기 위해서는 가치관을 공유하는 지역 내에서 실효적인 인권보장체제를 갖는 것이 필요하다.

보편적 인권보장체제와 지역적 인권보장체제는 상호보완적인 기능을 수행할 수 있다. 보편적인 인권조약이 인권보장의 기본적인 내용들을 포함하는 반면, 지역적 인권조약이 권리의 보장수준을 높인다거나 추가적인 권리를 규정할 수도 있으며, 보편적인 인권조약과 달리 절차적으로 조금 더 실효적인 내용을 규정함으로써 보편적인 인권조약과 차별성을 추구할 수 있을 것이다. 그리고 이와 같은 보편적 인권조약과 지역적 인권조약 사이의 차이는 상호모순이라기 보다는 상호보완적이다.

현재 가장 모범적인 지역적 인권보장체제를 가지고 있는 지역은 '유럽인권협약(The European Convention for the Protection of Human Rights and Fundamental Freedom)'에 따른 유럽의 인권보장체제이며, 그 중심적인 역할을 하는 것은 유럽인권재판소(European Court of Human Rights)이다.

유럽인권협약이 유럽의 인권보장체제의 핵심이라고는 하지만 이것이 국내적인 인권보장체제를 대체하는 것은 아니다. 유럽인권협약의 실체법적, 절차법적 원칙이 각국의 국내적인 인권보장체제를 대신하도록 의도된 것은 아니며, 협약 당사국의 구제수단에 보충적 또는 추가적인 구제수단을 제공하는데 그친다. 그럼에도 불구하고, 당사국들은 협약의 규범들이 직접적으로 국내법원에서 집행 가능하도록 하거나 입법, 재심절차, 행정적 조치 등을 통하여 유럽인권재판소의 판결을 국내적으로 이행하고 있다. 그러므로 유럽인권협약의 보충적 성격이 협약 자체의 중요성을 약화시키는 것은 아니다.

유럽인권재판소는 개인제소, 국가간 제소 및 권고적 의견에 대한 관할권을 갖는다. 개인제소는 협약상의 권리를 침해당한 피해자인 개인, 비정부기구 또는 개인의 집단이 제기할 수 있다. 개인제소권은 협약의 실효성을 담보하기 위한 근본적인 장치이며 인권보장의 핵심적인 요소이다. 개인제소권은 절대적이므로 제소인에게 제소를 철회하거나 수정하도록 압력을 가하는 것은 허용되지 않는다. 협약의 해석원칙으로 한 가지 중요한 것은 협약은 항상 오늘날의 관점에서 해석되어야 한다는 점이다. 이는 재판소의 판례법상 확립된 원칙이다. 협약 제35조 1항에 따라 재판소는 최종적인 결정이 내려진 날로부터 6개월의 기간 내에 제소된 사건에 대하여 관할권을 가진다. 이 6개월 원칙은 법적 안정성을 높이고 협약상의 문제를 야기하는 사건이 상당한 시간 내에 해결되도록 함으로써 관련 당사자들의 불확실성을 제거하는 것을 목적으로 한다. 재판소는 원칙적으로 국내구제절차가 완료된 문제만을 다룰 수 있다. 국가가 자국민을 위하여 외교적 보호권을 행사하기 위해서는 피해자가 먼저 국내구제절차를 마쳐야 한다는 국내구제완료의 원칙은 국가에게 위법행위를 시정할 기회를 먼저 부여하는 것이 바람직하다는 논리에 바탕을 두고 있다. 개인제소가 익명이거나 실질적으로 이미 재판소가 심리한 적이 있는 사건과 실질적으로 동일한 문제인 경우에 제소는 허용되지 않는다. 나아가 이미 다른 국제조사 또는 분쟁해결절차에 회부되고 새로운 관련 정보를 포함하지 않는 경우에도 제소는 허용되지 않는다.

유럽인권협약은 국가의 협약위반에 대하여 개인의 제소를 인정할 뿐만 아니라 다른 체약당사국의 제소를 인정하고 있다. 유럽인권재판소의 특징 중의 하나는 각료회의의 요청에 따라 협약 및 의정서의 해석에 관한 법적인 문제에 관하여 권고적 의견을 줄 수 있다는 점이다. 유럽인권재판소의 판결은 미주인권재판소나 기타 인권기구의 결정에도 인용됨으로써 인권 개념의 발달이나 인권의 실효적 보장에 기여하고 있다.

4. 인권의 국내적 이행

인권은 궁극적으로 국내적으로 이행되어야 한다. 이를 담당하는 기관으로는 헌법재판소, 대법원 등을 비롯한 사법기관, 국가인권위원회 등을 들 수 있다.

해설 및 검토

1. 유엔총회에서 특정 국가들 대상으로 인권관련 결의안을 채택한 경우에 이 결의안은 대상 국가의 인권상황을 개선하는데 효과가 있는가?

2. 국제사회에서는 서로 상대방의 인권상황을 비난하는 일이 흔하게 존재한다. 북한이 국제사회에서 한국의 국가보안법을 폐지할 것을 주장하는 것은 정당한가?

3. 국가들이 인권조약에 가입하는 목적은 무엇인가?

제 7 장
생 명 권

1. 생명권의 근거

ICCPR 제6조 1항은 “모든 인간은 고유한 생명권을 가진다. 이 권리는 법률에 의하여 보호된다. 어느 누구도 자의적으로 자신의 생명을 박탈당하지 아니한다.”고 규정한다. 제2항은 사형을 폐지하지 않는 국가에서는 ICCPR 및 집단학살방지협약에 반하지 않은 방식으로 범죄 당시의 가장 무거운 범죄에 대하여만 사형이 내려질 수 있다고 규정하여, 사형제도 자체가 생명권에 대한 침해는 아님을 밝히고 있다. 다만, 1898년 사형제 폐지에 관한 ICCPR의 제2선택의정서가 채택되었다. 그러므로 이 선택의정서에 가입한 국가는 사형제를 폐지해야 한다. 헌법재판소는 헌법에는 명문의 규정이 없더라도 자연법적인 권리로 인정되는 기본권 중의 기본권이라고 하였다. ICCPR 일반논평 35은 생명권에 관하여 자세히 언급하고 있다. 이에 따라 생명권의 개념을 설명하기로 한다. 국가는 생명권을 존중하여 자의적으로 생명이 박탈당하지 않도록 할 의무가 있다. 국가는 사인에 의한 생명의 박탈이 일어나지 않도록 보장할 의무도 있다. 그러므로 국가는 개인이 생명을 잃을 수도 있는 위험이나 상황에서도 생명을 보호해야 한다. 나아가 국가는 임신 여성이 임신 중절을 선택할 수 있는 권한을 제한하여 이들의 육체적, 정신적 고통을 겪거나 생명이 위험해지지 않도록 해야 한다. 국가는 임신으로 건강이나 생명이 위험해지거나 강간 등으로 임신한 여성이 고통을 겪는 경우에는 임신 여성이 안전하고 실효적으로 임신 중절을 선택할 수 있도록 허용해야 한다. 국가는 임신 여성들이 안전하지 않은 방법으로 임신 중절을 하도록 임신이나 임신 중절을 규제할 수 없다. 임신 중절을 처벌하면 임신 여성들이 안전하지 않은 방법으로 임신 중절을 하게 되므로 임신 중절을 처벌할 수 없다. 국가는 성과 피임에 관하여 모든 남성, 여성들에게 충분히 교육해야 하며, 임신 중절을 하는 여성을 낙인찍어서는 아니 된다.

국가는 자살을 예방하기 위한 조치를 취해야 한다. 극심한 육체적, 정신적 고통으로 인하여 존엄사를 원하는 사람들에게 이를 허용하는 국가들은 환자가 자유롭고 충분한 정보를 제공받으며, 분명한 결정에 따라 절차가 진행되도록 보장해야 한다.

경찰관이 치명적인 무기를 사용하는 것은 가장 극단적인 조치이므로 생명을 보호하거나 급박한 위험으로부터 심각한 부상을 방지하기 위한 경우에 한하여 엄격하게 제한되어야 한다. 그러므로 다른 사람의 생명을 급박하게 위협하거나 부상을 입힐 위험이 없는 구속된 피의자가 도망하는 것을 막기 위하여 치명적 무기를 쓸 수 없다. 국가는 경찰관들에 의한 생명권의 침해가 발생하지 않도록 치명적 무기의 사용 통제, 생명의 위험을 최소화하는 법집행, 보고, 감독, 생명을 위협하는 사건의 조사, 덜 치명적인 수단을 사용하는 군중의 통제, 치명적 무기를 사용하지 않도록 적절한 보호 장구의 제공을 해야 한다.

테이저건, 고무총탄 등 덜 치명적인 무기도 엄격한 시험을 거쳐야 하며, 생명권에 미치는 영향을 검토해야 한다. 이러한 무기를 사용하는 경찰관은 적절한 훈련을 받아야 한다.

국가는 살인, 아동 살해, 명예살인, 린치, 증오 범죄, 테러 공격 등 생명권의 침해를 낳을 수 있는 폭력 또는 폭력의 선동을 형사적으로 금지해야 한다. 국가는 범죄자아 범죄조직에 의하여 살해될 위험에 있는 개인들을 보호하기 위한 적절한 예방 조치를 취해야 하며, 생명권 박탈에 책임이 있는 민병대 등을 해산해야 한다. 국가는 자국 내 또는 자국의 관할권 내의 국제기구, 외국 회사들에 의한 생명권 침해를 방지할 의무가 있다.

국가는 특히 인권활동가, 부패나 조직범죄 등과 싸우는 공무원, 인도주의 활동가, 언론인, 널리 알려진 공적 인물, 범죄의 증인, 가정 폭력 및 성에 기초한 범죄, 그리고 인신매매의 피해자들, 보호받지 못하는 이주아동, 무력충돌 상황에 놓인 아동, 인종적 및 종교적 소수자, 성적 소수자, 고향을 떠난 사람들, 난민신청자와 난민, 무국적자들을 특별히 보호해야 한다.

국가가 구금이나 체포를 통하여 개인의 자유를 박탈한 경우에 국가는 이들의 생명을 보호할 의무가 있으므로 재정적인 이유 등으로 생명권을 보호할 의무를 면하지 못한다. 국가는 이들에게 적절한 의료 보호와 정기적인 검진을 제공해야 한다.

국가는 범죄, 총기 사고, 교통사고, 산업 재해, 환경 파괴, 토지 황폐, 질병, 기아와 영양실조, 가난, 노숙 등 생명권을 위협하는 문제들에 적절한 조치를 취해야 한다.

국가는 생명권의 침해에 대하여 독립적이며, 공정하고 신속하며 철저한 조사를 실시해야 하며, 적절한 배상이 이루어지도록 보장해야 한다.

국가는 개인을 타국으로 송환하면 생명권이 침해될 가능성이 있는 경우에 그 개인을 송환할 수 없다. 사형제를 폐지한 국가가 사형에 처해질 위험이 있는 국가로 개인을 송환하는 것은 생명권의 침해가 될 수 있다. 종교단체들이 개인을 처형하겠다고 선언하여 생명이 위태로운 국가로 또는 극도로 무질서한 국가로 개인을 송환하는 것도 생명권의 침해가 될 수 있다. 비국가 행위자들이 생명권을 침해할 가능성이 있는 경우에는 개인을 송환받는 국가가 당해 개인을 보호할 능력이 있는지를 검토해야 한다.

생명권은 긴급 상황에서도 훼손이 허용되지 않는 권리이다. 생명권에 대한 침해는 주로 전쟁 및 집단적인 폭력 상태에서 발생한다. 그러므로 국가는 생명권을 침해할 수 있는 전쟁, 집단살해 및 집단적인 폭력 상태를 방지할 의무가 있다. 국가는 형벌을 통하여 생명권의 침해를 예방하고 처벌할 뿐만 아니라 군경에 의하여 자의적인 살해가 발생하지 않도록 해야 한다. 국가는 공권력에 의하여 자의적인 생명권의 침해가 발행하지 않도록 공권력을 통제해야 한다.

개인의 실종은 생명권의 침해와 밀접한 관련이 있으므로 국가는 실효적, 적극적으로 이를 조사해야 한다. 국가는 적극적으로 생명권을 보호할 의무가 있으므로 기아와 질병을 없애는 등 영아의 사망률을 낮추고 수명을 연장하기 위한 조치를 취할 의무가 있다. 자유권규약 인권위원회는 일반논평 No. 14에서 핵무기의 생산, 실험, 보유, 배치 및 사용이 인류의 생명권에 최대의 위협이 되고 있으므로 인도에 반하는 범죄로 금지되어야 한다고 하였다.

국가는 생명권을 보호할 적극적인 의무가 있다. 몇몇 국가에서는 여성들이 결혼,

교제 등에서 가족이나 공동체의 요구나 규범을 따르지 않는 경우에 가족들이 여성들을 살해하는 예가 있다. 이를 명예살인이라 한다. 명예살인이 비록 사인에 저질러지는 것이라도 가해자의 처벌 및 피해자의 보호 등 국가가 이를 예방하기 위한 적극적인 노력을 하지 않는다면 생명권에 대한 침해가 될 수 있다.

한국에서도 생명권의 침해가 문제되는 사건이 다수 존재한다. 정부는 여순사건 이후에 전향한 좌익혐의자들을 중심으로 국민보도연맹이라는 조직을 만들었다. 한국전쟁이 발발하자 정부는 보도연맹원 등을 소집하여 구금하였으며, 전선이 불리하여 퇴각하면서 이들을 집단으로 살해하였다. 그 중 신원이 확인된 수는 5,129명에 이른다.[1] 한국전쟁 초기 형무소에 있다가 희생된 수는 약 1만 명으로 추정되며, 신원이 밝혀진 사람은 1,255명이다.[2] 이들은 대체로 5년 이하의 단기수와 미결수였다. 서울이 수복된 이후에 군경에 의하여 부역혐의로 희생된 사람의 수는 약 2만 명 정도이며, 그 중 신원이 확인된 사람은 2,929명이다.[3]

형식적인 재판절차를 통하여도 생명권이 침해될 수 있다. 인민혁명당 사건, 조봉암 사건, 조용수 사건은 모두 형식적으로는 법원의 판결에 의하여 사형이 집행되었지만 절차 및 내용에서 도저히 그 적법성을 인정하기 어렵다. 광주민주화운동은 1980년 5월 18일 경 군대가 민간인들의 생명권을 침해한 사건이다. 용산사건은 경찰의 공권력행사가 적절하였는지에 관한 의문이 제기된다.

2. 자기낙태죄와 생명권 침해

생명권과 관련하여 인간은 과연 언제부터 생명권을 갖는가에 대한 의문이 제기된다. 이는 태아도 생명권을 갖는가, 나아가 어느 정도까지 낙태를 허용할 것인가 여부의 문제와 연결된다.

---

1) 진실화해를 위한 과거사정리위원회 종합보고서 Ⅲ 158쪽.
2) 위 보고서 224쪽.
3) 위 보고서 237쪽.

낙태와 생명권 침해

헌법재판소 2019. 4. 11. 선고 2017헌바127 결정

[헌법불합치의견]

자기낙태죄 조항은 모자보건법이 정한 예외를 제외하고는 임신기간 전체를 통틀어 모든 낙태를 전면적·일률적으로 금지하고, 이를 위반할 경우 형벌을 부과함으로써 임신의 유지·출산을 강제하고 있으므로, 임신한 여성의 자기결정권을 제한한다.

자기낙태죄 조항은 태아의 생명을 보호하기 위한 것으로서, 정당한 입법목적을 달성하기 위한 적합한 수단이다.

임신·출산·육아는 여성의 삶에 근본적이고 결정적인 영향을 미칠 수 있는 중요한 문제이므로, 임신한 여성이 임신을 유지 또는 종결할 것인지 여부를 결정하는 것은 스스로 선택한 인생관·사회관을 바탕으로 자신이 처한 신체적·심리적·사회적·경제적 상황에 대한 깊은 고민을 한 결과를 반영하는 전인적(全人的) 결정이다.

현 시점에서 최선의 의료기술과 의료 인력이 뒷받침될 경우 태아는 임신 22주 내외부터 독자적인 생존이 가능하다고 한다. 한편 자기결정권이 보장되려면 임신한 여성이 임신 유지와 출산 여부에 관하여 전인적 결정을 하고 그 결정을 실행함에 있어서 충분한 시간이 확보되어야 한다. 이러한 점들을 고려하면, 태아가 모체를 떠난 상태에서 독자적으로 생존할 수 있는 시점인 임신 22주 내외에 도달하기 전이면서 동시에 임신 유지와 출산 여부에 관한 자기결정권을 행사하기에 충분한 시간이 보장되는 시기(이하 착상 시부터 이 시기까지를 '결정가능기간'이라 한다)까지의 낙태에 대해서는 국가가 생명보호의 수단 및 정도를 달리 정할 수 있다고 봄이 타당하다.

낙태갈등 상황에서 형벌의 위하가 임신종결 여부 결정에 미치는 영향이 제한적이라는 사정과 실제로 형사처벌되는 사례도 매우 드물다는 현실에 비추어 보면, 자기낙태죄 조항이 낙태갈등 상황에서 태아의 생명 보호를 실효적으로 하지 못하고 있다고 볼 수 있다.

낙태갈등 상황에 처한 여성은 형벌의 위하로 말미암아 임신의 유지 여부와 관련하여 필요한 사회적 소통을 하지 못하고, 정신적 지지와 충분한 정보를 제공받지 못한 상태에서 안전하지 않은 방법으로 낙태를 실행하게 된다.

모자보건법상의 정당화사유에는 다양하고 광범위한 사회적·경제적 사유에 의한 낙태갈등 상황이 전혀 포섭되지 않는다. 예컨대, 학업이나 직장생활 등 사회활동에 지장이 있을 것에 대한 우려, 소득이 충분하지 않거나 불안정한 경우, 자녀가 이미 있어서 더 이상의

자녀를 감당할 여력이 되지 않는 경우, 상대 남성과 교제를 지속할 생각이 없거나 결혼 계획이 없는 경우, 혼인이 사실상 파탄에 이른 상태에서 배우자의 아이를 임신했음을 알게 된 경우, 결혼하지 않은 미성년자가 원치 않은 임신을 한 경우 등이 이에 해당할 수 있다.

자기낙태죄 조항은 모자보건법에서 정한 사유에 해당하지 않는다면 결정가능기간 중에 다양하고 광범위한 사회적·경제적 사유를 이유로 낙태갈등 상황을 겪고 있는 경우까지도 예외 없이 전면적·일률적으로 임신의 유지 및 출산을 강제하고, 이를 위반한 경우 형사처벌하고 있다.

따라서, 자기낙태죄 조항은 입법목적을 달성하기 위하여 필요한 최소한의 정도를 넘어 임신한 여성의 자기결정권을 제한하고 있어 침해의 최소성을 갖추지 못하였고, 태아의 생명 보호라는 공익에 대하여만 일방적이고 절대적인 우위를 부여함으로써 법익균형성의 원칙도 위반하였으므로, 과잉금지원칙을 위반하여 임신한 여성의 자기결정권을 침해한다.

자기낙태죄 조항과 동일한 목표를 실현하기 위하여 임신한 여성의 촉탁 또는 승낙을 받아 낙태하게 한 의사를 처벌하는 의사낙태죄 조항도 같은 이유에서 위헌이라고 보아야 한다.

자기낙태죄 조항과 의사낙태죄 조항에 대하여 각각 단순위헌결정을 할 경우, 임신 기간 전체에 걸쳐 행해진 모든 낙태를 처벌할 수 없게 됨으로써 용인하기 어려운 법적 공백이 생기게 된다. 더욱이 입법자는 결정가능기간을 어떻게 정하고 결정가능기간의 종기를 언제까지로 할 것인지, 결정가능기간 중 일정한 시기까지는 사회적·경제적 사유에 대한 확인을 요구하지 않을 것인지 여부까지를 포함하여 결정가능기간과 사회적·경제적 사유를 구체적으로 어떻게 조합할 것인지, 상담요건이나 숙려기간 등과 같은 일정한 절차적 요건을 추가할 것인지 여부 등에 관하여 앞서 헌법재판소가 설시한 한계 내에서 입법재량을 가진다.

따라서 자기낙태죄 조항과 의사낙태죄 조항에 대하여 단순위헌 결정을 하는 대신 각각 헌법불합치 결정을 선고하되, 다만 입법자의 개선입법이 이루어질 때까지 계속적용을 명함이 타당하다.

[단순위헌]

헌법불합치의견이 지적하는 기간과 상황에서의 낙태까지도 전면적·일률적으로 금지하고, 이를 위반한 경우 형사처벌하는 것은 임신한 여성의 자기결정권을 침해한다는 점에 대하여 헌법불합치의견과 견해를 같이한다. 다만 여기에서 더 나아가 이른바 '임신 제1삼분기(first trimester, 대략 마지막 생리기간의 첫날부터 14주 무렵까지)'에는 어떠한 사유를 요구함이 없이 임신한 여성이 자신의 숙고와 판단 아래 낙태할 수 있도록 하여야 한다는 점, 자기낙태죄 조항 및 의사낙태죄 조항(이하 '심판대상조항들'이라 한다)에 대하여 단순위헌결정을 하여야 한다는 점에서 헌법불합치의견과 견해를 달리 한다.

임신한 여성이 임신의 유지 또는 종결에 관하여 한 전인격적인 결정은 그 자체가 자기결정권의 행사로서 원칙적으로 보장되어야 한다. 다만 이러한 자기결정권도 태아의 성장 정도, 임신 제1삼분기를 경과하여 이루어지는 낙태로 인한 임신한 여성의 생명·건강의 위험성 증가 등을 이유로 제한될 수 있다.

한편, 임신한 여성의 안전성이 보장되는 기간 내의 낙태를 허용할지 여부와 특정한 사유에 따른 낙태를 허용할지 여부의 문제가 결합한다면, 결과적으로 국가가 낙태를 불가피한 경우에만 예외적으로 허용하여 주는 것이 되어 임신한 여성의 자기결정권을 사실상 박탈하게 될 수 있다.

그러므로 태아가 덜 발달하고, 안전한 낙태 수술이 가능하며, 여성이 낙태 여부를 숙고하여 결정하기에 필요한 기간인 임신 제1삼분기에는 임신한 여성의 자기결정권을 최대한 존중하여 그가 자신의 존엄성과 자율성에 터 잡아 형성한 인생관·사회관을 바탕으로 자신이 처한 상황에 대하여 숙고한 뒤 낙태 여부를 스스로 결정할 수 있도록 하여야 한다.

심판대상조항들은 임신 제1삼분기에 이루어지는 안전한 낙태조차 일률적·전면적으로 금지함으로써, 과잉금지원칙을 위반하여 임신한 여성의 자기결정권을 침해한다.

자유권을 제한하는 법률에 대하여, 기본권의 제한 그 자체는 합헌이나 그 제한의 정도가 지나치기 때문에 위헌인 경우에도 헌법불합치결정을 해야 한다면, 법률이 위헌인 경우에는 무효로 선언되어야 한다는 원칙과 그에 기초한 결정형식으로서 위헌결정의 존재 이유가 사라진다. 심판대상조항들이 예방하는 효과가 제한적이고, 형벌조항으로서의 기능을 제대로 하지 못하고 있으므로, 이들 조항이 폐기된다고 하더라도 극심한 법적 혼란이나 사회적 비용이 발생한다고 보기 어렵다. 반면, 헌법불합치결정을 선언하고 사후입법으로 이를 해결하는 것은 형벌규정에 대한 위헌결정의 효력이 소급하도록 한 입법자의 취지에도 반할 뿐만 아니라, 그 규율의 공백을 개인에게 부담시키는 것으로서 가혹하다. 또한 앞서 본 바와 같이 심판대상조항들 중 적어도 임신 제1삼분기에 이루어진 낙태에 대하여 처벌하는 부분은 그 위헌성이 명확하여 처벌의 범위가 불확실하다고 볼 수 없다. 심판대상조항들에 대하여 단순위헌결정을 하여야 한다.

[합헌의견]

태아와 출생한 사람은 생명의 연속적인 발달과정 아래 놓여 있다고 볼 수 있으므로, 인간의 존엄성의 정도나 생명 보호의 필요성과 관련하여 태아와 출생한 사람 사이에 근본적인 차이가 있다고 보기 어렵다. 따라서 태아 역시 헌법상 생명권의 주체가 된다.

태아의 생명권 보호라는 입법목적은 매우 중대하고, 낙태를 원칙적으로 금지하고 이를 위반할 경우 형사처벌하는 것 외에 임신한 여성의 자기결정권을 보다 덜 제한하면서 태아의 생명 보호라는 공익을 동등하게 효과적으로 보호할 수 있는 다른 수단이 있다고 보기 어렵다.

태아의 생명권을 보호하고자 하는 공익의 중요성은 태아의 성장 상태에 따라 달라진다고 볼 수 없으며, 임신 중의 특정한 기간 동안에는 임신한 여성의 인격권이나 자기결정권이 우선하고 그 이후에는 태아의 생명권이 우선한다고 할 수도 없다.

다수의견이 설시한 '사회적·경제적 사유'는 그 개념과 범위가 매우 모호하고 그 사유의 충족 여부를 객관적으로 확인하기도 어렵다. 사회적·경제적 사유에 따른 낙태를 허용할 경우 현실적으로 낙태의 전면 허용과 동일한 결과를 초래하여 일반적인 생명경시 풍조를 유발할 우려가 있다.

이처럼 자기낙태죄 조항으로 인하여 임신한 여성의 자기결정권이 어느 정도 제한되는 것은 사실이나, 그 제한의 정도가 자기낙태죄 조항을 통하여 달성하려는 태아의 생명권 보호라는 중대한 공익에 비하여 결코 크다고 볼 수 없으므로, 자기낙태죄 조항은 법익균형성 원칙에도 반하지 아니한다.

의사낙태죄 조항은 그 법정형의 상한 자체가 높지 않을 뿐만 아니라, 선고유예 또는 집행유예 선고의 길이 열려 있으므로, 책임과 형벌 간의 비례원칙에 위배되지 아니한다. 태아의 생명을 보호해야 하는 업무에 종사하는 자가 태아의 생명을 박탈하는 시술을 한다는 점에서 비난가능성 또한 크므로, 의사낙태죄 조항에 대하여 동의낙태죄(제269조 제2항)와 달리 벌금형을 규정하지 아니한 것이 형벌체계상의 균형에 반하여 헌법상 평등원칙에 위배된다고도 할 수 없다. 따라서 자기낙태죄 조항 및 의사낙태죄 조항은 모두 헌법에 위반되지 아니한다.

사산한 태아의 손해배상청구권

헌법재판소 2008. 7. 31. 선고 2004헌바81 결정

태아는 형성 중의 인간으로서 생명을 보유하고 있으므로 국가는 태아를 위하여 각종 보호조치들을 마련해야 할 의무가 있다. 하지만 그와 같은 국가의 기본권 보호의무로부터 태아의 출생 전에, 또한 태아가 살아서 출생할 것인가와는 무관하게, 태아를 위하여 민법

상 일반적 권리능력까지도 인정하여야 한다는 헌법적 요청이 도출되지는 않는다. 법치국가원리로부터 나오는 법적안정성의 요청은 인간의 권리능력이 언제부터 시작되는가에 관하여 가능한 한 명확하게 그 시점을 확정할 것을 요구한다. 따라서 인간이라는 생명체의 형성이 출생 이전의 그 어느 시점에서 시작됨을 인정하더라도, 법적으로 사람의 시기를 출생의 시점에서 시작되는 것으로 보는 것이 헌법적으로 금지된다고 할 수 없다.…

입법자는 형법과 모자보건법 등 관련규정들을 통하여 태아의 생명에 대한 직접적 침해위험을 규범적으로 충분히 방지하고 있으므로, 이 사건 법률조항들이 태아가 사산한 경우에 한해서 태아 자신에게 불법적인 생명침해로 인한 손해배상청구권을 인정하지 않고 있다고 하여 단지 그 이유만으로 입법자가 태아의 생명보호를 위해 국가에게 요구되는 최소한의 보호조치마저 취하지 않은 것이라 비난할 수 없다.…

생명의 연속적 발전과정에 대해 동일한 생명이라는 이유만으로 언제나 동일한 법적 효과를 부여하여야 하는 것은 아니다. 동일한 생명이라 할지라도 법질서가 생명의 발전과정을 일정한 단계들로 구분하고 그 각 단계에 상이한 법적 효과를 부여하는 것이 불가능하지 않다. 이 사건 법률조항들의 경우에도 '살아서 출생한 태아'와는 달리 '살아서 출생하지 못한 태아'에 대해서는 손해배상청구권을 부정함으로써 후자에게 불리한 결과를 초래하고 있으나 이러한 결과는 사법(私法)관계에서 요구되는 법적 안정성의 요청이라는 법치국가이념에 의한 것으로 헌법적으로 정당화된다 할 것이므로, 그와 같은 차별적 입법조치가 있다는 이유만으로 곧 국가가 기본권 보호를 위해 필요한 최소한의 입법적 조치를 다하지 않아 그로써 위헌적인 입법적 불비나 불완전한 입법상태가 초래된 것이라고 볼 수 없다.

그렇다면 이 사건 법률조항들이 권리능력의 존재 여부를 출생 시를 기준으로 확정하고 태아에 대해서는 살아서 출생할 것을 조건으로 손해배상청구권을 인정한다 할지라도 이러한 입법적 태도가 입법형성권의 한계를 명백히 일탈한 것으로 보기는 어려우므로 이 사건 법률조항들이 국가의 생명권 보호의무를 위반한 것이라 볼 수 없다.

3. 한국 전쟁 기간 중의 생명권 침해

한국 전쟁이 발발하자 수많은 민간인이 학살당하였다. 우선, 국민보도연맹사건이 있다. 여순반란 사건이 끝나자 한국 정부는 좌익관련자들을 통제하기 위하여 국민보도연맹을 조직하여 관리하였다. 한국 전쟁이 발발하자 정부는 이들을 구금하였다가 전세가 불리해지자 후퇴하면서 많은 사람을 살해하였다. 진실화해위원회가 조사한 바에 의하면 국민보도연맹에 속했다가 한국 전쟁 기간 중에 군경에 의하여 희생된 사람의 수는 확인된 것만 5,129명에 이른다. 진실화해위원회의 조사에 의하면 한국 전쟁의 발발로 교도소에 수감되었다가 처형된 사람의 수는 1,255명에 이른다. 진실화해위원회의 조사에 의하면 한국 전쟁 기간 중에 북한에 부역한 혐의로 적절한 재판절차 없이 처형되거나 총살된 사람의 수는 확인된 것만 2,929명에 이르며, 전체 희생자의 규모는 20,000명에 이른다고 한다.

4. 재판절차 또는 수사기관에 의한 생명권 침해

조봉암은 1952년 제2대 대통령선거에 출마하였으며, 1956년 제3대 대통령선거에서 216만표를 얻었다. 1956년 진보당이 창당되었으며, 조봉암은 위원장이 되었다. 경찰은 1958년 총선을 앞두고 조봉암 등 진보당 간부들을 체포하였으며, 정당등록을 취소하였다. 경찰과 특무대는 관련자를 1개월 동안 불법적으로 구금하여 자백을 받았으며, 검찰은 이를 근거로 조봉암 및 진보당 간부들을 국가변란 및 간첩혐의로 기소하였다. 1심에서 국가변란에 대하여는 무죄, 국가보안법위반에 대하여 징역 5년이 선고되었으나 2심이 사형이 선고되었으며, 1959. 2. 27. 대법원에서 사형이 확정되었다. 진보당 간부들에 대하여는 무죄가 선고되었다. 1959. 7. 31. 조봉암에 대한 사형이 집행되었다. 조봉암에 대하여 2011. 1. 20. 대법원에서 무죄판결이 선고되었다(대법원 2008재도11).[4] 법원은 이 사건에 대하여 생명권을 포함한 기본적 인권을 침해하는 불법행위로 인정하고 조봉암의 유족에게 국가의 배상책임이 있음을 인정하였다(서울중앙지방법원 2011가합63463).[5]

북파공작원을 파견하고 생명권을 침해한 사건도 있다. 심문규는 육군첩보부대(HID) 대북공작원으로 1955년 9월 20일 공작원 6명을 인솔하고 북파되었다가 북한에 의하여 체포되었다. 북한에서 1년 7개월 동안 머물면서 대남간첩활동 교육을 받고, 1957년 10월 6일 남하하여 10월 8일 육군첩보부대에 자수하였다. 육군첩보부대는 심문규를 563일 동안 구금한 상태에서 북한에 대한 정보수집과 간첩검거에

4) 법률신문 2011. 1. 20.
5) 법률신문 2011. 12. 28.

활용하였다. 그 후 심문규는 재판권이 없는 군법회의에서 허위의 문서에 기초하여 이중간첩으로 사형판결을 받아 1961년 5월 25일 사형이 집행되었다. 2006년 4월 25일까지 가족에게 사형사실을 알려주지 않았으며, 시신도 인도하지 않았다.

조용수는 1961년 진보성향의 민족일보를 창간하였는데 5.16 쿠데타 이후에 간첩으로부터 자금을 받아 신문사를 창간하고 북한의 활동을 고무, 찬양하였다는 이유로 체포되었으며, 신문사는 폐간되었다. 조용수는 제정 이전의 행위에 대하여 소급적용하도록 한 특별법에 따라 법원이 아닌 혁명재판소에서 사형판결을 받았으며, 3심의 기회를 박탈당하고 32세의 나이로 1961. 12. 21. 사형 집행되었다. 조용수에 대한 혐의내용은 주로 민족일보의 통일방안이 북한의 주장과 유사하다는 것이었다. 2008년 1월 재심에서 무죄가 확정되었다. 이 사건에 대하여도 국가의 배상책임이 인정되었다.[6)]

1975. 4. 25. 중앙정보부는 민청학련이 혁명을 기도하고 있으며, 그 배후에는 인민혁명당이 있다고 발표하였다. 1심과 2심은 군법회의에서 이루어졌다. 변호인 및 가족들의 접견은 금지되었다. 변호인이 요구한 증거는 채택되지 않았다. 재판장은 피고인들의 진술을 가로막았다. 기자들의 자유로운 취재도 제한되었다. 인혁당 사건관련자 8명에게는 1974. 5. 27. 비상군법회의에서 국가보안법, 반공법 위반 등으로 사형이 선고되었으며, 1975. 4. 8. 대법원에서 사형이 확정되었다. 이들은 대법원 사형판결 18시간 만에 가족을 만나지 못한 상태에서 사형이 집행되었다. 시신은 가족들에게 인도되지 않고 화장되었다. 2006. 12. 23. 이들에 대한 재심사건에서 모두 무죄가 선고되었다.[7)] 이들이 입은 손해에 대하여도 국가의 손해배상을 명하는 판결이 확정되었다.[8)] 이 사건에 대하여는 어느 누구도 형사적인 처벌을 받지 않았다.

---

6) 법률신문 2009. 3. 13.
7) 법률신문 2007. 1. 14.
8) 법률신문 2007. 10. 4.

인혁당 관련자 8인 사형확정 대법원 판결

대법원 1975. 4. 8. 선고 74도3323 판결

헌법 제53조가 논지가 지적하는 바와 같이 헌법의 근본규범에 위배되어 무효한 것이라든가, 소급적 처벌규정이어서 헌법 제11조 2항에 위반한 것으로 무효라든가, 또 그 내용이 요건을 갖추지 못하여 무효라는 것, 긴급조치 제5호의 제2항의 경과규정이 헌법위반이라는 점 등의 소론에 대하여는 그 주장들이 우리 헌법 해석상 받아드리지 못할 것이라 함은 본원의 이에 대한 누차의 판결로써 명시된 바 있는 것이며(1975. 1. 28. 선고 74도3488 대통령긴급조치위반등사건 … 등) 이제 위와 같은 본원의 견해를 변경할 필요를 느끼지 않는 바로서 따라서 이점 상고이유는 실당한 것이며, 법관의 영장없는 체포 구속 압수 수색을 할 수 있게 한 긴급조치 제2호 제12항은 헌법 제54조에 의하여 계엄이 선포된 경우에만 가능한 것인 바, 위에 의한 계엄의 선포없이 헌법 제53조에 의한 위와 같은 조치는 헌법위반이라고 하는 논지에 대하여 판단하건대 헌법 제54조의 경우에는 헌법 제53조에 의한 비상조치를 취하지 않을 경우에 해당하는 규정인 것이며 헌법 제53조에 의하여 대통령의 긴급조치권을 발동할 경우에는 동조 1항에 의하여 사법 등 국정전반에 걸친 조치를 취할 수 있고, 동조 2항에 의하여 「헌법에 규정되어 있는 국민의 자유와 권리를 잠정적으로 정지」 하는 조치를 취할 수 있고, 이 경우에는 「법원의 권한에 관하여 긴급조치를 할 수」 있는 것임이 동법에 명시되어 있는 바로서 헌법 제53조에 의한 긴급조치는 대통령에게 이러한 권한이 부여되었다고 인정할 수 있으므로 따라서 헌법 제53조에 의하여 논지가 지적하여 비위하는 바와 같은 국민의 일부 권리와 자유의 잠정적 정지조치는 헌법위반이라고 인정할 수 없고 결국 이 점에 관한 소론은 독자적인 견해로서 이를 받아드릴 수 없고 헌법 제53조에 의거한 위의 일련의 긴급조치가 헌법위반이라는 점은 어느 모로 보나 이유없는 것으로 판단한다. …

상고이유 중 피고인 등의 행위는 위법성이 없는 행위라고 주장하므로 이 부분을 요약하면 피고인 등의 행위는 민주수호행위로서 정당성이 있는 것이고, 애국적 민주운동인 학생운동으로서 민주적 당연성과 역사적 진실성 있는 정당한 투쟁행위인 것이며, 또 이는 소위 「저항권」에 의한 행위이므로 위법성이 없다는데 귀론되는 것이므로 이 점에 대하여 판단한다. …

그러나 논지가 주장하는 위법성저각사유는 실정법 질서 내에서만 허용되는 것으로 여기서 일탈하는 행위는 위법성의 저각사유가 될 수 없으며 또 피고인들의 이에 해당하는 행위들이 형법 제20조의 어느 것에도 해당한다고 보여지지 아니하며 소위 「저항권」에 의한 행위이므로 위법성이 저각된다고 하는 주장은 그 「저항권」 자체의 개념이 막연할 뿐 아니라 논지에 있어서도 구체적인 설시가 없어 주장의 진의를 파악하기 어려우나 이 점에 관한 극일부 소수의 이론이 주장하는 개념을 살핀다면 그것은 실존하는 실정법적 질서를 무시한 초실정법적인 자연법질서 내에서의 권리주장이며 이러한 전제하에서의 권리로써 실존적 법질서를 무시한 행위를 정당화하려는 것으로 해석되는 바, 실존하는 헌법적 질서를 전제로 한 실정법의 범주 내에서 국가의 법적 질서의 유지를 그 사명으로 하는 사법기능을 담당하는 재판권행사에 대하여는 실존하는 헌법적 질서를 무시하고 초법규적인 권리개념으로써 현행실정법에 위배된 행위의 정당화를 주장하는 것은 그 자체만으로서도 이를 받아드릴 수 없는 것이다(대법원 1975. 1. 28. 선고 74도3498 판결 참조).

이수근 간첩 사건

중앙일보(2018. 10. 11.)

1960년대 말 간첩으로 몰려 사형을 당한 고(故) 이수근씨가 49년 만에 법원에서 누명을 벗었다. 당시 이씨와 함께 간첩으로 몰려 21년간 수감 생활을 한 이씨의 처조카 배경옥씨는 "아들은 강에서 스스로 목숨을 끊었고 딸과는 연락하지 않는다."며 가족의 삶이 다 망가졌다고 토로했다.

서울중앙지법 형사합의23부(부장 김태업)는 11일 1969년 사형이 선고된 이씨의 재심에서 반공법 및 국가보안법 위반 혐의를 무죄로 판단했다.

이씨는 1967년 3월 판문점을 통해 귀순했으나 1969년 1월 위조여권을 이용해 홍콩으로 출국한 뒤 중간 기착지인 베트남에서 당시 주 베트남 공사 등에게 체포됐다. 위장 귀순해 북한의 군사적 목적을 위해 기밀을 수집하는 등 간첩 행위를 한 뒤 한국을 탈출했다는 이유였다.

재판부는 "이씨는 베트남 공항에서 체포된 이후 40여일간 불법 구금상태에서 조사를 받았다"며 "각종 고문과 폭행 등 가혹 행위로 인해 허위 자백을 했을 개연성이 충분하다"고 판단했다.

당시 이씨가 위조여권을 만드는 데 관여한 배씨는 이날 YTN라디오 '이동형의 뉴스 정면승부'에 출연해 "나는 이모부님의 여권을 만들어줬을 뿐 간첩 행위를 한 것이 없는데 중앙정보부(중정) 요원이 바로 남산 5국으로 데려갔다."며 "고문은 이루 말할 것이 없었다."고 전했다.

배씨는 "거기 가서 실오라기 하나 안 걸치고, 팬티도 안 입고, 한 10명이 둘러서서 구둣발로 사람을 고문하고, 의자에 묶어서 물고문했다. 지금도 그때 생각은 하기 싫다"며 "그때는 빨리 죽었으면 하는 생각이었다."고 당시를 떠올리며 눈시울을 붉혔다.

이어 "검찰 조사받을 때도 중정 애들이 바깥에 서 있다가 들어와서 나쁜 짓을 한다. 그럼 받아쓰기할 수밖에 없다."며 "재판장에서도 중정 요원들이 둘러서 있어 전혀 다른 말을 할 수 없게끔 했다"고 덧붙였다.

이씨는 체포된 지 4개월 만인 1969년 5월 법정에서 사형을 선고받았고, 50여일 만에 형이 집행됐다. 배씨 역시 1심에서 사형 선고를 받았으나 이후 무기징역으로 감형됐고, 20년 복역 후 가석방됐다.

배씨는 '남은 가족들이 간첩 자식, 빨갱이 아내로 힘든 삶을 사셨을 것 같다'는 질문에 "출소 후에도 여태까지 혼자 생활한다. 아들은 제가 교도소에서 나온 그다음 해에 극단적 선택을 했다."고 말했다. 그는 "(아들이) 공부도 잘해서 장학생이었다. 좋아하던 학교 후배가 있었던 것 같은데 아버지가 없는 것처럼 살았는데 '사위 될 사람의 아버지가 간첩 혐의로 20년을 살고 나왔다'고 얘기할 수 없으니까. 그때 나이가 스물다섯인가 한참 예민하니까, 무주 구천동 강에서 투신했다."고 말했다.

그는 "딸과도 요새 만나지 않는다. 저로 인해서 고생도 많이 했고, 또 여러 가지로 불이익을 많이 받게 되니 오히려 제가 접촉을 안 하는 것이 도와주는 것이라 (연락을) 안 하고 있다"라고도 했다. 이어 "어머님부터 저희 동생들도 다 힘들었다. 연좌제가 말로만 없지 그대로 다 고통받았다."며 "제가 출소하고서도 10년 동안이나 경찰이 찾아왔다."고 전했다.

배씨는 이씨에 앞서 2008년 재심에서 무죄를 선고받았다. 그는 "국가가 이럴 수는 없는 거다. 국가는 개인의 생명과 재산을 보호할 의무가 있는데, 국가의 권력이 인권을 짓밟고 생명을 짓밟는 것은 말이 안 되는 것"이라고 목소리를 높였다.

재판부는 "대한민국 국민으로서 방어권을 제대로 행사하지 못한 채 위장 귀순한 간첩으로 낙인찍히고 생명까지 박탈당하는 데 이르렀다"며 "권위주의 시대에 국가가 저지른 과오에 대해 피고인과 유가족에게 진정으로 용서를 구할 때"라고 밝혔다.

5. 5·18 광주민주화운동과 생명권 침해

광주민주화운동기간 중에 계엄군은 다수의 민간인에게 총격을 가하여 살해하였다. 예를 들어, 계엄군들은 1980년 5월 23일 광주시 동구 주남마을 앞에서 지나가던 버스에 총격을 가하여 민간인 15명을 살해하였다. 당시 2명의 청년은 부상을 입었는데, 계엄군들은 "살려달라"고 애원하는 이들을 끌고 가 총을 쏘아 살해하는 만행을 저질렀다. 5월 24일경 광주시 남구 송암 공단 부근에서 공수부대와 보병학교 군인들이 서로 오인 공격을 하여 다수의 군인이 사망하였다. 계엄군들은 분풀이로 인근 민가에 들어가 청년 3명과 주민 1명을 살해하였다. 계엄군은 여성들을 상대로 다수의 성폭행 사건을 저질렀다. 국가인권위원회, 여성가족부, 국방부가 2018. 10. 31. 발표한 공동조사결과에 따르면 광주민주화운동 기간 중에 학생, 주부 등 다양한 여성 등이 총으로 생명을 위협당하는 상황에서 군인들로부터 성폭행 피해를 당하고서도 피해를 입은 사실을 밝히지 못하고 장기간 고통을 받은 사실이 확인되었다. 광주민주화 기간 동안에 계엄군이 저지른 범죄행위에 대하여 누구도 처벌받지 아니하였다.

5·18 광주민주화운동과 생명권 침해

국방부과거사진상규명위원회 5·18 관련 보고서 중[9)]

1979. 12. 12. 당시 보안사가 주축이 된 합수부는 최규하 대통령의 재가도 받지 못한 상태에서 정승화 계엄사령관을 무력으로 강제 연행했다. … 육군참모총장 대장 정승화가 '인사조치안'을 작성하여 실행하려고 계획했기 때문이다. 신군부세력은 육군 참모총장의 강제연행이 부당하다며 원상복귀를 주장하던 3군사령관 중장 이건영, 수도경비사령관 소장 장태완, 특전사령관 소장 정병주, 육군본부 작전참모부장 소장 하소곤 등에 대해 하극상의 대항을 감행하여 군대를 동원하여 이들을 무력으로 제압하며 연행했다. 이 과정에서 신군부측 병력의 무력진압에 대항했던 특전사령관 부관 소령 김오랑 등이 사망했다. 12·2 사건 이후 전두환 보안사령관은 군의 주도권을 장악함으로써 권력 공백기에 있어 최고 실력자가 되었다.

1980. 초반 신군부세력은 전두환 보안사령관을 중심으로 정권을 장악하기 위해 군의 정치개입을 계획했다. … 신군부 세력은 5. 17. 정오에 전군주요지휘관회의를 열어, 비상계엄 전국확대를 골자로 하는 결의안을 통과시켰다. 같은 날 저녁에 열린 국무회의는, 수도

경비사령부(사령관 : 노태우 소장) 병력들이 총검으로 무장하고 국무회의가 열리는 장소에 이르기까지 도열해 공포 분위기를 조성한 가운데 특별한 토의 없이 '5·7 비상계엄 전국확대 조치'를 통과시켰다. 이보다 앞서 합수부는 예비검속 대상자들을 연행했고, 다음날 새벽 '5·7 비상계엄 전국확대 조치'에 따라 전국 주요 대학에 계엄군이 진주했다. …

5. 18. 16:00경 광주 시내에 투입된 공수부대원들은 시위를 강경하게 진압했다. 공수부대원들은 시민들을 진압봉이나 군홧발로 구타하고, M-16 개머리판으로 가격하였으며, 사람들의 옷을 벗겨 연행하기도 하였다. 공수부대원들의 과격진압에 분노한 광주시민들은 5. 19.부터 공수부대에 격렬하게 대항했고, 공수부대원들도 더욱 더 강경하게 진압에 나서 다수의 사상자가 발생했다. 5. 20. 아침 제3공수특전여단(여단장 : 준장 최세창. 아래 '3공수여단'으로 줄임)이 추가로 광주에 파견됐다. …

광주역 앞에서 시위를 진압하던 3공수여단은 시위가 격렬해지자 여단장의 명령에 따라 M16 실탄을 배분했고, 상황이 악화되자 시위대를 향해 발포해 사상자가 발생했다. 시민들의 차량돌진 공격으로 3공수여단 소속 병사 1명이 사망했다. 계엄사는 5. 20. 육군 제20보병사단(사단장 : 소장 박준병. 아래 '20사단'으로 줄임)을 광주에 증파하기로 결정하는 등 광주의 시위에 대해 강경한 진압방침을 유지했다. 이에 대해 광주시민들 또한 대규모의 시위로 저항했다. … 실탄을 지급받은 11공수여단 병력들이 시위대를 향해 발포했다. 발포 결과, 50여명이 사망하는 등 '광주민주화운동' 기간 동안 최대의 사상자가 발생했다. 이후 시위대는 광주 주변 지역의 무기고에서 가져온 카빈·M-1·TNT 등으로 무장하고 공수부대에 대항했다. 광주에서의 진압과 발포, 뒤이은 시민들의 무장 저항이 이어지자 계엄사는 5. 21. 16:00 공수부대를 포함한 계엄군을 광주 외곽으로 철수하라는 명령을 내렸고, 18:00 이후 광주 시내의 계엄군은 외곽으로 철수했다.… 계엄사는 5. 23. 최종 진압작전인 '상무충정작전'을 수립했다.… 5. 27. 01:00를 기해 공수부대 특공조가 작전을 시작, 05:00를 전후해 시민군을 완전히 진압했고, 이어 20사단을 비롯한 여러 부대가 광주 시내를 장악하면서 '상무충정작전'은 완료됐다. 10여일 동안의 광주민주화운동 기간에 민간인 166명, 군인 23명, 경찰 4명 등 모두 193명이 사망했고, 광주 시위 관련 행방불명자로 인정된 사람은 47명이다.…

9) 국방부과거사진상규명위원회 진상규명 제3호사건, 12·12, 5·17, 5·18사건 조사결과보고서 (2007. 7. 24.).

6. 용산 철거민 사망 사건

2009. 1. 20.에는 용산 철거민 사망 사건이 발생하였다. 이 사건은 재개발 사업으로 인하여 3개월간의 영업손실보상비를 받고 떠나가야 했던 철거민 40여명이 1월 19일 정당한 보상을 요구하면서 서울 용산구 한강로 2가에 있는 남일당 건물 옥상에 망루를 짓고 농성을 시작하면서 시작되었다. 이튿날인 20일 경찰특공대에 의한 강제진압이 시작되었다. 경찰특공대가 진입하자 철거민들은 화염병과 시너를 뿌리며 저항하였다. 그 과정에서 망루와 옥상에 휘발성 물질이 가득 찼음에도 불구하고 경찰의 지휘부는 경찰특공대원과 농성자들의 안전을 위한 조치나 작전의 일시 중단 내지 변경을 하지 않고, 특공대를 진입시켰으며, 이 과정에 화재가 발생하여 철거민 5명과 경찰 1명이 사망하고 철거민 9명, 경찰특공대원 21명이 부상당하였다. 당시 경찰은 남일당 망루 농성을 진압하면서 철거민 농성자들을 검거하는 과정에서 이들에 대한 폭행, 구타 등 인권침해를 저질렀다. 그리고 경찰은 이 사건 직후부터 유가족 및 단체활동가들에 대한 동향 파악, 미행 등을 위한 조직을 운영하였다. 이 사건 발행 이후 경찰은 전국 사이버수사요원 900명을 대상으로 각종 여론조사 투표에 참여하도록 독려하고 일선 경찰에게 일일추진사항 작성, 송부 및 사이버홍보 현황을 작성하여 관리하도록 지시하는 등 경찰 조직을 통하여 여론을 우호적으로 조성하였다. 청와대 행정관은 2009년 2월 11일 경찰청 홍보담당관에게 이 사건의 파장을 막기 위하여 그 무렵 발생한 연쇄살인사건을 적극적으로 활용하도록 지시하였다. 특수공무집행방해치상 등의 혐의로 기소된 철거민 9명에게는 전원 유죄가 선고되었다. 이 사건에 대하여는 경찰의 무리한 진압으로 대규모의 인명피해가 발생하여 생명권이 침해된 사건이라는 볼 수 있다. 경찰청 인권침해 사건 진상조사위원회는 2018년 9월 경찰의 과오에 대하여 순직한 경찰특공대원과 사망한 철거민들에게 사과할 것과 경찰이 조직적으로 온라인, 오프라인 여론을 조성하는 활동을 금지할 것을 권고하였다.

7. 사고와 생명권

국가가 개인의 생명을 보호하거나 구하기 위한 충분한 노력을 다하지 않는 경우에는 생명권 침해가 될 수 있다. 특히, 대규모의 인명 피해가 발생하는 사고에서 생명권 침해가 쟁점이 될 수 있다. 1994년 10월 21일 성수대교가 붕괴되어 50여명이 사상자가 발생하였다. 1995년 6월 29일에는 서초동 삼풍백화점이 붕괴하여 508명이 사망하였다. 2003년 2월 18일에는 대구 지하철에서 방화로 화재가 발생하여 192명이 사망하였다. 2014. 4. 16. 인천에서 제주로 향하던 여객선 세월호가 진도 인근 해상에서 침몰하여 승객 304명이 사망 또는 실종되었다. 사망 또는 실종자 중에는 제주도로 수학여행을 가던 단원고등학교 학생 250명이 포함되어 있다. 이 사건에 대한 정부의 대응은 2016. 12. 9. 국회의 대통령 탄핵 사유가 되었다(2016헌나1). 다음은 헌법재판소의 결정 중 생명권과 관련된 부분이다.

헌법재판소 2017. 3. 10. 2016헌나1 결정

국가는 개인이 가지는 불가침의 기본적 인권을 확인하고 이를 보장할 의무를 진다(헌법 제10조). 생명·신체의 안전에 관한 권리는 인간의 존엄과 가치의 근간을 이루는 기본권이고, 국민의 생명·신체의 안전이 위협받거나 받게 될 우려가 있는 경우 국가는 그 위험의 원인과 정도에 따라 사회·경제적 여건과 재정사정 등을 감안하여 국민의 생명·신체의 안전을 보호하기에 필요한 적절하고 효율적인 입법·행정상의 조치를 취하여 그 침해의 위험을 방지하고 이를 유지할 포괄적 의무를 진다(헌재 2008. 12. 26. 2008헌마419등 참조). 피청구인은 행정부의 수반으로서 국가가 국민의 생명과 신체의 안전 보호의무를 충실하게 이행할 수 있도록 권한을 행사하고 직책을 수행하여야 하는 의무를 부담한다. 하지만 국민의 생명이 위협받는 재난상황이 발생하였다고 하여 피청구인이 직접 구조 활동에 참여하여야 하는 등 구체적이고 특정한 행위의무까지 바로 발생한다고 보기는 어렵다. 세월호 참사로 많은 국민이 사망하였고 그에 대한 피청구인의 대응조치에 미흡하고 부적절한 면이 있었다고 하여 곧바로 피청구인이 생명권 보호의무를 위반하였다고 인정하기는 어렵다. 그 밖에 세월호 참사와 관련하여 피청구인이 생명권 보호의무를 위반하였다고 인정할 수 있는 자료가 없다.

[재판관 김이수, 이진성의 보충의견]

진정한 국가 지도자는 국가위기의 순간에 상황을 신속하게 파악하고 그때그때의 상황에 알맞게 대처함으로써 피해를 최소화하고 피해자 및 그 가족들과 아픔을 함께하며, 국민에게 어둠이 걷힐 수 있다는 희망을 주어야 한다. 물론 대통령이 진정한 지도자상에 부합하지 않는다고 해서 성실의무를 위반하였다고 할 수 없음은 당연하다. 하지만 국민이 국정 최고책임자의 지도력을 가장 필요로 하는 순간은 국가 구조가 원활하게 돌아가는 전형적이고 일상적인 상황이 아니라, 전쟁이나 대규모 재난 등 국가위기가 발생하여 그 상황이 예측할 수 없는 방향으로 급격하게 흘러가고, 이를 통제, 관리해야 할 국가 구조가 제대로 작동하지 않을 때이다. 세월호 참사가 있었던 2014. 4. 16.이 바로 이러한 날에 해당한다. 피해자와 그 가족들은 물론이고 지켜보는 국민 모두가 어느 때보다도 피청구인이 대통령의 위치에서 최소한의 지도력이라도 발휘해 국민 보호에 앞장서 주기를 간절하게 바라고 있었다.

그러나 피청구인은 그날 저녁까지 별다른 이유 없이 집무실에 출근하지도 않고 관저에 머물렀다. 그 결과 유례를 찾기 어려운 대형 재난이 발생하여 최상위 단계인 '심각' 단계의 위기 경보가 발령되었는데도 그 심각성을 아주 뒤늦게 알았고 상황을 파악하고 승객 구조를 지원하기 위하여 대통령으로서 지도력을 발휘하지 않은 채 무성의한 태도로 일관하였다. 400명이 넘는 국민들의 생명과 안전에 중대하고 급박한 위험이 발생한 그 순간에 피청구인은 8시간 동안이나 국민 앞에 자신의 모습을 보이지 아니하였다.

이상과 같이 국민의 생명과 안전에 급박한 위험이 초래되어 대규모 피해가 생기거나 예견되는 국가위기 상황이 발생하였음에도, 상황의 중대성 및 급박성 등을 고려할 때 그에 대한 피청구인의 대응은 현저하게 불성실하였다. 피청구인은 최상위 단계의 위기 경보가 발령되었고 상황의 심각성을 파악하였음에도 재난 상황을 해결하려는 의지나 노력이 부족하였다. 그렇다면 피청구인은 국민의 생명과 안전을 보호하여야할 구체적인 작위의무가 발생하였음에도 자신의 직무를 성실히 수행하지 않았으므로, 헌법 제69조 및 국가공무원법 제56조에 따라 대통령에게 구체적으로 부여된 성실한 직책수행의무를 위반한 경우에 해당한다.

8. 연명치료의 중단

무의미한 연명치료의 중단

대법원 2009. 5. 21. 선고 2009다17417 전원합의체 판결

환자가 회복불가능한 사망의 단계에 진입한 경우, 환자는 전적으로 기계적인 장치에 의존하여 연명하게 되고, 전혀 회복가능성이 없는 상태에서 결국 신체의 다른 기능까지 상실되어 기계적인 장치에 의하여서도 연명할 수 없는 상태에 이르기를 기다리고 있을 뿐이므로, 의학적인 의미에서는 치료의 목적을 상실한 신체 침해 행위가 계속적으로 이루어지는 것이라 할 수 있으며, 이는 죽음의 과정이 시작되는 것을 막는 것이 아니라 자연적으로는 이미 시작된 죽음의 과정에서의 종기를 인위적으로 연장시키는 것으로 볼 수 있다.

생명권이 가장 중요한 기본권이라고 하더라도 인간의 생명 역시 인간으로서의 존엄성이라는 인간 존재의 근원적인 가치에 부합하는 방식으로 보호되어야 할 것이다. 따라서 이미 의식의 회복가능성을 상실하여 더 이상 인격체로서의 활동을 기대할 수 없고 자연적으로는 이미 죽음의 과정이 시작되었다고 볼 수 있는 회복불가능한 사망의 단계에 이른 후에는, 의학적으로 무의미한 신체 침해 행위에 해당하는 연명치료를 환자에게 강요하는 것이 오히려 인간의 존엄과 가치를 해하게 되므로, 이와 같은 예외적인 상황에서 죽음을 맞이하려는 환자의 의사결정을 존중하여 환자의 인간으로서의 존엄과 가치 및 행복추구권을 보호하는 것이 사회상규에 부합되고 헌법정신에도 어긋나지 아니한다고 할 것이다.

그러므로 회복불가능한 사망의 단계에 이른 후에 환자가 인간으로서의 존엄과 가치 및 행복추구권에 기초하여 자기결정권을 행사하는 것으로 인정되는 경우에는 특별한 사정이 없는 한 연명치료의 중단이 허용될 수 있다.

생명권과 연명치료의 중단

매일경제 2018. 10. 10.

임종 과정에 있는 환자가 연명의료 시행 여부를 스스로 결정해 존엄사에 이를 수 있게 하는 `연명의료결정법`이 시행된지 8개월만에 연명의료를 중단하기로 한 환자가 2만명을

넘어섰다. 무의미한 연명의료로 목숨을 유지하기보다는 자연스러운 죽음의 과정에 이르는 쪽으로 임종 문화가 바뀌어가고 있다.

9일 보건복지부와 국가생명윤리정책원에 따르면 지난 2월 4일 호스피스·완화의료 및 임종과정에 있는 환자의 연명의료 결정에 관한 법률(연명의료결정법)이 본격 시행된 이후 이달 3일까지 연명의료를 유보하거나 중단한 환자는 2만742명에 달했다.

연명의료란 치료 효과 없이 환자의 생명만을 연장하기 위해 시도하는 심폐소생술·인공호흡기·혈액투석·항암제투여 등 4가지 의료행위를 말한다.

유보란 연명의료를 처음부터 시행하지 않는 것을 말하고, 중단은 시행하고 있던 연명의료를 그만두는 것이다. 연명의료 중단 및 유보를 결정한 환자를 성별로 살펴보면 남자 1만2544명, 여자 8198명이었다.

이 가운데 미리 '사전연명의료의향서'를 작성해 등록해뒀다가 회복 불가능 상태에 빠지자 연명의료를 중단한 환자가 154명(0.7%)이다. 말기나 임종과정에서 '연명의료계획서'를 작성한 후 연명의료를 중단한 환자는 6836명(33.0%)이었다.

미처 연명의료계획서를 쓰지 못한 채 임종기에 들어선 환자 가운데 6224명(30.0%)은 환자가족 2명 이상의 일치된 진술로, 7528(36.3%)명은 환자가족 전원의 합의로 연명의료를 중단하거나 유보했다. 아직까지는 환자 의향보다는 가족의 뜻에 따라 연명의료를 중단하는 경우가 많았다.

사전연명의료의향서는 나중에 아파서 회복 불가능한 상태에 빠졌을 때 연명의료를 받지 않겠다는 의사를 미리 밝혀두는 서류로 19세 이상이면 건강한 사람도 지정 등록기관을 통해 충분한 설명을 듣고 작성할 수 있다. 시범사업기간을 포함해 지금까지 사전연명의료의향서를 작성한 사람은 5만8845명(남자 1만9495명, 여자 3만9350명)이었다. 전국적으로 사전연명의료의향서를 작성해 등록할 수 있는 곳은 총 86곳(지역보건의료기관 19곳, 의료기관 46곳, 비영리법인·단체 20곳, 공공기관 1곳)에 달한다.

9. 베트남 고엽제 사건

고엽제는 풀과 나무를 말라 죽이는 제초제이며 한국군이 베트남에 참전한 1964년부터 1973년까지 엄청난 양이 살포되었다. 미군은 베트남에서 적의 은신처를 없앨 목적으로 에이전트 오렌지라는 고엽제를 살포하였다. 한국군은 아무런 경고를 받지 못한 상태에서 고엽제에 노출되는 피해를 입었다. 한국군은 1967년부터 1972년까지 휴전선에서 잡목 제거 목적으로 이를 사용하였다. 이 고엽제에는 맹독성의 발암물질이 포함되어 있었다. 그 결과, 베트남 주민은 물론 베트남에 참전한 군인, 군무원, 종군 기자와 휴전선에서 복무한 군인, 군무원 등이 고엽제에 노출되었다. 고엽제의 휴유증으로는 임파선암, 육종암, 폐암, 후두암을 비롯한 각종 암, 악성종양 등이 있으며, 2세에게도 하지마비 등 심각한 질환을 일으킨다. 베트남 정부의 발표에 따르면 약 480만 명의 베트남인들이 고엽제에 노출되었으며, 그 중 40만 명이 사망하고 약 50만 명이 기형으로 출생하였다. 생존한 경우에도 평생 장애를 갖고 살게 된다. 많은 수의 미군과 한국군도 고엽제로 인한 피해를 입었다. 고엽제 피해자를 지원하기 위하여 2007년 고엽제후유의증 등 환자지원 및 단체설립에 관한 법률이 제정되었다.

10. 가습기 살균제 사건

가습기 살균제 사건은 기업의 무책임과 정부의 무능이 빚어낸 참사다. 보건복지부가 2014년 발간한 가습기 살균제 사건 백서를 보면 사건의 내용을 어느 정도 알 수 있다. 이 사건은 가습기에서 증식하는 미생물을 죽이기 위하여 첨가한 살균제가 사람의 생명을 앗아간 사건이다. 기업들은 1994년부터 2011년까지 약 20여종의 가습기 살균제를 제조하여 판매하였으며, 18년간 약 800만 명 이상이 사용하였다. 기업들은 가습기에서 미생물의 번식을 막기 위해서는 반드시 살균제를 써야 한다고 광고하였으며, 이로 인하여 가습기 살균제는 가정의 필수품처럼 되고 말았다. 그런데, 2000년 초반부터 어린이와 임산부 등을 중심으로 폐에 심각한 손상을 입은 환자가 발생하였으나 정부와 의료진은 2011년까지 원인을 밝혀내지 못하였다. 가습기 살균제의 위험성을 모른 체 엄청난 수의 사람들이 이 제품을 사용한 것이다. 2011년에 비로소 가습기 살균제가 질병의 원인으로 밝혀졌다.

그러나 가습기 살균제 제조, 판매회사들은 자신들의 책임을 인정하지 않았으며, 정부도 피해회복을 위한 대책을 전혀 세우지 못하였다. 이후 시민단체와 피해자모임 등이 제조회사와 정부, 국회를 상대로 장기간에 걸친 시위와 기자회견, 민·형사소송 등을 통하여 정부와 제조회사 등에게 책임을 추궁하였다. 이들의 노력의 결과

2017년 2월 8일 가습기살균제 피해구제를 위한 특별법이 제정되었다. 2018년 10월 기준으로 약 1,300명이 가습기 살균제의 사용으로 사망하였으며, 그 외에도 심각한 폐질환, 태아 사망을 초래하였다. 가습기 살균제 피해자들은 아직도 완전한 구제를 받지 못한 상태이다.

11. 자살과 국가의 의무

연합뉴스(2018. 10. 29.)

한국의 자살률은 2010년 이후 줄어들고 있긴 하지만, 여전히 경제협력개발기구(OECD) 회원국 중에서 가장 높은 것으로 나타났다.

29일 보건복지부와 건강보험공단의 '2018 OECD 보건통계' 자료를 보면, 2016년을 기준으로 인구 10만 명당 자살로 인한 사망률(자살률)은 한국은 25.8명에 달한다. OECD 국가 평균 11.6명보다 훨씬 높은 수치다.

우리나라에 이어 자살률이 높은 나라는 라트비아 18.1명, 슬로베니아 18.1명, 일본 16.6명, 헝가리 16.2명, 벨기에 15.8명 등의 순이었지만, 한국보다는 많이 적었다.

자살률이 가장 낮은 국가는 터키 2.1명이었다. 그리스 4.4명, 이스라엘 4.9명, 멕시코 5.5명, 이탈리아 5.7명 등도 자살률이 낮은 축에 들었다.

1985년부터 자살률 추이를 살펴보면 OECD 국가들은 점차 감소하지만, 한국은 2000년 이래 전반적으로 상승하다가 일본과 더불어 2010년 이후 감소세를 나타내고 있다.

실제로 한국의 자살률은 2004년 29.5명, 2005년 29.9명, 2006년 26.2명, 2007년 28.7명, 2008년 29.0명, 2009년 33.8명 등으로 등락을 거듭하며 전반적 상승세를 보였다. 특히 2008년 세계금융위기 직후인 2009년에 정점을 찍었다.

하지만 2010년 33.5명으로 하락세로 돌아서고서 2011년 33.3명, 2012년 29.1명, 2013년 28.7명, 2014년 26.7명, 2015년 25.8명 등으로 떨어지고 있다.

정부가 외환위기와 금융위기를 거치며 자살률이 치솟자 상황이 심각하다고 판단하고 각종 자살예방 대책을 내놓고 적극적으로 추진한 덕분이다.

■ 해설 및 검토

1. 재판절차에 의하여 생명권이 침해된 경우에 책임을 져야 하는 사람들은 누구인가?

2. 인혁당 피해자와 광주민주화운동의 피해자의 사후 권리회복절차를 비교해 보자.

참고문헌

1. 진실화해를 위한 과거사정리위원회, 종합보고서 Ⅰ,Ⅱ, Ⅲ, Ⅳ

제 8 장
집단살해금지

1. 국제법상 집단살해금지

국제법은 20세기 초부터 특정한 상황에서의 살해행위 또는 특정한 집단에 대한 살해행위를 금지하는 규범을 형성하기 시작하였다. 예를 들어, 1907년 육전의 법규 및 관례에 관한 헤이그협약(Convention respecting the Laws and Customs of War on Land) 제46조는 무력충돌과정에서도 가족의 명예와 권리, 사람의 생명, 개인의 재산 및 종교적인 신념과 관행은 존중되어야 한다고 규정하고 있다. 위 협약의 전문은 "주민과 교전자는 인도의 법칙 및 공공의 양심의 명령으로 유래하는 문명화된 인민들에서 확립된 관습에 따라 국제법 원칙의 보호와 지배를 받는다."는 이른바 마르텐스 조항을 도입하였다. 위 협약은 비록 국제적인 무력충돌에 적용되는 것이기는 하지만 무력충돌과정에서도 개인의 생명이 보호되어야 하며, 전투행위도 국제법적인 규범의 틀 안에서 이루어져야 한다는 점을 잘 보여준다.

나아가 20세기 초에는 무력충돌과 상관없이 국가에 의한 집단적인 살해행위를 국제법에 따라 처벌하려는 움직임이 있었다. 예를 들어, 영국, 프랑스 및 러시아는 1915년 5월 24일 제1차 세계대전의 기간 중에 오토만 제국이 아르메니아인들을 학살한 것을 인도주의(humanity) 및 문명에 반하는 범죄로 처벌할 것을 선언하였다. 파리평화회의에 의하여 1919년에 설치된 전쟁책임 및 형벌집행을 위한 위원회(the Commission on the Responsibility of the Authors of the War and on Enforcement of Penalties)는 인도주의에 반하는 범죄를 저지른 자들을 처벌할 것을 권고한 바가 있다.

제노사이드가 국제법상의 범죄로 인정된 것은 2차 대전 이후이다. 그 자신이 유태인이었던 Raphael Lemkin은 1944년 나치의 유태인 학살을 가리키는 용어로 "제노사이드(Genocide)"를 처음으로 사용하였다. 그는 "점령지 유럽에서의 추축국의 지배(Axis Rule in Occupied Europe)"라는 책에서 인종, 민족 또는 부족을 의미하는 그리스어 "genos"에 살해를 의미하는 라틴어의 어미 "cide"를 조합하여 Genocide라는 용어를 만들었다.

연합국은 1945년 8월 8일 런던에서 유럽의 전쟁범죄자들을 처벌하기 위하여 군사재판소를 설립하는 협정(The Agreement for the Prosecution and Punishment of Major War Criminals of the European Axis, and Establishing the Charter of the International Military Tribunal)을 채택하였다. 이에 따라 설립된 뉘른베르크 군사재판소의 헌장 6(c)는 재판소의 관할범죄의 하나인 "인도에 반하는 죄(Crimes against humanity)"로 "전쟁의 이전 또는 전쟁 기간 중에 민간인에 대하여 저질러진 살인, 절멸, 노예화, 추방 기타의 비인간적인 행위, 또는 재판소의 관할권에 속하는 범죄와 관련하여 정치적, 인종적, 종교적인 이유로 인한 박해"를 규정하고 있다. 이 범죄의 실행 또는 공모에 참여한 지도자, 조직자, 선동자, 공모자는 이에 따라 위 규정에 따라 행해진 모든 행위에 대하여 책임을 부담한다. 뉘른베르크 군사재판소의 헌장이나 이에 따른 판결문은 명시적으로 "제노사이드(Genocide)"를 독립된 하나의 범죄로 인정하지 않고 있으나 내용상 제노사이드를 관할범죄의 하나로 명시하고 있으며, 전범재판소의 기소장에는 이미 제노사이드라는 용어가 사용되었다. 나아가 뉘른베르크 전범재판소에 나타난 국제법의 여러 원칙들은 1946년 12월 11일 유엔총회결의 96(1)에 의하여 재확인되었다.

결의 96(1)을 만장일치로 채택하여 살인이 개인의 생존권을 부정하는 것처럼 제노사이드(Genocide)가 전체 인간집단의 존재에 관한 권리를 부정하는 것이며, 이와 같은 생존권의 부인은 인류의 양심을 격분하게 하는 것이라고 선언하였다. 위 선언은 제노사이드가 도덕규범과 유엔의 정신과 목적에 반한다고 선언하였다. 나아가 위 선언은 제노사이드가 국제법상의 범죄이며 이를 범한 자는 신분이 정범이나 공범, 사인이나 공무원을 묻지 않고 처벌하며, 나아가 범죄의 동기가 종교적, 인종적, 정치적 또는 기타의 사유를 묻지 않고 처벌된다는 점을 분명히 하였다.

유엔총회는 1948년 12월 9일 만장일치로 '제노사이드협약(Convention on the Prevention and Punishment of the Crime of Genocie)'을 채택하였다. 위 협약은 전문에서 제노사이드가 인류에게 막대한 손실을 끼쳤으며, 인류를 이러한 고뇌로부터 해방하기 위하여 국제협력이 필요하다고 강조한다. 협약에 따르면 제노사이드는 평시 또는 전시에 행해졌는지를 불문하고 국제법상의 범죄이며, 체약국은 이를 방지하고 처벌해야 한다. 협약상의 제노사이드에 포함되는 행위는 다양하다. 협약은 제노사이드를 "국민적, 민족적, 인종적 또는 종교적 집단의 전부 또는 일부를 파괴할 의도로 하는 ① 집단구성원을 살해하는 것, ② 집단구성원에 대하여 중대한 육체적 또는 정신적인 해를 가하는 것, ③ 전부 또는 부분적으로 육체적 파괴를 초래할 목적으로 의도된 생활조건을 고의로 과하는 것, ④ 집단내의 출생을 방지하기 위하여 의도된 조치를 취하는 것, ⑤ 집단의 아동을 강제적으로 타 집단으로 이동하는 것을 말한다.

1949년 전시민간인의 보호에 관한 제네바협약 제147조는 고의적인 살인, 신체 또는 건강을 크게 해치거나 고통을 주는 고문, 비인도적인 대우, 피보호자를 불법으로 추방, 이송 또는 구금하는 것을 제네바협약의 중대한 위반행위로 정의하고 있다. 집단학살방지조약은 뉘른베르크 헌장의 영향을 받은 것이라고 볼 수 있다.

1990년대에 구 유고에서 발생한 집단학살은 국제사회의 문제가 되었다. 구 유고 연방은 6개의 공화국으로 연방을 구성하였는데, 보스니아 공화국은 44퍼센트는 이슬람계, 31퍼센트는 세르비아계, 17퍼센트는 크로아치아계로 구성되어 있었다. 소련의 붕괴와 더불어 구 유고의 구성국들은 독립을 선언하기 시작하였으며, 이 과정에서 보스니아의 세르비아계는 이슬람인 보스니아계를 상대로 '인종청소'를 실시하였다. 1995년 7월 유엔안전보장이사회에 의하여 안전지대로 선포된 스레브레니차에서는 8천명의 보스니아인들이 학살당하였다.

1993년 안전보장이사회는 1991년 이후에 구 유고에서 발생한 잔학행위의 책임자를 처벌하기 위하여 구 유고국제형사재판소(International Criminal Tribunal for the former Yugoslavia, ICTY)를 설립하였다. ICTY는 1949년 제네바협약의 중대한 위반, 전쟁범죄, 집단학살 및 인도에 반한 범죄에 대한 관할권을 갖는다. 규정 제4조는 집단학살에 대한 관할권을 규정하고 있으며, 제5조는 재판소가 관할권을 가지는 인도에 반한 범죄를 국제적 또는 국내적인 성격의 무력충돌에서 민간인에게 저질러진 살인, 절멸, 노예화, 감금, 고문, 강간 등을 포함한다고 규정하고 있다. 2013년 5월 현재 다수의 재판이 진행 중에 있다.

1994년 안전보장이사회는 결의 955로 1994년 1월 1일부터 1994년 12월 31일까지 르완다에서 저질러진 집단학살 및 인도에 반한 범죄의 책임자를 처벌하기 위하여 르완다 국제형사재판소(International Criminal Tribunal for Rwanda, ICTR)를 설립하였다. 이 시간 동안 르완다에서는 약 3개월의 기간 동안 약 70만 명이 살해되었다.

2003년 6월 6일 유엔과 캄보디아는 1975년부터 1979년 사이에 크메르 루지 정권에 의하여 저질러진 인도에 반한 범죄, 전쟁범죄 및 집단학살을 처벌하기 위한 캄보디아 특별재판소(Extraordinary Chambers in the Courts of Cambodia)를 설립하는 협정을 체결하였다. 캄보디아에서는 1975년 4월 공산 크메르 루지가 5년간의 내전 끝에 정권을 획득하였다. 이들은 농업을 중심으로 하는 유토피아 사회를 건설할 목적으로 극단적으로 도시, 화폐, 종교, 의학, 가족제도 등을 말살하고자 하였다. 크메르 루지가 집권한 약 4년 동안 인구의 3분의 1인 약 200만 명이 학살당하였다. 2007년부터 캄보디아 학살책임자에 대한 재판이 진행되었다.

2. 국제형사재판소의 규정

1998년 7월 17일 유엔총회에서 채택된 국제형사재판소규정(Statute of the International Criminal Court, ICC)도 그 관할범죄의 하나로 집단살해죄를 규정하고 있다. ICC규정 제6조는 집단살해죄를 국민적, 민족적, 인종적 또는 종교적 집단의 전부 또는 일부를 그 자체로서 파괴할 의도를 가지고 집단구성원의 살해, 집단구성원에 대한 중대한 신체적 또는 정신적 위해의 야기, 전부 또는 부분적인 육체적인 파괴를 초래할 목적으로 계산된 생활조건을 집단에게 고의적으로 부과하는 행위, 집단 내의 출생을 방지하기 위하여 의도적 조치의 부과, 집단의 아동을 타 집단으로 강제이주하는 행위로 규정하고 있다. ICC규정 제7조는 민간인 주민에 대한 광범위하거나 체계적인 공격의 일부로서 그 공격에 대한 인식을 가지고 살해, 절멸, 노예화 등을 하는 행위를 인도에 반한 범죄로 규정하고 있다.

3. 제주 4·3 사건[1)]

한국에서는 제주도에서 1948년 4월 3일부터 1954년 8월 28일 한라산에 대한 금족

---

1) 제주 4·3 사건 진상규명 및 희생자명예회복추진위원회가 발간한 제주 4·3 사건 진상조사보고서를 참조하였다.

령이 해제될 때까지 제주 4·3 사건이 있었는데, 이 기간 동안 많은 수의 민간인이 희생당하였다. 2000년 1월 12일 '제주 4·3 사건 진상규명 및 희생자 명예회복에 관한 특별법'이 제정, 공포되었다. 이 법은 제주 4·3 사건의 진상을 규명하고 피해자들의 명예를 회복시켜 주는 것을 목적으로 한다. 제주 4·3 사건이 발생한지 50여년 만에 국가 차원의 진상규명이 이루어지게 되었다.

제주 4·3 사건은 미군정 하에서 일어났는데 1960년 4·19가 일어나기 이전까지 4·3 사건은 남로당이 주도한 공산반란이며, 군경에 의하여 피살된 자는 모두 무장한 유격대원 또는 그 동조자로 간주되었다. 4·19 직후 제주 4·3 사건에 대한 진상조사를 요구하는 목소리가 나오기 시작하였다. 국회에서 1960년 5월 23일 거창양민학살사건에 대한 조사단이 구성되자 제주출신의 국회의원들이 제주 4·3 사건도 조사하여야 한다고 발의하였다. 국회 조사단은 1960년 6월 6일 제주에서 피해자들의 증언을 청취하였다.

1961년 5월 16일 군사정변 이후 4·3 사건 진상규명에 앞장섰던 사람들 및 유족들은 구속되어 처벌받았다. 4·3 사건의 진상규명을 요구하는 목소리는 1989년경부터 다시 일기 시작하였다. 1990년 6월에 '제주도 4·3 사건 민간인희생자 유족회'가 조직되었고, 1991년 4월 위령제가 처음 열렸다. 제주도의회는 1993년 위원회를 설치하여 피해조사에 착수하였다.

1994년 2월 2일에는 제주 4·3 사건의 진상규명을 요구하는 결의안에 국회에 제출되었다. 1996년 12월 17일에는 제주도 4·3 사건 진상규명특별위원회 구성결의안이 국회에 발의되었다. 1997년 12월 대통령선거에서 김대중 후보는 4·3 사건의 진상규명과 명예회복을 공약으로 제시하였다. 1999년 6월 김대중 대통령은 4·3 위령공원의 건립을 위한 지원을 약속하였다. 1999년말부터 4·3 특별법의 국회입법을 위한 활동이 활발히 전개되었다. 그 결과 1999년 12월 16일 '제주 4·3 사건 진상규명 및 희생자 명예회복에 관한 특별법'이 국회를 통과한 것이다. 이에 따라 제주 4·3 사건 진상규명 및 희생자명예회복추진위원회가 설치되었다. 2003년 10월 31일 노무현 대통령은 위원회의 권고에 따라 과거 국가권력의 잘못에 대하여 유족과 제주도민에게 사과하였다.

제주 4·3 사건 진상규명 및 희생자명예회복추진위원회의 결론[2)]

발발원인은 복합적인 요인이 작용했다. 우선 1947년 3·1절 발포사건을 계기로 제주사회에 긴장 상황이 있었고, 그 이후 외지출신 도지사에 의한 편향적 행정 집행과 경찰·서청에 의한 검거선풍, 테러, 고문치사 사건 등이 있었다. 이런 긴장상황을 조직의 노출로 수세에 몰린 남로당 제주도당이 5·10 단독선거 반대투쟁에 접목시켜 지서 등을 습격한 것이 4·3 무장봉기의 시발이라고 할 수 있다.

이 과정에서 남로당 중앙당의 직접적인 지시가 있었다는 자료는 발견되지 않고 있다. 그런데 남로당 제주도당을 중심으로 한 무장대가 군·경을 비롯하여 선거관리요원과 경찰가족 등 민간인을 살해한 점은 분명한 과오이다. 그리고 김달삼 등 무장대 지도부가 1948년 8월 해주대회에 참석, 인민민주주의정권 수립을 지지함으로써 유혈사태를 가속화시키는 계기를 제공했다고 판단된다.

무장대는 남로당 제주도당 군사부 산하 조직으로서, 정예부대인 유격대와 이를 보조하는 자위대, 특공대 등으로 편성되었다. 4월 3일 동원된 인원은 350명으로 추정된다. 4·3사건 전기간에 걸쳐 무장세력은 500명 선을 넘지 않았던 것으로 판단된다. 무기는 4월 3일 소총 30정으로부터 시작해 지서 습격과 경비대원 입산사건 등을 통해 보강되었다.

4·3사건에 의한 사망, 실종 등 희생자 숫자를 명백히 산출하는 것은 매우 어렵다. 본 위원회에 신고된 희생자 수는 14,028명이다. 그러나 이 숫자를 4·3사건 전체 희생자 수로 판단할 수는 없다. 아직도 신고하지 않았거나 미확인 희생자가 많기 때문이다. 본 조사에서는 여러 자료와 인구 변동 통계 등을 감안, 잠정적으로 4·3사건 인명피해를 25,000 ~ 30,000명으로 추정했다. 1950년 4월 김용하 제주도지사가 밝힌 27,719명과 한국전쟁 이후 발생된 예비검속 및 형무소 재소자 희생 3,000여 명도 감안된 숫자이나, 향후 더욱 정밀한 검증작업이 필요하다고 판단된다.

본 위원회에 신고된 희생자의 가해별 통계는 토벌대 78.1%(10,955명), 무장대 12.6%(1,764명), 공란 9%(1,266명) 등으로 나타났다. 가해 표시를 하지 않은 공란을 제외해서 토벌대와 무장대와의 비율로만 산출하면 86.1%와 13.9%로 대비된다. 이 통계는 토벌대에 의해 80% 이상이 사망했다는 미군 보고서와 그 맥을 같이하고 있다. 특히 10세 이하 어린이(5.8%·814명)와 61세 이상 노인(6.1%·860명)이 전체 희생자의 11.9%를 차지하고 있고, 여성의 희생(21.3%·2,985명)이 컸다는 점에서 남녀노소 가리지 않은 과도한 진압작전이 전개됐음을 알 수 있다.

제주도 진압작전에서 전사한 군인은 180명 내외로 추정된다. 또 경찰 전사자는 140명으로 파악되고 있다. 4·3사건 당시 희생된 서청, 대청, 민보단 등 우익단체원들은 '국가유공자'로 정부의 보훈대상이 되고 있다. 보훈처에 등록된 4·3사건 관련 민간인 국가유공자는 모두 639명이다.

서청 단원들은 '4·3' 발발 이전에 500 ~ 700명이 제주에 들어와 도민들과 잦은 마찰을 빚었고, 그들의 과도한 행동이 '4·3' 발발의 한 요인으로 거론되었다. '4·3' 발발 직후에는 500명이, 1948년 말에는 1,000명 가량이 제주에서 경찰이나 군인 복장을 입고 진압활동을 벌였다. 제주도청 총무국장 고문치사도 서청에 의해 자행되었다. 서청의 제주 파견에는 이승만 대통령과 미군이 후원했음을 입증하는 문헌과 증언이 있다.

1948년 11월부터 9연대에 의해 중산간마을을 초토화시킨 강경진압작전은 가장 비극적인 사태를 초래하였다. 강경진압작전으로 중산간마을 95% 이상이 불타 없어졌고 많은 인명이 희생됐다. 4·3사건으로 가옥 39,285동이 소각되었는데, 대부분 이때 방화되었다. 결국 이 강경진압작전은 생활의 터전을 잃은 중산간마을 주민 2만명 가량을 산으로 내모는 결과를 빚었다. 이 무렵 무장대의 습격으로 민가가 불타고 민간인들이 희생되는 사건도 있었는데, 대표적인 피해마을은 세화, 성읍, 남원으로 주민 30 ~ 50명씩 희생되었다.

9연대에 이어 제주에 들어온 2연대도 공개적인 재판절차도 거치지 않은 채 즉결처분하기는 마찬가지였다. 대표적인 주민 집단총살 사건인 '북촌사건'은 남녀노소 가리지 않고 한 마을 주민 400명 가량이 2연대 군인들에 의해 총살당한 사건이다. 위원회에 신고된 자료에 의하면, 100명 이상 희생된 마을이 45개소에 이른다.

1948년 12월(871명)과 1949년 6월(1,659명) 등 모두 두 차례 2,530명을 대상으로 실시됐다는 '4·3사건 군법회의'는 다각적인 조사결과, 재판서·공판조서 등 소송기록이 발견되지 않은 점, 재판이 없었거나 형무소에 가서야 형량이 통보되는 등 형식적인 절차에 불과했다는 관계자들의 증언, 하루에 수백명 씩 심리없이 처리하는 한편, 사흘만에 345명을 사형선고 했다고 하나 이런 사실이 국내 언론에 전혀 보도되지 않은 점, 그 시신들이 암매장된 점 등 당시 제반 정황을 볼 때, 법률이 정한 정상적인 절차를 밟지 않았다고 판단된다.

1948년 11월 17일 선포돼 그해 12월 31일 해제된 '4·3 계엄령'에 대해서는 계엄법이 제정되기 이전에 법적 근거없이 발효됐기 때문에 불법이라는 측과 일제 계엄령이 계속 효력을 갖고 있기에 적법하다는 측의 다툼이 있다. 여기서는 계엄의 법적 근거 여부를 떠나서 제주도에서의 계엄령 집행이 법의 테두리를 벗어나 이탈했음을 지적하고자 한다. 계엄령 하에서 재판절차 없이 즉결처분이 빈번하게 진행됐기 때문이다. 특히 당시 군지휘관들조차 계엄령을 잘 알지 못했는데, 심지어 계엄령 해제 후인 1949년 제주작전에 참여한 2연대 대대장이나 독립대대 대대장은 그때까지도 계엄령이 지속된 것으로 알고 있었다고 증언하고 있다.

집단 인명피해 지휘체계를 볼 때, 중산간마을 초토화 등의 강경작전을 폈던 9연대장과 2연대장에게 1차 책임을 물을 수밖에 없다. 이 두 연대장의 작전기간인 1948년 10월부터 1949년 3월까지 6개월 동안에 전체 희생의 80% 이상을 발생시켰기 때문이다. 그러나 최종 책임은 이승만 대통령에게 돌아갈 수밖에 없다. 이승만 대통령은 계엄령을 선포하고, 1949년 1월 국무회의에서 "미국 측에서 한국의 중요성을 인식하고 많은 동정을 표하나 제주도, 전남사건의 여파를 완전히 발근색원(拔根塞源)하여야 그들의 원조는 적극화할 것이며 지방 토색(討索) 반도 및 절도 등 악당을 가혹한 방법으로 탄압하여 법의 존엄을 표시할 것이 요청된다."고 발언하며 강경작전을 지시한 사실이 이번 조사에서 밝혀졌다.

4·3사건의 발발과 진압과정에서 미군정과 주한미군사고문단도 자유로울 수 없다. 이 사건이 미군정 하에서 시작됐으며, 미군 대령이 제주지구 사령관으로 직접 진압작전을 지휘했다. 미군은 대한민국 수립 이후에도 한미간의 군사협정에 의해 한국군 작전통제권을 계속 보유하였고, 제주 진압작전에 무기와 정찰기 등을 지원하였다. 특히 중산간마을을 초토화시켰던 9연대의 작전을 '성공한 작전'으로 높이 평가하는 한편 군사고문단장 로버츠 준장이 송요찬 연대장의 활동상을 대통령의 성명 등을 통해 널리 알리도록 한국정부에 요청한 기록도 있다.

연좌제에 의한 피해도 극심하였다. 죄의 유무에 관계없이, 4·3사건 때 군경 토벌대에 의해 죽임을 당했다는 그 이유 하나만으로 희생자의 가족들은 연좌제에 의해 감시당하고 사회활동을 제약받았다. 제주공동체에 엄청난 상처를 주었던 4·3사건의 상흔들이 그 유족들에까지 대물림된 것이었다. 제주도민들과 유족들은 법적 근거도 없는 연좌제로 인하여 레드 콤플렉스에 시달렸다. 1981년 연좌제가 폐지되면서 그 굴레에서 벗어났지만, 유족들이 당하는 정신적 고통은 아직도 계속되고 있다.

1948년 제노사이드(genocide·집단학살) 범죄의 방지와 처벌에 관한 국제협약에서, 제노사이드는 유엔의 정신과 목적에 위배되고, 문명세계에 의해서 단죄되어야 하는 국제법상 범죄임을 명시했다. 1949년 제네바 협정은 전시(戰時)에서도 민간인에 대해서 △고의적인 살인 △고문 등 비인간적 행위 △고의적인 괴롭힘이나 신체 상해 △군사적 목적으로 정당화될 수 없는 대량 파괴와 약탈 등을 금하도록 규정했다. 더 나아가 모든 재판상의 보장을 부여하는 재판에 의하지 않은 판결 및 형의 집행을 인정할 수 없다고 명시했다.

---

2) 제주 4·3 사건 진상보고서 536쪽 이하 참조.

해설 및 검토

1. 법관들이 피고인들의 인권을 보호하지 못하고 오히려 인권침해를 정당화하는 이유나 배경은 무엇인가?

2. 집단살해 사건의 실행자들은 대부분 명령을 따랐을 뿐이라는 항변을 하는 경우가 많다. 명령을 따른 경우 책임에서 자유로울 수 있는가?

3. 무력충돌과정에서 발생한 집단학살의 책임자들은 민간인 피해가 불가피하였다는 항변을 하는 경우가 많다. 그러한 주장은 타당한가?

4. 살인죄의 가해자는 대부분 처벌받지만 집단살해의 책임자는 제대로 처벌받는 예가 드물다. 그 이유는 무엇인가?

참고문헌

1. 제주 4·3 사건 진상규명 및 희생자명예회복추진위원회, 제주 4·3 사건 진상조사보고서

인권법 강의

제 9 장
사 형 제

1. 생명권과 사형제

ICCPR 제6조 1항은 생명권을 규정하고 있다. 같은 조 제2항에 따르면 사형제를 폐지하지 아니한 국가는 가장 무거운 범죄에 대하여만 이를 적용할 수 있다. 전시를 제외한 상황에서 사형제를 폐지하는 조약으로는 ICCPR 제2 선택의정서, 유럽인권협약 제6 의정서, 사형제폐지에 관한 미주인권협약의 선택의정서가 있다. 이러한 조약을 비준한 국가들은 사형제를 폐지할 의무가 있다. 유럽인권협약 제13 의정서는 전시를 포함하여 모든 경우에 사형제를 폐지한다. 자유권위원회 일반논평 36은 사형제와 생명권의 관계를 설명하고 있다. 이에 따라 사형제를 설명한다.

사형제를 폐지한 국가는 사형이 집행되지 않을 것이라는 보장이 없는 한, 사형제를 가지고 있는 국가로 개인을 송환하거나 추방할 수 없다. 직접적, 고의로 사망을 유발하지 않는 범죄, 예를 들어, 살인 미수, 부패범죄, 정치범죄, 무장 강도, 해적, 납치, 마약, 성범죄 등은 아무리 무겁더라도 사형제의 적용대상이 될 수 없다. 간통, 동성애, 이단죄, 반정부 단체의 조직, 국가원수 모독 등도 사형제의 적용대상이 될 수 없다.

사형을 선고함에는 모든 사정이 고려되어야 하므로 법원에게 재량을 주지 않고 사형을 선고하도록 규정하는 법률은 자의적인 법률이다. 사형은 잔혹한 방법으로 시행되어서는 아니 된다. 그러므로 투석형, 시험되지 아니한 치명적 약물 주입, 독가스, 화형, 공개 처형 등은 금지된다. 사형 판결이 확정된 이후에 모든 법률적 구제수단을 마친 후에도 장기간 사형수로 방치하는 것은 사형수를 극심한 고통에 이르게 하므로 잔혹하고 비인도적인 처우에 해당할 수 있다. 합리적인 의심의 여지가 없이 유죄가 입증되지 아니한 사람을 사형에 처하는 것은 자의적인 생명권의 박탈이다. 같은 조 5항에 따라 범죄 당시에 18세 미만의 자에 대하여는 사형선고가 금지되며, 임산부에 대하여는 사형집행이 금지된다.

한국 헌법은 생명권을 명확하게 규정하고 있지는 않으나 헌법재판소의 판례에 의하여 인정되고 있다. 그런데, 형법 제41조는 형의 종류의 하나로 사형을 규정하고 있다. 한국 헌법의 규정이 사형제를 인정하고 있는지, 다시 말하면 형법 제41조가 규정하고 있는 사형제도가 헌법에 위반하는 것인지 여부는 분명하지 않으며, 헌법의 해석에 맡겨져 있다.

2. 사형제의 현황

2015년도 국제사면위원회 연례 사형 현황 보고서에 의하면 2015년도에 25개국에서 1,634명에 대하여 사형이 집행되었다. 그리고 61개국에서 1,998명에 대하여 사형선고가 내려졌다. 2015년 현재 전세계적으로 20,000명 이상이 사형판결을 받아 집행대기중이라고 한다. 전세계적으로는 약 140개국이 법적으로 또는 사실상 사형제를 폐지하였다. 한국은 1977년부터 1997년까지 총 95명에 대하여 사형을 집행하였으나 1997년 12월 23명을 사형집행한 이후, 2013년까지 사형을 집행하지 않아 사실상 사형제 폐지국가로 분류되고 있다. 유엔총회는 2007년 및 2008년 이후 사형의 집행정지에 관한 결의안을 채택하였다.[1)]

3. 사형제의 합헌 여부

생명권과 사형제도

형법 제41조 1호(사형제도)의 위헌 여부
(헌법재판소 2010. 2. 25. 선고 2008헌가23 판결)

[합헌 의견]

인간의 생명은 고귀하고, 이 세상에서 무엇과도 바꿀 수 없는 존엄한 인간 존재의 근원

1) UN Doc. A/Res/62/149 (2007), UN Doc. A/Res/63/168 (2008).

이다. 이러한 생명에 대한 권리는 비록 헌법에 명문의 규정이 없다 하더라도 인간의 생존본능과 존재목적에 바탕을 둔 선험적이고 자연법적인 권리로서 헌법에 규정된 모든 기본권의 전제로서 기능하는 기본권 중의 기본권이라 할 것이다(헌법재판소 1996. 11. 28. 선고 95헌바1 판결, 판례집 8-2, 537, 545 참조). 따라서 인간의 생명권은 최대한 존중되어야 하고, 국가는 헌법상 용인될 수 있는 정당한 사유 없이 생명권을 박탈하는 내용의 입법 등을 하여서는 아니될 뿐만 아니라, 한편으로는 사인의 범죄행위로 인해 일반국민의 생명권이 박탈되는 것을 방지할 수 있는 입법 등을 함으로써 일반국민의 생명권을 최대한 보호할 의무가 있다.

사형은 이러한 생명권에 대한 박탈을 의미하므로, 만약 그것이 형벌의 목적달성에 필요한 정도를 넘는 과도한 것으로 평가된다면 우리 헌법의 해석상 허용될 수 없는 위헌적인 형벌이라고 하지 않을 수 없을 것이다(헌법재판소 1996. 11. 28. 선고 95헌바1 판결, 판례집 8-2, 537, 545 참조). …

한편, 헌법 제37조 2항에서는 자유와 권리를 제한하는 경우에도 자유와 권리의 본질적인 내용을 침해할 수 없다고 규정하고 있다. 그런데 생명권의 경우, 다른 일반적인 기본권 제한의 구조와는 달리, 생명의 일부 박탈이라는 것은 상정할 수 없기 때문에 생명권에 대한 제한은 필연적으로 생명권의 완전한 박탈을 의미하게 되는바, 이를 이유로 생명권의 제한은 어떠한 상황에서든 곧바로 개인의 생명권의 본질적인 내용을 침해하는 것으로서 기본권 제한의 한계를 넘는 것으로 본다면, 이는 생명권을 제한이 불가능한 절대적 기본권으로 인정하는 것과 동일한 결과를 가져오게 된다.

그러나 앞서 본 바와 같이 생명권 역시 그 제한을 정당화할 수 있는 예외적 상황 하에서는 헌법상 그 제한이 허용되는 기본권인 점 및 생명권 제한구조의 특수성을 고려한다면, 생명권 제한이 정당화될 수 있는 예외적인 경우에는 생명권의 박탈이 초래된다 하더라도 곧바로 기본권의 본질적인 내용을 침해하는 것이라 볼 수는 없다. 따라서 사형이 비례의 원칙에 따라 최소한 동등한 가치가 있는 다른 생명 또는 그에 못지 아니한 공공의 이익을 보호하기 위한 불가피성이 충족되는 예외적인 경우에만 적용됨으로써 생명권의 제한이 정당화될 수 있는 경우에는, 그것이 비록 생명권의 박탈을 초래하는 형벌이라 하더라도 이를 두고 곧바로 생명권이라는 기본권의 본질적인 내용을 침해하는 것이라 볼 수는 없다.

앞서 본 바와 같이, 생명권 역시 헌법 제37조 2항에 의한 일반적 법률유보의 대상이 될 수 있다 할 것이므로, 생명권의 제한을 형벌의 내용으로 하는 사형제도의 위헌성 여부를 판단하기 위하여 사형제도가 생명권 제한에 있어서의 헌법상 비례원칙에 위배되는지 여부를 살펴본다.

[입법목적의 정당성 및 수단의 적합성]

사형은, 이를 형벌의 한 종류로 규정함으로써, 일반국민에 대한 심리적 위하를 통하여 범죄의 발생을 예방하며, 이를 집행함으로써 극악한 범죄에 대한 정당한 응보를 통하여 정의를 실현하고, 당해 범죄인 자신에 의한 재범의 가능성을 영구히 차단함으로써 사회를 방어한다는 공익상의 목적을 가진 형벌인바, 이러한 사형제도의 입법목적은 정당하다고 할 것이다.

나아가 사형은 인간의 죽음에 대한 공포본능을 이용한 가장 냉엄한 궁극의 형벌로서 이를 통한 일반적 범죄예방효과가 있다고 볼 수 있으므로 일반적 범죄예방목적을 달성하기 위한 적합한 수단이라 할 것이다. 또한 잔혹한 방법으로 다수의 인명을 살해하는 등의 극악한 범죄의 경우, 그 법익침해의 정도와 범죄자의 책임의 정도는 가늠할 수 없을 만큼 심대하다 할 것이며, 수많은 피해자 가족들의 형언할 수 없는 슬픔과 고통, 분노 및 일반국민이 느낄 불안과 공포, 분노까지 고려한다면, 이러한 극악한 범죄에 대하여는 우리 헌법질서가 허용하는 한도 내에서 그 불법정도와 책임에 상응하는 강력한 처벌을 함이 정의의 실현을 위하여 필수불가결하다 할 것인바, 가장 무거운 형벌인 사형은 이러한 정당한 응보를 통한 정의의 실현을 달성하기 위한 적합한 수단이라 할 것이다.…

한편, 생명을 박탈하는 형벌인 사형은 그 성격상 이미 형이 집행되고 난 후에는 오판임이 밝혀지더라도 범죄자의 기본권 제한을 회복할 수 있는 수단이 없다는 점에서 최소침해성원칙에 위배되는지 여부가 문제된다.

그런데, 인간은 완벽한 존재일 수가 없고 그러한 인간이 만들어낸 어떠한 사법제도 역시 결점이 없을 수는 없다는 점에 비추어 보면, 형사재판에 있어서의 오판가능성은 사법제도가 가지는 숙명적 한계라고 할 것이지 사형이라는 형벌제도 자체의 문제라고 보기는 어렵다. 따라서 오판가능성 및 그 회복의 문제는, 피고인의 방어권을 최대한 보장하고, 엄격한 증거조사절차를 거쳐 유죄를 인정하도록 하는 형사공판절차제도와 오판을 한 하급심 판결이나 확정된 판결을 시정할 수 있는 심급제도, 재심제도 등의 제도적 장치 및 그에 대한 개선을 통하여 오판가능성을 최소화함으로써 해결할 문제이지, 이를 이유로 사형이라는 형벌의 부과 자체를 최소침해성원칙에 어긋나 위헌이라고 할 수는 없다.

[재판관 조대현의 위헌의견]

인간의 생명은 인간이 존재하고 존엄과 가치를 누리기 위한 근본조건으로서 가장 근원적이고 신성하고 고귀한 가치를 가지는 것이다. 인간은 누구든지 생명을 유지하고 생명의 안전을 위협받지 아니하며 국가에게 생명의 안전을 청구할 권리를 가진다. 이러한 생명권이 우리 헌법상 기본권으로 보장된다는 점에 대해서는 이론(異論)이 없다. 국가는 인간의 생명을 침해하거나 생명의 안전을 위협해서는 안 될 뿐만 아니라 국민의 생명의 안전을 보호할 의무를 진다.

인간의 생명은 그 자체로서 고유의 존재목적과 최고의 존재가치를 가지는 것이므로 다른 목적을 달성하기 위한 수단으로 사용될 수 없다. 그러나 인간의 생명권을 헌법질서의 차원에서 기본권으로 다루는 이상, 인간의 생명권이라는 기본권도 다른 기본권과 마찬가지로 헌법 제37조 2항에 따라 제한될 수 있다고 보아야 할 것이다. 그리고 인간의 생명권의 보호범위 안에서도 생명유지권과 생명안전권은 보호의 정도와 제한가능성의 정도를 달리한다고 할 것이다. 그러므로 국가안보를 방위하기 위하여 군인에게 목숨을 건 전투행위를 수행하도록 명령할 수 있고, 재난에 빠진 사람의 생명을 구원하기 위하여 경찰공무원에게 생명의 안전이 보장되지 않는 구조활동을 감행하게 할 수 있다. 그리고 사람의 생명을 보호하기 위하여 타인의 생명을 해친 경우에도 보호법익과 침해법익의 균형을 따져서 생명침해행위의 위법성을 부인할 수도 있다.

그렇지만, 인간의 생명권은 지고(至高)의 가치를 가지는 것이므로 이를 제한하기 위한 사유도 역시 지고의 가치를 가지는 인간의 생명을 보호하거나 구원하기 위한 것이라야 한다. 범죄에 대한 형벌로서 범죄자를 사형시키는 것은 이미 이루어진 법익침해에 대한 응보에 불과하고, 살인자를 사형시킨다고 하여 피살자의 생명이 보호되거나 구원되지 아니한다. 이처럼 사형제도는 인간의 생명을 보호하거나 구원하기 위한 것이 아니므로, 지고의 가치를 가지는 인간의 생명을 박탈해야 할 만큼의 필요성을 갖추었다고 보기 어렵다. 중대범죄자를 사형시킴으로써 다른 사람의 중대범죄도 일반적으로 예방할 수 있다는 주장은 아직껏 실증되지 못했다. 그리고 중대범죄자를 사형시키면 그 범죄자가 다시 범죄할 수 없게 하는 효과를 거둘 수 있지만, 그러한 효과는 무기징역형이나 종신형에 의해서도 기대할 수 있는 것이므로, 중대범죄자의 재범을 막기 위하여 사형이 꼭 필요하다고 볼 수 없다. 결국 사형제도는 인간의 생명을 박탈하기에 필요한 헌법 제37조 2항의 요건을 갖추지 못하였다고 할 것이다.

[재판관 김희옥의 위헌의견]

헌법 제110조 4항 단서의 규정은 간접적으로도 헌법상 사형제도를 인정하는 근거 규정이라고 보기 어려우며, 헌법상 사형제도가 인정되는지 여부에 관하여는 명문의 규정이 없으므로, 이는 헌법상의 생명권 보장과 형벌제도의 목적, 그리고 인간의 존엄과 가치 등에 대한 해석과 평가 여하에 달려 있다고 해야 할 것이다. …

생명은 죽음에 대칭되는 인간의 생존 자체를 의미하는 순수한 자연적 개념이나, 이는 인간 존재의 근원이라 할 것이므로 생명권은 인간의 생존본능과 존재 목적에 바탕을 둔 선험적이고 자연법적인 권리로서 모든 기본권의 전제가 되는 기본권이다. 우리 헌법에는 생명권에 관한 명문규정은 없지만, 헌법 제10조에서 규정하는 인간의 존엄과 가치는 인간 생명의 존엄성과 분리하여 생각할 수 없고, 헌법 제12조 1항이 정하는 신체의 자유는 생명이 있는 신체를 전제로 하며, 헌법 제37조 1항에 따라 헌법에 열거되지 아니한 자유와 권리도 경시되어서는 아니 되므로, 생명권이 우리 헌법상 인정되는 기본권이라는 점에는 의심의 여지가 없다.

생명권은 생명에 대한 모든 형태의 국가적 침해에 대한 방어를 그 내용으로 하며, 이에 따라 국가는 원칙적으로 생명에 대한 결정을 내릴 수 없을 뿐만 아니라 생명을 국가 목적을 위한 수단으로 이용할 수도 없다. 나아가 생명권은 생명에 대한 국가의 보호의무를 그 내용으로 하고, 개별 국민은 적극적으로 국가에 대하여 생명의 보호와 유지를 요구할 수 있는 권리를 가진다. 인간의 생명에 대하여는 함부로 사회과학적 또는 법적인 평가가 행하여져서는 아니 된다. 즉, 모든 개인의 생명은 동등한 가치를 가지며, 각 개인에게 그 생명은 절대적 의미를 가진다. …

범죄인의 생명을 박탈하는 것은 그 개선 교화의 가능성을 배제하는 것이므로 특별예방이라는 형벌의 목적에는 전혀 기여할 수 없다.

또한 사형제도가 죽음에 대한 공포를 통하여 중대 범죄의 일반예방에 기여한다는 점에 대하여도 그 위하력에 대한 실증적인 근거가 없다는 견해와, 반대로 사형제도가 위하력이 없다는 증거 또한 존재하지 아니한다는 견해만 대립하고 있을 뿐, 사형제도가 일반적으로 흉악범죄를 억지하는 효과가 있는지에 대하여 명백하게 밝혀진 바는 없다. 다만, 과거 사형의 집행 방식이 공개적이고 잔혹하였던 것에 비하여 현재는 우리나라를 비롯하여 사형제도를 두고 있는 대부분의 나라에서 그 집행이 일반에 공개되지 아니하고 죽음의 고통을 최소화하는 방향으로 이루어지고 있으며 이러한 변화가 인도적인 관점에서 바람직하다는 점을 고려하면, 사형에 일반예방적인 효과가 있다고 볼 경우에도 이는 특정한 범죄에 대하여 법률상 사형이라는 형벌이 예정되어 있음으로 인한 형사법규의 규범력에 따르는 것일 뿐, 그 집행을 통한 현실적이고 직접적인 위하에 따른 것은 아니라고 볼 수 있다.

한편 형벌을 통한 응보가 동해보복(同害報復)을 의미하는 것은 아니며, 사적인 복수를 금하고 이를 대신하는 국가 사회의 공분(公憤)을 표현하는 것이라고 본다면, 타인의 생명 또는 그에 준하는 중대한 법익에 대한 침해에 대한 응보로서 반드시 그 침해자의 생명에 대한 제한이 있어야 한다는 것은 논리적인 이유가 없다. 오히려 국가가 이미 체포되어 재판을 받고 수감된 범죄자의 생명을 의도적·계획적으로 박탈하는 것은 형법에서 살인을 범죄로 규정하고 금지하는 사상과 모순되는 것으로 정당한 응보의 관념에 부합한다고 보기 어렵다.

결국 사형제도는 사형이 법정될 정도로 매우 중대한 범죄에 대한 응보와 특별예방 및 일반예방이라는 목적에 있어 그 어느 것에 대하여도 명백한 기여를 하고 있다고 보기는 어렵다. 즉 일반 중범죄인과 달리 사형에 처해질 정도로 극악한 흉악범죄를 저지르는 사람들에게 형법상의 사형제 규정이 과연 얼마나 일반예방효과를 미칠 것인가는 쉽게 가늠할 수 없다. 사형제도의 기능으로 명백히 인정될 수 있는 것은 단지 당해 범죄인 자신에 의한 재범의 가능성을 원천적으로 차단한다는 점 뿐이다.

헌법 제10조는 모든 국민은 인간으로서의 존엄과 가치를 가짐을 선언하고 있다. 인간의 존엄과 가치는 헌법이 보장하는 최고의 가치이며 모든 기본권의 이념적 기초이고, 다른 기본권 규정들에 대한 해석의 지침임과 동시에 그 제한의 한계를 이룬다. 또한 헌법이 선언하는 인간의 존엄과 가치는 모든 국가작용에 있어서 인간의 존엄성 보장이 그 목적이 되어야 하고 인간을 다른 어떤 목적을 위한 수단으로 전락시켜서는 아니 된다는 요청을 내포하고 있다. 헌법 제10조에 선언된 인간의 존엄성에 대한 존중과 보호의 요청은 형사입법 및 그 적용과 집행의 모든 영역에 있어서도 지도적 원리로서 작용한다.…

헌법 제10조는 인간의 존엄과 가치를 가지는 인간은 "모든 국민"이라고 하고 있고, 이는 극악무도한 범죄자에 대한 형사처벌의 필요성 이전에 존재하는 상위의 헌법적 가치질서이다. 또한 인간을 오로지 다른 목적에 대한 수단으로만 보아서는 아니 된다는 의미에서 형벌제도는 범죄행위와 그에 대한 책임을 전제로 구성되어 있으며, 범죄인의 악성에 대응하여 그를 오로지 사회방위라는 공적인 이익 추구를 위한 객체로만 취급하는 관점을 배제한다. 그러므로 비록 타인의 생명과 인권을 유린하고 훼손하는 극악무도한 범죄를 저지른 사람이라 할지라도, 인간으로서의 존엄과 가치는 가지는 것이며, 그를 단순히 사회방위에 위협이 되는 장애물로서만 취급할 수는 없다. 그런데 사형제도는 범죄인을 예외적으로 인간으로 보지 않고, 단지 재범의 가능성을 원천적으로 차단한다는 사회전체의 이익 또는 다른 범죄의 예방을 위한 수단 또는 복수의 대상으로만 취급하는 것으로서, 그로 하여금 한 인간으로서 자기의 책임 하에 반성과 개선을 할 최소한의 도덕적 자유조차 남겨주지 아니하는 제도이므로, 헌법 제10조가 선언하는 인간의 존엄과 가치에 위배된다.

나아가 사형제도는 법률에 따라 사형을 선고하여야 하는 법관, 이를 집행하여야 하는 교도관 등 직무상 사형제도의 운영에 관여하여야 하는 사람들로 하여금, 사회적·법적 평가가 용인되지 아니하는 상황에서 인간의 생명을 계획적으로 빼앗는 과정에 참여하게 함으로써, 그들 역시 인간으로서의 양심과 무관하게 단지 국가목적을 위한 수단으로만 전락시키고 있다는 점에서 그들이 인간으로서 가지는 존엄과 가치 또한 침해하는 제도이다.

[재판관 김종대의 위헌의견]

헌법의 궁극적인 존재 이유는 사회 구성원 한 사람 한 사람이 인간으로서의 존엄과 가치를 가지고 생활해 나갈 수 있도록 보장하는 것이다. 그런데 국가가 인간 존재의 근원인 사람의 생명을 빼앗는 것을 헌법이 용인한다면 이는 헌법 스스로 존재 이유를 부정하는 것과 같다. 따라서 국가가 사람의 생명을 박탈하는 것을 헌법이 용인하는 상황이란 국가의 존립과 개인의 생명이 충돌하거나 서로 다른 생명이 충돌하여, 국가 또는 다른 생명을 보호하기 위해서 부득이한 경우 이외에는 생각하기 어렵다.

그런데 사형은 범죄에 대한 형벌로서 국가가 범인의 생명을 박탈하는 것이다. 형벌은 범행 후의 재판을 통하여 이루어지므로 국가가 존속하고 정상적으로 기능하고 있음을 전제로 하고 있고, 또 이미 저질러진 범죄를 이유로 사후에 그 범인에게 가해지는 것이므로, 사형이 부과될 당시에는 국가의 존립이나 피해자의 생명이 범인의 생명과 충돌하는 상황은 이미 존재하지 않는다. 예를 들면 극악무도한 살인범에 대해 사형을 선고하고 집행하더라도 국가가 피해자의 생명을 범죄로부터 보호하지 못한 잘못은 이미 현실화된 비극일 뿐, 범인에 대한 사형의 선고나 집행을 통해 피해자의 생명을 구할 수는 없는 것이다. 국가가 사형을 통해 범인의 생명을 빼앗는 것은 피해자의 생명을 보호하는 것이 이미 불가능해진 상태에서, 범죄에 대한 비난으로서의 응보의 기능만이 있을 뿐이다. 그런데 범죄에 대한 보복으로서 국가가 사람의 생명을 빼앗는 것은 정당화될 수 없다. …

[재판관 목영준의 위헌의견]

생명은 죽음에 대칭되는 인간의 생존 자체를 의미하는 순수한 자연적 개념으로서 인간 존재의 근원이라 할 것이므로, 인간의 생명에 대하여는 함부로 사회과학적 또는 법적인 평가가 행하여져서는 아니 된다. 즉, 모든 개인의 생명은 동등한 가치를 가지며, 각 개인에게 그 생명은 절대적 의미를 가진다. …

그러므로 생명권은 인간의 생존본능과 존재 목적에 바탕을 둔 선험적이고 자연법적인 권리로서 모든 기본권의 전제가 되는 기본권이다. 우리 헌법에는 생명권에 관한 명문규정은 없지만, 헌법 제10조에서 규정하는 인간의 존엄과 가치는 인간 생명의 존엄성과 분리하여 생각할 수 없고, 헌법 제12조 1항이 정하는 신체의 자유는 생명이 있는 신체를 전제로 하며, 헌법 제37조 1항에 따라 헌법에 열거되지 아니한 자유와 권리도 경시되어서는 아니 되므로, 생명권은 우리 헌법상 인정되는 기본권 중 가장 중요한 기본권이라고 할 것이다.

생명권은 한편으로는 국가의 생명에 대한 모든 형태의 침해에 대하여 방어할 수 있는 권리를 내용으로 하므로, 국가는 원칙적으로 생명에 대한 결정을 내릴 수 없을 뿐만 아니라 생명을 국가 목적을 위한 수단으로 이용할 수도 없다. 다른 한편으로는 생명권은 생명에 대한 국가의 보호의무를 그 내용으로 하므로, 국민은 국가에 대하여 적극적으로 생명의 보호와 유지를 요구할 수 있는 권리를 가진다. …

헌법 제10조는 인간의 존엄과 가치를 가지는 인간은 "모든 국민"이라고 하고 있고, 이는 극악무도한 범죄자에 대한 형사처벌의 필요성 이전에 존재하는 상위의 헌법적 가치질서이다. 또한 인간을 오로지 다른 목적에 대한 수단으로만 보아서는 아니 된다는 의미에서 형벌제도는 범죄행위와 그에 대한 책임을 전제로 구성되어 있으며, 범죄인의 악성에 대응하여 그를 오로지 사회방위라는 공적인 이익 추구를 위한 객체로만 취급하는 관점을 배제한다. 그러므로 비록 타인의 생명과 인권을 유린하고 훼손하는 극악무도한 범죄를 저지른 사람이라 할지라도, 인간으로서의 존엄과 가치는 가지는 것이며, 그를 단순히 사회방위에 위협이 되는 장애물로서만 취급할 수는 없다. 그런데 사형제도는 범죄인을 예외적으로 인간으로 보지 않고, 단지 재범의 가능성을 원천적으로 차단한다는 사회전체의 이익 또는 다른 범죄의 예방을 위한 수단 또는 복수의 대상으로만 취급하는 것으로서, 그로 하여금 한 인간으로서 자기의 책임 하에 반성과 개선을 할 최소한의 도덕적 자유조차 남겨주지 아니하는 제도이므로, 헌법 제10조가 선언하는 인간의 존엄과 가치에 위배된다.

해설 및 검토

1. 사형제가 필요하다는 논거와 사형제가 불필요하다는 논거를 비교해 보자.

2. 범죄의 예방적 측면에서 사형제도를 완전히 폐지하는 것과 사형을 집행하지 않는 것과는 어떠한 차이가 있을 수 있는가?

3. 사형제 폐지가 시기상조라는 주장도 있는데, 그렇다면 사형제가 폐지되기 위한 전제조건은 무엇인가?

제 10 장 평 등 권

1. 평등과 차별금지

평등권 내지 차별금지는 법 앞의 평등과 함께 인권 중에서도 근본적인 인권이라 볼 수 있다. ICCPR 제2조 1항은 모든 체약국이 인종, 피부색, 성, 언어, 종교, 정치적 의견, 재산, 신분 등에 따른 구분 없이 협약상의 권리를 보장할 것을 규정하고 있다. 이어 제26조는 "모든 사람은 법 앞에 평등하고 어떠한 차별도 없이 법의 평등한 보호를 받을 권리를 가진다. 이를 위하여 법률은 모든 차별을 금지하고, 인종, 피부색, 성, 언어, 종교, 정치적 또는 기타의 의견, 민족적 또는 사회적 출신, 재산, 출생 또는 기타의 신분 등의 어떠한 이유에 의한 차별에 대하여 평등하고 효과적인 보호를 모든 사람에게 보장한다."고 규정하고 있다. 제3조도 남녀평등에 관하여 선언하고 있다. 제4조는 국민의 생존을 위협하는 공공의 비상사태에서 차별조치를 취할 수 있으나 이 경우에도 인종, 피부색, 성, 언어, 종교 또는 사회적 출신만을 이유로 하는 차별이어서는 아니된다. 제20조는 차별, 적의 또는 폭력의 선동이 될 민족적, 인종적, 종교적 증오의 고취도 금지한다. 제14조는 재판에서의 평등, 제25조는 평등한 정치적 참여, 제23조는 혼인관계의 평등, 제24조는 아동에 대한 차별금지를 규정한다. ICESCR 제2조 2항, 제3조 등 국제인권조약에서 평등권을 규정한 조항은 매우 많다.

한국 헌법 제11조 1항은 "모든 국민은 법 앞에 평등하다. 누구든지 성별, 종교 또는 사회적 신분에 의하여 정치적, 경제적, 사회적, 문화적 생활의 모든 영역에 있어서 차별을 받지 아니한다."고 규정하고, 2항은 "사회적 특수계급의 제도는 인정되지 아니하며, 어떠한 형태로도 이를 창설할 수 없다."고 규정하여 평등권 및 차별금지를 명문화하고 있다. 제31조는 균등한 교육의 권리, 제36조는 양성의 평등을 규정하고 있다.

ICCPR은 차별을 정의하지 않고 있다. 다만, 인종차별철폐협약(International Convention on the Elimination of All Forms of Racial Discrimination)은 인종차별을 "정치적, 경제적, 사회적, 문화적 기타의 공적인 삶에서 평등한 기초 위에서 인권 및 기본적 자유를 인정, 향유 또는 행사하는 것을 무효화하거나 침해하는 목적 또는 효과를 갖는 인종, 피부색, 혈통, 민족적 출신에 기초한 구분, 배척, 제한 또는 선호"라고 정의한다. 여성차별철폐협약(Convention on the Elimination of all Forms of Discrimination Against Women, CEDAW)은 차별의 근거가 여성인 점을 제외하면 이와 유사하게 차별을 정의하고 있다. 이와 같은 차별에 대한 정의는 ICCPR을 해석함에 있어서도 유용할 것이다. 차별의 금지가 언제나 동등한 취급을 해야 하는 것을 의미하지는 않는다. ICCPR 제18조는 18세 미만의 자, 임산부에 대하여는 사형을 금지하고 있으며, 제25조는 국적에 따른 정치적인 권리의 차이를 허용한다.

차별은 불이익을 주는 것만을 의미하는 것이 아니라 인종, 피부색, 성별, 언어, 종교, 종교적 의견 등에 따라 자유와 권리를 향유함에 있어서 사람을 구분하거나 배제 또는 우대하는 것을 의미한다.

차별금지는 차별을 고착화 또는 영구화하는 조건이나 상황을 제거하기 위하여 국가가 우대정책을 펴는 것을 금지하지 않는다. 예를 들어, 여성이나 장애인에 대한 차별이 심한 사회에서 여성이나 장애인 등에 대한 차별을 완화하거나 제거하기 위하여 채용시 여성이나 장애인에게 일정한 비율을 의무적으로 채용하도록 강제하는 제도 등이 이에 속한다. 나아가 모든 구분이나 다른 대우가 차별이 되는 것은 아니며, 구분이나 다른 대우의 기준이 합리적이며 객관적이며 달성하려는 목적이 적법하다면 이는 차별금지원칙에 위반하는 것이 아니다.

모든 사람이 차별없이 평등하게 대우받아야 한다는 점을 부인하는 사람은 없지만 구체적인 정책에서 평등권을 실현하는 것은 쉽지 않다. 2013년 국회에서 합리적 이유 없는 모든 차별을 금지하는 포괄적 차별금지법이 추진되자 종교계를 중심으로 반대 운동이 있었다. 반대 운동은 성적 지향, 성별 정체성과 정치적 견해를 이유로 차별금지가 포함된 것을 문제 삼았다. 결국 법안은 철회되었다. 국가의 법률이나 정책은 필연적으로 사람을 구분하고 다르게 대우하려는 경향이 있는데, 이는 국가가 특정한 정책 목표를 추구한 결과일 수도 있고, 특정한 사회의 기존의 가치관을 반영한 결과일 수도 있다. 국회의 입법이나 정부의 정책 중에는 다양한 이유로 특정한 집단에 속하는 사람이나 단체를 우대하거나 불이익을 주는 경우가 있으며, 이는 평등권과 관련한 쟁점이 된다. 예를 들어, 국회는 2013년 공기업 정원의 3%를 만 15 ~ 29세의 청년을 의무적으로 고용하도록 하는 내용의 청년고용촉진특별법을 추진한 바 있으며, 공무원 5급 및 7급과 고공기관 채용 때 지방대 출신을 일정 비율 이상 배정하는 지방대학 육성에 관한 특별 법안을 추진한 바 있다. 제대군인에게 취업상의 혜택을 주는 제도를 도입하자는 주장은 끊임없이 제기되고 있다. 이에 대하여는 평등권 및 차별금지의 관점에서 비판이 제기될 수 있다. 평등권 및 차별금지에는 인종차별금지, 남녀차별금지 등이 주요 쟁점이 되며, 그 외에는 나이에 따른 차별, 지역에 따른 차별, 소득에 따른 차별, 성적 지향에 따른 차별 등 다양한 쟁점이 있을 수 있다.

종교계의 차별금지법 반대 운동

크리스천 투데이(2018. 9. 7.)

지난 5일 취임한 최영애 국가인권위원장이 성소수자 등에 대한 혐오를 언급하며 "포괄적인 차별금지법 제정"을 역설했다. 이에 앞서 지난 8월 7일엔, 여러 반대에도 불구하고 제3차 국가인권정책기본계획(NAP)이 국무회의를 통과했다. 머지않아 "동성애는 죄"라고 설교할 수 없을지도 모른다는 우려가 나오고 있다.

지금까지 차별금지법은 2007년과 2011년, 2012년 각각 발의됐지만 모두 무산됐다. 얼마 전 '성평등' 논란을 낳았던 헌법개정안도 끝내 폐기됐다. 그러다 NAP가 결국 시행됐고, 장관급에 해당하는 국가인권위원장이 마침내 '포괄적 차별금지법 제정'을 추진하겠다고 공언한 것이다. 뿐만 아니라 최근에도 소위 '유사 차별금지법'이라는 지적을 받은 법안들이 발의됐었다.

이처럼 '동성애 반대 불법화' 시도가 끊이지 않는다는 지적이다. 정말 포괄적 차별금지법이 제정되면 어떻게 될까? 많은 이들이 그 직격탄을 기독교가 맞게 될 것으로 염려하고 있다. 사실상 동성애 반대를 앞장서 외치고 있는 이들이 바로 기독교인들이기 때문이다. 신앙에 따라 동성애를 반대하면, 혹 범죄자가 될지도 모른다고 걱정한다.

기독교계를 포함해 500여 단체가 최근 결성한 '국민기만 인권정책 비상대책위원회'(국인비)도 이 같은 위기의식에서 출발했다. 직접적 계기는 '성평등' 정책을 담고 있는 NAP의 시행이었지만, 끊임없이 밀려오는 '동성애 반대 불법화' 시도에 맞서 표현, 나아가 종교의 자유를 지키기 위함이다.

7일 한국기독교연합회관에서 열린 기자회견에서 국인비 공동상임총무를 맡고 있는 ○○○ 목사는 "만약 포괄적 차별금지법이 제정된다면, 그 안에는 반드시 처벌조항이 들어갈 것"이라며 "그럼 동성애가 죄라고 설교하는 게 어려울 수 있다. 결국 종교의 자유가 침해되고 기독교의 경우 박해에 직면하게 될 것"이라고 했다.

2. 인종차별

한국에서는 인종차별이 본격적으로 문제가 된 사례는 찾기 어렵다. 그러므로 인종차별과 관련해서는 인종차별의 역사를 가진 나라들의 사례를 살펴보는 것이 도움이 된다. 미국에서는 인종차별과 관련한 몇 개의 판결이 주목된다. Dred Scott 사건은 남북전쟁 직전에 노예가 주인을 따라 자유주로 갔다가 노예주로 돌아와서 자유의 신분임을 주장하며 소송을 제기한 사건이다. 그러나 이 사건에서 Dred Scott은 패소하였다. Plessy 사건에서 연방대법원은 인종에 따라 공공시설을 구분한 것은 차별이 아니라 구분이므로 평등권의 침해가 아니라고 판단하였다. 그러나 연방대법원은 Brown 사건에서 공립학교를 인종에 따라 구분하여 운영하는 것은 위헌이라고 판시하였다. 이 판결은 인종차별을 철폐한 기념비적 판결이다.

DRED SCOTT v. SANDFORD

60 U.S. 393, 15 L.Ed. 691 (1857).

The question is simply this: Can a negro, whose ancestors were imported into this country, and sold as salves, become a member of the political community formed and brought into existence by the Constitution of the United States, and as such become entitled to all the rights, and privileges, and immunities, guarantied by that instrument to the citizen?…

We think they are not, and that they are not included, and were not intended to be included, under the word "citizens" in the Constitution, and can therefore claim none of the rights and privileges which that instrument provides for and secures to citizens of the United States. On the contrary, they were at that time considered as a subordinate and inferior class of beings, who had been subjugated by the dominant race, and, whether emancipated or not, yet remained subject to their authority, and had no rights or privileges but such as those who held the power and the Government might choose to grant them…

The unhappy black race were separated from the white by indelible marks, and laws long before established, and were never thought of or spoken of except as property, and when the claims of the owner or the profit of the trader were supposed to need protection…

PLESSY v. FERGUSON

163 U.S. 537, 16 S.Ct. 1138, 41 L. Ed. 256(1896).

The object of the amendment was undoubtedly to enforce the absolute equality of the two races before the law, but in the nature of things it could not have been intended to abolish distinctions based upon color, or to enforce social, as distinguished from political equality, or a commingling of the two races upon terms unsatisfactory to either. Laws permitting, and even requiring, their separation in places where they are liable to be brought into contact do not necessarily imply the inferiority of either race to the other, and have been generally, if not universally, recognized as within the competency of the state legislatures in the exercise of their police power. The most common instance of this is connected with the establishment of separate schools for white and colored children, which has been held to be a valid exercise of the legislative power even by courts of States where the political rights of the colored race have been longest and most earnestly enforced….If the two races are to meet upon terms of social equality, it must be the result of voluntary consent of individuals…. Legislation is powerless to eradicate racial instincts, or to abolish distinction based upon physical differences, and the attempt to do so can only result in accentuating the difficulties of the present situation…

BROWN v. BOARD OF EDUCATION

347 U.S. 483, 74 S.Ct. 686, 98 L. Ed. 873 (1954).

…To separate them from others of similar age and qualifications solely because of their race generates a feeling of inferiority as to their status in the community that may affect their hearts and minds in a way unlikely ever to be undone…

Segregation of white and colored children in public schools has a detrimental effect upon the colored children. The impact is greater when it has the sanction of the law; for the policy of separating the races is usually interpreted as denoting the inferiority of the negro group. A sense of inferiority affects the motivation of a child to learn. Segregation with the sanction of law, therefore, has a tendency to [retard] the educational and mental development of negro children and to deprive them of some of the benefits they would receive in a racial[ly] integrated school system.…

인종차별철폐위원회는 인종차별철폐협약에 따라 한국의 5차 및 6차 국가보고서에 대하여 2012년 검토의견을 제시하였다(CERC/C/KOR/CO/ 15-16, 23 Oct 2012). 그 주요한 내용은 다음과 같다.

외국인 등을 상대로 한 인종적인 혐오 표현이 언론 및 인터넷에 광범위하고 노골적으로 퍼져 있다. 표현의 자유는 인종적 우월감 또는 인종적인 증오를 선동하고 유포할 자유를 포함하지 않는다. 인종차별 철폐를 위한 입법에 관한 일반논평 7, 민족적 기원에 기초한 조직적 범죄에 관한 일반논평 15, 외국인에 대한 차별에 관한 일반논평 30에 따라 한국 정부는 언론, 인터넷, 사회관계망을 모니터하여 인종적 우월감을 유포하거나 외국인에 대한 인종적 증오심을 부추기는 개인 또는 그룹을 확인해야 한다. 정부는 이러한 행위를 하는 사람을 기소하고 처벌해야 한다(para 10).

한국은 입국항에서 공식적으로 난민신청을 할 수 있도록 방해받지 않고 평등한 접근을 허용하여 강제송환금지원칙을 준수해야 한다. 한국은 난민 및 난민신청자가 일할 권리 및 적절한 생계, 주거, 건강 및 교육을 향유할 수 있도록 보장해야 한다. 한국은 한국에서 태어난 난민, 인도적 체류자격자 및 난민신청자, 그리고 미등록 이주민의 자녀들이 출생등록을 할 수 있는 절차를 마련해야 한다(para 13). 난민의 지위를 인정하는 절차는 국제적인 기준에 부합해야 하며, 심사관을 더 늘려야 한다. 적법절차는 어느 단계에서나 준수되어야 하며, 특히 신청자에게 통역을 제공해야 한다(para 13).

3. 여성차별

여성차별철폐협약(CEDAW)은 여성에 대한 차별을 금지하고 있다(제1조, 제2조). CEDAW는 평등권을 보장하기 위한 국가의 노력을 강조하고 있으며(제3조), 여성차별을 시정하기 위하여 적극적으로 여성을 우대하는 정책은 허용된다는 점을 인정하였다(제4조). 여성차별은 여성이 남성보다 열등하다는 편견이나 관행에 기초하거나 여성과 남성의 역할에 대한 고정관념에 기인하는 경우가 대부분이다. 여성에 대한 차별적인 고정관념으로 일부 국가에서는 아직도 존재하는 남아선호사상으로 수많은 여아가 낙태되고 있다. 국가는 전통적, 역사적, 종교적 또는 문화적인 태도가 여성에 대한 차별을 정당화하는데 이용되지 않도록 보장할 의무가 있다. CEDAW는 여성차별을 개선하기 위한 국가의 의무를 강조한다(제5조).

남녀차별은 전통, 역사, 문화, 종교적인 영향에 기초한 경우가 많다. 1977년 민법이 개정되기 이전의 상속법은 재산상속인이 호주상속을 하는 경우(대개는 장남)에는 5할의 상속분이 가산되고, 결혼한 여자의 상속분은 남자의 상속분의 4분의 1이었다. 장남, 차남, 미혼의 딸, 결혼한 딸 사이에 상속분에 차이를 두었던 것이다. 호주상속의 순위는 피상속인의 직계비속남자가 제1순위여서 아버지가 사망한 경우에 어머니가 호주가 되는 것이 아니라 남자 어린이가 집안의 호주가 되었다. 그 외에도 친족상법은 남녀를 차별하는 규정을 다수 두고 있었다. 위 민법의 규정들은 대부분 개정되었다. 그러나 관행상 부모들은 아들과 딸에게 재산을 이전함에 있어서 차이를 두고 있는 것이 현실이다. 미국에서도 남녀차별은 헌법적인 쟁점이다.

헌법재판소는 제대군인에게 채용시험에서 일정한 점수를 가산하는 이른바 군가산점제도는 성별에 의한 차별이며 현역복무나 상근예비역 소집근무를 할 수 있는 신체 건강한 남자와 그렇지 못한 남자, 즉 병역면제자와 보충역복무를 하는 자를 차별하는 제도라고 하였다. 그러나 아직도 제대군인에게 채용상 일정한 혜택을 주는 군가산점제도를 도입해야 한다는 주장이 끊임없이 제기된다. 채용상 정원 외로 제대군인들에게 혜택을 주어야 주장도 제기된다. 군가산점제도가 다시 도입되거나 변형된 형태로 제대군인들에게 혜택을 주는 경우에 남녀차별의 문제가 제기될 수밖에 없을 것이다. 아래의 Virginia 사건에서 연방정부는 여학생의 입학이 허용되지 아니하는 버지니아 주정부 운영의 군사학교를 남녀공학으로 변경하기 위하여 주정부를 상대로 소송을 제기하였다. 이 사건에서 연방대법원은 주정부가 남학생만을 위한 사관학교를 운영하거나 남녀를 위한 별도의 사관학교를 운영하는 것은 위헌이라고 판시하였다.

제대군인가산점제도 위헌

헌법재판소 1999. 12. 23. 선고 98헌마363 판결

가산점제도는 이러한 합리적 방법에 의한 지원책에 해당한다고 할 수 없다. 가산점제도는 공무원 채용시험의 필기시험의 각 과목별 만점의 5% 또는 3%를 제대군인에게 가산토록 함으로써 제대군인의 취업기회를 특혜적으로 보장하고, 그 만큼 제대군인이 아닌 사람의 취업의 기회를 박탈·잠식하는 제도이다. 그런데 제대군인이 아닌 사람들이란 다름 아니라 절대다수의 여성들과 상당수의 남성들(심신장애가 있어 군복무를 할 수 없는 남자, 보충역에 편입되어 복무를 마친 남자)로서 이들은 제대군인이 될 수 없는 사람들이고, 특히 여성과 장애인은 이른바 우리 사회의 약자들이다.

헌법은 실질적 평등, 사회적 법치국가의 원리에 입각하여 이들의 권익을 국가가 적극적으로 보호하여야 함을 여러 곳에서 천명하고 있다. 성별에 의한 차별을 금지하고 있는 헌법 제11조, 인간다운 생활을 할 권리를 보장하고 있는 헌법 제34조 1항 외에도, 위에서 본 헌법 제32조 4항, "국가는 여자의 복지와 권익의 향상을 위하여 노력하여야 한다"고 규정하고 있는 헌법 제34조 3항, "신체장애자 및 질병·노령 기타의 사유로 생활능력이 없는 국민은 법률이 정하는 바에 의하여 국가의 보호를 받는다."고 규정하고 있는 헌법 제34조 5항, "국가는 모성의 보호를 위하여 노력하여야 한다."고 규정하고 있는 헌법 제36조 2항 등이 여기에 해당한다. 그럼에도 불구하고 여성과 장애인은 각종의 제도적 차별, 유·무형의 사실상의 차별, 사회적·문화적 편견으로 생활의 모든 영역에서 어려움을 겪고 있고, 특히 능력에 맞는 직업을 구하기 어려운 것이 현실이다.

이러한 현실을 불식하고 평등과 복지라는 헌법이념을 구현하기 위하여 여성·장애인 관련분야에서 이미 광범위한 법체계가 구축되어 있다. 여성발전기본법, 남녀차별금지 및 구제에 관한 법률, 남녀고용평등법에서 여성의 사회참여 확대, 특히 공직과 고용부문에서의 차별금지와 여성에 대한 우대조치를 누차 강조하고 이를 위한 각종 제도를 마련하고 있으며, 장애인복지법, 장애인고용촉진등에 관한 법률은 장애인에 대한 차별금지와 보호장치를 규정하고 있다. 어떤 입법목적을 달성하기 위한 수단이 헌법이념과 이를 구체화하고 있는 전체 법체계와 저촉된다면 적정한 정책수단이라고 평가하기 어려울 것이다. 여성에 대한 모든 형태의 차별철폐에 관한 협약 등의 각종 국제협약, 위 헌법규정과 법률체계

에 비추어 볼 때 여성과 장애인에 대한 차별금지와 보호는 이제 우리 법체계 내에 확고히 정립된 기본질서라고 보아야 한다. 그런데 가산점제도는 아무런 재정적 뒷받침 없이 제대군인을 지원하려 한 나머지 결과적으로 이른바 사회적 약자들의 희생을 초래하고 있으므로 우리 법체계의 기본질서와 체계부조화성을 일으키고 있다고 할 것이다.

요컨대 제대군인에 대하여 여러 가지 사회정책적 지원을 강구하는 것이 필요하다 할지라도, 그것이 사회공동체의 다른 집단에게 동등하게 보장되어야 할 균등한 기회 자체를 박탈하는 것이어서는 아니되는데, 가산점제도는 공직수행능력과는 아무런 합리적 관련성을 인정할 수 없는 성별 등을 기준으로 여성과 장애인 등의 사회진출기회를 박탈하는 것이므로 정책수단으로서의 적합성과 합리성을 상실한 것이라 하지 아니할 수 없다. …

차별취급을 통하여 달성하려는 입법목적의 비중에 비하여 차별로 인한 불평등의 효과가 극심하므로 가산점제도는 차별취급의 비례성을 상실하고 있다.

ㄱ) 가산점제도는 우선 양적으로 수많은 여성들의 공무담임권을 제약하는 것이다. 이 사건 심판기록에 편철된 「7·9급 채용시험 여성응시자 및 합격자비율」에 의하면 지난 1996년부터 1998년까지 3년간 7급 국가공무원 채용시험의 여성 응시자는 연간 약 만명 전후에 이르고, 9급 국가공무원 채용시험의 경우 연간 약 4, 5만명에 이른다. 가산점제도는 이처럼 많은 여성들의 공직진출에의 희망에 걸림돌이 되고 있다.

ㄴ) 공무원 채용시험의 합격여부에 미치는 효과가 너무나 크다. 각 과목별 득점에 각 과목별 만점의 5% 또는 3%를 가산한다는 것은 합격여부를 결정적으로 좌우하는 요인이 된다. 더욱이 7급 및 9급 국가공무원 채용시험의 경우 경쟁률이 매우 치열하고 합격선도 평균 80점을 훨씬 상회하고 있으며 (심판기록에 편철된 「남·녀별 응시자 및 합격자의 평균 점수·연령, 합격선」에 의하면 1998년도의 경우 7급 일반행정직의 합격선은 남성이 86.42점, 여성이 85.28점이며, 9급 일반행정직의 경우 95.50점이다), 그 결과 불과 영점 몇 점 차이로 합격, 불합격이 좌우되고 있는 현실에서 각 과목별로 과목별 만점의 3% 또는 5%의 가산점을 받는지의 여부는 결정적으로 영향을 미치게 되고, 가산점을 받지 못하는 사람은 시험의 난이도에 따라서는 만점을 받고서도 불합격될 가능성이 없지 아니하다.

가산점제도의 영향력은 통계상으로도 여실히 드러난다. 심판기록에 편철된 「합격자의 과목별 성적표」에 의하여 1998년도 7급 국가공무원 일반행정직 채용시험의 경우를 분석하여 보면, 합격자 99명 중 제대군인가산점을 받은 제대군인이 72명으로 72.7%를 차지하고 있는데 반하여, 가산점을 전혀 받지 못한 응시자로서 합격한 사람은 6명뿐으로 합격자의 6.4%에 불과하며, 특히 그 중 3명은 합격선 86.42점에 미달하였음에도 이른바 여성채용목표제에 의하여 합격한 여성응시자이다. 그러므로 가산점의 장벽을 순전히 극복한 비

제대군인은 통틀어 3명으로서 합격자의 3.3%에 불과함을 알 수 있다. 한편, 1998년도 7급 국가공무원 검찰사무직의 경우 합격자 15명 중 가산점을 전혀 받지 못한 응시자로서 합격한 사람은 단 1명뿐이다. …

ㄱ) 가산점제도는 제대군인에 해당하는 대부분의 남성을 위하여 절대 다수의 여성들을 차별하는 제도이고, 그 기준을 형식적으로는 제대군인 여부에 두고 있으나 실질적으로는 성별에 두고 있는 것과 마찬가지임은 앞에서 본 바와 같다. 그러나 공직수행능력에 관하여 남녀간에 생리적으로 극복할 수 없는 차이가 있는 것이 아니므로 공직자선발에 있어서 적성·전문성·품성 등과 같은 능력이 아니라 성별을 기준으로 공직취임의 기회를 박탈하는 것은 명백히 불합리한 것이어서 헌법적으로 그 적정성을 인정받을 수 없다.

ㄴ) 가산점제도는 또한 제대군인에 해당하는 남자와 병역면제자, 보충역복무자를 차별하는 제도이고, 이 경우 차별의 실질적 기준은 현역복무를 감당할 수 있을 정도로 신체가 건강한가에 있으므로 역시 공무수행능력과는 별다른 관계도 없는 기준으로 공직취임의 기회를 박탈하는 것이다. 공직을 수행함에 있어서도 상당한 정도의 건강을 필요로 함은 물론이나, 공직수행에 필요한 건강의 정도와 현역복무를 감당할 수 있는 건강의 정도는 애초에 다를 수밖에 없기 때문이다.

UNITED STATES V. VIRGINIA

518 U.S. 515, 116 S.Ct. 2264, 135 L.Ed.2D 735 (1996).

Supposed “inherent differences” are no longer accepted as a ground for race or national origin classifications. Physical differences between men and women, however, are enduring: “The two sexes are not fungible; a community made up exclusively of one [sex] is different from a community composed of both.” “Inherent differences” between men and women, we have come to appreciate, remain cause for celebration, but not for denigration of the members of either sex or for artificial constraints on an individual’s opportunity. Sex classifications may be used to compensate women "for particular economic disabilities [they have] suffered," to "promote equal employment opportunity," to advance full development of the talent and capacities of our Nation's people. But such classifications may not be used, as they once were, to create or perpetuate the legal, social, and economic inferiority of women.

여성에 대한 고용차별

연합뉴스(2017. 9. 27.)

국내 대표적인 공기업인 한국가스안전공사의 엉터리 채용 시스템과 양성 평등에 대한 몰이해로 인해 직원 채용 과정에서 합격권에 들었던 여성 지원자 7명이 대거 탈락한 것으로 드러났다.

청주지검 충주지청이 채용비리와 금품수수 혐의를 받는 ○○○ 전 가스안전공사 사장을 구속기소 하면서 밝힌 그의 혐의를 보면 국내 대표 공기업이라고 하기에는 낯부끄러운 엉터리 채용 시스템의 민낯이 고스란히 드러난다. 검찰은 박 전 사장의 여성 편견이 채용 과정 전반에 엄청난 영향을 미쳤고 채용 비리로 이어졌다고 판단했다.

박 전 사장은 평소 공사 직원이나 지인들에게 '여자는 출산과 육아휴직으로 인해 업무 연속성이 단절될 수 있으니 (채용 과정의 점수를) 조정해 탈락시켜야 한다'는 말을 공공연히 해왔던 것으로 드러났다.

공공기관은 '양성평등 채용목표제' 등을 통해 특정 성비가 합격자의 70%를 넘지 않도록 기준을 설정하고 있지만, 가스안전공사의 경우 직원 1천341명 중 여성이 15%(199명)에 불과하다는 게 검찰 설명이다.

결국, 박 전 사장이 부당하게 압력을 행사해 채용 면접 과정에서 고득점을 받은 여성 지원자들의 면접 순위를 임의로 바꾸는 방법으로 합격권에 들었던 여성 7명을 탈락시켰다는 것이다.

검찰 관계자는 "군필자와 지방대 지원자들은 전형 단계에서 가산점이 부여됐는데도 여성 배제 방침에 따라 이중 특혜를 받아 합격한 것으로 조사됐다."고 말했다.

검찰은 대표적으로 면접 순위 2위인 여성 지원자를 탈락시킨 사례를 들었다. 자격증과 경력이 있는 여성지원자는 애초 면접 순위에서 2위였으나 8위로 변경돼 채용되지 못했다.

또 다른 여성 지원자의 경우 230개 지점을 보유한 세계적인 가스도관 업체에서 근무한 경력이 있음에도 영문 이름 중 'Crane'을 크레인으로 이해, 경력이 없다는 이유로 탈락시켰다.

여성 응시자에 대해서는 인사 자료를 제대로 읽어보지도 않은 채 면접 평가표만 보고 자의적으로 순위를 변경하기도 했다고 검찰은 설명했다.

결과적으로 7명이나 되는 여성 지원자가 제대로 된 기회조차 얻지 못한 채 단순히 '여성'이라는 이유만으로 채용 비리의 피해를 봤다고 검찰은 강조했다.

검찰 관계자는 "성에 대한 몰이해와 편견 때문에 국내 대표 공기업이 임의로 여성 응시자를 채용에서 탈락시킨 최초의 사례"라고 설명했다.

여성에 대한 임금 차별

아시아경제(2018. 9. 27.)

경제개발협력기구(OECD)가 발표한 자료에 따르면 영국의 성별임금격차는 16.8%다. 영국 남성의 전일제 노동자 임금의 중위값을 100으로 봤을 때, 여성 노동자 임금의 중위값이 16.8% 적다는 얘기다.

우리나라는 어떨까. 한국 성별임금격차는 36.7%로 OECD 국가 1위를 차지했다. 2000년 이후 역대 OECD가 발표한 자료에 단 한 번도 1위를 놓치지 않으며 불명예 1위 자리를 지키고 있다. 이런 차이는 여성 노동자가 저임금, 비정규직 일자리에 몰려있기 때문이다. 한국여성정책연구원은 저임금 노동자 중 63.4%가 여성이며, 여성 노동자 가운데 비정규직 비율은 41.1%라고 발표했다. 이는 남성 비정규직 비율(26.4%)보다 10%p 이상 높은 셈이다.

같은 학력이라도 성별에 따라 받는 임금은 달랐다. 우리나라는 여성 고등교육 이수율이 세계 최고수준이다. 그런데 남녀임금격차는 가장 크다. 지난해 성별 통계를 분석한 '성인지통계'를 보면 대졸이상 남녀의 평균임금격차는 65.3%로 남성 노동자가 100만원을 벌 때, 여성 노동자는 65만원을 받는 것으로 나타났다.

이런 남녀 간 임금격차의 원인은 편견과 차별 때문에 일어난다. 대부분 사회의 고위층이 남성이고, 이런 구조가 편견을 생산하는 것이다. 때문에 당초 남녀의 출발선을 동일하게 하는 채용과정이 필요하단 목소리가 나오고 있다. 블라인드 채용에 성별 기입과 사진 부착을 하지 못하도록 해야 한다는 것이다.

실제로 입사지원서에는 성별이 포함된 이력서가 대다수다. 인권위원회가 발표한 자료에 따르면 입사지원서 3000여 개 중 지원자에 성별을 기입하도록 요구한 경우는 68.4%에 달했다. 구인구직 사이트 사람인은 성별 기입을 요구한 기업 10곳 중 4곳이 성별이 비공개 평가 기준으로 반영된다고 답했다. 심지어 채용 시 성별을 고려한다는 기업을 대상으로 한 설문조사에서는 68.4%가 '남성이 더 유리하다'고 했다. 결국 성별이 평가의 잣대가 되는 것이다.

그런데 현행 남녀고용평등법에 따라 '사업주가 근로자를 모집하거나 채용할 때 남녀를 차별하는 행위'는 불법이다. 지난해 은행권 채용비리 사태가 성차별 채용을 가장 잘 보여주는 사례다. 하나은행은 여성 지원자의 커트라인 점수를 남성에 비해 48점 높게 설정했고, 국민은행은 남성 지원자 113명의 점수를 의도적으로 높이고, 여성 지원자 112명의 점수는 낮췄다. 남녀 합격비율을 미리 계획하고, 실제와 다르게 뽑히자 비율을 인위적으로 조정한 것. 해당 은행들은 남녀고용평등법 위반으로 재판에 넘겨진 상태다.

이밖에도 지난해에는 공공기관인 한국가스안전공사가 면접점수를 조작해 여성 응시자 7명을 탈락시켰다. 당시 사장이었던 박기동 씨는 평소 '여자들은 출산과 육아휴직으로 업무 연속성이 단절될 수 있으니 조정해 탈락시켜야 한다'는 말을 공공연히 해왔던 것으로 알려졌다.

다음은 여성차별철폐위원회의 한국의 8차 정기보고서에 대한 검토의견(CEDAW/C/KOR/CO/8, 14 March 2018)의 일부이다.

1. 한국은 빈곤 여성, 민족적, 인종적, 종교적, 성적 소수 그룹, 장애 여성, 여성 난민 및 난민신청자, 무국적 및 이주 여성, 농촌 여성, 독신 여성, 청소년 및 노인 여성 등 취약 그룹에 속하는 여성들에 대한 직, 간접적인 차별을 포함하여 여성에 대한 차별을 금지하는 포괄적인 차별금지법을 입법해야 한다(para 13).

2. 한국은 여성에 대한 성폭력을 근절하기 위한 노력을 강화해야 한다(para 23). 한국은 형법 제297조를 피해자의 자유로운 동의의 부재를 강간죄의 개념으로 정의해야 하며, 특히 부부 강간을 처벌해야 한다(para 23). 한국은 가정폭력의 방지 및 피해자보호에 관한 법률을 개정하여 피해자와 그 가족의 안전이 최우선이 되도록 성적인 지향이나

성체성과 상관없이 이를 동성 부부와 가족, 모든 여성에게 확대 적용해야 한다. 가정폭력에 대하여 상담 또는 훈련을 받는 것을 조건으로 가정보호 사건에서 처벌을 유예하는 제도를 폐지하고, 이러한 사례에서 화해 및 중재 제도를 사용하는 것을 금지해야 한다. 그리고 가해자들은 법률의 규정에 따라 형사적으로 처벌되어야 하며, 가정폭력사건에서 접근금지처분을 위반한 경우에는 필수적으로 가해자를 구금하는 제도를 채택해야 한다(para 23). 성적 학대의 피해자들에게 허위의 고소를 제기하여 시작되는 형사절차의 남용을 방지하기 위하여 무료 법률서비스를 제공하는 등 필요한 조치를 취해야 한다. 피해자의 성적인 배경을 사법절차에서 증거로 사용하는 것을 금지해야 한다. 여성에 대한 새로운 형태의 성적 폭력을 처벌하는 입법을 포함하여 온라인 성폭력에 대한 예방 조치를 취해야 한다. 온라인 플랫폼에서 범죄적인 내용을 삭제하지 않은 온라인 플랫폼 공급자 및 온라인 배급자들을 상당한 금전적인 제재로 처벌하는 방안을 고려해야 하며, 방송통신위원회가 피해자의 요청에 의하여 이러한 내용을 삭제하도록 해야 한다(para 23). 예방에 중점을 두어 직장, 특히 중소기업에서의 성희롱 사건의 관리 및 감독을 위한 실효적인 방안을 강구해야 한다. 남녀고용평등과 일, 가정 양립 지원에 관한 법률을 엄격히 준수하여 위반자를 처벌하도록 한다. 학교, 대학, 군대 등 공공기관에서의 성폭력 가해자를 더욱 엄격히 처벌해야 하며, 위반자가 직장에 복귀하지 않도록 조치를 취하며, 신고와 상담을 촉진하기 위하여 비밀보호를 철저히 해야 한다. 성폭력 피해자 등을 포함하여 여성탈북자들에게 실효적인 심리치료와 상담을 제공하기 위하여 여성탈북자를 위한 센터에 적절한 재정적 지원을 해야 한다(para 23).

3. 고용평등법을 엄격히 집행하여 동일 노동, 동일 임금 원칙을 준수하고, 특히 고용노동부가 성별 임금차별 사건을 조사할 수 있는 권한을 확대해야 한다. 동일 노동, 동일 임금 원칙 위반에 대한 처벌을 엄격히 집행하고 공기업과 사업에 임금 고지 시스템을 도입해야 한다(para 39). 근로기준법에 따라 여성 단기 노동자에 대한 보호를 강화해야 한다(para 39). 부모 사이의 아동 양육의 책임을 분담하기 위한 인식을 제고하고, 이에 인센티브를 높이기 위하여 출산 휴가 등의 혜택을 확대해야 한다(para 39).

4. 안전하지 아니한 낙태가 여성의 사망 및 질병의 주요한 원인이므로 강간, 근친상간, 임신 여성의 생명 및 건강에 대한 위험, 심각한 태아의 손상의 경우에는 낙태를 허용해야 하며, 모든 경우에 낙태를 비범죄화해야 한다. 나아가 낙태를 행한 여성에 대한 처벌을 중단해야 하며, 낙태를 받은 여성에게 높은 수준의 의료보호, 특히 안전하지 아니한 낙태를 한 여성이 후유증을 겪는 경우에, 의료보호를 제공해야 한다(para 43).

5. 자녀의 성을 아버지의 성을 따르도록 한 민법 제781조 1항을 폐지하여 협약 제16조 1항 (g)를 준수해야 한다. 한국은 위원회의 일반 권고 29에 따라 혼인의 해소 또는 사실혼의 해소시 혼인 재산의 균등한 분배에 관한 원칙을 입법해야 한다(para 47). 한국은 이혼을 원하는 가정 폭력의 희생자들이 이혼을 하려면 가해자들과 화해나 중재를 강요받지 않도록 해야 하며, 사법부의 구성원들이 가정에서 성에 기초한 폭력을 아동 양육권 사건에서 고려하도록 적절한 훈련을 받도록 해야 한다. 성에 기초한 폭력은 성에 기초한 여성에 대한 폭력을 처벌하고 재발을 방지하기 위하여 화해가 아니라 처벌을 받아야 한다(para 47).

4. 장애인 차별

장애인의 교육권과 장애인에 대한 편견

노컷뉴스 오피니언(2018. 9. 5.)

서울시 강서구 특수학교 설립 사업이 수 년간의 극심한 대립과 갈등 끝에 가까스로 추진된다. 서울시교육청과 특수학교 설립 반대 주민대표, 지역 국회의원 등 3자는 4일 기자회견을 통해 강서구 장애인 특수학교인 서진학교 설립에 협력하기로 했다고 밝혔다. 반대측 주민들과 지역 국회의원은 폐교된 시설에 들어서는 장애인 특수학교의 설립을 더 이상 반대하지 않기로 동의했다. 대신 서울시교육청도 반대 주민의 민원이자 국회의원의 공약인 국립한방병원을 건립하는데 교육청 폐교 부지를 최우선적으로 제공하기로 했다. 서진학교 사태는 지난 2013년 11월 서울시교육청이 폐교된 공진초등학교 자리에 지적장애아를 위한 특수학교를 세우기로 행정예고하면서 시작됐다. 이후 해당 지역 주민들은 '왜 내 지역에 장애시설을 설립하냐'며 격렬히 반대했다. 올해 3월엔 서울시 교육청 주최 설명회장에 조희연 교육감의 출입을 막아 논란을 빚었다. 장해 학생 부모들도 지난해 9월 '장애 학생도 학교에 가야 하지 않냐'며 무릎을 꿇고 호소하는 등 대립과 갈등이 이어졌다. 이번 합의로 서울에서는 17년 만에 장애아를 위한 특수학교가 들어서게 됐다. 계획대로라면 서진학교는 내년 9월 개교해 지적장애학생 140명이 공부할 예정이다.

그럼에도 이번 타결은 특수학교 교육 행정에 매우 부정적인 사례로 남을 것으로 보인다. 장애인 특수학교인 서진학교는 의무교육기관이지 결코 기피시설이 아니다. 그럼에도 반대 측이 제기한 논란을 피하려고 반대급부를 제공키로 한 것은 적절치 않다. 교육청 스스로 특수학교가 기피시설이라고 인정한 꼴이다. 더욱이 학교 설립 고시에 이어 공사도 지난달 시작한 만큼 이번 합의는 행정적·법적으로 불필요한 절차이다.

앞으로 동대문 등 8개 자치구에 특수학교를 세운다는 게 서울시교육청의 목표이다. 반대급부를 요구하는 지역 민원을 어떻게 감당할지 걱정이다.

특수학교에서의 성폭력

세계일보(2018. 10. 8.)

전국 특수학교에 재학 중인 장애학생 중 21명이 성폭력 피해를 당한 경험이 있다고 응답하는 등 제2, 제3의 '도가니 사건'이 끊이지 않는 것으로 나타났다. 최근에도 강원도 태백의 한 특수학교 교사가 여학생 제자 2명을 수년 간 상습적으로 성폭행한 이른바 '강원판 도가니 사건'이 알려져 충격을 준 바 있다. 도가니 사건은 과거 청각장애인 학교인 광주 인화학교에서 발생한 일부 교직원의 장애 학생 성폭행 사건이다. 공지영 작가가 소설 '도가니'로 펴내고 영화로도 만들어져 국민적 공분을 샀다.

8일 국회 교육위원회 소속 더불어민주당 ○○○ 의원이 17개 전국시·도교육청에서 제출받은 '장애학생 인권침해 실태조사' 결과에 따르면 학생 23명이 "인권침해 경험이 있다"고 응답했다. 이 중 21명이 성폭력 피해 경험이 있다고 답했다. 특히 시설 내 관계자에 의해 성폭력 피해를 당했다고 응답한 학생이 5명이나 됐으며 관련 사건들은 경찰이 수사하고 있다.

지역별로 특수학교에서 ○○○ 아빠라고 불릴 만큼 친근한 관계자에 의한 성추행이 의심되는 사례(서울)와 정신과 병동 입원 중 남자간호사에 의한 성폭행 의심 사례(대구), 특수교육실무원에 의한 성추행 의심 사례(충북) 등이 보고됐다.

앞서 교육부는 지난 6월 태백의 한 특수학교에서 벌어진 A교사의 장애학생 상습 성폭행 사건 이후 약 2달간 전국의 모든 175개 특수학교를 상대로 '장애학생 인권침해 실태조사'를 진행했다.

충남 천안의 한 특수학교 교사 B씨도 2010년 3월~2011년 10월 여학생 3명을 5차례에 걸쳐 성폭행하고 4명을 7차례에 걸쳐 성추행한 사실이 뒤늦게 알려진 뒤 재판에 넘겨져 2015년 징역 15년형을 받았다.

○○○ 의원은 "광주 인화학교 성폭력 사건 이후 여러 가지 제도적 보완이 이루어졌다고 하지만, 강원 태백학교 사건에서 보듯이 여전히 제 2, 3의 도가니 사태 가능성이 남아있다"며 "교육당국은 사건이 발생했을 때만 소 잃고 외양간 고치는 방식의 실태조사와 대책마련이 아닌 장애학생들의 인권을 보호할 근본적인 제도를 마련해야한다"고 강조했다.

5. 형사절차에서의 차별

형사사건에서 피고인의 경제적 능력이나 사회적 신분에 따라 처벌이 달라진다는 비판이 제기된다. 최근까지 한국에서 대기업의 경영자들은 회사의 자금을 횡령하거나 세금을 포탈하는 등 회사와 국가에 막대한 손해를 입히고도 집행유예 등 가벼운 처벌을 받을 뿐 아니라 나중에는 사면까지 받는 경우가 빈번하였다.

2013년 통계에 의하면 변호사 10명 중 9명은 판사나 검사로 일하다 변호사로 개업해 맡은 소송에 대하여 법원이 유리하게 판결을 내리는 이른바 '전관예우'가 존재한다고 답변하였다.[1] 응답한 변호사의 절반은 민, 형사 재판 모두 전관 변호사가 결론에 영향을 미친다고 대답하였으며, 25퍼센트는 형사재판에서 영향을 미친다고 대답하였다. 특정한 변호사가 선임한 사건을 유리하게 취급하는 것은 그렇지 아니한 사람을 불리하게 취급하는 것이므로 법 앞의 평등을 심각하게 위협하는 것이다. 전두환, 노태우 등 두 전직 대통령은 반란죄 등으로 유죄판결을 받은 후 곧 사면되었으며, 1987년 승객 115명이 탑승한 대한항공기를 폭파한 혐의로 1990년 대법원에서 사형선고를 받은 김현희는 대법원 판결 한 달 만에 사면을 받았다. 그 외에 경제적 능력에 따른 차별이 문제될 수 있다. 다음의 판결을 살펴보자.

삼성 에버랜드 전환사채 등 저가발생사건

서울고등법원 2008. 10. 10. 선고 2008노1841 판결

… 이 사건 조세포탈의 범행은 차명계좌를 사용하는 등 부정한 방법에 의하여 국가

1) 중앙일보 2013. 6. 12.

의 과세권을 침해하고 조세정의 내지 조세형평에 대한 많은 국민의 신뢰를 훼손한 것으로서 그 범죄행위 자체에 대한 비난가능성이 높고, 유죄로 인정되는 포탈세액이 46,561,789,308원에 이르며, 포탈기간도 6년에 걸쳐 있는 등 그 범죄행위로 초래된 결과 또한 중대한 점은 인정되나, …

피고인이 삼성그룹의 지배주주로서의 지위와 경영권을 승계받아 삼성전자 등의 계열회사를 세계적인 기업으로 변모시키는 등 경영능력을 발휘하여 국가경제 발전에 기여하고, 고용창출 등을 통하여 사회안정에도 기여함으로써 '사업보국'(사업보국)의 역할을 수행한 점, 피고인이 이 사건 공소제기 이후 그 책임을 지고 그룹과 관련된 모든 직위에서 물러난 점, 피고인이 대한레슬링협회 회장, 국제올림픽위원회 위원, 2002년 월드컵 축구대회 조직위원회 위원으로 사회에 봉사하고 체육발전과 소외계층 등에 대한 지원을 하여온 공로를 인정받아 대통령 체육포장, 체육훈장 맹호장, 체육훈장 청룡장, 국민훈장 무궁화장 등을 수여받은 점, 그 밖에 피고인의 연령, 성행, 환경, 가족관계 등 여러 정상에 비추어 보면, 원심의 위 선고형량은 너무 무겁거나 가벼워 부당하다고 인정되지는 아니하므로, 피고인과 특별검사의 위 각 주장은 모두 이유 없다.

현대그룹 관련 사건

서울고등법원 2007. 9. 6. 선고 2007노586 판결

… 이 사건 각 범행의 동기, 경위, 피해 규모 등 앞서 살핀 양형사실들을 종합하여 보면, 피고인들의 범행은 그 죄질 및 범정이 중하고, 그 행위태양도 부외자금 조성, 계열사 부당지원 등으로 다양하다는 점에서 피고인들에게 중형을 선고함으로써 대주주에 의한 주식회사의 사유화 시도를 차단하고, 다른 계열사들의 부실에 대한 책임을 나머지 계열사가 떠안게 되는 소위 재벌경영체제의 폐해 가능성을 해소하도록 일벌백계로 다스릴 필요성이 있다고도 할 수 있다.

그러나 앞서 살핀 바와 같이 피고인들의 각 범행에 유리한 정상이 다수 존재한다는 점, 피고인들 모두 향후 유사한 범죄를 저지르지 않을 것을 다짐하고 있는 점, 특히 피고인 정몽구는 1938년생인 만 69세의 고령으로서, 당심에 이르러 '자신의 범행으로 인하여 계열회사에 금전적 손실을 끼치는 유형의 손해를 발생시킨 것뿐만 아니라 경제질서 훼손 등 사회전반에 무형의 손해를 발생시킨 점에 대하여 반성하고 회복방안을 제시하는 차원

에서, 최소 8,400억 원 규모의 개인 재산으로 문화시설 제공 등 사회구성원 모두가 그 이익을 향유할 수 있는 사회공헌계획을 수립하고 시행하겠다'고 당심 공판기일에서 대국민 약속을 하는 등 범행 후 유리한 정황(경제범죄에 있어 피고인의 사재출연을 통한 사회공헌을 피고인에게 유리한 양형사실로 참작하는 것에 대하여 반대의견이 있을 수 있으나, 그러한 사회공헌이 형법 제51조 4호 소정의 '범행 후의 정황'에 해당되지 않는다고 보는 것이 오히려 무리한 해석이라 할 것이고, 피고인이 출연을 약속한 사재의 규모에 비추어 볼 때 피고인에게 유리한 양형사유 중 하나로 참작하는 것은 불가피하다.)이 있을 뿐만 아니라, 피고인이 위 사회공헌약속을 성실히 이행하지 않을 경우 집행유예가 취소될 수 있는, 형법 제62조의2가 정하는 사회봉사명령이 아울러 선고됨으로써 그 약속이행이 사실상 담보되는 점을 종합하여 보면, 이번에 한하여 피고인들에게 징역형의 집행을 유예하는 형을 선고하기로 한다.

6. 기 타

한국은 한때 고아, 귀화자와 함께 외관상 식별이 명백한 혼혈인은 제2국민역으로 편입하여 군복무를 면제하고 본인이 원하는 경우에만 군복무를 할 수 있도록 하는 제도를 가지고 있었으나 2013년 현재는 고아, 귀화자, 성전환자 등에 대하여 병역을 면제하고 있다. 외관상 식별이 명백한 혼혈인은 본인이 원하는 경우에만 군복무를 할 수 있도록 했던 제도가 평등권침해인지 여부가 문제가 될 수 있다. 병역면제는 불이익이 아니라 오히려 이익이라고 볼 수 있으므로 평등권침해가 아니라는 반론도 있을 수 있는 것이다. 그러나 이익, 불이익 여부가 중요한 것이 아니라 인종에 따른 구분 자체가 인종차별을 의미하는 것으로 보는 것이 타당하다.

헌법재판소는 민법상의 동성동본혼인금지규정을 평등권침해 등을 이유로 위헌으로 선언한 바가 있으며(95헌가6), 자녀는 아버지의 성과 본을 따르도록 한 민법의 규정은 양성의 평등에 위반된다고 하였다(2003헌가5, 6).

평등권이 쟁점이 되었으나 합헌으로 판단된 사건에는 직계존속에 대한 고소를 금지하는 형사소송법 제224조의 규정(2008헌바56), 존속에 대한 상해치사를 일반 상해치사보다 무겁게 처벌하도록 한 형법의 규정(2000헌바53) 등이 있다. 형법은 살인죄는 사형, 무기 또는 5년 이상의 징역에 처하도록 규정하고 있으나(형법 제250조

1항), 자기 또는 배우자의 직계존속을 살해한 자는 사형, 무기 또는 7년 이상의 징역에 처하도록 규정하고 있다(같은 조 2항). 이 규정이 평등권을 침해하는 것인가에 대한 의문도 제기될 수 있다.

법률로 차별을 하지 않는다고 하여 평등권이 보장되는 것은 아니다. 법률상로는 차별을 하지 않는다고 하더라도 실제로 법률의 적용에 있어서 사실상 차별을 하는 경우가 적지 않다. 법률로는 남녀차별이 금지되어 있지만 실제에서 취업, 승진심사에서 남녀차별을 하는 예가 적지 않은 것이 현실이다.

국가가 특정 분야의 차별을 시정하기 위하여 적극적인 조치를 취하는 경우가 있다. 예를 들어, 여성의 정치 분야 또는 공직 진출을 촉진하기 위하여 여성에게는 무조건 일정한 비율을 할당하는 제도가 이에 속한다.

앞으로 사관학교 등에서 남녀에 대하여 동일한 선발기준을 적용하지 아니하고 선발비율을 미리 정해 놓고 신입생을 선발하는 제도, 동성애자, 성적 지향을 이유로 한 차별이 본격적으로 문제가 될 가능성이 있다.

해설 및 검토

1. 뇌물죄나 횡령죄로 기소된 사안에서 피고인이 오랜 기간 동안 공무원으로 근무한 사실이나 대기업의 경영자로 일한 사실은 형을 가중해야 하는 사유인가 아니면 형을 감경해야 하는 사유인가?
2. 소매치기나 절도죄에서는 피해액이 경미해도 무거운 처벌을 받는데, 뇌물죄나 횡령죄에서는 범행 액수가 커도 가벼운 처벌을 받는다면 이는 경제적 능력이나 사회적 신분에 따른 차별인가?
3. 이른바 전관출신의 변호사들이 유능하기 때문에 유리한 판결을 받는다는 주장에 대하여 어떠한 반론을 제기할 수 있는가?
4. 대통령의 사면권이 갖는 긍정적 측면과 부정적 측면은 무엇인가?
5. 군가산점제도가 위헌이라면 헌법재판소 판결의 취지 안에서 군복무자들에

게 보상을 줄 수 있는 방법은 무엇인가? 군가산점제도가 남녀차별이 아니라는 근거를 제시할 수 있는가?

6. 민법상 남녀의 성에 따른 상속분의 차별은 폐지되었으나 여전히 관행적으로 부모들은 재산의 이전에서 아들과 딸을 차별하고 있는 것이 현실이다. 이러한 관행은 존중되어야 하는가 아니면 국가가 개입해야 하는가?

7. 사관학교에서 남녀에 대한 입학정원을 별도로 두는 제도나 군대 내에서 여군이 할 수 있는 임무에 제한을 두는 것은 남녀차별인가?

8. 국가나 지방자치단체가 다문화가정 또는 그 자녀들을 위한 학교 등 특별한 시설을 설치, 운영한다면 이는 차별에 해당하는가?

9. 동성애자의 결혼을 허용하지 않는 이유는 무엇이며, 동성애자의 혼인을 허용하지 않는 것은 차별에 해당하는가?

10. 법률은 차별을 하지 않지만 사실상 차별이 행해지는 예를 들어보자. 특히, 형사절차에서 피고인의 경제적 능력이나 사회적인 신분에 따라 처벌이 달라지는 예가 있는가?

11. 국군 사이버 사령부가 2012년 군무원을 채용하면서 호남지역 출신자를 서류 심사에서 배제하거나 면접에서 압박 분위기를 조성해 최하점을 주는 방식으로 대부분 떨어뜨린 것으로 알려져 있다. 이는 특정한 지역의 출신자에 대한 차별로 평등권에 대한 침해가 될 수 있다.

12. 인접한 곳에 장애인 학교가 설립되는 것을 반대하는 것은 평등권에 대한 침해인가?

13. 학부모들이 임대아파트에 인접한 초등학교에 자녀를 보내지 아니하는 경향으로 인하여 초등학교가 임대아파트 거주 자녀들이 많이 다니는 학교와 그렇지 아니한 자녀들이 다니는 학교로 구분되는 경우에 국가는 어떻게 해야 하는가?

인권법 강의

제 11 장
형사절차와 인권

1. 조약과 법률

국제조약과 법률은 형사절차상의 인권을 보장하기 위한 다수의 규정을 두고 있다. ICCPR은 신체의 자유와 안전의 권리 및 자의적으로 체포되지 아니할 권리(제9조 1항), 체포이유를 고지 받을 권리(제9조 2항), 법관에 의하여 체포사유를 심사받을 권리(제9조 3항), 공정한 재판을 받을 권리(제14조), 무죄추정의 권리(제14조 2항), 변호인의 조력을 받을 권리(제14조 3항), 형벌불소급(제15조)을 규정하고 있다.

한국 헌법 제12조는 고문 받지 아니할 권리와 불리한 진술을 강요받지 아니할 권리(2항), 영장주의(3항), 변호인의 조력을 받을 권리(4항), 구속의 이유 등을 고지받을 권리(5항), 구속적부심의 권리(6항) 등을 규정하고 있다. 제13조에서는 소급처벌의 금지, 일사부재리를 규정하고 있다. 형사소송법은 위법수집증거의 배제(제308조의2), 자백의 증거능력 제한(제309조), 전문증거의 증거능력의 제한(제310조의2) 등을 규정하고 있다.

2. 무죄추정의 원칙

대법원 2010. 12. 9. 선고 2010도10896 판결

형사재판에서 유죄의 인정은 법관으로 하여금 합리적인 의심을 할 여지가 없을 정도로 공소사실이 진실한 것이라는 확신을 가지게 하는 증명력을 가진 증거에 의하여야 하므로, 그와 같은 증거가 없다면 설령 피고인에게 유죄의 의심이 간다 하더라도 피고인의 이익으로 판단할 수밖에 없다(대법원 2006. 3. 9. 선고 2005도8675 판결 등 참조). 한편 살인죄 등과 같이 법정형이 무거운 범죄의 경우에도 직접증거 없이 간접증거만에 의하여 유죄를 인정할 수 있으나, 그러한 유죄 인정에 있어서는 공소사실에 대한 관련성이 깊은 간접증거

들에 의하여 신중한 판단이 요구된다(대법원 2008. 3. 13. 선고 2007도10754 판결 참조). 특히 간접증거에 의한 간접사실의 인정에 있어서도 그 증명은 합리적인 의심을 허용하지 않을 정도에 이르러야 하고, 그 하나하나의 간접사실은 그 사이에 모순, 저촉이 없어야 함은 물론 논리와 경험칙, 과학법칙에 의하여 뒷받침되어야 할 것이다.

대법원 2008. 3. 13. 선고 2007도10754 판결

살인죄 등과 같이 법정형이 무거운 범죄의 경우에도 직접증거 없이 간접증거만에 의하여 유죄를 인정할 수 있고 피해자의 시체가 발견되지 아니하였더라도 간접증거를 상호 관련하에서 종합적으로 고찰하여 살인죄의 공소사실을 인정할 수 있다 할 것이나(대법원 1999. 10. 22. 선고 99도3273 판결, 대법원 2005. 1. 14. 선고 2004도7028 판결 등 참조), 그러한 유죄 인정에 있어서는 공소사실에 대한 관련성이 깊은 간접증거들에 의하여 신중한 판단이 요구된다. 또한, 시체가 발견되지 아니한 상황에서 범행 전체를 부인하는 피고인에 대하여 살인죄의 죄책을 인정하기 위해서는 피해자의 사망사실이 추가적·선결적으로 증명되어야 함을 물론, 그러한 피해자의 사망이 살해의사를 가진 피고인의 행위로 인한 것임이 합리적인 의심의 여지가 없을 정도로 증명되어야 한다. …

3. 임의성 없는 자백

대법원 2011. 10. 27. 선고 2009도1603 판결

피고인이 피의자신문조서에 기재된 피고인 진술의 임의성을 다투면서 그것이 허위 자백이라고 주장하는 경우, 법원은 구체적인 사건에 따라 피고인의 학력, 경력, 직업, 사회적 지위, 지능 정도, 진술의 내용, 피의자신문조서의 경우 그 조서의 형식 등 제반 사정을 참작하여 자유로운 심증으로 위 진술이 임의로 된 것인지의 여부를 판단하되, 자백의 진술 내용 자체가 객관적인 합리성을 띠고 있는가, 자백의 동기나 이유 및 자백에 이르게 된 경위는 어떠한가, 자백 외의 정황증거 중 자백과 저촉되거나 모순되는 것이 없는가 하는 점 등을 고려하여 그 신빙성 유무를 판단하여야 하고(대법원 1999. 11. 12. 선고 99도3801 판결 참조), 피고인이 검사 이전의 수사기관에서 고문 등 가혹행위로 인하여 임의성

없는 자백을 하고 그 후 검사의 조사단계에서도 임의성 없는 심리상태가 계속되어 동일한 내용의 자백을 하였다면 검사의 조사단계에서 고문 등 자백의 강요행위가 없었다고 하여도 검사 앞에서의 자백도 임의성 없는 자백이라고 보아야 한다.

대법원 1990. 2. 13. 선고 89도2205 판결

… 피고인의 자백이 임의성이 있어 그 증거능력이 부여된다 하여 자백의 진실성과 신빙성까지도 당연히 인정되어야 하는 것은 아닌 것이고 자백이 증명력을 갖추기 위하여는 그 진술내용이 객관적인 합리성을 띠고 있는가, 자백의 동기나 이유 및 자백에 이르게 된 경위가 어떠한가, 정황증거 중 자백과 저촉되거나 모순되는 것이 없는가 등을 고려하여 판단하여야 할 것이므로 …

기록에 의하면, 피고인은 1947년생으로 국민학교 2학년을 중퇴하여 겨우 자기 성명밖에 쓸 줄 모를 정도인데다가 본처와는 1982.경 이혼하고 자녀들의 거처마저 모르는 형편에서 혼자 일정한 주거나 직장도 없이 막노동을 하거나 친척집 또는 사창가에서 기식하며 살아온 것으로 보이는데 이러한 피고인의 학력 경력, 생활환경 등에 미루어 자포자기 끝에 허위의 자백을 할 가능성도 배제할 수 없다. …

이렇게 볼 때 피고인의 검찰에서의 자백은 그 범행동기가 석연치 않을 뿐만 아니라 그 진술내용이나 다른 정황근거와의 관계에서 모순되는 점이 있고 여기에 피고인의 학력, 경력, 생활환경 등을 보태어보면 그 진술의 진실성과 신빙성이 의심스러워 증명력을 갖추었다고 보기 어렵다 할 것이고, 그 밖의 증거만으로는 이 사건 범죄사실을 인정할 수 없다.

4. 미란다 원칙

대법원 2010. 6. 24. 선고 2008도11226 판결

(1) 헌법 제12조 5항 전문은 '누구든지 체포 또는 구속의 이유와 변호인의 조력을 받을 권리가 있음을 고지받지 아니하고는 체포 또는 구속을 당하지 아니한다'는 원칙을 천명하고 있고, 구 형사소송법 제72조, 제200조의5는 '피고인에 대하여 범죄사실의 요지, 구속의

이유와 변호인을 선임할 수 있음을 말하고 변명할 기회를 준 후가 아니면 구속할 수 없다' 고 규정하고 있다. 그리고 구 형사소송법의 위 규정은 같은 법 제213조의2에 의하여 검사 또는 사법경찰관리가 현행범인을 체포하거나 일반인이 체포한 현행범인을 인도받는 경우에 준용되므로, 사법경찰리가 현행범인으로 체포하는 경우에는 반드시 범죄사실의 요지, 구속의 이유와 변호인을 선임할 수 있음을 말하고 변명할 기회를 주어야 하며, 이러한 법리는 비단 현행범인을 체포하는 경우뿐만 아니라 긴급체포의 경우에도 마찬가지로 적용되는 것이고, 이와 같은 고지는 체포를 위한 실력행사에 들어가기 전에 미리 하여야 하는 것이 원칙이나, 달아나는 피의자를 쫓아가 붙들거나 폭력으로 대항하는 피의자를 실력으로 제압하는 경우에는 붙들거나 제압하는 과정에서 하거나, 그것이 여의치 않은 경우에는 일단 붙들거나 제압한 후에 지체없이 하여야 한다(대법원 2007. 11. 29. 선고 2007도7961 판결 등 참조).

대법원 2013. 3. 14. 선고 2010도2094 판결

1. 헌법은 "누구든지 법률에 의하지 아니하고는 체포·구속·압수·수색 또는 심문을 받지 아니하며"(제12조 1항), "체포 또는 구속의 이유와 변호인의 조력을 받을 권리가 있음을 고지받지 아니하고는 체포 또는 구속을 당하지 아니한다."고 규정하여(제12조 5항), 체포·구속에 관한 적법절차의 원칙을 선언하고 있다. 이를 이어받아 형사소송법은 "검사 또는 사법경찰관은 피의자를 체포하는 경우에는 피의사실의 요지, 체포의 이유와 변호인을 선임할 수 있음을 말하고 변명할 기회를 주어야 한다."고 하고(제200조의5), 이 규정은 검사 또는 사법경찰관리가 현행범인을 체포하거나 현행범인을 인도받은 경우에도 준용하도록 하고 있다(제213조의2). 나아가 형사소송법 제308조의2는 "적법한 절차에 따르지 아니하고 수집한 증거는 증거로 할 수 없다."고 함으로써 위 각 규정의 규범력이 확고하게 유지되도록 뒷받침하고 있다.

이러한 규정을 종합하면, 적법한 절차에 따르지 아니한 위법행위를 기초로 하여 증거가 수집된 경우에는 당해 증거뿐 아니라 그에 터 잡아 획득한 2차적 증거에 대해서도 그 증거능력은 부정되어야 할 것이다. 다만 위와 같은 위법수집증거 배제의 원칙은 수사과정의 위법행위를 억지함으로써 국민의 기본적 인권을 보장하기 위한 것이므로 적법절차에 위배되는 행위의 영향이 차단되거나 소멸되었다고 볼 수 있는 상태에서 수집한 증거는 그 증거능력을 인정하더라도 적법절차의 실질적 내용에 대한 침해가 일어나지는 않는다

할 것이니 그 증거능력을 부정할 이유는 없다. 따라서 증거수집 과정에서 이루어진 적법절차 위반행위의 내용과 경위 및 그 관련 사정을 종합하여 볼 때 당초의 적법절차 위반행위와 증거수집 행위의 중간에 그 행위의 위법 요소가 제거 내지 배제되었다고 볼 만한 다른 사정이 개입됨으로써 인과관계가 단절된 것으로 평가할 수 있는 예외적인 경우에는 이를 유죄 인정의 증거로 사용할 수 있다고 할 것이다.

한편 체포의 이유와 변호인 선임권의 고지 등 적법한 절차를 무시한 채 이루어진 강제연행은 전형적인 위법한 체포에 해당하고, 위법한 체포 상태에서 이루어진 음주측정요구는 주취운전의 범죄행위에 대한 증거수집을 목적으로 한 일련의 과정에서 이루어진 것이므로, 그 측정 결과는 형사소송법 제308조의2에 규정된 '적법한 절차에 따르지 아니하고 수집한 증거'에 해당하여 증거능력을 인정할 수 없다(대법원 2007. 11. 15. 선고 2007도3061 전원합의체 판결 등 참조). 또한 위법한 강제연행 상태에서 호흡측정의 방법에 의한 음주측정을 한 다음 그 강제연행 상태로부터 시간적·장소적으로 단절되었다고 볼 수도 없고 피의자의 심적 상태 또한 강제연행 상태로부터 완전히 벗어났다고 볼 수 없는 상황에서 피의자가 호흡측정 결과에 대한 탄핵을 하기 위하여 스스로 혈액채취 방법에 의한 측정을 할 것을 요구하여 혈액채취가 이루어졌다고 하더라도 그 사이에 위법한 체포 상태에 의한 영향이 완전하게 배제되고 피의자의 의사결정의 자유가 확실하게 보장되었다고 볼 만한 다른 사정이 개입되지 않은 이상 불법체포와 증거수집 사이의 인과관계가 단절된 것으로 볼 수는 없다. 따라서 그러한 혈액채취에 의한 측정 결과 역시 유죄 인정의 증거로 쓸 수 없다고 보아야 한다. 그리고 이는 수사기관이 위법한 체포 상태를 이용하여 증거를 수집하는 등의 행위를 효과적으로 억지하기 위한 것이므로, 피고인이나 변호인이 이를 증거로 함에 동의하였다고 하여도 달리 볼 것은 아니다.

5. 위법수집증거

창원지방법원 2008. 2. 12. 선고 2007노1311 판결

피고인이 경찰과 검찰에서 진술을 거부한 것은 헌법과 형사소송법이 피고인에게 부여한 권리의 행사이므로 그러한 권리행사를 두고 피고인이 죄책을 인정하거나 방어권을 포기한 것이라고 해석할 수 없을 뿐만 아니라, 피고인이 진술을 거부하였으면 그것은 권리의 행사이므로 즉시 피고인에 대한 신문을 중단하여야 할 것인데도 피고인을 신문하던 경찰

은 계속하여 피고인에게 진술을 요구하면서 그 거부 장면을 동영상으로 촬영하여 검사로 하여금 피고인의 범죄성 내지 악성을 증명하는 증거로 제출하도록 한 것은 위법수사에 해당하므로, 피고인이 경찰과 검찰에서 보인 행태는 피고인에게 불리한 자료가 될 수 없고, 달리 피고인이 공소사실 기재 일시에 '자의로' 메스암페타민을 투약하였다고 인정할 만한 증거가 없다.

청주지방법원 2009. 6. 25. 선고 2009노132 판결

형사소송법은 임의수사원칙, 강제수사법정주의에 입각하여 수사상 강제처분은 형사소송법에 특별한 규정이 있는 경우에 한하여 법관이 발부한 영장에 의해서만 가능하도록 하고 있는바, 피의자의 경우에는 수사단계에서 체포·구속과 같이 신체의 자유를 현실적으로 제한하는 강제수사가 형사소송법에 의해 일부 가능하지만, 참고인의 경우에는 수사기관이 수사단계에서 그 신병을 강제로 확보할 수 있는 강제구인과 같은 수단이 형사소송법에 존재하지 않는다. 그러한 형사소송법의 취지에서 본다면, 수사의 협조자에 불과한 참고인에 대한 수사에서는 범죄혐의가 있는 피의자의 경우보다 임의성 내지 당사자의 자발성 요건이 더욱 엄격히 요구되는 것이고 위법수사억제를 위해 위법수집증거배제법칙을 적용해야 할 필요성은 더욱 커진다. 따라서 참고인에 대한 사실상의 강제연행 역시 피의자에 대한 강제연행과 마찬가지로 위법수사로서 그에 의해 수집된 증거는 형사소송법 제308조의2에 의해 그 증거능력이 부정된다.

그렇다면, 결과적으로 경찰이 공소외 1, 2를 성매매 피의자로 형사입건하지 않고 그들의 진술 등을 바탕으로 피고인들을 식품위생법 위반죄로 형사입건함으로써 공소외 1, 2가 이 사건에서 참고인 내지 증인이 되었다고 하더라도, 경찰이 이 사건에서 증거능력이 문제되는 공소외 1, 2의 진술을 확보할 당시에는 공소외 1, 2를 성매매 혐의의 피의자 내지 피내사자로서 조사한 것이어 위 진술은 사실상 피의자 내지 피내사자에 대한 불법체포에 이어 수집된 증거로서 증거능력이 부정될 뿐만 아니라, 공소외 1, 2가 참고인 신분이 되었다고 하더라도 경찰이 그들의 신병을 확보하기 위한 과정이 위법한 강제연행이었으므로 그에 이어 수집된 진술증거 역시 형사소송법 제308조의2 규정에 의해 그 증거능력이 부정되어야 한다.

위법한 압수절차에 의한 압수물과 같은 비진술증거의 경우에는, 수사기관의 절차위반 행위가 적법절차의 실질적인 내용을 침해하는 경우에 해당하지 아니하고, 오히려 그 증거

의 증거능력을 배제하는 것이 헌법과 형사소송법이 형사소송에 관한 절차조항을 마련하여 적법절차의 원칙과 실체적 진실규명의 조화를 도모하고 이를 통하여 형사사법정의를 실현하려 한 취지에 반하는 결과를 초래하는 것으로 평가되는 예외적인 경우에, 법원은 그 증거를 유죄 인정의 증거로 사용할 수 있다고 보아야 할 것이다(대법원 2007. 11. 15. 선고 2007도3061 전원합의체 판결). 그러나 위법수사에 의해 수집된 진술증거의 경우에는 위와 같은 위법수집증거의 예외적 허용 기준이 적용될 수 없어 그 증거능력이 인정될 수 없고, 설령 위와 같은 예외적 허용 기준이 적용될 수 있다고 하더라도 이 사건 강제연행은 그 위법의 정도가 결코 경미하지 아니하여 실체적 진실규명과의 이익형량에 의하더라도 위와 같은 예외적 허용 기준이 적용될 수 있는 경우에 해당하지 않는다. 이에 관한 검사의 위 주장은 이유 없다.

피고인들이 공소외 2로부터 소위 티켓영업의 대가로 금품을 수수하였다고 인정할 직접적인 증거가 없고, 검사가 제출한 증거로서는 피고인들의 범행이 의심스럽다는 정황만이 인정될 뿐이다. 따라서 공소외 1이 독자적인 행동으로 공소외 2와 함께 외출하였을 개연성을 모두 배제한 채 피고인들이 공소외 2로부터 돈을 받고 종업원인 공소외 1로 하여금 공소외 2와 외출하도록 하였다고 합리적 의심을 배제할 만큼 공소사실이 입증되었다고 보기 어렵다.

6. 수사기관에 의한 범행 은폐

국가의 위법행위와 인권보장의무(일명 수지김 사건)

서울지방법원 2003. 8. 14. 선고 2002가합32467 판결

피고 ○○○은 …에서 그 처인 소외 망 김옥분(일명 '수지 킴' 이하 '망인'이라고 한다)과 다투던 중 불상의 둔기로 망인의 이마와 뒤통수를 2회 때려 망인을 쓰러뜨려 망인이 실신하자 그 곳에 있던 베갯잇을 망인의 머리에 씌운 다음 자신의 여행용 트렁크 가방을 묶는 '청색/적색/청색' 무늬의 캔버스 벨트를 망인의 목에 감아 1회 매듭을 지은 다음 양손으로 벨트의 양끝을 잡아 1회 감아 쥔 후 양손으로 잡아 당겨 망인의 목을 졸라 살해하였다(이하 '홍콩살인사건'이라고 한다).

피고 ○○○은 망인을 살해한 후 책임을 모면하기 위하여 1987. 1. 5. 싱가포르로

가 싱가포르 주재 북한대사관에 찾아가 월북하려고 하였으나 실패하게 되자 다시 싱가포르 주재 미국대사관을 찾아갔으나, 미국대사관측은 피고 ○○○의 신병을 싱가포르 주재 한국대사관에 인계하였다.

다. 싱가포르 주재 한국대사관 국가안전기획부(후에 국가정보원으로 명칭을 변경) 소속 파견관인 소외 ○○○과 ○○○이 피고 ○○○과 면담을 실시한 후 위 ○○○은 1987. 1. 6. 국가안전기획부에 북한이 피고 ○○○을 납북시키려 했다는 취지의 전문을 보냈고, 국가안전기획부에서는 싱가포르에서 피고 ○○○이 납북될 뻔했다는 취지의 기자회견을 하고 입국시키라는 국가안전기획부장 명의의 전문을 보냈으며, 국가안전기획부 부국장인 소외 ○○○은 피고 ○○○의 기자회견을 감독하기 위하여 싱가포르로 출장을 왔는데, 위 ○○○과 ○○○은 다시 피고 ○○○을 면담하고 피고 ○○○의 현지 동향을 검토하던 중 피고 ○○○이 싱가포르 주재 북한대사관에 월북을 위하여 망명신청을 했다는 정보를 입수하였을 뿐만 아니라 피고 ○○○의 납북 관련 진술이 일관성이 없어 이를 믿기 어렵다고 판단하고 국가안전기획부에 기자회견이 부적절하다는 건의가 담긴 전문을 보냈으나, 국가안전기획부는 기자회견을 보류하라는 지시를 하였다가 다시 기자회견을 강행하라는 지시를 하였다.

국가안전기획부의 지시에 따라 위 ○○○은 1987. 1. 8. 피고 ○○○을 방콕으로 데리고 가 연합신문과 인터뷰를 한 후 다음날인 1987. 1. 9. 피고 ○○○을 데리고 김포공항에 입국하여 기자회견을 하였는데, 그 내용은 '피고 ○○○이 동거하던 북한공작원인 망인과 조총련계 공작원에 의하여 납치될 뻔하다가 탈출하였다.'는 것이었고 위 기자회견은 1987. 1. 8.부터 같은 달 10.까지 KBS 9시 뉴스에 방송되었다.

국가안전기획부에서는 위 기자회견을 마친 후 피고 ○○○을 심문하였는데, 그 결과 피고 ○○○으로부터 '사실은 자신이 망인을 살해하고 이를 모면하기 위하여 북한 대사관에 망명을 신청하였으나 받아들여지지 않아 미국 대사관을 거쳐 한국 대사관으로 와서 북한공작원에 의하여 납북될 뻔하였다는 허위 내용으로 기자회견을 하였다.'는 내용의 자백을 받아내고, 국가안전기획부 대공수사국 수사3과장 소외 ○○○가 당시 수사에 참여하였던 대공수사국 수사3계장 소외 ○○○로부터 위와 같은 자백 내용을 보고받아 이를 대공수사국 수사1단장 소외 ○○○에게 보고하였다.

국가안전기획부 대공수사국장 소외 ○○○은 위 ○○○으로부터 피고 ○○○이 망인을 살해하고 북한으로 도망하려 했음에도 납치 자작극을 벌였다는 수사결과를 보고받은 후 국가안전기획부 국내파트 1차장 소외 ○○○와 국가안전기획부장 소외 ○○○에게 이를 보고하면서 이미 피고 ○○○이 납북미수 내용의 기자회견을 한 상태였기 때문에 달리 방법이 없다는 취지의 건의를 하였고 이에 따라 위 ○○○와 ○○○은 홍콩살인사건에 대하여 수사종결을 지시하였다.

그 후 국가안전기획부에서는 피고 ○○○이 망인을 살해하였고 또한 망인이 북한 공작원이 아니라는 사실을 알면서도, 언론에 대해서는 피고 ○○○이 여전히 반공투사이고 북한 공작원인 망인의 유인에 의하여 북한으로 납치될 뻔한 것으로 설명하고, 홍콩 경찰에 대해서는 홍콩살인사건을 단순한 살인사건이 아닌 남·북한간의 정치적 사건임을 강조하여 수사에 협조하지 말도록 하며, 망인의 가족들에 대해서는 망인이 간첩인 것처럼 상정하여 조사하는 등의 대책을 마련하고 이를 실행하였다.

1987. 1. 26. 망인의 시신이 발견되자 홍콩 경찰은 피고 ○○○을 홍콩살인사건의 유력한 용의자로 지목하고 국가안전기획부에 수사 협조 요청을 하였으나 국가안전기획부에서는 대공사건임을 이유로 거절한 채 피고 ○○○에게 충분한 세뇌교육, 보안교육으로 변절 가능성이 없다고 판단될 때 주거제한, 출국금지 등의 조치를 강구한 후 방면하는 등의 대책을 마련하고 위와 같은 조치를 취한 후 1987. 4. 초순경 피고 ○○○을 석방하였는데, 국가안전기획부는 그 후에도 계속적으로 피고 ○○○에 대한 동향파악을 하였다.

망인의 오빠인 망 소외 1은 2000. 3. 9. 피고 ○○○을 서울지방검찰청에 고소하였고, 피고 ○○○은 2001. 11. 13. 망인에 대한 살인죄 등으로 기소되어 2003. 5. 30. 대법원에서 유죄판결이 선고, 확정되었다.…

살피건대, 국가로서는 국민을 보호할 의무가 있는 까닭에 국민은 국가를 믿고 국가가 취한 조치가 적법하게 이루어졌을 것이라는데 대해서 의심을 하지 아니하는 것이 일반적이고 이와 같이 국가를 믿은 것에 어떠한 잘못이 있다고 볼 수는 없다고 할 것이어서 국가에 의한 어떤 조치가 있기 전까지는 국민이 자진해서 국가의 행위에 대하여 위법을 문제삼고 그에 대해서 적절한 대응책을 마련한다는 것은 좀처럼 기대하기 어려운 일이라고 아니할 수 없고, 국가도 국민의 국가에 대한 이러한 기대와 신뢰를 존중하고 그에 상응하기 위하여 국가의 위법한 조치로 인한 결과에 의하여 이미 형성된 생활관계를 회복시키기 위해 적절한 조치를 취하는 것이 원칙이라고 할 수 있는데다가 비밀 업무를 담당하는 국가기관의 위와 같은 위법이 외부에서 거의 알아보기 힘든 경우에 일반 국민으로서는 국가의 그와 같은 조치에 전적인 신뢰를 둘 수밖에 없는 실정이며 더구나 위법행위를 한 국가가 그 위법에 대해 아무런 조치를 취하지 않고 있다가 이제 와서 그 위법을 몰랐던 원고들에 대해 소멸시효 완성을 주장한다는 것은 신의칙상 또는 형평의 원칙상 도저히 허용될 수 없는 것이라 할 것이다.

7. 수사기관에 의한 증거조작

수사기관이 증거나 사건을 조작한 사실이 밝혀진 사건이 다수 존재한다. 우선, 서울시 공무원 간첩 사건 증거 조작 사건을 들 수 있다. 서울중앙지검 공안 2부가 2018년 9월 19일 발표한 자료에 의하면, 이 건은 서울시에서 공무원으로 재직하던 탈북자가 국가보안법위반으로 재판에 회부된 사건이다. 위 발표에 의하면, 국가정보원은 피고인이 사형, 무기, 징역 7년 이상의 유기징역에 처해질 수 있는 중형의 유죄판결을 받게 할 목적으로 피고인이 북한을 출입하였다는 중국 당국 명의의 증명서를 위조하여 법원에 제출하였다. 국가정보원은 중국 측 협조자가 이러한 사실을 자백하였음에도 이를 검찰에 제출하지 아니하여 증거를 은닉하였다. 국가정보원은 피고인에 대한 항소심 재판과정에서 증거 조작의혹이 커지자 수사가 개시되자 이를 은폐하기 위하여 다시 증거를 조작하고, 하급자 일부에게만 책임을 전가하였다가 후에 이러한 사실이 밝혀졌다. 피고인은 증거조작 사실이 밝혀져 무죄가 확정되었다. 그리고 증거조작 및 은폐에 가담한 국가정보원 대공수사국장을 비롯한 관련 수사관들은 기소되었다

수사기관에 의한 증거조작으로 널리 알려진 사건으로 유서대필 사건이 있다. 이 사건은 민주화운동 중에 자살한 동료의 유서를 대필하였다는 누명을 쓰고 유죄판결을 받은 사건이다.

강기훈 유서대필 사건

노컷 뉴스(2015. 5. 14.)

'한국판 드레퓌스 사건'으로 불리는 '강기훈 유서대필 사건'에 대해 대법원이 24년 만에 무죄를 확정했다. 민주화운동 중 자살한 동료의 유서를 대필했다며 옥살이를 한 강기훈씨의 누명이 벗겨진 것이다. 대법원 2부(주심 이상훈 대법관)는 강씨의 유서대필 사건 재심 상고심에서 무죄를 선고한 원심을 확정했다고 14일 밝혔다. 강씨가 유서대필 사건으로 기소된 지 24년이고, 만기출소 후 재심을 청구한 지 7년 만이다.

강씨는 1991년 노태우정권의 퇴진을 요구하며 분신자살한 전국민족민주운동연합(전민련) 간부 김기설씨의 유서를 대신 써 준 혐의(자살방조)로 기소됐다. 검찰은 자살한 김씨의 양복 상의에서 발견된 유서 2장은 강씨가 작성한 것이라며 자살방조 혐의로 기소하고 이적표현물 소지 등 국가보안법 위반 혐의로 추가 기소했다. 당시 국립과학수사연구소는 김씨 유서와 강씨 진술서 등의 필적이 같다는 감정 결과를 내놨다. 강씨는 1·2·3심에서 두 가지 혐의가 모두 유죄로 인정돼 징역 3년에 자격정지 1년6월을 선고받고, 지난 1994년 만기 출소했다.

그러나 11년이 흐른 2005년 경찰청 과거사진상규명위원회는 "유서의 필적이 강씨가 아닌 자살한 김씨의 필적인 것으로 보인다. 국립과학수사연구소의 필적 감정이 객관적이고 공정하지 않았다는 의문이 있다."는 조사결과를 발표했다. 이후 진실화해를 위한 과거사정리위원회는 2007년11월 "강씨가 김씨의 유서를 대신 작성한 것으로 볼 수 없다."며 "김씨가 스스로 유서를 작성하고 나서 목숨을 끊은 것으로 보인다."는 취지로 결정을 내렸다.

강씨는 과거사위 결정을 토대로 재심을 청구했지만 유무죄가 확정되기까지 또다시 4년이 넘는 시간이 걸렸다. 검찰의 끈질긴 항소 때문이었다.

법원이 2008년 5월 강씨의 자살방조죄 재심 청구를 받아들이자 검찰은 이에 불복해 재항고했다. 하지만 대법원은 2012년 10월 검찰의 재항고를 기각하며 재심개시결정을 확정했다.

재심을 맡은 서울고법 형사10부는 지난해 2월 강씨의 자살방조죄에 대해 무죄를 선고했다. 재판부는 "유서의 필적이 강씨의 필적과는 다르고, 자살한 김씨가 유서를 직접 작성했을 가능성을 배제할 수 없다."고 판단했다. 재판부는 사건 당시 필적 감정을 주도했던 국립과학수사연구소 문서분석실장이었던 ○○○씨가 작성한 필적 감정결과들을 모두 신빙성이 없다고 봤다. 검찰은 재심 결과를 받아들이지 않고 대법원에 상고했으며, 1년2개월이 지난 이날에서야 대법원의 최종 결과가 나온 것이다.

무려 24년간 논란이 계속된 이 사건은 필적이 유사하다는 이유로 반역죄에 몰린 1890년대 프랑스 장교 드레퓌스 사건과 유사해 '한국판 드레퓌스 사건'으로 불린다. 강씨는 간암, 간경화 등으로 건강이 좋지 않은 상태이다.

법무부 검찰 과거사 위원회의 권고(2018. 11. 21.)

○ 유서대필 조작사건은 사건 발생 직후 정권의 부당한 압력이 검찰총장의 지시사항으로

전달되었고, 그에 따라 초동수사의 방향이 정해지면서 무고한 사람을 유서대필범으로 조작하여 그에게 씻을 수 없는 상처를 주었음.

○ 이와 같은 검찰의 과오에 대해 반성하는 태도가 필요하며, 현 검찰총장이 강기훈에게 직접 검찰의 과오에 대해 사과할 필요가 있음.

○ 검찰은 피의사실에 대한 확인되지 않은 사실과 단정적 주장을 언론에 발표함으로써 대다수 국민뿐만 아니라 법원으로 하여금 잘못된 예단을 갖게 하여 판결에 영향을 미칠 수 있는 위험을 초래하였음. 이러한 잘못된 관행에 대한 개선을 권고함.

○ 수사기관의 위법행위를 주요한 원인으로 재심개시가 결정된 사건의 경우 그에 대해 기계적으로 불복하고 과거의 공방을 반복하는 방식으로 재심절차에 임하는 관행은 중단되어야 하며, 재심절차에 관한 검찰권 행사의 준칙을 재정립하고 현재 운영 중인 '상고심사위원회'에서 과거사 재심개시결정이나 재심 무죄판결에 대한 불복 여부를 심의하도록 하는 등 제도를 개선할 것을 권고함.

8. 수사기관에 의한 진범 오인

수사기관이 진범을 오인하여 무고한 사람이 유죄판결을 받은 사례도 적지 않다. 대표적으로 이른바 '약촌오거리 살인 사건'을 들 수 있다. 이 사건은 2000년 8월 10일 새벽에 익산 약촌 오거리에서 발생한 택시강도 살인 사건이다. 당시 살인 사건의 목격자가 진범으로 기소되었다. 피고인은 1심에서 범행을 부인하였지만 징역 15년이 선고되었으며, 2심에서 범행을 시인하여 징역 10년을 선고받았다. 피고인은 항소를 포기하여 형이 확정되었다 그러나 2003년에 진범이 붙잡혔으며, 2016년 재심사건에서 피고인에게 무죄가 선고되었다. 그리고 2018년 진범에 대하여 유죄판결이 선고되었다. 이 사건을 모티브로 영화 '재심'이 제작되었다. 경찰은 2018년 3월 수사 과정에서 무고한 시민을 범인으로 본 것에 대하여 사과하였다.

해설 및 검토

1. 형사재판에서 법관은 수동적인 심판자여야 하는가 아니면 적극적으로 진실을 발견해야 하는가? 그리고 이는 형사재판의 결과에 어떠한 영향을 미치는가?

2. 무죄추정의 원칙이 현실적으로 제대로 지켜지지 않는 이유는 무엇인가?

3. 미란다 원칙과 위법수집증거배제의 법칙이 진실발견에 방해가 되는가?

제 12 장
고문금지

1. 조약과 법률

ICCPR 제7조는 어느 누구도 고문 또는 잔혹하거나 비인도적인 또는 굴욕적인 취급 또는 형벌을 받지 아니한다. 특히 누구든지 자신의 자유로운 동의 없이 의학적 또는 과학적 실험을 받지 아니한다고 규정하고 있다. ICCPR 제10조는 자유를 박탈당한 모든 사람은 인도적으로, 인간의 존엄에 대한 존중으로 대우받아야 한다고 규정하여 간접적으로 고문을 금지하고 있다. 위 7조의 규정은 인간의 존엄과 개인의 육체적, 정신적 완전성을 보장하기 위한 규정이다. 제7조가 금지하는 고문에는 교육기관의 체벌이나 과도한 정신적 고통을 가하는 훈계 등이 포함될 수 있다. 1984년 채택된 고문방지협약은 고문을 조금 더 구체적으로 정의하여, 공무원이나 그 밖의 공무수행자가 직접 또는 이러한 자의 동의, 묵인 아래 개인이나 제3자로부터 정보나 자백을 얻어내기 위한 목적이나 처벌, 강요 및 협박의 목적으로 개인에게 극심한 신체적, 정신적 고통을 가하는 것이라고 한다.[1)] 2002년 12월 18일 채택된 고문방지협약 선택의정서는 고문 등을 예방하기 위하여 국제기관 등이 교도소 등을 정기적으로 방문조사를 할 수 있는 제도를 규정하고 있다.

한국 헌법 제12조 2항은 "모든 국민은 고문을 받지 아니하며, 형사상 자기에게 불리한 진술을 강요당하지 아니한다", 같은 조 7항은 "피고인의 자백이 고문, 폭행, 협박, 구속의 부당한 장기화 또는 기망 기타의 방법에 의하여 자의로 진술된 것이 아니라고 인정될 때…"는 이를 유죄의 증거로 삼거나 이를 이유로 처벌할 수 없다고 규정하고 있다. 형사소송법 제309조도 같은 취지를 규정하고 있다. 국제법이나 국내법으로 고문을 금지하는 법원칙은 확립되어 있다고 볼 수 있다. 그럼에도 불구하

1) 고문방지협약 제1조.

고 현실에서 고문을 받았다는 주장은 다수 존재한다.

ICCPR 일반논평 20에 의하면, 사형은 가장 육체적, 정신적 고통이 덜한 방법으로 집행되어야 한다. 교도소에 구금되어 있는 사람에 대하여도 건강에 해로운 의학적, 과학적 실험은 금지된다. 체포, 구금 업무를 담당하는 공무원들은 고문금지에 관한 적절한 지시와 교육을 받아야 한다. 고문의 금지가 실효성을 갖기 위해서는 고문으로 얻어진 증거는 법원에서 증거능력이 인정되지 않아야 한다. 국가는 고문을 조장, 명령, 묵인하거나 저지르는 사람은 처벌해야 하며, 고문을 거부한 사람은 처벌되어서는 아니된다. 고문의 가해자들을 사면하는 것은 일반적으로 협약상 국가의 의무를 위반하는 것이다.

고문은 절대적으로 허용될 수 없는 것인가 아니면 국가안보 등 예외적인 상황에서는 허용될 수 있는 것인가? 고문방지협약은 전쟁, 전쟁의 위협, 국내의 정치적인 불안정 기타 사회적 긴급상황 등 어떠한 예외적인 상황도 고문을 정당화할 수 없으며, 상관이나 당국의 명령도 고문을 정당화할 수 없다고 규정한다. 나아가 고문방지협약의 당사국은 고문받을 위험이 있다고 믿을 만한 상당한 근거가 있는 나라로 개인을 추방하거나 송환 또는 인도해서는 아니 된다. 국가는 고문범죄를 처벌하여야 하며, 그렇지 않는 경우 처벌하려는 국가에 범죄자를 인도하여야 한다. 이른바 '처벌 아니면 송환'의 원칙을 규정하고 있다. 고문을 억제하는 가장 실효적인 수단의 하나는 고문으로 얻어진 증거는 절대적으로 유죄판결의 증거가 될 수 없도록 하는 것이다.

우리나라에서는 1970년대부터 1980년 말까지 국가보안법, 반공법위반 등의 사건은 물론이고, 일반형사범에 대하여도 광범위하게 고문이 행해졌다. 법원은 고문의 피해자를 보호하는데 거의 아무런 역할도 하지 못하였다. 진실화해를 위한 과거사정리위원회의 종합보고서 제4권(인권침해사건)은 70년대와 80년대에 수많은 사람들이 가혹한 고문을 받아 긴급조치위반으로 처벌받거나 간첩으로 조작되어 국가보안법위반 등으로 처벌받았음을 보여 주고 있다.

1960년대 대표적인 사건으로 동베를린 사건이 있다. 1967년 7월 8일 중앙정보부는 유럽에 유학중인 학생들이 북한에 포섭되어 동베를린을 방문하고 간첩활동을 하였다고 발표하였다. 이와 관련하여 윤이상을 포함한 34명이 국가보안법 등으로 사형, 무기징역 등을 선고받았다. 국가정보원 과거사건 진실규명을 통한 발전위원회는 2006년 이 사건이 1967년 부정선거규탄시위를 잠재우기 위하여 이용된 것이라고 발표하였다.

1960년대에 유럽에 유학하던 학생 2인이 동베를린을 방문하고 귀국하였는데, 영장없이 중앙정보부에 연행되어 고문 및 가혹행위를 당한 상태에서 국가보안법, 반공법위반죄로 기소되어 1972년 7월경 대법원에서 사형이 확정되어 집행된 사건도 있다.

구로 농지분배 사건에서는 피해자들이 1968년도에 국가로부터 구로동 농지를 분배받았다며 국가를 상대로 제기한 소송에서 승소하였다. 이에 국가는 중앙정보부, 검찰 등을 동원하여 피해자들을 불법적으로 연행하고 가혹행위를 하고, 소송사기, 위증죄로 수사, 처벌하여 진행 중인 민사소송을 국가 승소로 이끌었다.

1970년대에 어부들이 조업을 하다가 북한경비정에 의하여 나포되었다가 석방되는 일이 자주 발생하였다. 이들 중 상당수는 불법구금, 고문 등 허위의 자백에 의하여 간첩으로 조작되어 처벌을 받았다.

1980년대의 김근태 사건에서 형사피의자가 혹독한 고문을 받았을 뿐만 아니라 수사기관이나 법원은 피의자의 고문주장을 전혀 받아들이지 않고, 오히려 중형을 선고하였다. 고문의 책임자들이 고문사실을 인정하는 경우는 거의 없으며 오히려 적극적, 조직적으로 이를 은폐하려고 시도하는 것이 보통이다. 1987년 1월 14일 경찰이 서울대생 박종철을 물고문하다가 사망하게 한 사건이 발생하였다. 경찰은 사체를 화장하려 하였으며, '탁' 치니 '억' 하면서 사망하였다고 발표하였다. 사망원인을 은폐하는 과정에서 안기부장, 법무부장관, 검찰총장, 치안본부장으로 구성된 관계기관대칙회의가 이에 개입하였다.

국군보안사령부는 1980년대에 학생운동을 화해시킬 목적으로 군입대한 이들을 개조하는 이른바 '녹화'사업을 진행하였으며, 이후 학생들을 학교에 보내 학교 동아리 등에 대한 정보를 수집하도록 프락치로 이용하였다. 불법연행, 고문 등으로 간첩으로 조작되는 사건은 빈번하게 발생하였다. 군복무 중에 발생한 사망사고나 국가기관이 개입한 것으로 추정되는 사망사고도 그 원인이 분명하게 밝혀지지 않는 경우가 적지 않았다.

2. 고문에 의한 간첩조작 사건

○○○ 일가 간첩조작 사건[2)]

○○○, ○○○, ○○○은 1965년에서 1979년 사이에 일본을 왕래하며 재일(在日) 조총련 간부로 지목된 ○○○으로부터 지령을 받고 군사기밀을 탐지한 혐의로, 피해자 ○○○은 불고지 혐의로 부산시경에서 조사를 받은 다음, 부산지검에 송치, 1980년 5월 기소되어, 부산지법에서 1980. 10. 15. ○○○, ○○○은 각 징역 15년과 자격정지 15년, ○○○은 징역 10년과 자격정지 10년, ○○○은 징역 3년에 집행유예 5년과 자격정지 3년을 선고받고, 대법원에서 확정되어 복역한 후, ○○○은 1995. 6. 27. 만기출소, ○○○은 1989. 5. 8. 형집행정지로 출소, 신춘석은 1990. 6. 10. 만기 출소하였다.

부산시경은 상당한 이유가 없이 재일 ○○○과 ○○○이 조총련 간부라고 단정하고 한국에 사는 그들의 가족에 대해 내사를 벌였으며, 간첩혐의에 대한 아무런 자료를 확보하지 못한 상태에서, 치안본부장이 승인한 공작계획에 따라 조직적으로 수사에 착수하여 불법 연행하였는 바, 이는 긴급구속요건을 갖추지 못하여 불법체포죄를 구성한다.

부산시경은 피해자들을 강제연행 한 다음, 구속영장이 발부될 때까지 각자 39일 내지 67일 동안 변호인 및 가족들의 접견이 차단된 채 고립된 불법감금 상태에서 피해자들에게 고문 등 가혹행위를 가하여 허위 자백을 받아 간첩행위를 한 것으로 조작한 것이 확인되었는바, 이들 인권유린행위는 결코 용납될 수 없는 일이다. 위 불법구금은 형법 제124조의 불법체포감금죄에, 위 가혹행위는 형법 제125조의 폭행가혹행위죄에 각 해당하고, 형사소송법 제420조 7호, 제420조 소정의 재심사유에 해당한다.

부산시경에서의 극심한 가혹행위를 이기지 못하고 피해자들이 범죄사실에 대하여 모두 자백한 사건을 송치받은 부산지검은, 부산시경에서의 자백내용을 피의자신문조서로 작성하는 형식적인 수사절차만을 거친 채 부산지법에 기소하였는바, 이는 국민의 인권을 보호할 공익의 대표자로서 직무를 저버린 처사이다.

부산지법은 피해자들이 공판기일에 장기간 불법감금과 가혹행위로 인해 허위 자백한 것이며 간첩행위를 한 사실이 없다고 호소하였고, 공소사실 중 객관적 사실과 모순되는 부분이 있고, 수사기관에서의 진술 이외에 아무런 물증이 없어 허위 조작의 개연성이 높은 상태에서 별다른 보강증거도 없이 증거재판주의에 위반하여 피해자들에게 징역 15년과 자격정지 15년 등의 중형을 선고하였고, 대구고법 및 대법원 또한 상소를 각 기각하는 위법을 범하였다. 피해자들이 제기한 1차 재심청구에 대하여 대법원이, 2차 재심청구에 대하여 부산고법과 대법원이 종전의 입장에서 하급심의 재심개시 결정을 2차례 뒤집은 것은 무고한 피해자들을 9년에서 15년이라는 중형으로 처벌한 오판을 시정할 기회를 저버린 처사로서 유감스러운 일이다.

납북어부 간첩조작사건[3)]

피해자 ○○○(947년생, 당시 37세)은 전라북도 군산시 개야도 출신으로 1967년 군산 선적 승룡호의 선원으로 동료 어부 6명과 황해도 구월봉 앞바다에서 조기잡이를 하던 중 5월 28일 북한경비정에 의해 피랍되어 124일 간 북한에서 체류하다가 9월 28일 귀환하였다.

귀환 직후 군산경찰서에서 북한에서의 행적에 대해 조사받고, 1968. 9. 23. 전주지방검찰청 군산지청으로부터 국가보안법, 반공법위반에 대해 '일부 죄 안됨, 기소유예'등 불기소 처분을 받았으나, 1969. 2. 6. 군산경찰서에 의해 다시 구속되어 같은 해 7월 29일 전주지방법원 군산지원에서 반공법상 고무찬양죄 및 수산업법 위반으로 징역 2년, 자격정지 2년, 집행유예 3년을 선고받고 항소 포기하여 석방된 사실이 있다. 최초 납북으로부터 17년 뒤인 1984. 5. 26. 전주 보안대 소속 수사관들은 피해자를 연행하여 조사를 하고, 국가보안법 제4조 1항 2호(국가기밀탐지), 제7조 1항(찬양·고무), 형법 제98조 1항(간첩), 구국가보안법 제2조(군사목적수행) 위반 혐의로 전주지검 군산지청에 송치하였으며, 7월 27일 군산지청은 전주지법 군산지원에 기소한, 11월 15일 군산지원은 징역 10년을 선고하였고, 이후 항소심과 상고심이 각각 상소를 기각하여 형이 확정되어, 피해자는 7여 년간 수형생활을 하고 1991.5. 23. 감형, 석방되었다.

이 사건은 1967년에 납북되었다가 귀환한 사실로 처벌받은 납북귀환 어부를 17년이 지난 후 혐의 없이 체포하여, 영장 없이 33일 이상 불법구금하여 구타 등 가혹행위를 가하여 중형으로 처벌한 비인도적인 인권유린 사건이다. 전주 보안부대는 불법구금 상태

2) 과거사정리위원회 보고서 Ⅳ, 147~148쪽.
3) 위 보고서 199~200쪽.

에서 피해자에게 잠 안 재우기, 머리나 뺨 등 구타, 매달아 놓고 몽둥이로 구타, 꿇어앉히고 밟기 등의 가혹행위를 가하였다. 또한 참고인에게까지 구타 등 가혹행위를 가하였다. 전주보안부대는 수사권 없이 민간인인 피해자에 대한 수사를 진행하였고, 안기부 수사관의 명의를 허위로 기재하여 수사서류를 작성하여 검찰에 송치하였다.

피해자가 보안부대에서 한 자백은 고문, 가혹행위로 인한 것이며, 피해자에 대한 검사 작성의 피의자신문조서는 보안부대의 가혹행위로 인하여 육체적, 정신적 억압상태가 지속된 가운데 이루어진 것이다. 이 사건 범죄사실은 고문, 가혹행위로 인해 허위 자백한 사실에 기초한 것이며 달리 이를 인정할 증거가 없다.

그런데, 검찰은 보안부대의 의견서를 기초로 형식적으로 조사한 후 자백에 의거 군산지원에 기소하였고, 법원은 보강증거가 부족한 상태에서 수사기관에서의 피해자 자백에 의존하여 피해자에게 징역 10년, 자격정지 10년이라는 중형을 선고하였는 바, 이는 증거재판주의에 위반한 것이다.

함주명 사건

서울중앙지방법원 2006. 11. 3. 선고 2005가합88965 판결

(1) 원고 함주명은 한국전쟁 전 개성에서 살았었는데 전쟁 후 가족이 모두 남하하여 홀로 남겨지자 가족을 만나기 위해 남하하기 위한 방편으로 대남공작원을 자원하였고, 1954년경 남파된 후 곧바로 자수하여 위장귀순 여부에 대한 조사와 집행유예형을 받고 가족을 만나 대남공작원의 역할과는 무관하게 어렵게 생계를 이어가며 생활해 왔다(1967년경에는 정보기관의 요시찰 대상에서도 해제되었다).

(2) 1980. 5.경 북한에서 간첩으로 남파되었다가 체포된 소외 1로부터 다른 남파 간첩에 대한 정보를 수집하고 있던 정보기관에서는 '개성에 살던 소외 2라는 교원의 남편이 1950년대에 간첩으로 남파되었는데 그는 전쟁 중에 한쪽 눈을 다쳐 실명한 사람이라는 이야기를 들었다.'는 첩보를 입수하였고, 이에 치안본부 대공수사과에서 장기간 내사를 벌인 결과 원고 함주명이 개성 출신으로서 한쪽 눈을 실명한 상태이고 1954년 간첩으로 남파되었다가 처벌받은 전력이 있으며 소외 2와도 관련이 있다는 사실(원고 함주명이 남파 직전 수개월간 하숙한 집의 딸로, 위 원고가 남파 당시 애인으로 지칭하였다)을 확인한 후 원고 함주명에 대한 미행과 행적수사 등을 계속하여 왔다.

(3) 그러던 중 치안본부 대공수사관들은 1983. 2. 18. 서울 종로구 연지동 소재 기독교회관 앞 노상에서 아무런 이유를 설명하지 않은 채 원고 함주명을 강제로 차에 태워 서울 용산구 갈월동 98 소재 대공수사단 5층 조사실(일명 남영동 대공분실)로 연행한 후, 간첩 혐의자에 대하여는 장기간의 회유와 여타 연계조직에 대한 수사를 위하여 임의동행 형식으로 수사기관에 보호조치하는 것이 대공수사의 관행이라는 이유로 구속영장을 발부받지 아니한 채 위 원고를 구금하고 있으면서 외부와의 접촉을 일체 차단하였다.

(4) 그러나 수사기록상으로는 1983. 3. 24. 위 원고를 검거하였다는 내용으로 검거보고서를 작성하였고, 1983. 3. 31. 구속수사하라는 국가안전기획부장의 신병처리조종과 그 후 검사의 구속수사지휘를 거쳐 구속영장이 청구되었으며, 이에 따라 원고 함주명은 1983. 4. 4.에 이르러서야 서울형사지방법원 판사의 구속영장에 의하여 용산경찰서 유치장에 수감되었는데(남영동 대공분실에 구금되어 있었던 기간은 45일이다), 실제로는 그 후에도 재심대상사건이 검찰에 송치되기 전까지 18일간 남영동 대공분실로 불려가 조사를 받았다(조사실에는 폐쇄회로 카메라가 설치되어 외부에서도 조사실 안의 상황을 볼 수 있었다).

(5) 연행 후 처음 약 1주일 동안 조사를 담당한 대공수사관은 원고 함주명으로 하여금 잠을 자지 못하도록 하면서 출생 후 현재까지의 모든 행적에 대한 진술서 작성을 강요하였는데, 원고 함주명이 1954년 이후의 행적과 관련하여 자신은 위장귀순한 것이 아니고 간첩활동을 한 바 없다는 취지로 진술하자(연행 전 조사 과정에서도 아무런 혐의를 찾지 못한 상태였다), 당시 치안본부 대공수사1과 소속 경위였던 피고 2가 조사담당자로 투입되었다.

(6) 그때부터 피고 2 등 대공수사관들(6명 가량이 조사에 참여하였는데, 피고 2가 조사를 주도하면서 아래와 같은 고문을 가하였다)은 원고 함주명에게 ' 소외 2가 재북처 아니냐, 너는 판문점 군사정전위에서 근무하지 않았느냐, 남파간첩으로 활동하면서 군사기밀을 탐지한 내용과 동조자로 포섭한 사람들에 대해서 자백하라.'고 강요하면서 여러 차례에 걸쳐 위 원고의 손바닥, 발바닥, 양어깨, 가슴 등을 주먹과 발 및 몽둥이(피고 2 개인이 가지고 다니던 빨래방망이 모양의 것으로 '양심봉'이라는 글자가 쓰여 있었다)로 구타하고(구타한 부분을 볼펜 끝 뾰족한 부분으로 찌르기도 하였다), 잠을 일체 재우지 않고 의자에 앉힌 채 백열등을 들여다보고 있으라 하고 졸면 몽둥이로 때리며, 양손을 등 뒤로 돌려 수갑을 채운 상태에서 두 사람이 양쪽에서 붙잡고 욕조물 속에 머리를 밀어넣거나, 고문기구인 이른바 '칠성판'에 눕힌 채 몸을 묶어놓고 가슴에 올라타 얼굴에 수건을 뒤집어씌운

다음 샤워기로 얼굴 부위에 물을 흘려보냄으로써 호흡곤란 등으로 고통을 받게 하는 속칭 '물고문', 칠성판 위에서 양발의 새끼발가락에 전선줄을 감고 군용전화기에 들어 있는 발전기를 이용하여 만든 기구로 온 몸에 전류를 흐르게 하여 통증을 느끼게 하는 속칭 '전기고문' 등 고문을 가하였다(칠성판에 묶은 채 물고문과 전기고문을 함께 가하였다).

(7) 결국, 이를 견디지 못한 원고 함주명은 순차적으로 자신이 위장귀순한 고정간첩이라는 점, 군사기밀을 탐지하는 등 간첩활동을 하였다는 점, 남한정부를 비방하고 북한을 찬양하는 등 행위를 하였다는 점 등에 관하여 허위자백을 하기에 이르렀는데, 피고 2 등이 추궁하는 부분에 관하여 원고 함주명이 자백을 하지 않으면 고문을 가하면서 '실토할테면 손가락을 움직여라.'고 하고, 이에 따라 원고 함주명이 고문에서 벗어나기 위해 손가락을 움직이면 고문을 멈추고 수사관들이 요구하는 내용에 부합하는 구체적인 내용의 자술서를 쓰게 한 후(자술서를 쓰는 과정에서도 내용이 미진할 경우 다시 고문을 하였다.) 실황조사를 하는 과정이 여러 차례 반복되었다.

(8) 또한, 위 대공수사관들은 원고 함주명의 간첩활동 등을 알지 못한다는 가족, 친구 등에게 위 원고가 간첩활동 등을 자백하였다면서 강요하여 자백에 부합하는 진술을 받기도 하는 등 참고인들에 대한 조사를 하고(대부분 강제로 남영동 대공분실로 연행하여 조사를 하였다), 원고 함주명을 데리고 다니며 간첩접선 장소와 군사기밀을 탐지·수집한 현장에 대한 실황조사를 하는 등 원고 함주명의 허위자백을 보강할 수 있는 자료를 만들기 위한 활동을 하였는데, 혐의를 만들어 나가다가 객관적인 사실과 맞지 않는 부분이 있으면 이를 백지화하고 다시 새로운 혐의를 만드는 과정을 반복하였다.

(9) 대공수사관들은 위와 같이 각종 자료를 갖춘 후 1983. 4. 21. 재심대상사건을 검찰에 송치하였는데, 송치 전날 피고 2는 원고 함주명에게 '내일 검사의 심사가 있는데 사실대로 말하면 공소보류도 받을 수 있지만 만약 그렇지 않고 지금까지 조사받은 내용과 다른 말을 하면 다시 대공분실에 데려와 혼을 내겠다.'는 취지로 말하며 위협하였고, 송치 당일에도 피고 2 등이 직접 원고 함주명을 서울지방검찰청으로 데리고 갔으며, 같은 날 위 원고가 검사로부터 신문을 받을 때에는 피고 2를 비롯한 3명의 대공수사관이 검사실 내에 앉아 있었다.

(10) 재심대상사건을 송치받은 서울지방검찰청 검사는 당일 원고 함주명에 대한 피의자신문을 하였는데, 위 원고가 피고 2의 고문 및 위협으로 인하여 임의성이 없는 상태에서 재심대상사건의 공소사실에 대하여 자백을 하자 그러한 취지가 기재된 피의자신문조서를 작성하였고, 1983. 5. 18. 공소를 제기하였는데, 원고 함주명은 공소제기 직전인 1983.

5. 16. 이루어진 제2회 피의자신문시부터 자신이 고문을 당하여 허위의 자백을 한 것이라고 주장하기 시작하였고, 재판과정에서도 일관되게 같은 취지의 주장을 계속하였다.

(11) 원고 함주명이 재판과정에서 위와 같이 공소사실을 부인하자, 피고 2 등 대공수사관들은 소외 1로 하여금 공소사실에 부합하는 허위의 증언을 하게 하고, 참고인으로 조사를 받은 사람들이 증언을 하게 되는 경우 미리 접촉하여 조사받을 때 진술한 것과 같은 내용으로 증언하도록 위협하며 진술서가 협박에 의해 작성된 것이라는 증언을 번복시키기도 하였다.

(12) 또한, 피고 2는 항소심 재판과정에서 증인으로 출석하여 1983. 12. 29.부터 1984. 1. 24.까지 사이에 3회에 걸쳐 공소사실에 부합하는 내용과 자신은 원고 함주명을 고문한 바 없고, 실황조사는 원고 함주명의 동의하에 자유로운 분위기에서 이루어졌으며 검사의 신문시 입회한 바도 없다는 내용의 허위 증언을 하였고, 이러한 허위 증언과 피고 2 등 대공수사관들이 조작한 각종 증거들에 기초하여 원고 함주명에 대하여 재심대상판결이 선고되고 확정되기에 이르렀다.

3. 고문범죄와 국가에 의한 은폐

김근태 사건

서울민사지방법원 1992. 1. 30. 선고 86가합5125 판결

…원고는 위 구류형의 집행을 마치자마자 같은 해 9.4. 05:30경 소외 김영두 등 치안본부 대공수사단 소속 경찰관들에 의하여 임의 동행 형식으로 영문도 모른 채 위 유치장에서 바로 서울 용산구 갈월동 소재 위 대공수사단으로 강제연행된 후 같은 달 26.까지 그곳 5층 15호 조사실에서 구금된 상태로 뒤에서 보는 바와 같이 관계 경찰관들로부터 고문을 당하면서 위 민청련 활동과 관련하여 국가보안법위반과 집회및시위에관한법률위반 혐의로 조사를 받았고, 그러한 과정에서 위 관계 경찰관들은 같은 달 4.부터 6.까지 원고를 구속영장 없이 구금하였고 같은 달 7. 원고에 대한 구속영장이 발부된 뒤에도 위 구속영장을 집행함에 있어서 원고에게 이를 바로 제시하지 아니하고 뒤늦게 같은 달 25.에야 이를 제시하였다.

(3) 고 문

원고에 대하여 위 수사를 담당한 위 대공수사단 소속 경감 ○○○, 경정 ○○○, 경위 ○○○, 경사 ○○○, 경장 ○○○, ○○○ 및 경기도 경찰국 대공분실 실장인 경감 ○○○ 등 관계 경찰관들은 원고에 대한 위 범죄혐의사실을 조사함에 있어서 원고에게 폭력을 행사해서라도 자백을 받아 내고자 같은 달 4. 위와 같이 원고를 연행해 온 직후부터 같은 달 25.까지 사이에 아래와 같이 전후 10여 차례에 걸쳐 위 조사실에서 번갈아가며 원고에게 소위 물고문 및 전기고문 등의 방법으로 고문을 감행하였다.

1985.9.4. 07:30경부터 같은 날 12:30경까지 5시간 동안 원고가 진술을 거부한다는 이유로, 위 ○○○은 원고에게 "당신 많이 깨져야겠다"고 하면서 뺨을 때려 강제로 무릎을 꿇게 하고, 위 ○○○은 "정말 버틸거냐, 여기서도 진술거부가 통할 줄 아느냐, 우리는 너를 깨부술 것이다"라고 폭언을 하면서 위 ○○○으로 하여금 원고의 옷을 벗기게 하여 "팬츠"만 입은 알몸으로 만들고 밴드로 눈을 가린 다음, 각목 4, 5개를 사용하여 길이 약 1.7미터, 높이 약 1미터 정도로 그곳 세면대에 밀착시킬 수 있도록 제작된 대(이하 고문대라 한다)위에 담요를 깔고 원고를 그 위에 눕혀 담요를 말아 몸을 감싼 후, 군용 허리띠와 같은 줄로 발목, 무릎, 허벅지, 배 및 가슴 등을 묶고 얼굴 위에 두꺼운 수건을 덮어씌운 다음, 위 ○○○ 및 ○○○ 등이 원고의 머리를 붙잡아 움직이지 못하게 하는 동안 위 ○○○가 주전자 및 샤워기로 원고의 얼굴 위에 물을 부어서 원고로 하여금 호흡곤란 등으로 고통을 받게 하여 소위 물고문의 방법으로 원고를 고문한 것을 비롯하여 같은 날 20:00경부터 그 다음날 01:00경까지 5시간 동안 원고에게 그가 폭력주의자이고 사회주의사상을 가진 자라고 시인하도록 강요하고 민주화운동의 핵심인물을 대라고 추궁하면서 위 ○○○, ○○○ 등이 다시 같은 물고문의 방법으로 원고를 고문하였다.

같은 달 5. 20:30경부터 그 다음날 01:00경까지 4시간 30분 동안, 위 ○○○, ○○○ 등은 원고에게 소외 이을호의 소위 민족민주주의 혁명론(National Democracy Revolution : N.D.R)을 원고가 교양했다는 것을 인정하라고 강요하고, 위 ○○○, ○○○ 등은 원고를 팬츠까지 벗긴 알몸으로 만들어 같은 방법으로 다소 약한 정도의 물고문을 한 다음, 이어서 위 이근안이 원고의 발가락 부위에 전기도선을 연결하여 붕대로 감은 후, 처음에는 짧고 약하게 전류를 보내다가 점점 길고 강하게 전류를 보내어 원고로 하여금 극심한 통증을 느끼게 함으로써 소위 전기고문의 방법으로 원고를 고문하였으며, 같은 달 6. 21:00경부터 그 다음날 01:00경까지 4시간동안 다시 원고에게 소외 문용식의 민족민주주의 혁명론을 원고가 교양하였다고 인정할 것을 강요하면서 위 ○○○ 등이 같은 방법으로 위 물고문 및 전기고문을 가하였다.

같은 달 8. 10:00경부터 13:30경까지 3시간 30분 동안, 위 ○○○이 원고가

1975.5.22.경 서울대학교에서 있었던 시위의 배후조종자로 지목되어 그 이후 1977.7.경까지 도피생활을 하는 동안 혹시 북한에 월북하여 그 곳 형들을 만나고 왔을지도 모른다는 의심을 품고 그동안의 원고의 행적을 추궁하는 가운데, 위 ○○○, ○○○, ○○○ 등이 같은 방법으로 원고에게 번갈아 위 물고문 및 전기고문을 가하였으며, 다시 같은 날 19:00경부터 24:00경까지 5시간 동안 원고에게 민주화운동의 배후를 밝히라고 추궁하면서 같은 방법으로 원고를 고문하였다.

같은 달 10. 19:00경부터 22:00경까지 3시간 동안 위 ○○○, ○○○, ○○○ 등이 원고에게 대학시절의 학생운동관계, 교우관계, 특히 재일동포 유학생과의 접촉관계 등을 추궁하면서 위 고문대 위에 같은 방법으로 원고를 결박한 다음 위 ○○○가 금속막대를 원고의 양발등 위에 붕대로 묶고 전기기구를 접촉시켜 위 금속막대에 강한 진동을 일으켜서 그 진동에 의하여 고통을 가하는 소위 전기봉 고문을 가하였다.

같은 달 13. 22:00경부터 그 다음날 02:30경까지 4시간 30분 동안 위 ○○○, ○○○, ○○○, ○○○ 등이 원고에게 민청련의 재정문제와 배후관계 등을 추궁하면서 "오늘은 금요일이고 13일이다. 최후의 만찬일이니 각오하라"면서 위 물고문 및 전기고문을 가하고, 이어서 같은 달 14. 03:00경부터 05:30경까지 2시간 30분 동안 위 ○○○, ○○○ 등이 원고에게 학생운동의 배후로서 민주화추진위원회의 존재를 이미 알고 있었다고 자백하라면서 같은 방법으로 물고문과 전기고문을 가하였다.

같은 달 20. 20:00경부터 22:30경까지 2시간 30분 동안 위 ○○○, ○○○, ○○○, ○○○, ○○○ 등이 원고에게 위 문용식, 이을호의 민족민주주의 혁명론에 대하여 반복진술하도록 하고 이를 민청련의 지도이념으로 결정했다고 자백하라면서 같은 방법으로 물고문 및 전기고문을 가하였다.

같은 달 25. 05:00경 위 ○○○이 원고가 위 문용식과의 관계에 대하여 다시 부인한다는 이유로 팔꿈치로 원고의 가슴부위를 수회 구타하는 등 원고에게 폭력을 행사하였다.

위 관계 경찰관들은 위와 같이 원고를 고문함으로써 원고로 하여금 정신쇠약 및 심한 두통을 일으키게 하였고 위 고문대 위에서의 고통에 겨운 몸부림으로 수개월 간의 치료를 요하는 양발뒷꿈치열창 등의 상해를 입게 하였다.

(4) 가족 및 변호인의 접견교통의 제한

그 후 원고는 같은 달 26. 위 대공수사단에서 서울지방검찰청으로 송치됨에 따라 그 이후 서울구치소에 수감되어 검찰의 조사를 받게 돼 있으나, 검찰 수사과정에서 담당검사인 소외 ○○○의 설득에도 처음부터 계속 진술거부의 태도를 보이자 위 검사가 원고에 대하여 증거인멸 및 수사지연의 우려가 있다고 판단하여 가족과의 접견을 금하고 원고의 진술을 받기 위하여 계속하여 원고를 검찰청에 소환함으로써 원고는 가족과의 접견교통이 금지되고 변호인들과의 접견교통 역시 결과적으로 불가능하게 되었다.

(5) 고문증거물의 탈취, 인멸

한편, 원고는 같은 해 11. 초순경에 이르러 위 고문으로 인한 발뒤꿈치 상처가 아물어 그 상처딱지가 떨어지게 되자 이를 차후 위 고문의 증거물로 삼고자 휴지로 싸서 위 구치소 내에서 스스로 보관해 오던 중 같은 해 12.13.경 변호인과의 접견시 변호인에게 이를 건네주려다가 입회 교도관에 의하여 이를 제지당하였는데, 그 후 소외 ○○○, ○○○, ○○○ 교도관들이 이러한 사실을 알고 같은 날 18:00경 원고에 대하여 검방, 검신을 실시한 끝에 원고로부터 휴지에 싸인 위 상처딱지를 강제로 수거하여 이를 폐기함으로써 결국 위 고문의 증거물은 인멸되고 말았다.

(6) 사건 이후의 정황

원고는 위에서 본 바와 같이 불법구금 및 고문을 당한 후 1985.9.26. 검찰로 송치되어 같은 날 15:00경 서울지방검찰청에서 원고의 처인 소외 인재근과 변호인인 소외 김상철 변호사를 만나 잠시 이야기할 수 있는 기회를 갖게 되어 고문으로 인한 상처를 보여 주며 그동안 고문당한 사실을 말함으로써 대한변호사협회에서는 인권위원회의 조사보고를 통하여 1985.12.30.경 위 위원회 관계 변호사들의 이름으로 위 고문관계 경찰관 등에 대한 고발장을 접수시키게 되고 위 인재근 역시 한국기독교교회협의회 등 각계에 원고의 억울한 사정을 호소하는 한편 1986.1.6.경 서울지방검찰청에 위 고문관계 경찰관 등을 고소하기에 이르러, 검찰에서는 원고의 위 고문 피해사실에 대하여 사회의 이목이 점점 집중되는 가운데 위 고소, 고발에 따른 위 고문사실 등에 대하여 정식으로 수사에 착수하였으나 수사결과 관계 경찰관 등에 대하여 모두 고문 등 피의사실에 대한 증거가 없다는 이유로 "혐의없음"의 불기소처분이 내려지자, 위 고소인 및 고발인 등이 서울고등법원에 1987.1.20. 및 같은 해 3.11. 각 재정신청을 함으로써 (87초25, 37)같은 법원에서 위 각 재정신청사건을 병합심리한 끝에 1988.12.15. 피신청인 중 소외 ○○○, ○○○, ○○○, ○○○ 등 피고인에 대하여 서울형사지방법원의 심판에 부하는 재정신청 인용결정이 내려짐에 따라 공소유지담당자로 지정된 소외 김창국 변호사의 기소에 의하여 위 피고인들에 대하여 같은 법원 88고합1441호 독직폭행사건으로 재판이 시작되어 1991.1.30. 위 피고인들 모두에게 원고에 대한 위 고문사실에 대하여 유죄판결이 선고되었고, 한편, 원고는 위 고문피해 이후 검찰수사를 거쳐 1985.10.26. 같은 법원에 국가보안법위반죄 등으로 기소되어 1986.3.6. 제1심에서 징역 7년에 자격정지 7년을 선고받고 항소하여 같은 해 7.3. 제2심에서 징역 5년에 자격정지 5년을 선고받은 다음 같은 해 9.23. 상고심에서 원고(피고인)의 상고가 기각됨으로써 위 제2심판결이 그대로 확정되었다.

법무부 검찰 과거사 위원회 발표 중(2018. 10. 11.)

김근태 고문은폐 사건」에서 검찰은 준사법기관으로서 수사를 주재하고 경찰의 불법수사에 대한 사법적 통제 권한을 갖고 있음에도 불구하고, 경찰의 고문수사를 용인, 방조한 사실 및 고문을 은폐하는데 검찰의 권한을 남용하였음. 검찰은 경찰의 고문수사를 용인, 방조한 사실 및 고문을 은폐하는 데 검찰의 권한을 남용한 사실을 인정하고 국민과 피해당사자들에게 공식적으로 사과해야 할 것임.

부천경찰서 성고문 사건

오마이뉴스(2018. 2. 22.)

1986년 5월 3일 인천지역 노동자, 학생, 시민들이 주축이 된 대규모 시위(5.3 인천민주항쟁)가 벌어지자 5공 정권은 관련자들을 검거하기 위해 대대적인 수사와 체포 작전을 전개했다. 5.3 항쟁 한 달 후인 1986년 6월 4일 ○○○은 그의 정체를 의심한 통장의 신고로 자취하던 아파트에서 부천서 경찰관들에게 체포됐다. 조사 도중 ○○○이 주민등록증을 위조한 사실이 드러났고, 여기에 당시 수배 중이던 조직 상층부의 소재를 추궁받았다. ○○○○이 이튿날까지 수사를 받으면서도, 자백을 하지 않자 부천서 경찰서장은 상황실장인 ○○○(당시 경장)에게 수사를 지시했다.… ○○○은 ○○○이 계속 수사에 협조하지 않자 인면수심의 만행을 저질렀다.… 조영래는 ○○○의 용기에 감탄하면서도 민주화운동의 의지를 꺾기 위해 성을 고문의 도구로 사용하는 독재정권의 추악함에 분노했다. 다음날 조영래 등은 ○○○을 인천지검에 고소하며 진상규명을 요구했다. 변호인들은 "○양의 모든 주장은 단 한 치의 거짓도 없는 진실이다. 이 전대미문의 만행의 진상이 백일하에 공개되고 그 관련자들이 남김없이 의법처단되기 전까지는 이 나라의 모든 국민과 산천초목까지도 결코 잠잠하지 않을 것이다."라고 선언했다.

그러나 ○○○은 공문서 변조 및 절도, 문서파손 등의 혐의로 구속 기소됐다. 변호인단은 이에 맞서 7월 5일에 관련 경찰관 6명을 상대로 독직폭행 및 가혹행위 혐의로 고발장을 제출했고, ○○○은 무고 혐의로 맞고소하면서 사건이 널리 알려졌다.

변호인단의 고발을 접한 검찰은 서동권 검찰총장의 축소 수사 지시에 따라 7월 16일

"사건 당시 성모욕 행위는 없었다."고 공식 발표했다. 동시에 성고문을 한 ○○○을 기소유예 처분하면서 "급진 좌경사상에 의한 노학연계투쟁을 전개했던 ○양의 '성적모욕'의 허위사실 유포는 운동권이 성마저도 혁명의 도구로 쓴다는 증거"라고 주장했다. 검찰 스스로 어둠의 역사에 한 페이지를 추가한 것이다.

언론도 이에 동조해 재야와 야당의 목소리를 외면하고, 검찰에서 배포한 보도 자료와 정권의 보도지침에 따르는데 급급했다. 주요 언론사 사회부장 이상 간부들은 7월 16일 성고문 사건에 대한 검찰 수사발표를 전후해 문공부(현 문화체육부) 고위 관료의 인솔하에 '간담회' 명목으로 부산, 도고온천 등에 놀러가 해당 사건의 보도에 대한 협조의 대가로 정부 당국이 준 거액의 촌지를 받아 챙겼다. 또한 법원 출입기자들도 검찰 발표 당일 인천지검 출발 전에 법원 기자실에 들른 법무부 고위 당국자로부터 두툼한 봉투를 나누어 받았다.

8월 25일 대한변협은 ○○○에 대한 검찰의 불기소 결정에 대해 변호사 166명으로 재정신청 대리인단을 구성하고 9월 1일 법원에 재정신청을 냈지만 기각됐다. 이때 기각 결정문은 스스로 모순되는 내용을 담고 있었다. 고발장의 범죄 내용 대부분을 인정했지만, '○○○이 손으로 그녀의 음부를 만지고 자신의 성기를 꺼내 그녀의 음부에 대어 수회 비비는 등 추행하였다.'라는 ○○○의 진술은 목격한 증인이 없으므로 인정할 수 없고, 따라서 ○○○에 대한 검찰의 기소유예는 정당하다는 것이었다.

그럼에도 11월 21일 ○○○은 징역 3년을 구형받았다. 이후 이 사건은 고등법원과 대법원을 거치며 계속 차일피일 미뤄졌다가, 1987년 4월에 ○○○ 본인과 변호인단이 대법원에 상고 포기서를 제출하자, ○○○은 1년 6개월의 징역을 선고받았다. 하지만 6월 민주항쟁의 결과로 ○○○은 1987년 7월 8일 석방되었고, 변호인의 재정신청을 받아들인 법원은 1988년 6월 ○○○에게 징역 5년을 선고했다. 마침내 법원은 1990년 1월 "국가는 ○○○에게 성고문 사건으로 인한 위자료로 금 4천만 원을 지급하라"는 판결을 내렸다.

박종철 사건

서울고등법원 1993. 7. 2. 선고 89나50586 판결

피고 1, 2, 3, 5, 4는 1987.1.5.경 서울대학교 인문대학 언어학과 3학년생인 소외 박종철이 동교민민투위원으로서 서울대학교 민추위사건의 중요수배자인 원고 5를 은닉하면서

동인과 연계활동을 벌이고 있다는 정보를 입수하고 위 박종철을 연행 수사하여 특진대상 수배자인 원고 5 등 민민투 지하지도부 중앙조직원들을 검거하기로 수사계획을 세운후, 1987.1.14. 07:20경 피고 1, 3, 4, 5 및 소외 ○○○(치안본부 대공3부 5과 2계 소속 경장), ○○○(같은 계 소속 순경) 등이 서울 관악구 신림9동 246의 26 소재 위 박종철의 하숙집에 집결하여 동인을 연행, 같은 날 08:00경 서울 용산구 갈월동 98의 1 소재 치안본부 대공2부 건물 5층 제8호 조사실로 데리고 간 후 그 곳에서 피고 1이 위 박종철에게 동인의 인적사항, 조직, 사상관계 등에 관하여 1차 신문을 하고, 2차로 같은 날 10:40경 같은 층 제9호 조사실로 신문장소를 옮겨 그 곳에서 피고 1 및 동인의 지시로 같은 날 10:25경 수사팀에 합류하게 된 피고 2가 수배자인 원고 5의 소재에 관하여 위 박종철을 신문하였으나 동인이 계속하여 원고 5의 소재를 모른다고 하자 가혹행위를 가하여 진술을 받아 낼 것을 마음먹고, 피고 1은 피고 5에게 위 제9호 조사실 안에 있는 욕조(길이 123센티미터, 높이 57센티미터, 폭 74센티미터의 인조대리석제)에 물을 채우라고 지시한 후, 위 박종철의 가슴 등을 수회 때리고 발로 동인의 다리를 1회 걷어차고 피고 2도 이에 가세하여 주먹으로 동인의 가슴 등을 수회 때렸으나 위 박종철이 계속 모른다고 부인하자 위 박종철의 옷을 모두 벗게 한 후 물이 가득 찬 위 욕조 앞으로 데리고 간 다음, 피고 1은 피고 5에게 제14호 조사실로 가서 그 곳에서 소외 ○○○을 신문하고 있던 피고 3, 4를 불러 오게 한 후 위 박종철에게 재차 원고 5의 소재를 추궁하였으나 이에 응하지 않자 피고 2, 3, 5, 4에게 위 박종철을 혼내 주라고 지시하여 이에 피고 2, 4가 조사실 안에 있던 수건을 사용하여 위 박종철의 양손과 발목을 결박하고 나서 피고 4는 위 박종철의 오른쪽에서 왼팔을 동인의 오른쪽 겨드랑이 밑으로 집어넣어 붙잡아 함께 등을 누르고, 피고 2는 욕조 안에 들어가서 양손으로 위 박종철의 머리를 잡아 물속으로 누르다가 한참 후에 끌어내는 등 가혹행위를 2회 내지 3회 반복한 후 다시 원고 5의 소재를 신문하였으나 역시 모른다고 하자 피고 1이 좀더 혼을 내 주라며 재차 가혹행위를 지시하면서 피고 5에게도 합세할 것을 지시하여 동인은 위 박종철의 결박된 다리를 들어 올리고 다른 피고들은 앞서와 같은 방법으로 위 박종철의 머리를 물속으로 2회 내지 3회에 걸쳐 누르는 등 가혹행위를 가하는 동안 위 박종철의 목 부분이 위 욕조의 턱(높이 57센티미터, 넓이 65센티미터)에 눌려 숨을 쉬지 못하게 함으로써 같은 날 11:20경 위 제9호 조사실에서 경부압박에 의한 질식으로 위 박종철을 사망에 이르게 하였다(이하에서는 다만 이 사건 사고라 한다).

피고 6, 7, 8은 1987.1.14. 11:20경 그 부하직원들인 피고 1, 2, 3, 4, 5 등이 위 (나)항 인정사실과 같이 위 박종철을 위 제9호 조사실로 연행하여 조사하던 중 폭행, 물고문 등의 가혹행위로 동인을 치사케 하였다는 사실을 그 무렵 현장확인과 보고 등을 통하여 알게 되자 이에 관련된 위 경찰관들이 모두 형사처벌을 받을 경우 전체 대공수사 경찰관들의 사기저하와 수사인력의 손실로 대공수사 업무수행에 지장을 초래할 것으로 우려한 나머지 피고 1 등의 위 박종철에 대한 가혹행위의 내용과 가담자 등을 위 (2)항 인정사실과 달리 축소 은폐할 것을 공모하고서, 피고 8은, 같은 해 1.16. 19:00경 위 5과 2계 사무실에서 피고 1 등 관련경찰관 5명을 모아 놓고 앞으로 위 (나)항 사실에 대하여 경찰 및 검찰에서 조사를 받을 경우 이미 장부에 보고한 바와 같이 위 (나)항 사실을 은폐하고 피고 3, 4, 5는 위 박종철을 연행하여 왔을 뿐 조사에는 관여하지 아니하였고 그가 사망한 경위도 피고 1, 2가 그를 조사하던 중 피고 1이 우측 주먹으로 책상을 "꽝" 치니 "억" 하는 신음소리를 내면서 앞으로 넘어져 쇼크로 사망한 것으로 진술하도록 지시하고, 같은 달 18. 10:00경 서울 영등포구 신길동 소재 치안본부 특수수사 2대에서 피고 1, 2가 위 박종철을 가혹행위로 치사케 하였다는 혐의로 소속 수사관으로부터 조사를 받던 중 부득이 물고문 등의 가혹행위를 하였다고 지백하게 되었으나, 피고 1, 2가 그 둘만의 범행으로 허위 자백하였다는 사실을 알고 동인들을 격려하면서 "바깥 걱정을 하지 말라"고 말함으로써 피고 3, 5, 4도 물고문 등의 가혹행위를 하였다는 사실을 은폐하도록 설득하고, 피고 7은 같은 달 17. 23:00경 위 특수수사 2대에서 소속 수사관들로부터 위 박종철을 가혹행위로 치사케 하였다는 혐의로 조사를 받으면서 묵비권을 행사하고 있는 피고 1, 2를 만나 그들에게 "부검결과가 질식사로 판정되었다. 너희들이 속죄양이 되어야겠다."라고 말하고, 같은 달 19. 21:00경 같은 장소에서 같은 피고들에 대한 구속영장이 집행되자 같은 피고들에게 검찰에서도 위 경찰조사와 같은 내용으로 진술하도록 말하여 이 사건 사고의 진상을 은폐하도록 설득하고, 피고 6은, 같은 달 18. 13:00경 위 특수수사 2대에서 소속 수사관들로부터 위 박종철을 가혹행위로 치사케 하였다는 혐의로 조사를 받고 있던 피고 1, 2를 만나 같은 피고들이 자신들만의 범행으로 자백하였다는 사실을 알고 같은 피고들에게 "대공요원은 사상전이나 접선공작 중 총에 맞아 죽기도 한다. 다른 관련자가 더 있다 해도 다른 대공요원을 희생시키지 말고 둘이서 책임지고 가라"는 말을 하여 이 사건의 진상을 은폐하도록 설득하여, 피고 1, 2로 하여금 피고 3, 4, 5 등도 위 박종철에 대한 물고문 등 가혹행위를 하였다는 사실을 진술하지 않도록 함으로써 피고 3, 4, 5 등이 수사기관에 발각되지 않게 하여 이들을 도피하게 하는 등으로 이 사건 사고의 진상을 은폐하였다.

피고 9는, 이 사건 사고 발생 후 1987.1.15. 23:00경 위 망인의 사체를 부검한 국립과학수사연구소 법의학 1과장 의사 황적준으로부터 위 망인의 사인이 경부압박에 의한 질식사일 뿐 아니라 외표소견상이나 내경소견상 가혹행위를 당하여 사망하였을 가능성이 충분하다는 내용의 부검소견을 보고받았으므로 지휘계통을 통하여 위 망인의 사망경위 및 사인 등을 철저히 조사하도록 한 다음 위에서 본 관련자들에 대하여 상응한 조치를 취하여야 함에도 불구하고, 같은 피고가 지휘 관장하는 치안본부에서 발생한 이 사건 사고의 진상을 은폐하고 이미 피고 8 등으로부터 허위 보고를 받고 대외적으로 발표한 바 있는 내용대로 「위 망인이 피고 1로부터 조사받던 중 같은 피고가 책상을 "꽝" 치니 "억" 하며 쓰러져 심장쇼크로 사망한 것」으로 처리하기 위하여, 위 황적준에게 같은 달 16. 08:00경으로 예정되어 있는 신문기자들과의 간담회에서 사용할 부검소견에 관한 메모의 작성을 요구하면서 가혹행위로 인한 사망이라고 인정될 수 있는 부검소견 부분을 모두 빼고 외표소견으로는 「사인이 될 만한 특이한 소견을 보지 못함」, 내경소견으로 「우측폐장에서 출혈반 소견이 인정됨」이라고 기재한 내용의 메모를 작성 제출케 한 다음 이를 기초로 위 신문기자들과의 간담회에서 위 망인에 대한 부검소견을 설명하면서 위 망인이 피고 1 등으로부터 폭행, 물고문 등의 가혹행위를 당하여 사망하였다고 인정될 수 있는 소견 부분을 발표하지 아니하는 한편, 같은 날 15:20경 치안본부장실에서 위 황적준에게 같은 달 19. 까지 사인을 심장쇼크사로 하여 감정서를 작성 보고하도록 요구하는 등 정당한 이유없이 그 직무를 유기하여 이 사건 사고의 진상을 은폐하였다.

법무부 검찰 과거사 위원회 발표 중(2018. 10. 11.)

❍ 「박종철 고문치사사건」 발생 초기 검찰이 치안본부의 조작·은폐 시도를 막고 부검을 지휘하여 사인이 물고문으로 인한 질식사임을 밝혀낸 점은 높게 평가받아 마땅함.

❍ 그러나 조사결과와 같이 검찰은 실체적 진실 발견과 인권보호 의무를 방기하고 정권 안정이라는 정치적 고려를 우선하여 치안본부에 사건을 축소·조작할 기회를 주었고, 치안본부 간부들의 범인도피 행위를 의도적으로 방조하였음.

아람회 사건

서울고등법원 2009. 5. 21. 선고 2000재노6 판결

(가) 고문과 조작

대전경찰서 소속 수사관들은 피고인들을 강제연행한 후 처음 약 1주일간은 24시간 내내 조명등을 켠 채 잠을 재우지 않았고, 책상에 앉아 잠시라도 졸면 핀으로 몸을 콕콕 찔러 잠을 못 자게 하였다. 피고인들이 피의사실을 부인할 경우, 옷을 벗기고 수갑을 뒤로

채운 뒤 무릎 밑 오금에 곤봉을 넣고, 시멘트 바닥에 무릎을 꿇게 한 다음, 두 명이 발로 양쪽에서 곤봉을 밟아 누르기도 하였다(무릎 골절빼기). 손과 발에 수갑을 채우고 꽁꽁 묶은 다음 그 사이로 막대기를 끼우고, 마치 팔려가는 돼지처럼 양쪽 책상에 걸쳐 거꾸로 매달아 놓은 후, 머리를 거꾸로 하여 얼굴에 수건을 덮고 코에 물을 부었다(이른바 통닭구이를 동반한 물고문, 수막현상으로 거의 숨을 쉴 수 없다). 수갑을 등 뒤로 채우고 뒤의 쇠창살에 손목을 묶어 놓고 그대로 무릎을 꿇려 정강이에 방망이를 끼운 채 몇 시간씩 방치하였다(시간이 지남에 따라 뒤에서 줄이 손목을 잡아당기고, 앉자니 방망이로 인하여 정강이가 아파서 매우 고통스럽다). 대공분실 지하실 복도에 설치된 욕조 물속에 머리를 처박히기도 하였다(물고문). 빰을 때리고 몽둥이로 사정없이 머리를 때렸다. 머리카락을 쥐어뜯고(머리카락 뽑기), 발톱을 슬리퍼로 밟아 눌렀으며(발톱 짓이기기), 머리를 바닥에 대게 한 후 '엎드려뻗쳐'를 시켰다(원산폭격). 강제로 유서를 쓰도록 강요하였다. 고문을 통하여 원하는 내용의 자술서가 만들어지기까지 자술서를 여러 번 쓰도록 강요하였다. 다른 피고인들의 비명소리도 들렸다. 5 ~ 6명이 한꺼번에 달려들어 집단 구타를 하기도 하였다. 입 주변의 양쪽 턱을 뽑듯이 손가락 2 ~ 3개로 세게 잡아 누르며(턱 빼기), 피고인들에게 자백을 강요하였다. 수사관들은 연장자 순으로 그려진 조직 체계도를 만들어 와 조직 이름을 대라고 다그쳤다. 자술서 작성시 쪽지에다 내용을 적어 오거나, 다른 피고인들의 자술서를 보여주면서 그것과 일관성 있게 자술서를 쓰도록 강요받았다. 고문을 당하면서, 피고인들은 삶의 의지도 친구에 대한 우정도 선생님들에 대한 존경도 모두 사라지는 것을 느꼈고, 그 순간부터 인격이 상실된 피고인들은 어떻게 하면 살아남을 것인가, 이 지옥을 어떻게 하면 탈출할 수 있을까에 본능적으로 매달렸으며, 고통을 피하기 위하여 체념하면서 시인을 하지 않을 수 없는 상황이었으므로, 수사관이 불러주는 대로 자술서 내지 진술서를 작성하였다. 한편, 국가안전기획부에서 나온 조정관이 피고인 1의 경찰 피의자신문조서를 읽어본 후, 학생들의 자술서와 비교하여 범죄사실을 빠뜨렸다고 하면서 조서를 다시 받으라고 하여 피의자신문조서를 다시 작성한 적도 있다. 위와 같은 고문을 통하여 재심청구인 6의 딸 '아람'이의 백일잔치는 반국가단체 '아람회'를 구성한 자리로, 언론통제로 진상이 왜곡된 광주민주화항쟁에 관한 이야기는 유언비어 유포의 계엄법 위반으로, 일제시대 만주의 항일무장투장과 전두환 군사독재정권에 대한 비방, 미국에 대한 비판, 김일성의 경력에 관한 이야기는 북한을 찬양·고무·동조한 국가보안법 위반으로 각 조작되었다.

(나) 회유와 협박

대공분실에서의 조사과정에서 수사관들에게 피의사실에 관하여 모른다고 이야기를 하면, 다른 피고인들이 작성한 자술서 내지 진술서를 보여주면서 다른 사람들은 다 시인하는데, 왜 너만 부인하느냐는 취지로 자백할 것을 강요받았다. 수사관들은 피고인들에게 죽여서 산에 갖다 묻어 버린다고 협박하였다. 피고인들이 경찰서 유치장에서 검찰로 송치될 때 수사관들이 경찰서 진술과 같이 진술하고 용서를 빌면 큰 벌을 받지 않고 용서를 받을 것이라고 회유하였다.

(다) 나머지 원심 공동피고인들과 참고인들

원심 공동피고인이었던 제1심공동피고인 6, 7, 8, 9, 10, 11도 법관이 발부한 영장 없이 강제연행되어 장기간 구금 상태에서 조사를 받았다. 제1심공동피고인 6은 1981. 7. 18. 천안경찰서 남부파출소에 근무 중, 천안경찰서 정보과 형사 세명이 동행을 요구하여 눈이 가려진 채 위 대공분실로 연행되었다. 제1심공동피고인 9와 제1심공동피고인 10은 1981. 7. 여름방학 전에 ○○공업고등기술학교에서 경찰에 의하여 각 위 대공분실로 연행되었다. 제1심공동피고인 11은 1981. 7. 19. 경찰에 연행되어 ○○여관 2층에서 약 11일간 조사를 받았다. 참고인 겸 원심 증인 공소외 12는 1981. 7. 19. 경찰에 연행되어, ○○여관을 거쳐 경찰서로 연행된 후 8일 가량 조사를 받았고, 경찰서 내 사무실에 있다가 밤에는 책상 위에서 잠을 잤다. 참고인 겸 원심 증인 공소외 13, 14도 경찰에 연행되어, ○○여관에서 공소외 13은 9일간, 공소외 14는 7일간 각 조사를 받았다. 제1심공동피고인 9는 팬티만 입은 채 조사를 받은 적이 있고, 수사관들의 질문에 부인하다가 뺨을 4~5대 맞았으며, 다른 조사실에서 들리는 비명소리에 공포심을 느꼈다. 제1심공동피고인 10은 피고인 2의 비명소리를 들었고, 수사관들이 죽어나갈 수 있다고 협박하여 전혀 모르는 북한 노래를 들었다고 허위로 자술서를 작성하였다. 제1심공동피고인 11은 수사관들의 질문에 부인하면, 수사관들이 그의 머리를 때리거나 물이 들어차 있던 욕조로 들어가게 한 뒤 손들고 앉아 있으라고 하면서 공포분위기를 조성하였고, 조사가 끝난 후에도 담당 수사관이 여러 차례 전화하여 어디 가려면 연락하고 가야한다는 취지로 말하였으며, 불구속으로 재판을 받던 중 자신을 담당한 수사관과 함께 법정으로 갔는데, 그 수사관이 제1심공동피고인 11에게 잘못 진술하면 재판이 길어지고, 또 조사를 받아야 한다고 부담을 준 사실이 있다. 수사관들은 나이 어린 아이들이 있었던 제1심공동피고인 8에게 시험지 같은 용지에 다른 피고인들이 진술한 대로 진술서를 작성하라고 강요하였고, 검찰에 가서도 경찰에서의 진술과 같이 일관성 있게 진술하고 선처를 구하면 아이들에게 보내준다고 회유하여 허위로 자백하게 하였다. ○○여관에서도 다른 방에서 비명소리, 살려달라고 외치는 소리가 들려오는 등 공포 분위기였다. 그 밖의 참고인들에 대한 조사 과정에서도 강압적인 분위기를 만들면서, 참고인들이 다른 사람들이 진술한 대로 진술할 것을 강요받았고, 참고인들이 모르거나 기억이 안난다고 대답하면 다른 사람들이 진술한 대로 진술하도록 유도하였으며, 여러 명의 참고인들 중 한 참고인에 대한 조사가 끝나면 다른 참고인들은 앞서 조사받은 참고인에 대한 조사 내용이 옳다고 대답함으로써, 조사가 대체로 형식적으로 진행된 적도 있었다. 일부 참고인들은 며칠 간 조사를 받았고, 잘 모르거나 기억이 나지 않는다고 대답할 경우에는 수사관한테서 머리와 얼굴 등을 맞기도 하였다. 경찰수사관들은 피고인들이 피의사실을 모두 인정하였다고 말하면서 참고인들에게도 조작된 진술을 강요하여, 당시 사실이 아니라고 생각되는 부분이 있었음에도 이를 그대로 인정하도록 강요하였다. 이 사건은 처음에는 정부를 비방하거나 불온한 발언을 한 사건, 즉 반공법 위반 사건 정도로 끝낼 생각이었으나, 공무원, 교사, 군인 등이 포함되어 있다고 하니, 청와대, 내무부 등에서 관심을 가지고 대전경찰서에 격려 전화를 하게 되면서 사건이 확대되었다. 수사관들은 매일 저녁 모임을 하면서 김한규 계장, 공소외 6 계장 등이 자술서나 진술조서, 피의자신문조서를 읽어보면서 부족하거나 잘못된 점을 보완하여 수정하라는 지시를 내렸다. 수사관들은 이러한 지시에 따라 고문 등의 방법으로 피고인들의 진술을 조작시켰다.

대전지방검찰청은 1981. 8. 18. 대전경찰서로부터 정보사범(국가보안법 위반 피의사건) 발생 및 검거보고를 받은 후, 같은 해 8. 19. 대전지방법원에 피고인들에 대한 구속영장을 신청하여 구속영장을 발부받은 다음, 같은 날 밤경 피고인들이 대전경찰서 유치장으로 인치되었고, 같은 해 9. 7. 대전지방검찰청에 송치되었다. 1981. 8. 19. 밤에 대전경찰서 유치장으로 인치된 후, 수사관들은 수시로 피고인들을 불러내어 숙직실에서 대형 녹음기를 켜놓고 검사에게 가서 자연스럽게 진술하도록 녹음 연습을 시켰다. 즉, 수사관들은 피고인들로 하여금 검사 앞에서의 피의자신문에 대비하여 미리 준비·연습할 수 있도록 대공분실의 지하실에서 조사받은 자료들의 목록을 만들어 자연스럽게 녹음을 시키면서, 수사자료의 암기와 반복 질의응답 등 여러 번 연습을 반복시켰다. 경찰수사관들은 피고인들에게 대공분실의 지하실에서 진술한 대로 검찰에서 진술하지 않으면, 시간이 오래 걸리고 무기징역형을 받을 수도 있다고 협박하는 한편, 검사 앞에서 피의사실을 모두 인정하고 용서를 구하면 선처를 바랄 수 있다고 회유하였다. 검찰에 조사받으러 가는 도중에도 경찰수사관들은 '대공분실의 지하실에서 진술한 대로 검찰에서 진술하지 않으면, 다시 대공분실로 가서 병신이 될 것이니, 진술을 잘하라'고 협박하였다. 특히, 경찰수사관은 피고인 3에게는 경찰에서 검찰로 넘어올 때 말이 달라 일본말로 야리나우시(다시 고친다는 뜻, 했던 것을 다시 한다는 의미로서 다시 대공분실 지하실로 끌려가서 조사를 받게 된다는 것)되면, 법관의 영장도 필요 없고 1년이 걸릴지 몇 년이 걸릴지를 모른다고 하여 진술이 같아야 한다고 협박하였다.

이 사건의 주임검사는 대전지방검찰청 소속의 공소외 4 검사였는데, 그 당시 수사 관행에 따라, 피고인들이 피의사실을 부인하면 담당 수사관이 검찰에 가서 부인하는 피고인들과 대질하거나 보강 조사를 받게 하였다. 대공분실 지하실에서 피고인들을 고문한 공소외 6 계장, 공소외 7 반장, 공소외 3 순경, 공소외 8 경장이 공소외 4 검사실로 가서, 피고인들이 조사받는 동안 검사실 한쪽 구석에 앉아 있었다. 검사는 조서를 작성하면서 "나쁜 놈"이라면서 피고인들의 뺨을 때리기도 하였다. 당시 이 사건 뿐만 아니라 다른 국가보안법 위반이나 소매치기 사건 등에서 송치 경찰관이 검사실에서 조사가 끝날 때까지 지켜보고 있다가 조사가 끝난 뒤 구치소까지 데려다 주는 수사 관행이 존재하였다. 조사 과정에서 피고인들이 피의사실을 부인하면, 검사가 자리를 비운 사이에 그 자리에 있던 수사관들이 피고인들을 경찰 수사 과정에서의 진술과 동일한 진술을 하도록 협박하여 나중에 검사의 수사 과정에서 피고인들이 사실대로 진술할 수가 없었다.…

이 사건 기록을 통하여 밝혀진, 이른바 '아람회' 사건으로 불리는 이 사건의 본질과 성격은 아래와 같다.

이 사건은 12·12 군사반란과 계엄령 및 5·18 광주민주화운동의 무력진압을 통하여 집권한 내란주동자 전두환 등 이른바 신군부 세력이 그들이 정권을 사실상 장악한 1979년 말경부터 자신들의 취약한 권력 기반의 안정을 기할 목적 아래, 우리 사회에 공포 분위기를 조성함으로써 국민들의 저항 의지를 꺾으려고 하던 중, 교사, 대학생, 대학교 강사, 새마을금고 직원, 경찰공무원, 검찰공무원, 주부, 고등학생 등 우리 사회에서 평범한 일상을 살아가던 무고한 시민들인 피고인들을 비롯한 원심 공동피고인들에 의한 민족통일의 염원과 민주주의의 갈망을 내용으로 하는 민족민주운동을 불법강제연행, 장기간의 불법구금, 고문, 협박, 회유 등의 불법적인 수단을 사용함으로써 ○○고등학교 동기동창생들끼리의 친목회를 반국가단체로 조작하고, 피고인들을 반국가단체의 구성원으로서 반국가단체 구성원과 회합하거나 북한에 찬양·고무·동조하는 좌익용공세력으로 둔갑시킨 것이다.…

법치주의는 민주시민사회를 지탱하는 가장 중요한 이념적 가치이자 제도적 기반이고, 법관으로 대표되는 사법부는 법치주의의 이념을 구현하는 최후의 보루이다. 법관이 수행하는 법치주의의 여러 과제들 중 소수자 보호는 그 핵심적 과제인바, 그 뜻은 절대 권력자나 힘을 가진 다수가 진실에 반하는 요구를 하더라도 법원은 진실을 말하는 힘없는 소수의 편이 되어 그러한 소수를 보호하여야 한다는 것이다. 설령, 그러한 행위로 인하여 극심한 불이익을 받게 된다고 하더라도 법관은 진실을 밝히고 반드시 이를 지켜내야만 한다. 그러나 우리 민족과 민주주의에 대한 소박한 신념을 가진 교사, 대학생, 마을금고 직원, 검찰공무원 등 각자의 직역에서 일상을 평범하고 성실하게 살아가는 시민들에 불과하였던 피고인들이 이 사건 재심대상 재판 과정에서 국가기관에 의하여 저질러진 약 한 달간의 불법구금과 혹독한 고문 끝에 반국가단체의 구성원으로 조작·둔갑되어 허위 자백을 하였다고 절규하였음에도 불구하고, 이 사건 재심대상 재판 당시 법관들은 그 호소를 외면한 채 진실을 밝히고 지켜내지 못함으로써 사법부 본연의 역할을 다하지 못하였다.

4. 삼청교육대[4)]

삼청교육대 사건은 1980. 7. 29. 국가보위비상대책위원회(이하 '국보위'라 한다)의 「불량배 소탕계획」(삼청계획 5호)에 따라 1980. 8. 4. 계엄사령부가 발령한 계엄포고 제13호 「불량배 일제 검거령」에 의하여 전국적으로 6만여 명을 검거하여 일부는 구속 송치하고 약 4만 명에 대해서는 군부대에 수용하여 1980. 8. 4.부터 1981. 12. 5.까지 단계적으로 순화교육이나 근로봉사, 혹은 보호감호를 실시하는 과정에서 54명의 사망자와 다수의 부상자가 발생했던 신군부의 대표적인 인권침해 사건이다. 이들 중 36명은 병으로 사망, 10명이 구타로 사망, 3명이 총기로 인한 사망하였다.

많은 사람들이 단지 폭력전과가 있다거나 문신이 있다는 이유로 경찰, 군에 의하여 강제로 군부대로 연행되어 삼청교육대에 입소하였다. 전과가 전혀 없는 사람이 약 2만 명으로 전체의 35퍼센트에 이르렀다. 이들은 법관의 영장 등 어떠한 적법한 절차도 없이 구금되었으며, 이의를 제기할 수 있는 수단을 갖지 못하였다. 이들 중에는 중학생 17명, 고등학생 432명, 대학생 76명이 포함되어 있다. 그리고 여성도 319명이 포함되어 있었는데, 20세 미만이 37명, 51세 이상이 17명이며, 기혼자는 213명이었다. 여성 입소자의 68퍼센트인 217명은 전과가 없는 사람들이었다.

이들은 군대식으로 조직되어 약 4주간의 군대식 훈련을 받았는데, 그 훈련방법은 가혹하였다. 이들은 봉체조, 피티체조, 각개전투 등의 군대훈련을 받았으며, 각목과 파이프 등으로 수시로 구타를 당하였다. 이들에 대하여는 항상 배고픔을 느낄 정도로 적은 양의 식사를 제공하였다. 훈련이 전부가 아니었다. 4주간의 훈련을 마친 사람들 중에 순화가 미흡한 10,016명을 미순화자로 분류하여 국민 및 국가에 대하나

4) 국방부 과거사진상규명위원회 삼청교육대 보고서 참조.

봉사를 통하여 과거의 죄에 대하여 반성과 참회의 기회를 부여한다는 명목 아래 전방의 20개의 군부대에 수용하여 1980. 9. 8.부터 1981. 1. 16. 까지 도로 등 군시설 공사에 투입하였다. 이들은 하루 정해진 작업량을 반드시 달성해야 했으며, 이를 지키지 못할 경우 구타를 당하였다. 강제노동에 종사한 것이었다. 당시 정부나 언론은 삼청교육대가 갖는 긍정적인 측면을 대대적으로 홍보하였으며, 이들의 인권침해에 대하여는 전혀 보도되지 아니하였다.

삼청교육은 검거과정, 순화교육, 군공사 투입 등 전 과정에서 불법구금, 강제노역 등이 행해졌으며 피해자들이 고문 또는 비인도적이거나 굴욕적인 취급 또는 형벌을 받지 아니할 권리, 강제노동을 하지 않을 권리 등을 침해하였다.

2004년 삼청교육과 관련하여 피해를 입은 자 및 유족에 대하여 명예회복에 필요한 조치와 보상을 위한 '삼청교육 피해자의 명예회복 및 보상에 관한 법률'이 제정되었다.

5. 형제복지원 사건

1980년대 최대의 인권유린 사건으로 형제복지원 사건이 있다. 형사복지원 사건은 1986년 12월 경 경남 울주군의 작업장에서 형제복지원 원생들의 강제노역현장을 우연히 목격한 검사에 의하여 세상에 알려졌다. 이 형제복지원에는 약 3천명의 원생들이 수용되어 폭행, 감금, 성폭행, 사망에 시달렸다. 유족들의 증언에 의하면 형제복지원에서 사망한 사람의 수가 약 5백여명에 이른다. 당시 수사검사는 이 사건을 수사하였으나 각종 수사방해에 막혔으며, 기소된 사건도 대부분 원생들을 감금한 것이 정당한 행위라는 이유로 무죄판결이 나고 말았다.

법무부 검찰 과거사 위원회 발표(2018. 10. 10.)

형제복지원 사건」은 부산 북구에 설립된 사회복지법인인 형제복지원의 원장 등이 공모하여 1986. 7.경부터 1987. 1.경까지 경남 울주군에 있는 울주작업장에서 경비원과 감시견을 동원하여 수용자들에게 석축공사등 강제노역을 시키고, 도망하거나 일을 하지 않으려는 수용자들을 목봉으로 폭행하는 등의 방법으로 감금하고 가혹행위를 가하였으며(그 중 일부 수용자는 폭행으로 사망하였음), 부산 북구청으로부터 시설 운영비 및 구호비 등의 명목으로 받은 보조금을 횡령한 것에 대하여, 수사검사가 형제복지원의 인권침해행위(당시 수용자 3,000여 명) 전반을 수사하려고 하였으나 검찰 지휘부, 정부, 부산시 등의 외압에 의하여 축소 수사를 하게 되었고, 축소된 공소사실마저 법원에서 대부분 무죄가 선고된 사건임.

수용자들은 중대, 소대, 조 등 군대식 체제로 편성되어 있었고, 헤어진 군복(일명 똥복)을 입었으며, 매주 월요일 아침 전체회의(이른바 '인민재판')에서 저항하는 수용자들에 대한 공개 구타와 질책, 협박 등이 있었음. 그밖에도 단체기합(원산폭격, 물구나무서기 등)과 몽둥이 구타가 일상적으로 일어났고, 특히, 근신소대로 불렸던 제7소대와 제13소대는 가혹행위가 심하여 수용자들은 '아오지탄광'이라고 칭하였음.

가혹행위의 결과 사망하는 수용자들도 많았는데, 형제복지원 발간자료 및 신민당 진상조사보고서에 따르면, 연도말 수용자 합계 인원 21,685명 대비 사망자 513명으로 수용자의 2.4%가 사망하였고, 특히, 1985. 말경에는 수용자 3,011명 대비 사망자 89명, 1986. 말경에는 수용자 3,164명 대비 사망자 95명으로 사망률이 3.0%에 이르렀음.

형제복지원 수용자들에 대한 수용개시가 법률에 근거하지 않으며 과도하게 기본권을 제한하여 위헌·위법함을 확인하였고, 수용자들이 부랑인이 아님이 명백한 경우에도 위법하게 감금하였으며, 감금된 수용자들에게 강제노역을 시키고 폭행, 가혹행위 등으로 사망에 이르게 한 경우도 있었음.

검찰은 실체적 진실 발견과 인권보호 의무를 방기하고 형제복지원 울주작업장에 대한 수사과정에서는 인권침해 범죄에 대한 수사, 원장의 횡령에 대한 수사 등을 방해하거나 축소하였으며, 형제복지원 본원에 대한 수사는 시작도 하지 않아 사건의 실체를 밝히는 것을 지연시킴.

형제복지원의 위법한 수용과 감금과정에서의 위법행위 등이 사실상 부산시의 묵인 하에 계속 되었음.

○ 형제복지원의 위법한 수용과정 및 인권침해 행위에 대한 국가의 책임을 인정하고, 추가 진상규명 및 피해회복을 위한 노력이 필요함.

○ 국가는 형제복지원 피해자들에게 사과하고, 추가 진상규명 및 피해 회복을 위한 특별법을 제정할 것을 권고함.

○ 위헌·위법한 내무부 훈령 제410호를 근거로 형제복지원 원장의 감금혐의에 대해 무죄

로 판단한 당시 법원의 판결은 법령에 위반한 판결에 해당한다고 할 것이므로 형사소송법 제441조에 따라 검찰총장이 비상상고를 신청할 것을 권고함.

○ 검찰이 수사를 축소하고 은폐한 사실이 확인되었고 그로 인하여 형제복지원 본원에 대한 조사조차 이루어지지 않아 실체적 진실을 규명하지 못하였을 뿐만 아니라 피해자들의 피해가 확대되었으므로 검찰총장은 형제복지원 피해자들에 대하여 검찰의 과오를 사과할 것을 권고함.

6. 고문방지위원회의 한국에 대한 권고

고문방지위원회의 한국의 3-5차 정기보고서에 대한 검토의견(CAT/C/KOR/CO/3-5, 11 May 2017)의 주요한 내용은 다음과 같다.

1. 한국은 형법에 고문의 정의를 도입하여 고문을 별도의 범죄로 규정해야 한다. 이 정의는 협약 제1조의 규정에 따라 정신적, 심리적인 측면을 포함해야 한다. 일반 논평 2에 따르면 고문을 범죄화하면 예방적인 효과가 있다. 협약상의 고문의 정의와 형법의 규정이 심각하게 일치하지 않으면 범죄자들이 처벌받지 않을 가능성이 존재한다(para 8).

2. 고문의 절대적 금지는 훼손될 수 없는 원칙이며, 국가는 전쟁의 상태 또는 전쟁의 위협. 정치적인 불안정, 기타의 공공의 긴급상황 등 어떠한 경우에도 예외 없이 고문을 정당화할 수 없다. 고문의 행위에는 공소시효가 없으며, 고문행위, 고문의 시도, 고문의 공모 또는 참여행위는 시효 없이 조사되어야 하며, 책임자는 기소되고 처벌되어야 한다(para 10).

3. 형사재판 중인 사람을 포함하여 모든 피구금자, 경찰에서 조사를 받는 사람들은 신체의 자유를 상실한 순간부터 국제적인 기준에 따라 모든 기본적인 법적인 보호를 받아야 하다. 이들은 구두 또는 서면으로, 자신이 이해할 수 있는 언어로 기소내용을 고지받아야 하며, 제공된 정보를 이해하였다는 확인서에 서명해야 한다. 구금 장소에 도착한지 24시간 이내에 자격이 있는 의사로부터 의학적 검진을 받아야 하며, 요구가 있는 경우에는 독립적인 의사에 접근할 수 있어야 한다. 피구금자는 구속 시부터 변호인 접견권이 보장되어야 하며, 모든 절차에서 비밀이 보장된 상태에서 접견이 가능해야 한다. 피구금자는 구속 후 즉시 가족 또는 자신이 선택한 사람에게 구속 사실을 통보할

수 있다. 구속 사실은 즉시 기록되어야 하며, 48 시간 이내에 판사 앞에 인치되어야 한다(para 12).

4. 한국은 물대포, 최루탄, 소화기, 전기충격기(테이저), 쇠파이프, 곤봉, 방패의 사용 등 집회 관리를 위하여 사용하는 방법을 재검토해야 하여 평화적인 시위자들에게 무차별적으로 나아가 과도하게 사용되지 않고, 긴장을 증대하지 않도록 해야 한다. 한국은 법을 집행하는 공무원들이 무기의 사용에 대하여 전문적인 훈련을 받도록 국제기준을 준수해야 하며, 잘 훈련된 경험이 있는 경찰과 법집행 공무원들을 집회관리에 배치해야 한다. 경찰이 개입할 동안에는 필요성 및 비례성의 원칙을 준수할 필요성, 고문의 절대적인 금지, 기타 협약상의 의무, '법집행공무원의 무력과 무력사용에 관한 기본원칙(the Basis Principles on the Use of Force and Firearms by Law Enforcement Officials)'에 관하여 경찰에 대한 지시와 방법론적인 지침을 확실히 해야 한다. 백남기 농민의 죽음과 관련하여 경찰관직무집행법위반으로 조사중인 7명의 경찰관에 대한 검찰과 경찰청의 조사결과에 대한 정보를 제공해야 하며, 이에 대한 재판절차도 위원회에 알려야 한다. 세월호 유가족들에 대한 과도한 공권력의 사용에 대하여 조사해야 하며, 책임자들을 처벌하고, 그 결과를 위원회에 알려야 한다. 법집행공무원의 과도한 공권력 사용으로 피해를 입은 사람들에게 의료지원, 상담, 배상, 재활 등을 제공해야 한다(para 14).

5. 한국은 협약을 준수하기 위하여 국가보안법을 폐지 또는 개정해야 하며, 국가보안법에 따른 체포와 구금이 인권을 침해하지 않도록 해야 한다. 이 법에 따라 체포된 사람을 인도적으로 대우해야 하며, 자백을 강요할 수 없다(para 16).

6. 한국은 자유를 박탈당한 모든 장소에서 고문 및 가혹한 대우를 당하였다는 진정을 다룰 독립적이며 실효적인 절차를 마련해야 한다. 고문의 주장을 뒷받침하는 의학적 증거를 확보하는 등 고문 피해자들의 진정을 용이하게 해야 한다. 모든 구금 장소에서 고문의 주장이나 고문 증거를 제시함으로 인하여 가혹한 대우나 협박을 받지 않도록 해야 한다. 경찰 및 교도관들이 과도한 공권력의 사용한 혐의가 있으면 조사자 및 혐의자와 기관 또는 상하관계가 없는 독립적인 절차를 통하여 신속하고 실효적으로 공정하게 조사되어야 한다. 고문 또는 가혹한 대우를 저질렀다고 조사를 받는 모든 사람은 즉시 직무에서 배제되어야 하며 이는 조사기간 동안 유지되어야 한다. 무죄추정의 원칙이 준수되어야 하지만 유죄판결을 받은 자는 처벌되어야 하며, 피해자는 원상회복 되어야 한다(para 20).

7. 한국은 교정시설의 물질적 조건을 개선하고 '유엔 수형자 대우에 관한 최소기준원칙

(UN Standard Minimum Rules for the Treatment of Prisoners, 넬슨 만델라 규칙)'에 구현된 국제기준에 따라 과밀을 해소하는 특별한 조치를 취해야 한다. 교도관을 증원하고, 의료인력을 충원하며, 국제기준에 따라 수형자를 위한 방을 확장해야 하며, 외부 의료시설에서 특별한 치료가 필요한 수형자에게 이를 허용해야 한다. 수형자용 계구는 마지막 수단으로, 가장 단기간 동안, 덜 침해적인 대체수단이 실패하였을 경우에 한하여 사용되어야 하며, 수형자 관리 및 대우에 관한 관련 법률이 엄격하게 준수되는지 감독해야 한다. 'UN 비구금조치를 위한 표준최소규칙(UN Standard Minimum Rules)'에 다라 비구금조치나 구금의 대체수단을 사용할 것을 고려해야 한다(para 22).

8. 한국은 아직 남아 있는 대용감방을 폐쇄해야 하며, 아직 남아 있는 대용감당의 상태를 관련 국제기준에 부합되도록 하는 긴급한 조치를 취해야 한다. 그리고 대용감방이 폐쇄될 때까지 여성이 수감된 대용감방은 여성경찰관이 감독하도록 해야 한다(para 26).

9. 한국은 교정 시설에서의 자살과 돌연사를 철저히 조사해야 하며, 자살과 돌연사를 줄이기 위하여 필요한 모든 조치를 취해야 한다. 모든 수형자들에게 외부 의료기관을 포함하여 적절하고 특화된 의료 지원을 신속히 제공해야 한다. 경찰 및 검찰 단계의 조사과정에서의 자살 등 구금 시설에서의 모든 자살 또는 돌연사는 신속하고, 철저히, 실효적으로, 공정하게 조사되어야 한다. 고문, 신체적 또는 정신적인 가혹행위, 악의적인 주의의무위반을 한 사람 등 고문방지협약을 위반한 책임자는 기소해야 하며, 유죄로 판명되면 행위의 중대성에 따라 처벌해야 한다. 구금시설에서의 사망은 모든 경우에 독립적인 검시를 실시하고, 부검소견서를 사망자의 가족에게 제공해야 하며, 요청이 있으면 이들에게 독립적인 부검을 허용해야 한다. 법원은 독립적인 검시의견서 및 부검소견서의 결과를 형사 및 민사사건에서 증거로 받아들여야 한다. 한국은 위원회에 사망자가 구금된 시설에 따라 모든 사망에 관한 자료, 피해자의 연령 및 성별, 사망원인에 대한 조사결과, 유족에게 인정된 구제책에 관한 정보를 제공해야 하며, 위원회에 고문, 가혹행위 또는 악의적인 의무위반으로 인하여 사망한 사건에 대한 조사결과를 통보해야 한다(para 28).

10. 한국은 가정폭력을 방지하기 위한 필요한 입법적 조치를 취하고, 배우자 사이의 동의 없는 성관계를 부부강간으로 정의해야 한다. 가정폭력, 성폭력 등 여성에 대한 모든 폭력은 경찰에 보고되어야 하며, 신속하고 공정하며 실효적으로 조사되어야 한다. 가해자들은 기소, 처벌되어야 한다. 가정폭력의 피해자들은 접근금지명령 등으로 보호되어야 하며, 상담, 피해회복, 재활, 적절한 재정지원을 받는 쉼터 제공을 포함하여

의학적, 법적 도움을 받아야 한다(para 38).

7. 아동권리위원회의 한국에 대한 권고

아동권리위원회는 2011년 한국이 제출한 제3, 4차 정기보고서에 대한 검토의견을 제시하였다(CRC/C/KOR/CO/3-4). 주요한 내용은 다음과 같다

1. 한국은 아동의 이익을 최우선으로 하는 원칙에 따라 비혼모가 안전하게 낙태를 할 수 있도록 보장해야 하며, 위험한 불법적인 낙태를 하지 않도록 보호하고, 어쩔 수 없이 아이를 입양 보내야 하지 않도록 조치를 취해야 한다(para 11).

2. 한국은 국가인권위원회의 권고에 따라 관련 법률과 규정을 개정하여 가정, 학교 및 모든 기관에서 체벌을 명백하게 금지해야 한다. 한국은 아동 학대의 부정적인 결과에 대하여 공공 캠페인을 전개하여 체벌에 대한 태도를 바꾸어야 하며, 학교에서 체벌의 대안으로 그린 마일리지 시스템을 사용하는 등 학교와 가정에서 긍정적이며, 비폭력적인 훈육을 증진해야 한다. 체벌의 피해자인 아동들이 이를 신고할 수 있는 체제를 만들어야 한다(para 43).

3. 한국은 학대를 신고하는 사람의 안전 및 비밀을 고려하여 적절한 보고 체제를 갖추는 등 학교에서의 괴롭힘을 포함하여 아동 학대를 보고해야 할 법적 의무를 강화하고 확대해야 한다. 지역 차원에서 적절한 인적, 기술적, 재정적 자원을 배분하는 등 더 많은 보호기관을 설립하며, 피해자들에게 적절한 외상 후 및 재활 치료를 제공하는 해야 한다(para 45).

4. 한국은 우선적으로 아동에 대한 폭력 금지에 관한 유엔의 권고를 이행하는 등 아동에 대한 모든 형태의 폭력을 제거해야 한다(para 46).

8. 외국의 예

1970년대에 군사정권이 남미의 대부분의 지역을 통치하였다. 이 기간 동안 남미의 군사정권들은 국가안보를 구실로 집권을 위하여 강제실종, 고문 등의 방법을

사용하였다. 칠레, 아르헨티나, 파라과이, 브라질, 볼리비아, 우루과이는 반정부 인사들에 대한 탄압을 효과적으로 하기 위하여 'Operation Condor'라는 공동의 협의체를 구성하였다.5) 이를 통하여 자국 내의 좌익 인사들에 대한 정보를 수집하고 교환하였으며, 다른 나라로 도주한 사람은 납치하여 본국으로 송환하였다. Operation Condor에 참여한 국가에서는 공통적으로 고문, 살해 및 강제실종 등 인권침해가 발생하였다.

칠레에서는 1973년 피노체트가 쿠데타로 사회주의 정권을 무너뜨리고 집권하였다. 피노체트는 엄격한 검열, 광범위한 구금 및 처형 등 집권을 수단으로 이용하였다. 칠레 정부는 1978년 과거의 인권침해 행위에 대하여 사면하였다. 1991년 군사정권 아래에서의 인권침해를 조사하기 위한 진실화해위원회가 설립되었다.

1970년데 우루과이 군부는 국민을 정권에 대한 위험 정도에 따라 3 종류의 그룹으로 분류하였다. 인구의 약 10퍼센트가 해외로 떠났으며, 150명 정도가 실종되었다. 1986년 사면법이 통과되어 군사정권 하의 모든 인권침해 범죄를 사면하였다. 인권침해 범죄를 조사하기 위한 위원회는 구성되지 않았다.

브라질에서 군부에 의한 인권침해는 다른 나라에 비하여 상대적으로 무겁지 않으나 브라질은 Operation Condor에 적극적으로 참여하였다. 브라질에서도 1979년 사면법으로 1964년부터 1979년 사이의 인권침해 범죄가 사면되었다.

1976년 아르헨티나 군부는 쿠데타로 집권하였다. 군부는 의회를 해산하고 판사, 대법관들을 교체하였다. 군부는 대학, 방송국, 노동조합을 통제 아래에 두었다. 납치, 고문 등을 전문적으로 행하는 조직이 만들어졌다. 군부의 집권기간 동안 살해되거나 실종된 사람의 숫자는 1만 내지 3만 명으로 추정될 뿐이다. 피해자는 좌익 게릴라, 친척, 친구, 변호사, 신문기자, 소설가, 학자, 정치인, 인권운동가, 노동조합원 등을 가리지 않았다. 고등학생들이 공공요금 할인을 요구하는 운동을 하자 납치되어 살인된 예도 있다. 군부는 이를 "더러운 전쟁(dirty war)"라고 불렀다. 군부는 적들이 전쟁법을 준수하지 않으므로 불순분자와 싸우는 데에는 극단적인 방법을

5) 이하 이 부분에 관한 기술은 Roseann M. Latore, "Coming out of the Dark: Achieving Justice for Victims of Human Rights Violations by South American Military Regims", 25 B.C. Int'l & Comp. L. Rev. 419를 참조하였다.

쓸 수 있다고 합리화하였다. 아르헨티나에서는 인권침해가 단순히 고문에 그치는 것이 아니라 피해자가 실종되어 인권침해의 증거가 남지 않았다. 사법절차도 도움이 되지 못하였다. 1976년부터 1983년 동안 109명의 변호사가 실종되고 24명의 변호사가 피살되었으며, 100여명의 변호사가 적법절차 없이 구금되었다. 군부는 부모들을 납치, 살해하고 어린이들을 빼앗아 군장교, 경찰관들이 입양하도록 하였는데, 이렇게 입양된 어린이들의 수는 약 5백명에 이른다. 불순분자들은 아이들도 불순분자로 키울 가능성이 있다고 간주되었므로 '불순분자'들을 살해하고 그 아이를 군장교 등의 가정에서 '건전하게' 양육하도록 한 정책은 조직적으로 이루어졌다. 임신한 여성들은 출산할 때까지 구금되었다가 출산 후에는 바로 살해되었으며, 아이들은 즉시 입양되었다. 아르헨티나에서도 1983년 사면법이 제정되었으나 이 법은 나중에 무효화되었으며, 일부 책임자에 대한 책임을 추궁하는 재판이 개시되었다. 그러나 인권침해에 책임이 있는 군부지도자들에 대한 처벌은 전반적으로 극히 미약하다.

한겨레신문(2014. 8. 6. 국제면)

"손주를 안아보기 전에는 죽을 수 없을 것 같았어요. 그 애는 자기 사촌들처럼 예술가, 음악가가 됐대요. 내 딸 라우라가 하늘에서 웃고 있을 거예요."

하얗게 센 머리, 주름 진 얼굴의 할머니 투사 에스텔라 카를로토(84)가 아르헨티나 군사정권에 빼앗긴 손자를 36년 만에 되찾게 됐다고 6일 〈아에프페〉(AFP) 통신이 전했다. 그는 1976년 쿠데타로 집권한 호르헤 비델라 군사정권에 가족을 잃은 피해자 단체인 '5월 광장 할머니회' 회장으로 민주화·인권 운동의 상징적 존재다.

카를로토의 딸 라우라는 역사를 전공하던 대학생으로 학내 좌파 페론주의 정치운동 단체에서 활동했다가 1977년 비밀 수용소로 끌려간 뒤 살해됐다. 카를로토는 뒤늦게 딸이 끌려갈 당시에 임신 석 달째였으며 처형 두 달 전에 아이를 낳았다는 사실을 알게 됐지만, 아이의 행방은 묘연했다.

당시 군사정권은 게릴라단체를 소탕한다는 명목 아래 대학생, 노동조합 간부, 좌파 활동가 등 반독재 인사를 대거 잡아들여 고문·살해를 저질렀다. 민주화를 부르짖던 이들은 납치되듯 끌려간 뒤 영원히 돌아오지 않았다. 사라진 것은 성인들만이 아니었다. 반정부 운동을 하던 여성들의 어린 자녀들도 함께 실종자가 됐다. 젊은 운동가들이 구금 중 아이를 낳거나 10살 미만의 어린 자녀들과 함께 수감되는 경우가 있었는데, 이들이 살해된 뒤 아이들마저 행방을 찾을 수 없게 된 것이다. 당시 군사정권은 희생자들의 어린 자녀들을 빼돌려 주로 군인·경찰 가정에 강제 입양시켜, 가족과의 연결고리를 아예 끊어버렸다. 차세대 반정부 세력의 불씨를 원천 차단한다는 목적 아래 국가가 조직적으로 저지른 범죄였다. 1976년부터 1983년까지 군부 독재에 희생된 실종자는 민주화 이후 정부 위원회가 공식 인정한 것만 1만3000여명이고, 3만명 이상으로 추정하는 이들도 있다. 게다가 희생자의 실종된 아이들도 500여명에 이르는 것으로 파악됐다.

어머니이자 할머니로서 카를로토의 기나긴 싸움은 딸의 처참한 죽음을 확인하면서 시작됐다. 그는 얼굴과 복부에 총상을 입은 딸의 주검을 1978년 넘겨받은 직후 초등학교 교장직에서 물러났다. 이듬해 비슷한 처지의 여성 12명이 만든 '실종 손주를 찾는 아르헨티나 할머니회' 모임에 가입했다. 이 단체는 1980년에 '5월 광장 할머니회'로 이름을 바꿨다. 1977년 5월부터 부에노스아이레스의 상징인 5월 광장에서 아기 천기저귀를 스카프처럼 머리에 두르고 "내 아이를 산 채로 돌려달라"고 외치던 실종자 어머니 단체 '5월 광장 어머니회'와 함께 해온 이력 때문이다.

9. 동물의 권리는 가능한가?

인권개념의 확산에 따라 동물도 보호받아야 한다는 개념이 등장하고 있다. 동물의 생명을 보호하는 입법도 등장하였으며, 한국도 동물보호법이 제정되어 있다. 한국에서는 개를 도축하는 것이 허용되는가 여부를 둘러싸고 논란이 있다.

개의 도축이 가능한가?

(법률신문 2018. 9. 14.)

대법원 2018. 9. 13. 선고 2017도16732 판결

전기가 흐르는 쇠꼬챙이를 이용해 개를 도살하는 이른바 '전살법(電殺法)' 개 도축이 동물보호법 위반인지 여부가 대법원 판결로 새로운 국면을 맞게 됐다. 앞서 1,2심은 전살

법을 이용해 개를 도축한 농장주에게 무죄 판결을 내렸지만, 대법원이 이를 파기환송 했기 때문이다. 대법원은 이 같은 도축법이 '잔인한 도살방법'에 해당하는지는 개에 대한 사회통념을 고려해 판단해야 한다고 밝혔다. 대법원 형사2부는 동물보호법 위반 혐의로 기소된 개농장 주인 이모(66)씨에게 무죄를 선고한 원심을 파기하고 최근 사건을 서울고법으로 돌려보냈다.

재판부는 "도살방법이 잔인한 방법에 해당하는지는 해당 도살방법으로 동물이 겪을 수 있는 고통의 정도와 지속시간, 동물에 대한 시대·사회적 인식 등을 종합적으로 고려해 판단해야 한다."며 "원심은 이를 살피지 않고 섣불리 잔인한 방법에 해당하지 않는다고 판단해 무죄를 선고했다."고 밝혔다. 이어 "이씨가 도살에 사용한 쇠꼬챙이에 흐르는 전류의 크기, 개가 감전 후 기절하거나 죽는 데 소요되는 시간 등을 심리해 사회통념상 개에 대한 인식 등을 종합적으로 고려해 잔인한 방법인지 판단해야 한다."고 설명했다.

해설 및 검토

1. 피의자가 경찰에서 범행을 자백한 것과 검찰에서 자백한 것은 증거법상 어떠한 차이가 있는가?

2. 고문에 의한 자백이 증거능력이 없음에도 불구하고 수사기관이 고문을 하여 피의자로부터 범행을 자백 받으려는 이유는 무엇인가?

3. 수사기관에 의한 고문을 방지하기 위한 효과적인 방안은 무엇인가?

인권법 강의

제 13 장
표현의 자유

1. 조약과 법률

ICCPR 제19조 1항은 모든 사람은 간섭받지 아니하고 의견을 가질 권리와 표현의 자유를 규정한다. 이 권리는 제한될 수 없다. 같은 조 2항에 의하면 이 권리는 구두, 서면 또는 인쇄, 예술의 형태 또는 스스로 선택하는 기타의 방법을 통하여 국경에 관계없이 모든 종류의 정보와 사상을 추구하고 접수하며 전달하는 자유를 포함한다. 2항의 권리는 타인의 권리 또는 신용의 존중, 국가안보 또는 공공질서 또는 공중보건이나 도덕의 보호를 위하여 법률로만 제한될 수 있다.

한국 헌법 제21조는 1항은 언론, 출판의 자유 및 집회, 결사의 자유를 규정하고 있다. 2항은 언론, 출판에 대한 허가나 검열, 집회, 결사에 대한 허가는 인정되지 않음을 명시하고 있다.

표현의 자유는 인간과 사회의 완전한 발달을 위하여 필수불가결한 조건이다. 표현의 자유는 자유롭고 민주적인 사회의 기초가 된다. 표현의 자유는 집회결사의 자유나 투표의 권리 등 다른 권리의 행사와 밀접한 관련성을 갖는다.

정치적, 과학적, 역사적, 도덕적, 종교적인 의견을 포함하여 모든 형태의 의견은 보호되어야 한다. 그러므로 개인이 특정한 의견을 가졌다는 이유로 처벌하거나 위협하는 것은 허용되지 않는다. 표현의 자유에는 모든 형태의 수단을 통하여 사상이나 정보를 교환할 자유를 포함한다.

검열을 받지 않는 자유로운 언론은 표현의 자유를 포함하여 인권을 보장하기 위한 필수적인 조건이다. 시민, 국회의원 및 그 후보자 등은 공적, 정치적인 문제에 대하여 자유롭게 정보와 사상을 나눌 수 있어야 한다. 이를 위해서 언론이 공적인 문제에 대하여 아무런 제약이 없이 논평을 하고 대중에게 알릴 수 있어야 한다.

공영방송은 편집에서 독립성을 유지해야 하며, 재정지원이 방송의 독립성을 훼손할 수 없다.

공공질서 또는 공중보건 등을 이유로 표현의 자유를 제한하는 경우에도 권리 자체를 위태롭게 할 수 없으며, 권리의 제한이 예외에 속한다는 사실을 잊어서는 아니 된다.

한편, 국가보안법은 표현의 자유를 지나치게 억압한다는 비판을 받고 있다.

국가보안법 제7조(찬양·고무등)

① 국가의 존립·안전이나 자유민주적 기본질서를 위태롭게 한다는 정을 알면서 반국가단체나 그 구성원 또는 그 지령을 받은 자의 활동을 찬양·고무·선전 또는 이에 동조하거나 국가변란을 선전·선동한 자는 7년 이하의 징역에 처한다. 〈개정 1991·5·31〉

② 삭제 〈1991·5·31〉

③ 제1항의 행위를 목적으로 하는 단체를 구성하거나 이에 가입한 자는 1년 이상의 유기징역에 처한다. 〈개정 1991·5·31〉

④ 제3항에 규정된 단체의 구성원으로서 사회질서의 혼란을 조성할 우려가 있는 사항에 관하여 허위사실을 날조하거나 유포한 자는 2년 이상의 유기징역에 처한다. 〈개정 1991·5·31〉

⑤ 제1항·제3항 또는 제4항의 행위를 할 목적으로 문서·도화 기타의 표현물을 제작·수입·복사·소지·운반·반포·판매 또는 취득한 자는 그 각항에 정한 형에 처한다. 〈개정 1991·5·31〉

⑥ 제1항 또는 제3항 내지 제5항의 미수범은 처벌한다. 〈개정 1991·5·31〉

⑦ 제3항의 죄를 범할 목적으로 예비 또는 음모한 자는 5년 이하의 징역에 처한다. 〈개정 1991·5·31〉

2. 유신시대의 표현의 자유

한국에서 1970년대 및 1980년대는 표현의 자유가 극도로 억압받던 시기였다. 1971년 4월 27일 대통령선거후 부정선거 규탄이 거세지자 정부는 위수령을 발동하여 서울 시내 대학에 군병력을 투입하였다. 시위주동학생 160명이 제적되고 상당수는 강제로 입영되었다. 박정희 대통령은 1972년 10월 17일 전국적인 비상계엄을 선포하여 국회를 해산하고, 정당 및 정치활동을 중지시켰다. 11월 21일 국민투표를 거쳐, 12월 27일 유신헌법을 공포, 시행하였다. 유신헌법은 대통령 간접선거, 대통령의 임기제한 철폐, 대통령의 국회해산권, 입법부와 사법부의 권한 축소, 대통령의 긴급조치권 허용 등을 담고 있다.

유신헌법 제53조는 대통령의 긴급조치명령권에 관하여 규정하고 있었는데, 긴급조치 제1호 및 제9호는 유신정권에 대한 일체의 비판을 금지하고 위반자에 대하여는 가혹하게 처벌하였다. 1974년 1월 8일의 대통령 긴급조치 제1호는 유신헌법의 개정, 폐지, 발의, 제안, 청원하는 행위를 금지하고 위반자는 영장없이 체포하며, 15년 이하의 징역에 처하였다. 이에 대한 재판은 일반법원이 아닌 비상군법회의에서 담당하였다. 1975년 5월 13일의 긴급조치 제9호는 정부에 대한 일체의 비판 및 이를 보도하는 것을 금지하였다. 위반자는 1년 이상의 징역에 처하고, 미수, 예비, 음모자도 동일하게 처벌하였다. 정부는 언제라도 모든 학교, 단체, 사업체를 폐쇄할 수 있으며, 위반자는 영장없이 체포, 구금할 수 있었다. 그 조치는 법원의 사법적 심사의 대상이 되지 아니하였다. 유신체제에서는 일상적인 대화에서조차 현실이 '지상낙원'이 아니라고 이야기하는 것은 범죄가 될 수 있었다.

우연히 버스에서 동석한 자에게 정부시책에 비판적인 발언을 하였다가 중앙정보부에 연행되어 고문을 받아 징역 3년, 자격정지 3년을 선고받은 예(오종상 사건), 국민교육헌장을 비판하는 성명을 발표하였다가 징역 4년, 자격정지 4년을 선고받은 예(송기숙 사건), 경찰이 피해자에게 유신체제에 반대하는 발언을 유도하고, 이에 맞장구쳤다가 징역 12년 및, 자격정지 12년을 선고받은 예(추영현 사건), 월간지 발행인 및 문인들을 국가보안법 위반으로 처벌한 사건(문인간첩단 사건)이 있다.

언론자유 탄압사건으로는 동아일보 기자들이 언론자유수호선언을 하자 광고주들을 상대로 동아일보 등에 광고를 싣지 않도록 하고, 결국 신문사로 하여금 기자들을 해직하도록 한 사건(동아일보 광고 탄압사건) 등을 들 수 있다.

유신시대에는 중앙정보부, 관할 경찰서 정보과 등이 대학의 학생처 등의 도움을 받아 학내 전반에서 사찰과 정보수집을 하였다. 1975년 6월 7일에는 학도호국단을 만들어 모든 학생의 활동은 학교 당국의 승인 학교호국단을 통하여 하도록 하였으며, 학교당국은 언제라도 학생을 강제로 휴학시킬 수 있었다.

70년대 및 80년대에는 일본에 친척을 두고 있는 사람들, 재일교포 한국 유학생, 한국인 일본 유학생들이 간첩으로 중형을 선고받는 일이 빈번하였다. 이들은 대부분 북한을 방문하거나 조총련계 인사들과 접촉하였다는 혐의를 받아 불법적인 장기간의 감금과 극심한 고문을 당하여 자백을 하는 경우가 많았으며, 사형, 무기징역 또는 10여년 이상의 장기간의 징역형을 선고받았다.

유신시대에는 공산주의 또는 사회주의 사상을 갖고 있는 것으로 규정된 수형자로 하여금 전향서를 작성하게 하고 이를 공개선언하도록 하는 이른바 사상전향제도를 실시하였다. 국가는 이를 위하여 전담조직을 만들어 고문과 구타 등 가혹행위를 하였으며, 독방수감, 면회제한 등의 비인도적 처우를 하였다. 이는 양심과 사상의 자유 및 고문을 받지 아니할 권리를 침해한 것이다.

헌법재판소는 2013. 3. 21. 대통령긴급조치가 입법목적의 정당성, 방법의 적절성을 갖추지 못하고, 참정권, 표현의 자유, 영장주의 및 신체의 자유, 법관에 의한 재판을 받을 자유 등을 침해하였다는 이유로 위헌선언하였다(2010헌바70, 132, 170 병합).

유언비어날조와 긴급조치 위반

대법원 1978. 11. 28. 선고 78도2203 판결

피고인은 그 판시와 같이 말을 하므로서 마치 현재 수행중에 있는 서정쇄신이 구두선에 그치고 부정부패가 만연한 양으로 그러한 유언비어를 날조하여 그 유언비어를 발설하여 사실을 왜곡전파하였다는 취지의 사실을 인정하고 피고인이 그와 같이 사실을 왜곡전파한 행위에 대하여 긴급조치 제9호 7항, 1항 가호를 적용하고 있는 바, 원심이 위와 같은 사실을 인정함에 있어 거친 증거의 취사과정을 기록에 비추어 검토하여 보아도 정당하고 거기에 채증법칙을 위반하여 사실을 오인한 위법이 없고 또 위 원판결에 심리미진이나 이유불비의 위법이 없으며 위 1심 판결이유와 기록에 의하면 피고인이 위와같이 그 유언

비어를 발설할 때 그 차안에 그 말을 들을 수 있는 상태에 놓인 사람은 위 1심판시 윤익중 외에 운전수인 ○○○, 가수 ○○○이도 있었던 사실이 명백하여 피고인이 위 유언비어를 발설하므로서 사실을 왜곡전파하였다고 할 것이니 이러한 취지의 위 1심 판결은 정당하고 거기에 위 긴급조치 제9호 1항 가호의 법리를 오해한 위법이 없고, 또 위 원심의 법률적용에 위법이 없으므로 논지는 모두 이유없다.

유인물 배포와 긴급조치 위반

서울고등법원 1976. 10. 8. 선고 76노1397 판결

피고인들의 변호인의 항소이유 첫째 점에 관하여 살펴보건대, 원심이 적법하게 증거조사를 마쳐 채택한 여러 증거들과 일건기록에 편철된 유인물(제3호 자유서강)의 기재 중 "또한 4월의 유신철폐를 주장한 학생들의 정당한 부르짖음이 차가운 쇠고랑으로 묶여 40여명이 유죄판결을 받았다" "싸우자! 인간을 억누르고 인간성을 말살하는 자들과" "이기자! 어둠속에 우뚝 선 침묵의 영원한 압제를 불사르자!" 등의 표현내용을 종합하여보면, 이는 위 대통령긴급조치 제1항 나호소정의 대한민국의 헌법을 반대 또는 폐지를 주장 선동한 취지로 보여짐으로 피고인들 변호인의 이점 사실오인에 관한 항소이유는 받아들일 수 없고, 다음 피고인들 변호인의 항소이유 둘째점과 피고인들의 항소이유 셋째 점에 관하여 아울러 살펴보건대, 원심에서 적법하게 증거조사를 마쳐 채택한 여러 증거들을 기록에 비추어 종합 검토하여 보면 원심이 판시한 피고인들의 본건 범죄사실을 모두 인정할 수 있으므로 이점 사실오인에 관한 항소이유는 받아들일 수 없다.…

피고인들의 판시 소위는 국가안전과 공공질서의 수호를 위한 대통령긴급조치 제7항, 제2항, 제1항, 나호, 라호에 각 해당하는 바 각 그 형기범위 내에서 피고인 1을 징역 2년과 자격정지 2년에, 피고인 2을 징역 1년과 자격정지 1년에 각 처하고, 형법 제 57조에 의하여 원심판결 선고전의 구금일수 중 각 100일을 위 징역형에 산입하기로 한다.

1970년대에는 표현의 자유를 억압하는 법으로 반공법이 존재하였다. 이 법 제4조는 반국가단체나 그 구성원 또는 국외의 공산계열의 활동을 찬양, 고무 또는 이에 동조하거나 기타의 방법으로 반국가단체(국외공산계열을 포함한다)를 이롭게 한 행위를 한 자는 7년 이하의 징역에 처하도록 규정한다. 찬양, 고무의 목적으로 문서

등을 제작, 수입 보관, 판매, 취득한도 같은 형으로 처벌한다. 이 법은 반공법 또는 국가보안법위반자에게 편의를 제공한 자를 10년 이하의 징역에 처하며, 반공법위반자를 인지하고 수사기관에 신고하지 아니한 자도 불고지죄로 처벌하였다. 이 법은 1980년에 폐지되었으나 일부 규정은 국가보안법으로 편입되었다. 찬양, 고무죄는 국가보안법 제7조로 남아 있으며, 국가보안법위반자에 대한 편의제공처벌, 불고지죄처벌에 관한 규정도 국가보안법 제9조 및 제10조로 남아 있다. 한국은 국제인권기구로부터 국가보안법 제7조를 개정할 것을 요구받고 있다.

3. 국가안보와 표현의 자유

한국의 국방부는 2008년 7월 경 불온서적 23권을 지정하여 군대내 반입을 금지하였는데, 군법무관 7명이 2008. 10. 22. 헌법상 학문의 자유, 양심의 자유를 침해하는 것이라며 헌법재판소에 소원을 제기하였다. 이에 국방부는 복종의무위반 등을 이유로 이들에 대하여 파면 등의 징계를 하였다. 이들에 대한 파면 등의 징계는 법원의 판결을 통하여 취소되었으나 저자와 출판사들이 국가를 상대로 제기한 손해배상소송에서 법원은 언론, 출판의 자유 등을 침해하였다고 보기 어렵다고 하였다.[1)]

표현의 자유는 결국 정부에 반대하거나 정부를 비판하는 정치적 의견이 자유롭게 표현될 수 있는가가 문제가 된다. 1990년대 말 이후부터 표현의 자유가 다소 넓게 인정되고 있으나 아직도 다양한 제약이 존재한다.

성조기 소각과 표현의 자유

대법원 1983. 2. 8. 선고 82도2655 판결

피고인들이 당초부터 원판시 시위의 성격을 반미·반독재 시위로 규정하여 반미투쟁의 상징으로 시위도중에 성조기를 소각하는 한편, 강원대학교 반파쇼, 반미투쟁학우일동 명의와 강원대학교 민주화투쟁선언 및 부산동지들의 투쟁에 찬사를 보낸다는 제목으로 된

1) 한겨레신문 2012. 5. 31.

유인물에 부산 미국문화원 방화사건을 찬양하고 그와 같은 행동을 선동한 내용, 한·미관계를 정치, 경제적 종속관계로 단정하여 반미구호를 주창한 내용을 담아 이를 그 판시내용과 같이 살포하였다면 피고인들의 행위는 그 내용이 객관적으로 주한미군철수를 주장하고 우리 사회경제체제를 미·일등 제국주의의 식민지 내지 매판체제 또는 종속적 지배관계로 허위선전하여 반미활동을 책동하고 있는 북한공산집단을 이롭게 한 것이라 볼 수 있고 피고인들의 지식정도로 보아 피고인들은 피고인들의 원판시 행위가 반국가단체인 북한공산집단을 이롭게 하는 내용이라는 것쯤은 인식하고 있었다고 볼 수 있으므로 원심이 피고인들의 소위가 반국가단체를 이롭게 한 내용이고 피고인들에게 범의가 있었다고 보아 그 판시소위에 대하여 국가보안법 제7조 제1항을 적용한 조치는 정당하고…

국가모독 사건

대법원 1983. 6. 14. 선고 83도515 전원합의체 판결

피고인이 공소장 기재 일시장소에서 그 기재내용의 "콘트롤 데이타 사태에 대한 우리의 입장" 이라는 유인물을 등사제작하여 일본 공동통신기자인 외국인 구로다 가쓰히로를 포함한 내·외신기자 10여명에게 이를 배포한 사실은 인정되나 형법 제104조의 2는 제1항에서 내국인이 국외에서 대한민국 또는 헌법에 의하여 설치된 국가기관을 모욕 또는 비방하거나 그에 관한 사실을 왜곡 또는 허위사실을 유포하거나 기타의 방법으로 대한민국의 안전, 이익 또는 위신을 해하거나 해할 우려가 있게 한 때에 처벌한다고 규정하고 제2항에서 내국인이 외국인이나 외국단체 등을 이용하여 국내에서 전항의 행위를 한 때에도 전항과 같이 처벌한다고 규정하고 있어…

3. 돌이켜 형법 제104조의 2 국가모독죄의 입법목적과 그 취지를 살펴보자.

오늘의 세계를 국제시대라고 한다. 이 국제시대를 사는 우리 국민이 자주독립국가의 민주국민으로서의 그 긍지와 자각이 그 어느 때 보다도 요청된다는 것은 그 아무도 이를 부인할 수 없다. 하물며 이 지구상에서 가장 호전적이라는 북한공산집단과 실로 형용할 수 없는 가열한 대치상태를 계속하고 있는 우리의 현실을 직시할 때 이와 같은 요청은 한층 더 재고되어야 한다고 할 것이다.

그러함에도 불구하고 일부 국민이 우리 민족의 역사적 병폐라고 하는 사대주의를 버리지 못하고 국내외에서 외국인이나 외국단체에 대하여 그의 조국일 수밖에 없는 대

한민국이나 그 헌법에 의하여 설치된 국가기관을 모욕, 비방하고 그에 관한 사실을 왜곡하거나 허위사실을 날조, 유포하는 행위를 자행하여 국가의 안전이나 이익을 위태롭게 하는 사례가 거듭 되풀이되고 있음은 널리 알려진 사실이다. 그러므로 이와 같이 우리 국민이 외국에서나 또는 국내에서 외국인이나 또는 외국단체 등을 상대로 대한민국 또는 헌법에 의하여 설치된 국가기관을 모욕 또는 비방하거나 그에 관한 사실을 왜곡 또는 허위사실을 유포하거나 기타의 방법으로 대한민국의 안전, 이익 또는 위신을 해하거나 해할 우려가 있게 한 자를 처벌할 목적으로 1975.3.25 형법을 개정하여 그 제104조의 2를 신설한 것임이 기록상 국회회의록 기재등에 비추어 명백할 뿐만 아니라 이에 의하면, 이 형법 제104조의 2는 그 명문상 용어에 불구하고 외국인, 외국단체 등을 상대로 한 위와 같은 행위를 처벌하려는 취의임이 또한 분명하다.

학문의 자유와 국가보안법위반

대법원 1986. 9. 9. 선고 86도1187 판결

동 피고인이 소지한 서적은 사회과학도서로서 기본적으로 공부하여야 할 서적으로서 헌법상 보장된 학문의 자유에 비추어 그 소지가 허용된다고 하여야 할 것이고 특히 그 가운데 일부는 국내에 번역 출판되었고 일부는 대학에서 부교재로 사용하는 서적임에도 불구하고 위 서적들을 소지한 행위에 대하여 국가보안법 제7조 5항 위반으로 처단한 원심판결은 동법 조항의 법리를 오해한 위법이 있다는 것이다. 원심은 위 서적들이 객관적으로 보아 북괴의 대남선전활동과 그 내용을 같이 하는 내용들이고 동 피고인이 이를 탐독한 것은 반국가단체를 이롭게 할 목적이 있다고 하여 국가보안법 제7조 5항을 적용하였는바 헌법상 학문의 자유도 진리의 탐구를 순수한 목적으로 하는 경우에 한하여 보호를 받는 것이므로 반국가단체를 이롭게 할 목적으로 공산주의혁명이론 및 전술에 관한 내용을 담은 서적을 소지하고 있었다면 그것은 학문의 자유에 대한 한계를 넘은 것이라고 할 것이며 또 소지한 서적이 국내에서 번역, 소개되었다거나 대학에서 부교재로 사용되는 것이라 하여도 순수한 학문의 목적으로 소지한 것이 아닌 이상 위 범죄의 성립에는 아무런 영향이 없다 할 것이다. 논지는 받아들일 수 없다.

표현의 자유와 국가보안법위반

대법원 1986. 9. 23. 선고 86도1499 판결

논지가 지적하는 바와 같이 문장해석의 기본원리가 문제된 구절을 따로 떼어서 논할 것이 아니라, 그 문제된 구절을 글 전체와 관련시켜 검토하여야 하는 것이라고 하더라도, "반국가단체나 그 구성원 또는 그 지령을 받은 자의 활동을 찬양, 고무 또는 이에 동조하거나 기타의 방법으로 반국가단체를 이롭게 하는 행위"를 국가보안법으로 처벌하고 있으므로, 위 구성요건을 두고 볼 때에, 문장 또는 발언중의 어느 문제된 부분이 반국가단체의 활동을 찬양, 고무, 동조한 것이라고 도저히 해석되지 아니하는 경우라면 몰라도, 그렇지 아니하고, 어떤 문장 또는 발언에 있어서 반국가 단체의 활동을 찬양, 고무, 동조하는 부분이 있고, 그 부분을 독자나 청중이 읽거나, 듣고 그 부분에 대하여 감명을 가질지도 모른다는 인식하에 그러한 발언이나 글을 발표한 행위는 국가보안법 소정의 위 구성요건에 해당한다 할 것이고(당원 1979. 1. 16. 선고 78도2706 판결 참조), 피고인들의 판시 발언이나 글속에 위 구성요건에 해당하는 부분이 있음은 원심이 적법히 인정하고 있는 바이므로, 피고인들은 국가보안법위반으로 다스린 원심판결에 소론과 같은 법령적용의 잘못이 있다는 논지도 이유없다.

3. 그리고 헌법상의 학문의 자유는 순수하게 진리탐구를 목적으로 하는 경우에 한하여 인정되는 것이므로(당원 1982. 9. 14. 선고 82도1847 판결 참조) 이 사건에 있어서와 같이 피고인들이 반국가단체의 활동을 찬양, 고무하거나 이에 동조한다는 인식아래 원심 판시와 같은 발언을 하고 글을 발표하는 행위는 이미 학문활동이라 할 수 없는 것 이며, 이 사건 민중교육지가 관계행정당국으로부터 납본필증을 교부받았다고 하더라도 그와 같은 관계행정당국의 조치로 인하여 피고인들의 행위가 적법하게 되는 것도 아니라 할 것이므로(당원 1982. 9. 14. 선고 82도1847 판결 참조) 피고인들을 국가보안법위반죄로 처단한 원심판결에 법령적용의 잘못이 있다는 논지도 채용할 수 없다.

이적표현물과 표현의 자유

대법원 2010. 12. 9. 선고 2007도10121 판결

행위자가 이적표현물임을 인식하고 국가보안법 제7조 5항 소정의 행위를 하였다는 사실만으로 그에게 이적행위를 할 목적이 있었다고 추정해서는 아니되고, 이 경우 행위자에게 이적행위 목적이 있음을 증명할 직접증거가 없는 때에는 표현물의 이적성의 징표가 되는 여러 사정들에 더하여 피고인의 경력과 지위, 피고인이 이적표현물과 관련하여 제5항 소정의 행위를 하게 된 경위, 피고인의 이적단체 가입 여부 및 이적표현물과 피고인이 소속한 이적단체의 실질적인 목표 및 활동과의 연관성 등 간접사실을 종합적으로 고려하여 판단할 수 있는 것이다(대법원 2010. 7. 23. 선고 2010도1189 전원합의체 판결 참조).

위 법리와 원심 및 원심이 수긍한 제1심이 적법하게 채택한 증거들에 의하여 알 수 있는 사정들, 즉 ① 피고인이 제작·반포한 '한국전쟁과 민족통일'이라는 제목의 논문(이하 '이 사건 논문'이라 한다)은 6·25전쟁에 대한 북한과 소련 및 중국의 책임은 의도적으로 축소하거나 언급하지 않고 남한과 미국의 책임만 부각시키고, 6·25전쟁은 '통일전쟁', '민족해방전쟁', '통일혁명전쟁'이라고 서술하면서 '북한의 기습적인 침략전쟁으로 보기 힘들다'고 서술하며, 또한 북한은 '민족자주세력'으로 남한은 '외세의존, 반혁명, 반민중세력'으로 대비하여 서술하고, 미국의 참전은 '남의 순수내전에 불법적으로 개입한 것으로서 침략행위'이나 중국의 참전은 '우방을 돕기 위한 방어적인 성격'을 띠며 소련의 관여는 '동맹적 수준의 동의와 지원'으로 평가되어야 한다고 대비하여 서술하는 등 전체적으로 6·25전쟁을 조국통일해방전쟁이라고 주장하면서 미국과 남한에 전쟁책임이 있다고 선전하고 있는 반국가단체로서의 북한의 활동을 찬양·고무·선전 또는 이에 동조하는 내용인 점, ② 피고인은 이 사건 논문의 제작·반포 후인 2001. 4. 초순부터 2001. 7. 말경까지 서울대학교, 고려대학교, 경북대학교 등에서 열린 각 주체사상 토론회에서 북한이 민족정통성이 있는 정권이라고 주장하고 주체사상의 긍정적인 측면과 수용을 강조하는 등 반국가단체로서의 북한의 활동을 찬양·고무·선전 또는 이에 동조하는 내용의 강연을 하였는데 그 강연 중에는 이 사건 논문에서 피고인이 주장한 것과 유사한 내용이 포함되어 있고, 피고인은 2002. 8. 말경부터 2005. 7.경까지 반국가단체로서의 북한의 활동을 찬양·고무·선전 또는 이에 동조하는 내용의 기고문을 잡지와 인터넷신문 등에 수회 게재하였는데 그 기고문 중에는 이 사건 논문에서 피고인이 주장한 것과 유사한 내용이 포함되어 있으며, 피고인은 2005. 6. 30. 인천 가톨릭회관에서 열린 인천 통일연대 주최 '한국전쟁의 역사적 재조명과 맥아

> 더의 재평가' 토론회에서 이 사건 논문에서 주장한 것과 유사한 내용을 강연하는 등 피고인이 이 사건 논문과 같은 내용을 주장하는 행위는 일회적이거나 우발적인 것이 아니고, 피고인은 오랜 기간 동안 지속적이고 반복적인 강연과 기고 등을 통하여 이를 전파하는 과정에서 그 전파 내용의 객관적 의미와 효과, 법률적 문제 등에 관하여 충분히 숙고, 인식하였을 것으로 볼 수 있는 점, ③ 이 사건 논문이 비록 학문적인 연구물의 외형을 지니고 있고 피고인이 북한문제와 통일문제를 연구하는 학자이자 교수라는 점을 감안하더라도, 그 수록 내용이 현재 우리 사회에서 보편적으로 받아들여지는 객관적, 역사적 진실에 반하는 극단적 경향성과 편파성을 띠고 있고 이를 전파하려는 데 그 주된 목적이 있는 것으로 볼 수 있는 이상, 피고인이 순수한 학문적인 동기와 목적 아래 이 사건 논문을 제작·반포한 것으로는 보기 어려운 점, ④ 이 사건 논문이 잡지에 게재되어 반포된 결과 반국가단체로서의 북한의 활동을 찬양·고무·선전 또는 이에 동조하는 내용의 이 사건 논문이 가지는 이적 효과가 전파되어 달성될 가능성 내지 개연성이 큰 점 등을 종합하여 살펴보면, 피고인으로서는 이 사건 논문의 내용이 이적성을 담고 있음을 인식하고 이 사건 논문으로써 반국가단체 등의 활동에 대한 찬양·고무·선전 또는 이에 동조할 목적으로 이 사건 논문을 제작·반포하였다고 인정할 수 있다.

4. 보도지침 사례

1979년 군사쿠데타를 통하여 집권한 전두환은 언론을 통제하기 위하여 문화공보부를 통하여 신문, 방송 등 언론사에 '보도지침'을 내려 보냈다. 보도지침은 매일 언론사에 전달되었는데, 구체적으로는 정부의 정책 등을 크게 홍보하거나 선정해야 할 내용, 야당이나 학생 운동 등 축소하여 보도해야 할 내용, 국내 여론이나 고문 주장, 개헌 주장 등 보도할 수 없는 내용, 경찰 등에 의한 성폭행 등 사용할 수 없는 단어, 사용할 수 없는 사진 또는 반드시 사용해야 하는 사진 등 모든 보도의 내용을 통제하였으며, 기사의 크기나 제목 등도 모두 정부가 정하였다. 거의 모든 언론사들은 이를 충실히 이행하였다. 이 보도지침은 1986년 언론사의 기자에 의하여 폭로되었다. 이를 폭로한 기자는 외교상 기밀누설 및 국가보안법 위반 등의 혐의로 구속되어 기소되었으며 군사정권이 물러나고 한참 뒤인 1995년 경 비로소 대법원에서 무죄판결을 받았다(대법원 1995. 12. 5. 선고 94도2379 판결).

5. 표현의 자유에 대한 억압과 저항

표현의 자유가 극단적으로 억압된 한국 사회에서 단식, 분신자살 등으로 자신의 의사를 표현한 사례가 적지 않다. 평화시장 노동자였던 22세의 전태일은 1970년 11월 13일 열악한 환경에서 장시간 노동에 시달리던 노동자들의 노동권을 보장하라고 요구하며, 분신자살하였다. 전태일의 분신자살은 한국의 노동운동의 시발점이 되었다. 전남대 법대 출신인 박관현은 광주민주화운동과 관련하여 수배되었다가 1982년 체포되었으며, 광주민주화운동의 진상규명을 요구하며 약 50일간 단식투쟁을 벌인 끝에 29세의 나이로 교도소 내에서 사망하였다. 노동자의 권리보장과 민주화를 주장하면서 분신이나 투신자살을 한 사례는 1987년경과 1991년경에 많이 발생하였다. 경원대생 송광영(1985), 노동자 박영진, 서울대생 이재호, 김세진, 이동수, 박혜정(1986), 서울교대생 박선영, 노동자 표정두(1987), 노동자 최윤범, 이문철(1988), 노동자 이영일, 최동(1990), 전남대생 박승희, 안동대생 김영균, 경원대생 천세용, 전민련 사회부장 김기설, 노동자 윤용하, 이정순, 차태권, 보성고생 김철수, 노동자 석광수(1991) 등이 민주화 운동과 노동운동의 과정에서 투신이나 분신의 방법으로 자신의 의사를 표시하였다.

6. 언론과 표현의 자유

다큐멘터리와 표현의 자유

대법원 2001. 3. 9. 선고 99도4777 판결

원심판결 이유에 의하면 원심은, 이 사건에서 문제가 된 표현물인 '레드헌트'는 재생시간이 1시간 20분가량의 비디오테이프로서, 대학교수, 4·3 사건을 심층 취재한 지방일간지 기자, 제주도 지역연구가 등이 등장하여 4·3 사건의 발단 배경, 사건의 전개, 그 역사적 의미 등에 관하여 직접 자신의 견해를 밝히고, 사건 당시 현장에서 피해상황을 직접 체험한 20여 명의 주민들이 각자 자신의 기억을 되살려 당시 정황을 진술하고 있으며, 여성 리포터가 위 주민들을 상대로 질문을 하며 이를 취재하고, 중간 중간의 해설에 의하여 출연자들의 주장 및 증언을 정리하는 등의 다큐멘터리 형식으로 제작된 것인바, 그 전체적인 제작 형식이나 내용, 영상에 비추어 보면 4·3 사건의 역사적 의미나 배경에 대하여 일부 공소사실 기재와 같이 특정 교수나 연구가 등이 자신의 개인적인 견해를 밝히고 있으나 그 외의 내용은 대부분 주민들이 당시의 피해상황에 관한 체험담을 이야기하는 것일 뿐으로서 위 일부 교수 등이 내세운 개인적인 견해를 들어 그것이 바로 '레드헌트'의 주요 제작의도 내지 시각이라고 단정할 수 없는 것으로 여겨지고, 따라서 지엽적인 부분을 제외하고는 전체적으로 보아 국가의 존립·안전이나 자유민주적 기본질서에 실질적으로 해악을 미칠 만한 가치전도적인 제작 취지나 내용이 표현되었다고 볼 만한 부분이 발견되지 아니하므로, 피고인이 학생들을 상대로 하여 이를 상영한 행위 또한 이적성이 인정되지 아니한다고 판단하였는바, 기록과 앞서 본 법리에 비추어 살펴보면 원심의 판단은 옳고, 거기에 상고이유에서 주장하는 바와 같은 표현물의 이적성에 관한 법리오해 등의 위법이 있다고 할 수 없다. 이 부분 상고이유의 주장은 받아들일 수 없다.

PD 수첩과 표현의 자유

서울중앙지방법원 2010. 12. 2. 선고 2010노380 판결

언론의 자유와 명예 보호 사이의 한계를 설정함에 있어서는, 당해 표현으로 인하여 명예를 훼손당할 수도 있는 피해자가 공적인 존재인지 사적인 존재인지, 그 표현이 공적인 관심 사안에 관한 것인지 순수한 사적인 영역에 속하는 사안에 관한 것인지 등에 따라 그 심사 기준에 차이를 두어야 한다. 객관적으로 국민이 알아야 할 공공성·사회성을 갖춘 사실은 민주주의의 토대인 여론 형성이나 공개 토론에 기여하므로 형사적 제재로 인하여 이러한 사안에 대한 표현을 주저하게 만들어서는 안 된다. 따라서 공공적·사회적인 의미를 가진 사안에 관한 표현의 경우에는 언론의 자유에 대한 제한이 완화되어야 하고, 특히 공직자의 도덕성·청렴성이나 그 업무처리가 정당하게 이루어지고 있는지 여부는 항상 국민의 감시와 비판의 대상이 되어야 한다는 점을 감안하면, 이러한 감시와 비판 기능은 그것이 악의적이거나 현저히 상당성을 잃은 공격이 아닌 한 쉽게 제한되어서는 안 된다(대법원 2004. 2. 27. 선고 2001다53387 판결, 대법원 2007. 9. 6. 선고 2007다2268 판결, 대법원 2008. 9. 25. 선고 2008도4889 판결, 헌법재판소 1999. 6. 24. 선고 97헌마265 전원재판부 결정 등 참조).

이 사건에서 보면, 이 사건 방송의 전체적인 취지 및 내용은 위 나.의 5)나)(2)항에서

본 바와 같은 여러 가지 사실, 즉, 이 사건 새로운 협상안에 대해서는 이를 논의하기 위한 전문가 회의나 가축방역협의회가 열리지 않은 사실, 이 사건 새로운 협상안을 마련하기 이전인 2008. 1. 30.경 미국에서 이 사건 다우너 소 동영상이 공개된 후 광우병을 비롯한 질병에 걸린 소가 도축될 가능성이 있는 미국의 소 도축시스템에 대해서 미국 내에서 큰 문제가 된 사실, 이 사건 쇠고기 수입 협상 시작 2일 전에 미국에서 아레사 빈슨이라는 여성이 인간광우병 의심 진단을 받고 사망한 사실, 우리나라 사람이 유전적 요인 및 식습관 때문에 광우병에 걸린 쇠고기를 섭취할 경우 인간광우병에 걸릴 위험이 크다는 유력한 논문이 있는 사실, 미국의 사료 금지조치, 치아감별법의 안전성에 대한 전문가들의 비판이 있던 사실, 일본, 호주, 멕시코, 대만 등은 이 사건 쇠고기 수입 협상보다 엄격한 내용으로 미국산 쇠고기를 수입하는 사실 등을 근거로 하여, 미국산 쇠고기의 안전성 문제 및 이 사건 쇠고기 수입 협상의 문제점을 지적하고 충분한 시간과 검토 없이 서둘러 이러한 협상을 체결한 우리 정부를 비판하는 것이다.

이러한 이 사건 방송의 전체적인 취지 및 내용은 국민의 먹을거리와 이에 대한 우리 정부의 정책에 관한 것으로서 공공성·사회성을 가지는 것이고, 이러한 방송 주제는 합리적인 근거를 가지는 한 민주주의의 토대인 여론 형성이나 공개 토론에 이바지할 수 있는 바로 그러한 주제이며, 이 사건 쇠고기 수입 협상에 관련된 공무원인 피해자들은 당연히 공적인 인물에 해당한다.

따라서 공인인 피해자들의 공적 업무에 관한 비판을 담은 이 사건 보도에 관하여 그로 인한 명예훼손죄의 성립 여부를 심사함에 있어서는 사적인 영역의 사안에 대한 것과는 심사 기준을 달리하여야 한다.…

공적 사안에 대한 비판에 있어서는 언론(표현)의 자유가 보다 폭넓게 인정되어야 한다는 원칙하에서 위에서 든 사정들을 종합해 보면, 비록 이 사건 방송으로 인해 피해자들의 사회적 평가가 저해될 수 있다 하더라도, 합리적 의심의 여지없이 피고인들이 이 사건 방송 보도의 내용이 일부 허위임을 인식하고 있었다고 단정하기 어렵고, 정부의 미국산 쇠고기 수입 협상 정책을 비판하기 위한 이 사건 보도의 취지에 비추어 볼 때 피고인들에게 피해자들 개인의 명예를 훼손한다는 점에 대한 인식이 있었다고 인정하기도 어려우며, 달리 피고인들의 범의를 인정할 만한 증거가 없다.

전기통신법 제47조 1항 위헌확인(이른바 미네르바 사건)

헌법재판소 2010. 12. 28. 선고 2008헌바157 판결

청구인 박○성은 2008. 7. 30.경 인터넷포털사이트 다음(Daum)의 '아고라' 경제토론방에 '드디어 외환보유고가 터지는구나'라는 제목 하에 외환보유고가 고갈되어 외화예산 환전 업무가 중단된 것처럼 허위 내용의 글을 작성, 게시하여 수만 명이 열람하도록 함으로써 정부의 외환정책 및 대외지급능력에 대한 신뢰도, 우리나라 경제의 대외신인도를 저하시키는 등 공익을 해할 목적으로 전기통신설비에 의하여 공연히 허위의 통신을 하고, 2008. 12. 29. 위 토론방에 '대정부 긴급 공문 발송-1보'라는 제목 하에 주요 7대 금융기관 및 수출입 관련 주요기업에게 달러 매수를 금지할 것을 긴급 공문 전송했다는 취지의 허위 내용의 글을 작성, 게시하여 약 10만 명 이상이 열람하도록 함으로써 정부의 환율정책 수행을 방해하고 우리나라 대외신인도를 저하시키는 등 공익을 해할 목적으로 전기통신설비에 의하여 공연히 허위의 통신을 하였다는 이유로 전기통신기본법 제47조 1항 위반 혐의로 기소되었고 …

(1) 표현의 자유 및 죄형법정주의와 명확성의 원칙

… (나) 한편, 죄형법정주의의 원칙은 법률이 처벌하고자 하는 행위가 무엇이며 그에 대한 형벌이 어떠한 것인지를 누구나 예견할 수 있고, 그에 따라 자신의 행위를 결정할 수 있게끔 구성요건을 명확하게 규정할 것을 요구한다. 형벌법규의 내용이 애매모호하거나 추상적이어서 불명확하면 무엇이 금지된 행위인지를 국민이 알 수 없어 법을 지키기가 어려울 뿐만 아니라, 범죄의 성립 여부가 법관의 자의적인 해석에 맡겨져서 죄형법정주의에 의하여 국민의 자유와 권리를 보장하려는 법치주의의 이념은 실현될 수 없기 때문이다(헌법재판소 1996. 12. 26. 선고 93헌바65 판결, 판례집 8-2, 785, 792 ~ 793).

(다) 이 사건 법률조항은 표현의 자유에 대한 제한입법이며, 동시에 형벌조항에 해당하므로, 엄격한 의미의 명확성원칙이 적용된다.

(2) 명확성원칙 위반 여부

(가) 이 사건 법률조항은 '공익을 해할 목적으로 전기통신설비에 의하여 공연히 허위의 통신을 한 자'를 처벌하도록 하고 있는바, '공익을 해할 목적'이라는 초과주관적 구성요건이 의미하는 바가 무엇인지 우선 문제된다.

(나) 헌법 제37조 2항은 모든 자유와 권리는 국가의 안전보장·질서유지 또는 공공복리를 위하여 필요한 경우에 한하여 법률로써 제한할 수 있음을 규정하고 있고, 헌법 제21조 4항은 언론·출판은 공중도덕이나 사회윤리를 침해하여서는 아니된다고 규정하고 있다.

그런데 이 사건 법률조항은 "공익을 해할 목적"의 허위의 통신을 금지하는바, 여기서의 "공익"은 위 헌법 제37조 2항의 "국가의 안전보장·질서유지"와 헌법 제21조 4항의 "공중도덕이나 사회윤리"와 비교하여 볼 때 '동어반복'이라고 할 수 있을 정도로 전혀 구체화되어 있지 아니하다. 형벌조항의 구성요건으로서 구체적인 표지를 정하고 있는 것이 아니라, 헌법상 기본권제한에 필요한 최소한의 요건 또는 헌법상 언론·출판자유의 한계를 그대로 법률에 옮겨 놓은 것에 불과할 정도로 그 의미가 불명확하고 추상적이다.

"공익"이라는 개념은 이처럼 매우 추상적인 것이어서 어떠한 표현행위가 과연 "공익"을 해하는 것인지, 아닌지에 관한 판단은 사람마다의 가치관, 윤리관에 따라 크게 달라질 수밖에 없다. 건전한 상식과 통상적인 법감정을 가진 일반인들에게 있어 공통적으로 공익으로 인식될 수 있는 이익이 존재함은 의문의 여지가 없으나, 판단주체에 따라 공익인지 여부를 달리 판단할 가능성이 있는 이익이 존재함도 부인할 수 없다. 이는 판단주체가 법전문가라 하여도 마찬가지이고, 법집행자의 통상적 해석을 통하여 그 의미내용이 객관적으로 확정될 수 있다고 보기 어렵다.

나아가 현재의 다원적이고 가치상대적인 사회구조 하에서 구체적으로 어떤 행위상황이 문제되었을 때에 문제되는 공익은 하나로 수렴되지 않는 경우가 대부분이다. 문제되는 행위가 어떤 공익에 대하여는 촉진적이면서 동시에 다른 공익에 대하여는 해가 될 수도 있으며, 전체적으로 보아 공익을 해할 목적이 있는지 여부를 판단하기 위하여는 공익간 형량이 불가피하게 되는바, 그러한 형량의 결과가 언제나 객관적으로 명백한 것은 아니다.

결국, 이 사건 법률조항은 수범자인 국민에 대하여 일반적으로 허용되는 '허위의 통신' 가운데 어떤 목적의 통신이 금지되는 것인지 고지하여 주지 못한다. 어렴풋한 추측마저 불가능하다고는 할 수 없더라도, 그것은 대단히 주관적인 것일 수밖에 없다.

[보충의견]

(1) 불명확한 규범에 의하여 표현의 자유를 규제하게 되면 헌법상 보호받아야 할 표현까지 망라하여 필요 이상으로 과도하게 규제하게 되므로 과잉금지원칙과 조화될 수 없고, 유해성에 대한 막연한 의심이나 유해의 가능성만으로 표현물의 내용을 광범위하게 규제하는 것은 표현의 자유와 조화될 수 없다(헌법재판소 2002. 6. 27. 선고 99헌마480 판결, 판례집 14-1, 616, 628 ~ 630 참조).

이 사건 법률조항은 '공익을 해할 목적'의 허위의 통신을 규제하는 것으로서, '공익' 개념의 모호성, 추상성, 포괄성으로 말미암아 필연적으로 규제되지 않아야 할 표현까지 다함께 규제하게 되어 과잉금지원칙에 어긋난다.

(2) 허위의 통신을 접한 국민은 그 표현내용의 진위 여부를 의심하고 확인할 수 있으며, '가장 참여적인 시장', '표현촉진적인 매체'로서의 인터넷통신의 발달에 따라 정보수신자는 매우 다양한 경로를 통하여 정보를 수집할 수 있고, 특정한 표현에 대한 반론 내지 반박도 실시간으로 가능하다. '통신'의 특수성, 즉 익명성과 무차별적 전파가능성 등에 의하여 위와 같은 가능성이 전적으로 차단될 것이라고 보기는 어려우며, 허위사실의 표현이 있다는 이유만으로 국민의 올바른 정보획득이 침해된다거나 범죄의 선동, 국가질서의 교란 등이 발생할 구체적 위험이 있다고는 할 수 없다.

한편 허위사실의 표현으로 인한 논쟁이 발생하는 경우, 문제되는 사안에 관한 사회적 관심을 높이고 참여를 촉진할 수도 있으므로 반드시 공익을 해하거나 민주주의의 발전을 저해하는 것이라고는 볼 수 없고, 행위자가 주관적으로 공익을 해할 목적이 있는 경우에도 실제로 표현된 내용이 공익에 영향을 미칠 수 없는 사적인 내용이거나 내용의 진실성 여부가 대중의 관심사가 아닌 때, 내용의 허위성이 공지의 사실인 경우 등에는 그로 인한 사회적 해악이 발생하기 어렵다.

이와 같이 허위의 통신 자체가 일반적으로 사회적 해악의 발생으로 연결되는 것은 아님에도 '공익을 해할 목적'과 같은 모호하고 주관적인 요건을 동원하여 이를 금지하고 처벌하는 국가의 일률적이고 후견적인 개입은 그 필요성에 의심이 있다. 어떤 표현이나 정보의 가치 유무, 해악성 유무가 국가에 의하여 1차적으로 재단되어서는 아니되며, 이는 시민사회의 자기교정기능과 사상과 의견의 경쟁메커니즘에 맡겨져야 한다(헌법재판소 1998. 4. 30. 선고 95헌가16 판결, 판례집 10-1, 327, 339 ~ 340 ; 헌법재판소 2002. 6. 27. 선고 99헌마480 판결, 판례집 14-1, 616, 631 ~ 632 참조). 세계적인 입법례를 살펴보아도 허위사실의 유포를 그 자체만으로 처벌하는 민주국가의 사례는 현재 찾아보기 힘들다.

(3) 만약 허위의 통신에 의하여 법익침해의 실질적 위험이 발생할 것이 명백한 경우가 있다면, 그에 관하여는 구체적으로 그 내용을 적시하여 규율하여야 할 것이고, 법익침해의 위험성이 행위 자체로 명백하지 않은 때는 침해의 결과를 발생시키는 것을 금지하여야 할 것이다. 이 사건 법률조항과 같은 포괄적 규제는 기본권 침해의 최소성원칙에 부합하지 않는다.

7. 공무원의 표현의 자유

공무원의 표현의 자유

헌법재판소 2012. 5. 21. 선고 2009헌마705, 2010헌마90(병합) 판결

[다수의견]

국민의 자유와 권리는 국가안전보장, 질서유지 또는 공공복리를 위하여 필요한 경우에 한하여 제한할 수 있으나, 그 제한은 원칙적으로 법률로써만 가능하며 제한하는 경우에도 기본권의 본질적 내용을 침해할 수 없고 필요한 최소한도에 그쳐야 하는바(헌법 제37조 2항), 이 사건 국가공무원 복무규정 제3조 2항 등이 과잉금지원칙에 반하여 공무원의 정치적 표현의 자유를 과도하게 제한하는 것은 아닌지 살펴본다.

이 사건 국가공무원 복무규정 제3조 2항 등은 공무원이 집단·연명으로 또는 단체의 명의를 사용하여 국가의 정책을 반대하거나 국가 정책의 수립·집행을 방해하는 것을 금지함으로써, 공무원의 근무기강을 확립하고 공무원의 정치적 중립성을 확보하며 나아가 행정의 효율적인 집행을 도모하려는 목적을 가진다.

공무원은 공직자인 동시에 국민의 한 사람이기도 하므로, 공무원은 공인으로서의 지위와 사인으로서의 지위, 국민전체에 대한 봉사자로서의 지위와 기본권을 향유하는 기본권주체로서의 지위라는 이중적 지위를 가진다. 따라서 공무원이라고 하여 기본권이 무시되거나 경시되어서도 아니 되지만, 공무원의 신분과 지위의 특수성에 비추어 공무원에 대해서는 일반 국민에 비해 보다 넓고 강한 기본권제한이 가능하게 된다. 그런 측면에서 우리 헌법은 공무원이 국민전체의 봉사자라는 지위에 있음을 확인하면서 공무원에 대해 정치적 중립성을 지킬 것을 요구하고 있다(헌법 제7조 1항, 2항).

따라서 공무원 역시 국민의 한 사람으로서 적어도 근무시간이 아닌 때에는 국가 정책에 대한 자신의 의사를 표현할 수 있을 것이나, 만약 그러한 의사표현이 집단·연명으로 또는 단체의 명의를 사용하여 이루어지는 등 집단적인 형태를 띨 경우에도 이를 허용한다면, 국민의 공복으로 기능하기 위해 엄정한 규율이 요청되는 공무원 조직의 근무기강이 자칫 해이해지고, 국민전체의 봉사자로서의 지위를 잊고 공무원 집단 자신의 이익을 도모하거나 특정 정당이나 당파의 이익에 봉사할 우려가 있음을 부정할 수 없다. 그렇다면, 공무원의 국가 정책에 대한 집단적인 반대·방해 행위를 금지하는 이 사건 국가공무원 복무규정 제3조 2항 등의 입법목적은 정당하다고 할 것이다.…

헌법 제21조가 보장하고 있는 표현의 자유는 그 의사의 표현 방법과 형식에 아무런 제한이 없는바, 이 사건 국가공무원 복무규정 제8조의2 제2항 등은 특정한 복장을 하거나 관련 물품을 착용함으로써 정치적 의사를 상징적으로 표현하는 행위를 제한하고 있다.

그런데 위 규정은 공무원이 직무수행 중에 정치적 주장을 표시·상징하는 복장 등 착용 행위를 금지함으로써 공무원의 근무기강을 확립하고 나아가 공무원의 정치적 중립성을 확보하려는 목적을 가진 것으로서 그 입법목적이 정당하며, 그러한 행위에 대한 규제는 위 입법목적을 달성하는 데 적합한 수단이라고 할 것이다.

한편, 공무원이 직무수행 중인 경우에는 특정한 정치적 주장을 표시·상징하는 복장 등을 착용하는 행위 자체가 그 주장의 당부를 떠나 국민으로 하여금 공무집행의 공정성과 정치적 중립성을 의심하게 할 수 있으므로 공무원이 직무수행 중인 경우에는 그 활동과 행위에 더 큰 제약이 가능하다고 하여야 할 것인바, 위 규정은 오로지 공무원의 직무수행 중의 행위만을 금지하고 있으므로 침해의 최소성 원칙에 반하지 아니한다. 또한, 이 사건 규정에 의해 금지되는 행위는 앞서 본 바와 같이 정당활동이나 선거와 직접적으로 관련되거나 특정 정당과의 밀접한 연계성을 인정할 수 있는 등 공무원의 정치적 중립성을 훼손할 가능성이 높은 정치적 주장을 복장 등으로 표현하는 행위라고 해석된다는 점에서도 공무원의 정치적 표현의 자유에 대한 제한을 최소화하고 있다고 할 수 있다.

끝으로, 이 사건 국가공무원 복무규정 제8조의2 제2항 등에 의해 공무원의 정치적 표현의 자유가 일정 부분 제한받게 되지만, 공무원의 근무기강을 확립하며 또 정치적 중립성이 확보된 공정한 공무수행에 대한 국민의 신뢰를 담보한다는 공익은 결코 작다고 할 수 없으므로, 법익의 균형성 또한 충족한다.

따라서 이 사건 국가공무원 복무규정 제8조의2 제2항 등은 과잉금지원칙에 반하여 공무원의 정치적 표현의 자유를 침해한다고 할 수 없다.

[소수의견 1]

다수의견에 의하더라도 '국가 정책'이란 '국가기관 내지 공공기관의 정책'을 말한다. 그런데 자유민주주의 사회의 '국가기관 내지 공공기관'은 비판받아서 안 될 신성한 존재가 아니라 오히려 더욱 비판과 감시에 노출되어야만 하는 존재이다. 또한 공무원은 국민에 대한 봉사자로서 잘못된 국가기관의 정책을 비판하여 올바른 방향으로 이끌 책무 또한 있으므로, 공무원이 '국가기관 또는 공공기관'이 결정한 정책을 반대하더라도 그 내용이 진실되고 합리적이며 국익을 위한 것이라면 공무원의 정치적 중립성을 해친다고 단정할 수 없다.

물론 공무원이 국가 정책을 반대하는 취지가 특정 정파의 주장과 일치할 수 있으나,

그것이 공무원의 정치적 중립성을 훼손하는지 여부를 판단하기 위하여는, 국가 정책에 대한 반대의사표시가 잘못된 국가 정책을 바로 잡기 위한 합리적이고 건전한 비판인지 아니면 특정 정파를 지지하기 위한 수단인지, 반대하는 내용이 진실하고 공정한 것인지 아니면 허위이고 편파적인 것인지, 국가와 사회의 이익을 위한 행위인지 아니면 혼란을 야기하기 위한 악의적인 행위인지 등을 규명할 필요가 있다.

[소수의견 2]

공무원은 공직자로서의 지위와 일반 국민으로서의 지위라는 '이중적 지위'를 가진다. 공무원은 기본권을 향유하는 기본권주체이면서, 일반 국민에 비하여 기본권에 대한 제약이 보다 넓고 강하게 이루어질 수 있다. 이 때 공무원의 정치적 기본권에 대한 제한을 정당화하는 핵심적인 이유는 공무원에 대한 정치적 중립성의 요청이다(헌법 제7조 2항).

이처럼 공무원의 정치활동 제한이 공무원의 정치적 중립성을 확보하기 위한 것이라면, 공무원의 정치활동 제한의 범위와 정도는 공무원의 정치적 중립의무와의 상관관계에서 이해되어야 하고, 정치적 중립성을 해하게 될 가능성과 정도에 따라 그 규제의 수준을 달리 하는 것이 공무원에 대한 정치적 중립성의 요청과 국민 중 한 사람으로서의 공무원의 정치적 기본권을 조화롭게 보장하는 방법일 것이다.

이런 측면에서 볼 때, 정당과 선거를 정치의 구성원리로 하는 정당국가에서의 공무원의 정치적 중립성이란 공무원이 특정 정당이나 당파로부터 자유로워야 한다는 것이므로, 공무원에 대해 제한되는 정치활동 역시 원칙적으로 정당이나 선거와 관련한 활동일 것이 요청되며, 그렇지 아니한 정치활동의 경우에는 가급적 허용하는 것이 바람직하다.

공무원의 정치적 기본권의 보장 여부와 범위는 각국의 역사와 정치적 사정에 따라 다르다. 구미의 여러 나라들은 공무원의 정치적 기본권을 폭넓게 허용하여 대개 정당활동을 규제하지 않으며 선거운동 역시 인정하는 편이라 할 수 있고, 이 사건 국가공무원 복무규정 제3조 2항 등과 같이 공무원이 집단적으로 국가 정책에 반대·방해하는 행위를 금지하는 규정도 찾을 수 없다.

이에 비해 일본의 경우는 우리와 마찬가지로 공무원의 선거운동은 물론 정당활동까지 금지하고 있으며, 일본 국가공무원법의 위임에 따른 인사원 규칙 14-7은 이 사건 국가공무원 복무규정 제3조 2항 등과 매우 유사한 규정을 두고 있다. 그러나, 그 하위법령인 인사원 규칙 14-7 운용방침을 살펴보면, 우리와 달리 금지되는 정치적 행위의 범위를 대폭 축소하여 규정하고 있음을 알 수 있다.

결국, 민주주의의 선진국이라고 할 수 있는 국가들에는 이 사건 국가공무원 복무규정 제3조 2항 등과 같이 정당활동이나 선거와 관련이 없는 일반적인 정치적 의사표현을 포괄적으로 제한하는 규정은 존재하지 않는다고 할 수 있다.…

한편, 공무원의 정치적 중립성 확보 및 공직사회의 근무기강 확립이라는 목적과 공무원의 정치적 표현의 자유 금지라는 수단 사이에 어떤 연관이 있다는 증거를 발견하기도 어렵다. 민주주의 선진국들의 입법례와 정치현실에서 보듯이, 공무원의 정치활동을 폭넓게 인정한다고 하여 곧바로 정치적 중립성이 훼손되거나 근무기강이 해이해지는 것은 아니며, 반대로 우리의 정치현실과 역사를 볼 때 공무원의 정치활동이 거의 전면적으로 금지되어 왔다고 하여 공무원의 정치적 중립이 준수되어 왔다고 보기도 어렵다.…

현대 민주주의 국가에서는 정당을 중심으로 하여 입법부와 행정부가 상호융합하여 '다수당의 지배'라고 부르는 현상이 전개되고 있다. 이러한 정당국가화 경향으로 인해 입법부·행정부·사법부가 상호 견제와 균형을 이루는 고전적인 권력분립의 원칙 또한 그대로 유지할 수 없게 되고 말았으며 이른바 기능적 권력통제가 요청되고 있는바, 이에 맹목적인 정책 집행 담당자가 아닌 적극적인 권력통제자로서의 공무원의 역할이 중요해지고 있다.

한편, 현대 복지국가에 있어 공무원의 수는 지속적으로 늘고 있으며 우리나라의 경우 공무원 수는 현재 100만 명 정도에 이르고 있는데, 이렇게 많은 수의 국민에 대해 일반적인 정치적 표현의 자유까지 금지하는 것은 민주주의의 성공적인 작동을 위해 결코 바람직한 일이라고 할 수 없다.

또한 공무원 집단은 그 교육의 수준 및 인적 자질, 공익에 대한 관심, 국가와 사회에 대한 사명감 등에 있어 다른 어떤 집단보다 높은 정치 수준을 갖고 있다고 할 수 있다. 이러한 수준 높은 국민들의 정치 참여는 단순히 그 개인의 정치적 기본권을 보장한다는 측면에 그치는 것이 아니라, 우리 민주주의의 원활한 작동을 가능하게 하며 민주주의의 수준을 높이는 원동력이 되는 것이라 할 수 있다.

이러한 점에 비추어 볼 때, 이 사건 국가공무원 복무규정 제3조 2항 등이 공무원에게 국가 정책에 대한 집단적인 반대·방해 행위를 금지함으로써 달성하고자 하는 공익에 비하여, 그로 말미암아 공무원인 다수의 국민들이 민주주의의 장에서 배제되고 정치적 기본권 중에서도 가장 기본적인 권리라 할 수 있는 정치적 표현의 자유가 제한됨으로써 발생하는 기본권에 대한 제약은 자못 심대하다 할 수 있으므로, 이 사건 국가공무원 복무규정 제3조 2항 등은 법익의 균형성 또한 인정하기 어렵다.

8. 평화로운 집회의 자유

한국에서는 내용에 따른 표현의 자유에 대한 제한이 광범위하게 허용되고 있다.

예를 들어, 집회 및 시위에 관한 법률은 적법한 시위를 하기 위한 여러 가지 요건을 규정하고 있는바, 제15조는 학문, 예술, 체육, 종교, 의식, 친목, 오락, 관혼상제 및 국경행사에 관한 집회에는 법상의 제한이 적용되지 않는다고 규정하고 있다. 법률의 규정으로는 표현의 내용에 따른 규제가 없지만 실제의 법집행에서는 표현의 내용에 따라 서로 다른 규제가 행해지는 경우가 많다. 특히, 정부에 비판적인 정치적인 의사표현에 대한 적대감, 북한에 대한 어떠한 형태의 우호적인 의사표현에 대한 적대감은 법률의 규정과 그 적용에서 흔히 발견된다.

집회는 여러 사람이 모여 집단적인 의사를 표현하는 방법이다. 집회의 자유의 범위는 경찰권의 행사와 관련하여 종종 문제가 된다. 2015년 11월 14일 오후 7시경에 민중총궐기 집회에 참가한 백남기 농민이 서울시 종로구 서린 교차로에서 경찰의 살수에 의하여 쓰러져 치료를 받던 중 2016년 9월 25일 사망하였다. 이 사건에서 피해자의 사망에 대한 경찰의 책임이 문제가 되었다. 2018년 8월 22일 경찰청 인권침해 사건 진상조사원회의 발표에 의하면 경찰은 사건 당일 대규모의 병력과 장비를 투입하고 버스와 트럭을 동원하여 주요 도로에 차벽을 설치하는 등 과잉금지원칙에 위배하여 시위를 진압하였으며, 헌법이 보장하는 집회 및 시위의 자유를 침해하여 사건 당일의 집회를 불허하였다. 나아가 물, 최루액 및 염료를 혼합하여 살수하였다. 조사결과에 의하면 위험이 명백하지 않음에도 불구하고 피해자를 향하여 지속적으로 살수하여 피해자를 넘어지게 하였다. 경찰은 집회참가자에 대하여는 철저한 진압과 수사를 진행하면서도 피해자의 사망에 대하여는 별다른 조치를 취하지 아니하였다. 진상조사위는 인권침해사실을 인정하고 피해자 가족에게 사과할 것을 권고하였다.

9. 미국법상 표현의 자유

미국에서는 표현의 자유에 대한 제한이 정당화되기 위해서는 내용적으로 중립적인 시간, 장소 및 표현의 방식에 대한 제한이어야 하며, 표현의 자유를 제한할 만한 강력한 필요가 있어야 하며, 명백하고 현존한 위험이 존재하여야 하며, 가장 덜 제한적인 수단이어야 한다는 원칙이 발달하였다. Abrams 사건은 표현의 자유의 근거로 사상의 자유시장을 언급하고 있다. Texas 사건은 정치적인 의사표현의 방법으로 성조기를 불태우는 행위를 처벌하는 주법을 위헌으로 선언하였다.

Abrams v. United States

250 U.S. 616, 624, 40 S.Ct. 17 (1919).

But when men have realized that time has upset many fighting faiths, they may come to believe even more than they believe the very foundations of their own conduct that the ultimate good desired is better reached by free trade in ideas -- that the best test of truth is the power of the thought to get itself accepted in the competition of the market, and that truth is the only ground upon which their wishes safely can be carried out. That at any rate is the theory of our Constitution. It is an experiment, as all life is an experiment. Every year if not every day we have to wager our salvation upon some prophecy based upon imperfect knowledge. While that experiment is part of our system I think that we should be eternally vigilant against attempts to check the expression of opinions that we loathe and believe to be fraught with death, unless they so imminently threaten immediate interference with the lawful and pressing purposes of the law that an immediate check is required to save the country. I wholly disagree with the argument of the Government that the First Amendment left the common law as to seditious libel in force. History seems to me against the notion. I had conceived that the United States through many years had shown its repentance for the Sedition Act of 1798, by repaying fines that it imposed. Only the emergency that makes it immediately dangerous to leave the correction of evil counsels to time warrants making any exception to the sweeping command, "Congress shall make no law … abridging the freedom of speech." Of course I am speaking only of expressions of opinion and exhortations, which were all that were uttered here.

TEXAS V. JOHNSON

491 U.S. 397, 109 S.Ct. 2533 (1989).

…Moreover, Johnson was prosecuted because he knew that his politically charged expression would cause "serious offense." If he had burned the flag as a means of disposing of it because it was dirty or torn, he would not have been convicted of flag desecration under this Texas law: federal law designates burning as the preferred means of disposing of a flag "when it is in such condition that it is no longer a fitting emblem for display," and Texas has no quarrel with this means of disposal…

Whether Johnson's treatment of the flag violated Texas law thus depended on the likely communicative impact of his expressive conduct. Our decision in Boos v. Barry tells us that this restriction on Johnson's expression is content based…

Johnson was convicted for engaging in expressive conduct. The State's interest in preventing breaches of the peace does not support his conviction because Johnson's conduct did not threaten to disturb the peace. Nor does the State's interest in preserving the flag as a symbol of nationhood and national unity justify his criminal conviction for engaging in political expression.

10. 한국의 표현의 자유에 대한 보고서 요약

유엔인권이사회의 '평화적 집회 및 결사의 자유에 관한 특별보고관'은 2016년 한국을 방문하여 한국의 집회 및 결사의 자유에 관한 보고서를 작성하여 이사회에

제출하였다.[2)]

한국의 집회 및 시위에 관한 법률이 집회의 주최자가 당국에 집회의 상세한 내용을 신고하도록 하고 있는데, 집회의 신고제가 국제법상 허용될 수는 있지만 신고가 강제적일 경우, 특히 국제인권법에 따라 보호되는 자발적인 집회를 허용하지 않는 경우라면 이는 사실상 허가제가 된다고 지적하였다. 그리고 신고가 부담이 되거나 지나치게 관료적이면 아니 된다(para 19).

한국의 경찰청은 특별보고관에게 적법한 집회란 비폭력 집회와 같이 한국법을 위반하지 않는 집회 또는 교통을 방해하지 않는 집회라고 하지만, 자발적인 집회 등 신고 되지 아니한 집회도 불법집회라고 한다. 경찰청에 따르면 적법한 집회도 예를 들어 폭력적으로 되면 불법적인 집회로 변할 수 있으며, 불법적인 집회는 금지되거나 강제로 해산될 수 있으며, 참가자는 조사 및 처벌을 받을 수 있다(para 20).

국제인권규범은 집회의 '평화'을 보호의 기준으로 삼는다. 집회의 평화성은 추정되며, 집회주최자의 의도와 집회가 열리는 방식은 존중되어야 한다. 국제법은 차별, 적대감, 폭력을 선동하는 예외적인 경우에만 평화적인 집회의 해산을 허용한다(para 22).

몇 사람의 폭력적인 행위를 이유로 집회를 불법적인 것으로 간주하고, 이를 해산하는 것은 평화적인 집회의 자유가 개인의 권리라는 점을 고려하지 아니한 것이다. 평화적인 참가자의 권리는 다른 사람이 폭력적이라고 하여 제한되는 것이 아니다. 집회의 해산은 평화적인 참가자의 권리에 심대한 영향을 미치므로 최후의 수단으로 사용되어야 한다(para 23).

집회가 평화적인 아니라도 참가자는 표현, 결사, 믿음의 자유, 공적인 영역에 참여할 권리, 신체의 완전성 등 다른 권리를 잃는 것은 아니다. 항의와 시위가 방해물에 지나지 않으므로 오로지 법과 질서의 관점에서 접근해야 한다는 견해는 민주사회의 요구와 양립할 수 없다. 집회에 많은 사람이 참여하면 통상적인 삶이 방해받는다는 점은 예상되는 것이므로 집회의 권리의 실질이 상실되지 않으려면 이는 용인되어야 한다(para 25).

집회 및 시위에 관한 법률 제8조 1항에 따라 당국은 요건에 부합하지 않는 집회를 금지할 수 있다. 이 규정에 의하면 당국은 집회를 허용하거나 제한할 폭넓은 재량권을 가지며, 이는 사실상 신고제가 아닌 집회의 허가제에 해당한다. 한국의 경찰은 언제 집회를 금지할지 결정할 폭넓은 재량을 가진다(para 26).

2) A/HRC/32/36/Add.2

경찰청은 집회를 금지하거나 불법이라고 드는 이유로 교통방해, 시민의 일상적 생활의 방해, 높은 수준의 소음, 동시 집회의 신고 등은 집회의 제한을 정당화하는 자유권규약 제21조의 기준을 충족하지 못한다. 민주사회에서 국가안보, 공공안전, 공공질서, 공공의 건강과 도덕의 보호, 다른 사람의 권리와 자유의 보호를 위하여 필요하며, 적법하고, 목적의 달성을 위하여 필요하고 비례적인 제한만이 적용될 수 있다. 집회를 제한할 수 있는 폭넓은 재량과 권한으로 인하여 위안부 문제에 관한 대학생들의 기자회견, 사기사건에 항의하기 위하여 김정수가 주최한 기자회견에서 참가자들이 구호를 외쳤다는 이유로 불법 집회로 간주되는 상황이 되기도 하였다(para 28).

집회 및 시위에 관한 법률 제8조 2항에 따르면 경찰은 서로 상충되는 목적을 가진 둘 또는 그 이상의 집회가 동일한 시간과 장소에서 개최되는 경우에 나중에 신고 된 집회를 금지할 수 있다. 이는 2015년 6월에 레즈비언, 게이, 양성애자, 성전환자에 반대하는 시위자들이 먼저 집회를 신고하여 이들의 집회가 금지된 사례에서 보듯이 남용될 여지가 있다. 먼저 된 신고가 오로지 집회를 방해하기 위한 것이라는 주장이 있다. 국가는 반대 시위를 포함하여 동시적인 집회를 보호하고 용이하게 할 의무가 있다(para 29).

특별보고관은 시위에서 물대포와 버스차벽을 사용하였다는 증언과 증거들을 확보하였다. 경찰은 1999년 최루탄의 사용을 중지한 후 집회에서 폭력이 감소하였다고 하는데, 마찬가지로 보고관은 물대포와 버스차벽의 사용이 긴장을 고조시킨다고 본다. 이러한 장비들을 사용하고 대규모로 병력을 배치하면 거의 확실하게 경찰과 시위자들 사이의 긴장을 고조시킨다(para 31).

물대포의 사용은 심각한 문제가 있다. 첫째, 무차별적이다. 혼잡한 군중 속에서 폭력적인 개인에 대하여만 사용하기 어렵다. 평화적인 군중에게 또는 개인에게 사용되었다. 백남기 농민은 2015년 11월 물대포에 의하여 쓰러졌으며, 보고서 작성 당시까지 의식불명이다. 시위대의 소음으로 인하여 물대포를 사용하겠다는 경찰의 경고는 듣기 어렵다(para 33).

버스차벽의 사용은 시위 참가자에게 심각한 우려가 된다. 시위대의 행진에 심각한 장애물이 될 뿐만 아니라 참가자들이 목적지로 접근하는 것을 방해하며, 시각과 청각을 이용하여 참가자들이 모이는 것을 방해한다(para 35).

버스차벽은 집회를 용이하게 할 당국의 의무에 반하며, 참가자들의 행위를 관리하기 위해서가 아니라 평화적인 집회의 자유를 선제적으로 방해하기 위하여 사용되었다(para 37).

집회의 관리는 상당한 경험과 훈련, 기술을 요구하는 힘든 일이다. 상대적으로 경험이 없고, 소집된 청년들을 집회의 앞에 내세우는 것은 잘못이며, 참가자, 경찰, 대중 모두에게 위험할 수 있다(para 38).

집회 이후의 당국의 행위가 평화적인 집회의 권리를 행사하는 데에 부정적 영향을 미친다. 많은 참가자들을 조사, 체포하고, 수백 명의 참가자들을 일반교통방해고 기소하거나 집회주최자를 폭력 선동으로 기소하거나 이들에게 민사소송으로 손해배상을 청구하는 것 등이 이에 해당한다. 집회주최자들은 다른 사람의 불법적인 행위로 인한 손해를 배상할 수도 있다(para 39).

박래군 사건은 평화적인 집회의 주최자가 겪는 위협과 괴롭힘을 잘 보여준다. 박래군은 세월호 유가족과 지지자들로 구성원 4.16 연대의 구성원이다. 그는 불법적인 시위 조직, 공용물 파괴, 일반 교통방해, 명예훼손으로 기소되었다. 그는 2016년 서울지방법원에서 징역 3년, 집행유예 4년을 선고받았다(para 40).

2015년 민주노동이 조직한 민중집회 이후에 경찰은 수 백 명의 조합원들을 조사하고, 일부를 기소하였다. 한상균 위원장은 공무집행방해, 공무원 상해, 공용물손상, 교통방해 등으로 기소되었다(para 41).

집회 참가자들을 일반교통방해 등 범죄로 기소하는 것은 사실상 평화적인 집회를 범죄시하는 것이다. 집회 참가자들이 많이 나오면, 도로를 완전히 방해하지 않는 것은 거의 불가능한데, 만일 사람들이 도로로 나오게 되면 이들은 교통방해로 기소될 수 있다. 기소 여부, 나아가 일반교통방해 등 무거운 범죄로 참가자들을 기소할지 여부를 당국이 선택할 수 있어서 도로 위 집회가 억제될 수 있다. 집회는 상업적 행위, 자동차 또는 행인의 이동과 동일한 적법한 공공장소의 이용에 해당한다(para 42).

한국의 언론 자유 지수

기자협회보(2018. 4. 25.)

국경없는기자회(RSF)와 한국기자협회가 25일 서울 중구 한국프레스센터에서 발표한 '2018 세계 언론자유지수'에서 한국은 지난해보다 20위 오른 43위를 차지했다. 조사 대상국은 전 세계 180개국이다.

한국은 아시아의 일본(67위), 중국(176위)은 물론 미국(45위)보다 높은 순위를 기록했다. 한국이 언론자유지수에서 미국보다 높은 순위에 오른 것은 노무현 정부 시절이던 2007년 이후 11년 만이다.

RSF는 “문재인 대통령 당선과 함께 언론자유의 어두웠던 10년이 끝났다”며 “10년의 후퇴 뒤 눈에 띄는 개선이 있었다.”고 평가했다. RSF는 한국 언론은 2014~2016년 박근혜 전 대통령을 상대로 벌인 투쟁 과정에서 투지를 보였고, 인권변호사 출신인 문재인 대통령이 당선되면서 한국의 언론자유 상황은 전환의 계기를 맞았다고 진단했다.

한국의 언론자유지수는 노무현 정부 당시였던 2006년 31위로 가장 높은 순위를 기록했지만 박근혜 정부 때인 2016년 70위까지 떨어진 바 있다.

세드릭 알비아니 RSF 동아시아지부장은 “한국의 지난 10년은 언론자유가 절대로 그냥 얻어지는 것이 아니라는 것을 보여줬고, 국경없는 기자회는 이런 개선이 가능할 수 있도록 이끌어준 한국의 기자들과 시민사회의 엄청난 저항에 박수를 보낸다.”며 “아시아뿐 아니라 전세계 민주주의 국가들에게도 좋은 본보기가 될 수 있을 것”이라고 밝혔다.

정규성 한국기자협회장은 “언론자유지수에서 민주주의 상징인 미국보다 두 계단 높다는 점은 고무적이고, 현 정부의 소통 노력과 한국 언론사들의 언론자유에 대한 의지가 높이 평가된 것으로 보인다.”고 말했다.

해설 및 검토

1. 정부의 견해를 지지하는 의사의 표명은 단속하지 않으면서(예를 들어 광고물관리법 등 법률의 규정에 어긋나게 게시된 플래카드를 그대로 두는 것) 정부의 견해와 반대되는 의사의 표명을 막는 것(법률에 위반하는 게시물이라는 이유로 철거하는 것)은 표현의 자유에 대한 침해인가?

2. 국가보안법 제7조의 규정과 표현의 자유는 서로 양립할 수 있는가?

3. 사상도 시장에서 자유롭게 경쟁하는 것이 사회를 위하여 좋은 것인가?

제 14 장 사생활의 비밀과 자유

1. 조약과 법률

ICCPR 제17조는 어느 누구도 사생활, 가정, 주거 또는 통신에 대하여 자의적이거나 불법적인 간섭을 받거나 그의 명예와 신용에 대한 불법적인 비난을 받지 아니한다고 규정한다.

한국 헌법 제17조는 사생활의 비밀과 자유, 제18조는 통신의 비밀에 관한 권리를 규정하고 있다.

2. 간통죄와 사생활의 비밀과 자유

간통죄와 사생활의 비밀과 자유

헌법재판소 2015. 2. 26.자 2009헌바17 결정

(1) 헌법 제10조는 개인의 인격권과 행복추구권을 보장하고 있고, 인격권과 행복추구권은 개인의 자기운명결정권을 전제로 한다. 이 자기운명결정권에는 성행위 여부 및 그 상대방을 결정할 수 있는 성적 자기결정권이 포함되어 있으므로, 심판대상조항은 개인의 성적 자기결정권을 제한한다. 또한, 심판대상조항은 개인의 성생활이라는 내밀한 사적 생활영역에서의 행위를 제한하므로 헌법 제17조가 보장하는 사생활의 비밀과 자유 역시 제한한다.

(2) 입법목적의 정당성

심판대상조항은 선량한 성풍속 및 일부일처제에 기초한 혼인제도를 보호하고 부부간 정조의무를 지키게 하기 위한 것으로 그 입법목적의 정당성은 인정된다.

(3) 수단의 적절성 및 침해최소성

① 간통행위에 대한 국민의 인식 변화

우리 사회에서 혼인한 남녀의 정조유지가 전통윤리로 확립되어 있었고, 일부일처제의 유지와 부부간의 정조의무 역시 도덕기준의 하나로 정립되어 왔다. 그러나 최근 전통적인 가족 구조 및 가족 구성원의 역할이나 지위에 대한 인식이 변화하고 있고, 급속한 개인주의 및 성개방적 사고가 확산됨에 따라 결혼과 성에 대한 인식도 바뀌어 가고 있다. 성과 사랑은 형벌로 통제할 사항이 아닌 개인에게 맡겨야 하는 문제로서 부부간의 정조의무를 위반한 행위가 비도덕적이기는 하나, 법으로 처벌할 사항은 아니라는 것이다. 또한, 오늘날 우리 사회는 가치판단에 있어서 전통적인 성 도덕의 유지 내지 부부간 정조의무 보호라는 법익 못지않게 성적 자기결정권을 자유롭게 행사하는 것이 개인의 존엄과 행복추구의 측면에서 더한층 중요하게 고려되는 사회로 변해가고 있다는 점도 무시할 수 없다.

이러한 사회 구조의 변화, 결혼과 성에 관한 국민의 의식 변화, 그리고 성적 자기결정권을 보다 중요시하는 인식의 확산에 따라, 배우자 있는 사람이 배우자 아닌 사람과 성관계를 하였다고 하여 이를 국가가 형벌로 다스리는 것이 적정한지에 대해서는 이제 더 이상 국민의 인식이 일치한다고 보기 어렵게 되었다.

② 형사처벌의 적정성 여부

특정한 행위를 범죄로 규정하여 국가가 형벌권을 행사할 것인지, 아니면 단순히 도덕의 영역에 맡길 것인지 하는 문제는 그 사회의 시대적인 상황·사회구성원들의 의식 등에 따라 결정될 수밖에 없다. 우리의 생활영역에는 법률이 직접 규율할 영역도 있지만 도덕에 맡겨두어야 할 영역도 있다. 도덕적으로 비난받을 만한 행위 모두를 형벌의 대상으로 삼는 것은 사실상 불가능하다.

개인의 성행위와 같은 사생활의 내밀영역에 속하는 부분에 대하여는 그 권리와 자유의 성질상 국가는 최대한 간섭과 규제를 자제하여 개인의 자기결정권에 맡겨야 한다. 국가형벌권의 행사는 중대한 법익에 대한 위험이 명백한 경우에 한하여 최후의 수단으로 필요 최소한의 범위에 그쳐야 한다. 성인이 서로 자발적으로 만나 성행위를 하는 것은 개인의 자유 영역에 속하고, 다만 그것이 외부에 표출되어 사회의 건전한 성풍속을 해칠 때 비로소 법률의 규제를 필요로 한다. 그런데 성도덕에 맡겨 사회 스스로 질서를 잡아야 할 내밀한 성생활의 영역에 국가가 개입하여 형벌의 대상으로 삼는 것은, 성적 자기결정권과 사생활의 비밀과 자유를 침해하는 것이다.

비록 비도덕적인 행위라 할지라도 본질적으로 개인의 사생활에 속하고 사회에 끼치는 해악이 크지 않거나 구체적 법익에 대한 명백한 침해가 없는 경우에는 국가권력이 개입해서는 안 된다는 것이 현대 형법의 추세이다. 이에 따라 전세계적으로 간통죄는 폐지되고 있다.…

결국, 오늘날 간통죄는 간통행위자 중 극히 일부만 처벌될 뿐만 아니라 잠재적 범죄자를 양산하여 그들의 기본권을 제한할 뿐, 혼인제도 및 정조의무를 보호하기 위한 실효성은 잃게 되었다. 혼인과 가정의 유지는 당사자의 자유로운 의지와 애정에 맡겨야지, 형벌을 통하여 타율적으로 강제될 수 없는 것이므로, 심판대상조항이 일부일처제의 혼인제도와 가정질서를 보호한다는 목적을 달성하는 데 적절하고 실효성 있는 수단이라고 할 수 없다.…

3. 위법한 사찰과 사생활의 비밀과 자유

보안사의 사찰과 사생활의 비밀

서울고등법원 1996. 8. 20. 선고 95나44148 판결

가. 원고들은 이 사건 청구원인으로서, 피고 산하 보안사 소속 군인 및 군무원들이 민간인의 신분을 가진 원고들의 사생활에 대하여 위와 같이 사찰을 한 행위는 보안사의 법령상의 직무범위를 일탈한 것일 뿐만 아니라 일반적으로 수인될 수 있는 한계를 넘은 사찰방법을 통하여 헌법상 보장된 인간으로서의 존엄과 가치 및 행복추구권, 사생활의 비밀과 자유, 통신 및 주거의 자유 등 원고들의 국민으로서의 기본권을 침해한 것이라고 할 것이므로 피고에 대하여 원고들이 입은 정신적 손해에 대한 배상을 구한다고 주장한다. 그러므로 보안사의 이러한 사찰이 원고들의 사생활의 비밀과 자유 등의 기본권을 침해하여 위헌 또는 위법한 것인지에 대하여 살펴본다.

나. 기본권과 그에 대한 제한

(1) 헌법은 제10조에서 "모든 국민은 인간으로서의 존엄과 가치를 가지며 행복을 추구할 권리를 가진다. 국가는 개인이 가지는 불가침의 기본적 인권을 확인하고 이를 보장할 의무를 진다.", 제37조 1항에서 "국민의 자유와 권리는 헌법에 열거되지 아니한 이유로 경시되지 아니한다."고 각 선언하고, 제17조에서 "모든 국민은 사생활의 비밀과 자유를 침해받지 아니한다."라고 규정하고 있다. 헌법 제10조, 제37조 1항에 의하여 보장되는 기본권으로서 인격의 자유로운 발현권, 즉 인격권이 인정되고 있으며 그 중에는 국가공권력의 불법 부당한 감시로부터의 자유가 포함되어 있다고 할 것이고, 한편 제17조의 사생

활의 비밀과 자유의 불가침은 인간 존엄성 존중의 구체적 내용이 되는 인격의 자유로운 발현과 법적 안정성을 그 보호법익으로 하고, 나아가 사생활을 공개당하지 아니할 권리(사생활 비밀의 자유), 사생활의 평온한 유지 및 자유로운 형성을 방해받지 아니할 권리(사생활 평온 및 형성의 자유), 자신에 관한 정보를 관리 통제할 수 있는 권리(정보관리통제권)를 그 내용으로 한다고 할 것인데, 위 정보관리통제권에는 최소한 자기정보접근권, 자기정보정정청구권, 자기정보사용중지청구권을 포함한다고 할 것이다.…

(2) 위와 같은 각 규정을 종합하여 보면, 보안사의 직무범위는 군사보안이나 군방첩, 군과 관련이 있는 첩보의 수집·처리, 그리고 군 수사기관으로서 위 법규 소정의 군사법원 관할 범죄사건의 수사라고 할 것이고, 따라서 군사보안이나 군방첩에 관련하여 민간인의 신상자료가 필요한 경우, 민간인에 대해서도 수사권을 보유한 경우 등 특별한 사정이 있는 경우 이외에는 민간인에 대한 첩보의 수집이나 수사를 할 수 없다고 할 것이고, 나아가 수사 및 첩보 수집을 하는 경우에도 헌법 및 법률의 규정에 따른 절차를 따라야 할 것이다.

라. 이 사건 사찰행위의 위헌 또는 위법성

위에서 인정한 사실, 기본권 및 그 제한, 보안사의 직무범위에 비추어 이 사건 사찰행위에 관하여 본다.

우선 국민을 감시 사찰하는 행위는 권력의 감시로부터의 자유에 대한 침해로써 앞에서 본 바와 같은 헌법상 보장된 인격권 및 사생활평온과 형성의 자유를 제한하는 것이라고 할 것이므로 법률에 따라 필요최소한에 그쳐야 하는 한계가 있다고 것이다. 이 사건의 경우 보안사의 동향파악 감시 등 사찰행위가 군사보안, 군방첩 및 군수사 등 군과는 아무런 관련이 없는 민간인 신분의 정치인, 법조인, 교수, 종교인, 언론인, 재야인사 등을 그 대상으로 하여, 구체적인 사건을 전제하지 아니한 채 미행, 망원 활동 등 여러 방법을 사용하여 지속적으로 이루어진 점에 비추어 볼 때, 보안사의 원고들에 대한 이 사건 감시 등 사찰행위는 특별한 사정이 없는 한, 군에 관련한 첩보수집 및 수사에 한정된 보안사의 직무범위를 일탈한 것으로서 위법한 행위라 할 것이다.

또한 국가가 국민에 대한 사적 정보를 수집·관리하는 경우에도, 그로 인하여 국민의 사생활의 비밀의 자유, 정보통제관리권을 침해할 우려가 많으므로, 법령의 근거가 있어야 하고, 법령에 따라 정보를 수집·관리하는 경우에도, 수집기관에 대한 적절한 통제 내지 감독, 수집 및 이용 목적의 명시와 그에 따른 입력 제한, 정보의 수집 방법과 보유에 관한 적정성의 유지, 개인정보체계의 공시, 정보의 부당한 유출 방지 등을 고려하여 그 권리의 본질적인 내용을 침해하지 아니하도록 하여야 할 것이다. 그런데 이 사건의 경우 보안사는 정보 수집 및 관리함에 있어, 민간인을 대상으로 그 동향감시의 목적하에 미행, 망원, 탐문

채집 등의 방법으로 사상·신조 등을 포함하여 개인에 대한 사적 정보를 무제한적으로 비밀리에 수집 관리한 점, 나아가 이러한 정보의 관리 소홀로 원고들에 대한 사적 정보가 유출 공개되게 한 점 등에 비추어 볼 때, 보안사의 이 사건 정보 수집 및 관리행위는 민간인에 대하여 이루어진 것으로서 특별한 사정이 없는 한 보안사의 직무범위를 넘는 것일 뿐만 아니라, 이에 대한 적절한 통제 내지 감독, 수집 및 이용목적의 명시와 그에 따른 입력제한, 정보의 수집방법과 보유에 관한 적정성의 유지, 개인정보체계의 공시, 정보의 부당한 유출 방지 등이 전혀 고려되지 아니한 채 이루어진 것이어서 위법하다 할 것이고, 따라서 원고들은 이러한 보안사의 위법한 정보 수집 및 관리로 인하여 자기 정보 통제권을 침해당하고, 나아가 이 사건 자료가 유출되어 일반에게 공개됨으로써 사생활의 비밀의 자유를 침해당하였다고 할 것이다.…

4. 전교조 명단공개와 사생활의 비밀

전교조 명단공개와 사생활의 비밀

부산지방법원 2011. 2. 17. 선고 2010가합10002 판결

1) 개인정보자기결정권 및 이 사건 정보의 성격

헌법 제10조 1문에서 도출되는 일반적 인격권 및 헌법 제17조의 사생활의 비밀과 자유에 의하여 보장되는 개인정보자기결정권은 자신에 관한 정보가 언제 누구에게 어느 범위까지 알려지고 또 이용되도록 할 것인지를 그 정보주체가 스스로 결정할 수 있는 권리이다. 개인정보자기결정권의 보호대상이 되는 개인정보는 개인의 신체, 신념, 사회적 지위, 신분 등과 같이 개인의 인격주체성을 특징짓는 사항으로서 그 개인의 동일성을 식별할 수 있게 하는 일체의 정보라고 할 수 있고, 반드시 개인의 내밀한 영역이나 사사의 영역에 속하는 정보에 국한되지 않으며 공적 생활에서 형성되었거나 이미 공개된 개인정보까지 포함한다. 또한, 그러한 개인정보를 대상으로 한 조사·수집·보관·처리·이용 등의 행위는 모두 원칙적으로 개인정보자기결정권에 대한 제한에 해당한다(헌법재판소 2005. 5. 26. 선고 99헌마513, 2004헌마190 전원재판부 결정, 헌법재판소 2005. 7. 21. 선고 2003헌마282, 425 전원재판부 결정 등 참조).

한편 정보통신망 이용촉진 및 정보보호 등에 관한 법률 제2조 1항 6호는 개인정보를

생존하는 개인에 관한 정보로서 성명·주민등록번호 등에 의하여 특정한 개인을 알아볼 수 있는 부호·문자·음성·음향 및 영상 등의 정보(해당 정보만으로는 특정 개인을 알아볼 수 없어도 다른 정보와 쉽게 결합하여 알아볼 수 있는 경우에는 그 정보를 포함한다)로 규정하고 있는바, 이 사건 정보는 학교명, 교사명, 담당교과, 교원단체 및 노동조합 가입현황을 담고 있어 이에 의하여 특정한 개인을 알아볼 수 있는 정보를 담고 있으므로 개인정보자기결정권의 보호대상이 되는 개인정보에 해당한다.

2) 사생활의 비밀과 자유의 침해 여부

헌법 제10조는 "모든 국민은 인간으로서의 존엄과 가치를 가지며, 행복을 추구할 권리를 가진다.", 같은 법 제17조는 "모든 국민은 사생활의 비밀과 자유를 침해받지 아니한다.", 같은 법 제21조 4항은 "언론·출판은 타인의 명예나 권리 또는 공중도덕이나 사회윤리를 침해하여서는 아니 된다. 언론·출판이 타인의 명예나 권리를 침해한 때에는 피해자는 이에 대한 피해의 배상을 청구할 수 있다."고 각 규정하고 있고, 형법 제316조, 제317조에는 개인의 사생활의 비밀과 평온을 보호하기 위하여 일정한 개인의 비밀을 침해하거나 누설하는 행위를 처벌하는 규정을 두고 있는바, 이러한 여러 규정을 종합하여 보면, 사람은 자신의 사생활의 비밀에 관한 사항을 함부로 타인에게 공개당하지 아니할 법적 이익을 가진다고 할 것이므로, 개인의 사생활의 비밀에 관한 사항은, 그것이 공공의 이해와 관련되어 공중의 정당한 관심의 대상이 되는 사항이 아닌 한, 비밀로서 보호되어야 하고, 이를 부당하게 공개하는 것은 불법행위를 구성한다 할 것이다(대법원 1998. 9. 4. 선고 96다11327 판결 등 참조).

따라서 헌법상 보장된 인격권 및 사생활의 비밀과 자유 등에서 비롯된 개인정보자기결정권의 제한은 공공의 이해와 관련되어 공중의 정당한 관심의 대상이 되는 사항으로서 정당한 범위 내에서 공개될 경우에만 허용되므로, 피고가 이 사건 정보를 공개한 행위는 원칙적으로 원고들의 개인정보자기결정권을 침해하는 것으로서 원고들에 대한 불법행위를 구성한다.

3) 피고의 주장에 관한 판단

가) 원고들의 공적 지위에 의한 이 사건 정보의 공개 허용 여부

일반적으로 노동조합은 근로자가 주체가 되어 자주적으로 단결하여 근로조건의 유지·개선 기타 근로자의 경제적·사회적 지위의 향상을 도모함을 목적으로 조직하는 단체 또는 그 연합단체를 말하는 것으로(노동조합 및 노동관계조정법 제2조 4호 참조), 노동조합의 가입 및 탈퇴 여부는 교원 개인이 근로자의 지위에서 자유로이 결정하는 것이고, 그 활동도 교원의 교육 업무와는 무관하므로 교원의 공적 지위와는 관련이 없으며, 설령 이 사건 정보가 원고들의 공적 지위에 기인하는 것이라고 하더라도 공적 인물에 관하여는 사생활의 비밀과 자유가 일정한 범위 내에서 제한되어 그 사생활의 공개가 면책되는 경우도 있을 수 있으나, 이는 공적 인물은 통상인에 비하여 일반 국민의 알권리의 대상이 되고 그 공개가 공공의 이익이 된다는 데 근거한 것이므로(대법원 1998. 7. 24. 선고 96다42789 판결 참조),

원고들이 공적 지위에 있다는 사실만으로 원고들의 노동조합의 가입 및 탈퇴 여부가 사생활의 비밀과 자유의 보호대상이 아니라고 할 수 없어, 피고의 이 부분 주장은 이유 없다.

나) 학부모 및 일반 국민의 알권리에 의한 제한 여부

모든 국민은 헌법 제21조에 의하여 보장되는 알권리, 즉 정보에의 접근·수집·처리의 자유와 권리를 가지고 있으므로 자녀에 대한 교육권을 가지고 있는 학부모로서는 각급 학교의 교육여건, 운영상태 및 교원의 직무능력 등에 관하여 알권리가 있다고 봄이 상당하다. 그러나 위와 같은 학부모의 알권리에 근거하여 교원의 노동조합 가입 여부에 관한 정보를 공개하는 것은 앞서 본 바와 같이 교원의 인격권 및 사생활의 비밀과 자유에 의하여 보장되는 개인정보자기결정권의 침해에 해당하고, 이는 학부모의 알권리와 교원의 개인정보자기결정권의 충돌로 나타나게 된다.

사생활의 비밀과 자유를 침해하는 행위를 둘러싸고 서로 다른 두 방향의 이익이 충돌하는 경우에는 구체적 사안에서의 사정을 종합적으로 고려한 이익형량을 통하여 위 침해행위의 최종적인 위법성이 가려진다. 이러한 이익형량과정에서 고려되어야 할 요소는, 첫째 침해행위의 영역에 속하는 고려요소로는 침해행위로 달성하려는 이익의 내용 및 그 중대성, 침해행위의 필요성과 효과성, 침해행위의 보충성과 긴급성, 침해방법의 상당성 등이 있고, 둘째 피해이익의 영역에 속하는 고려요소로는 피해법익의 내용과 중대성 및 침해행위로 인하여 피해자가 입는 피해의 정도, 피해이익의 보호가치 등이 있다(대법원 2006. 10. 13. 선고 2004다16280 판결 참조).

이러한 법리에 비추어 이 사건에 관하여 판단하건대, 먼저 개인이 특정 노동조합에 가입하였는지 여부에 관한 정보가 공개될 경우 헌법 제33조가 보장하고 있는 근로자의 단결권·단체교섭권·단체행동권에 상당한 제약을 초래할 수 있고, 특히 헌법 제31조가 규정하고 있는 교육의 자주성·전문성·정치적 중립성 보장을 고려하면 교원의 노동조합 및 교원단체 가입현황을 포함하고 있는 이 사건 정보는 일반적인 개인정보보다 높은 수준으로 보호될 필요가 있다고 보이므로, 학부모의 알권리가 이보다 더 우월하다고 단정할 수 없다(양 법익 내용의 비교).

사생활과 관련된 사항의 공개가 사생활의 비밀을 침해하는 것으로서 위법하다고 하기 위해서는 공표된 사항이 일반인의 감수성을 기준으로 하여 그 개인의 입장에 섰을 때 공개되기를 바라지 않을 것에 해당하고 아울러 일반인에게 아직 알려지지 않은 것으로서 그것이 공개됨으로써 그 개인이 불쾌감이나 불안감을 가질 사항 등에 해당하여야 하는데(대법원 2006. 12. 22. 선고 2006다15922 판결), 노동조합 가입 여부가 공개될 경우 조합원들인 원고들은 노동조합 가입에 의하여 교원 생활 과정에서 어떠한 불이익을 받을 수 있다거나 자신의 개인적인 활동이 알려져 사회적 편견의 대상이 될 수 있다는 불안감을 가질 수 있으며, 이러한 불안감은 결코 피해 정도가 작다고 할 수 없고, 이 사건 정보 공개로 인하여 그 불안감은 회복되기도 어려운 것으로 보인다(피해 법익의 중대성 및 피해 정도).

또한, 학부모에게 자녀가 다니고 있는 학교의 교원 구성이나 교원의 직무능력 등에 관하여 알권리가 있다고 하더라도 교원이 노동조합에 가입하였다는 사정만으로는 해당 교원이 특정한 교육관 내지 신념을 가지고 있다고 단정하기 어려우므로 교원의 노동조합 가입 여부가 교원으로서의 직무능력이나 적합성을 판단하는 자료가 된다고 보기도 어렵다(침해행위의 필요성과 효과성).

학부모로서는 자녀가 다니고 있는 학교의 교원이 학생의 학습권이나 학부모의 교육권을 실제로 침해하는 때에 교원의 인적사항이나 노동조합 가입 여부 등 신상에 관한 정보를 요구할 수 있는 경우가 있을 수 있으나, 이 경우에도 원칙적으로 학부모로서는 해당 교원에 한하여 필요한 정보를 요구할 수 있다고 할 것이며, 한편 교육관련기관의 정보공개에 관한 특례법은 초·중등교육을 실시하는 학교의 장으로 하여금 '교직원의 교원단체 및 노동조합 가입현황(인원수)'을 연 1회 이상 공시하도록 규정[제5조 1항 15호, 3항, 같은 법 시행령 제3조 1항 [별표 1] 15호 (아)목]하고 있다. 그런데 이 사건의 경우 피고는 원고들에 의하여 학생의 학습권이나 학부모의 교육권에 어떠한 구체적인 침해가 발생하였는지 불분명한 상태에서 교직원의 교원단체 및 노동조합 가입현황 중 인원수만을 공시하도록 한 법규의 취지를 넘어서 아무런 기준이나 제한 없이 개별 학부모의 교육권과 관련이 없는 교원들의 이 사건 정보 모두를 인터넷 홈페이지에 게시하는 방법으로 일반에 공개하였는바, 이 사건 정보 공개에 특별히 긴급한 사정이 있었다고 보기 어렵고, 침해방법 역시 합리적 범위 내라고 보이지 않는다(침해행위의 보충성과 긴급성, 침해방법의 상당성).

이러한 여러 가지 사정을 종합하여 보면, 피고가 이 사건 정보를 공개한 행위는 학생의 학습권이나 학부모의 교육권에 기초한 학부모 및 일반 국민의 알권리의 정당한 범위를 초과하여 원고들의 개인정보자기결정권을 침해하는 것이므로, 피고의 이 부분 주장도 이유 없다.

다) 원고들에게 특별한 법익 침해가 존재하지 않는다는 주장

살피건대, 앞서 본 바와 같이 피고의 이 사건 정보 공개로 인하여 헌법에 의하여 보장된 원고들의 기본권인 개인정보자기결정권이 침해되었고, 이로 인하여 원고들은 노동조합 가입에 의하여 교원 생활 과정에서 어떠한 불이익을 받을 수 있다거나 자신의 개인적인 활동이 알려져 사회적 편견의 대상이 될 수 있다는 불안감을 가지게 되어 정신적 고통을 받았을 것임은 경험칙상 인정할 수 있고, 피고도 이를 예견할 수 있었다고 봄이 상당하므로, 피고의 이 부분 주장도 이유 없다.

5. 사생활의 비밀과 초상권

사생활의 비밀과 초상권

대법원 2013. 6. 27. 선고 2012다31628 판결

개인의 사생활과 관련된 사항의 공개가 사생활의 비밀을 침해하는 것이더라도, 사생활과 관련된 사항이 공공의 이해와 관련되어 공중의 정당한 관심의 대상이 되는 사항에 해당하고, 그 공개가 공공의 이익을 위한 것이며, 그 표현내용·방법 등이 부당한 것이 아닌 경우에는 위법성이 조각될 수 있다. 초상권이나 사생활의 비밀과 자유를 침해하는 행위를 둘러싸고 서로 다른 두 방향의 이익이 충돌하는 경우에는 구체적 사안에서의 사정을 종합적으로 고려한 이익형량을 통하여 침해행위의 최종적인 위법성이 가려진다. 이러한 이익형량과정에서, 첫째 침해행위의 영역에 속하는 고려요소로는 침해행위로 달성하려는 이익의 내용 및 그 중대성, 침해행위의 필요성과 효과성, 침해행위의 보충성과 긴급성, 침해방법의 상당성 등이 있고, 둘째 피해이익의 영역에 속하는 고려요소로는 피해법익의 내용과 중대성 및 침해행위로 인하여 피해자가 입는 피해의 정도, 피해이익의 보호가치 등이 있다. 그리고 일단 권리의 보호영역을 침범함으로써 불법행위를 구성한다고 평가된 행위가 위법하지 아니하다는 점은 이를 주장하는 사람이 증명하여야 한다.

피고들은 원고들의 동의 없이 원고들의 사생활 영역에 속하는 양가 상견례, 데이트 장면 등을 상세히 묘사하고, 원고들을 무단으로 촬영한 사진을 함께 싣는 이 사건 보도를 함으로써 원고들의 사생활의 비밀과 자유를 침해하였고, 또 원고 2의 동의 없이 그녀의 얼굴을 무단으로 촬영하고 그 사진을 게재하여 이 사건 보도를 함으로써 그 초상권을 침해하였으

므로, 특별한 사정이 없는 한 피고들은 공동불법행위자로서 원고들이 입은 정신적 손해를 배상할 의무가 있다고 판단하였다. 나아가 원심은 그 판시와 같은 사정들을 근거로, 이 사건 제2, 5기사 중 원고 2의 초상과 원고 1의 세부적인 사생활 장면이 나타나는 사진을 제외한 부분의 보도는 공중의 정당한 관심의 대상이 된 원고들의 사생활 영역에 관한 사항을 상당한 방법으로 공표한 것이라고 볼 수 있으므로 비록 이로 인하여 원고들의 사생활의 비밀과 자유가 침해되더라도 그 위법성이 조각되고, 피고들이 이 사건 제1, 3, 4, 6기사를 공표하고 이 사건 제2, 5기사 중 위에서 본 사진 부분을 공표한 행위는 원고들의 사생활의 비밀과 자유, 원고 2의 초상권을 침해하는 행위로서 그 위법성이 조각되지 아니한다.

6. 국가기관에 의한 민간인 사찰

국가기관에 의한 사찰 조직 운용

서울신문(2010. 11. 23.)

총리실 공직윤리지원관실 점검1팀 ○○○ 전 사무관의 '포켓수첩'은 지원관실의 성격과 수행업무를 파악할 수 있는 '물증'이라는 점에서 의미가 크다. 원 전 사무관의 수첩 내용을 토대로 지원관실 전체(1~6팀·기동팀) 팀원들의 사찰 대상과 내용도 헤아릴 수 있기 때문이다. 원 전 사무관의 수첩에 따르면 지원관실은 현 정부에 적대적인 인사와 세력의 동향을 사찰, 제거하는 일을 핵심업무로 삼았다.

수첩에는 현 정부 내에서 걸러낼 인사들을 사찰한 뒤 '살생부'를 작성한 정황이 곳곳에 나온다. 2008년 9월 22일 오전 회의 메모에는 '첩보 입수, 공직기강-정책점검, 하명사건'이라는 문구 뒤 '방해 세력 제거'라는 글귀가 적혀 있다.

'살생부'는 '출신지역'이 크게 작용한 것으로 보인다. 수첩에는 '이○○ 차장(식약청, 호남 S대 사회), 김○○(전북, S대 사회, 사회서비스 주장), 이○○(호남, S대 사회), 주○○(통일교육원, 전북, S대 사회)' 등 주로 호남 인사들의 이름이 올라 있다.

● **YTN 수뇌부·노조 집중 사찰**

수첩에는 'YTN 감찰 보고' 등 YTN을 집중 사찰한 기록이 여러 면에 등장한다.… YTN 노조와 관련해서는 '촛불 세력'에 투입된 자금을 추적해 끝까지 처벌해야 한다는 뜻으로 풀이된다. 민주노총 외에도 한국노총, KBS 노조, 공기업 노조 등의 동향도 사찰했다. 수첩에는 이용득 전 한국노총 위원장과 관련, '우리B(은행), KT, MBC 노조 수뢰 의혹, 해외여행시 공금 유용, 이용여행사'라는 내용이 명기돼 있다. 또한 '토지공사, 주택공사, 한전노조, 발전노조(박노균): 강성, 서울지하철노조, 철도노조, 한적 노조' 등 여러 공기업을 사찰한 내용도 나온다.

● **망원경·카메라 동원 사찰**

수첩에는 지원관실의 사찰 방법, 근무 자세, 보고서 작성 방법도 나온다. 수첩에 따르면 지원관실은 사찰 때 '망원경, 카메라, 노트북' 등을 동원했다. 지원관실에서 사찰 대상자를 멀리서 관찰하고, 사진도 찍었다는 것을 의미한다. 검찰 관계자는 "증거가 모두 삭제돼 지원관실에서 누구의 어떤 사진을 찍었는지 확인할 수 없었다."고 말했다.

수첩에는 ○○○ 전 지원관과 ○○○ 점검1팀장, 원 전 사무관 등이 '비선라인'이나 사찰 내용 등을 함구하는 이유를 알 수 있는 대목도 있다.

지원관실 근무 때 제출해야 하는 것으로 보이는 '여권사진 3매, 지인관계(2~3명)' 등을 기록한 뒤 "눈+귀, 입 ×. '목숨걸고'"라는 구절이 적시돼 있다. '지원관실의 사찰 내용을 목숨 걸고 외부에 발설하지 않겠다.'는 서약을 한 것으로 보인다. 지원관실 팀원들은 사찰 경과에 대해 '착수, 진행, 완료' 등 3단계로 보고서를 작성했고, '진행 과정'은 1·2·3차까지 보고했다. 검찰 관계자는 "자료가 삭제되지 않았다면 엄청난 양의 사찰 보고서를 압수했을 것"이라고 밝혔다.

민주사회를 위한 변호사 모임 황희석 대변인은 "유신시대나 5공 시절 때의 '사찰 공화국'으로 다시 회귀했다."며 "기득권 유지를 위해 야권은 물론 여권에 노조, 언론까지 두루 사찰한 것은 나치를 연상시킨다."고 지적했다.

기무사 민간인 사찰 의혹

2018. 11. 6. 기무사 의혹 군특별수사단 발표문 중

기무사는 세월호 참사 이후 6. 4. 지방선거 등 주요 정치일정을 앞두고 정부의 국민보호 의무 소홀, 초기대응 미흡 등의 사유로 이른바 '세월호 정국'이 당시 정권에 불리하게 전개되자, 정국 조기전환을 위한 출구마련과 VIP 지지율 회복 등을 도모하기 위해 관련 TF를 구성·운영함.

각 부대원에게 개인별 현장임무를 부여하고 활동간 적발 시 '실종자 가족으로 신분위장'

등 활동지침을 시달하며 실종자 가족이 주로 머물던 진도체육관 등지에서 실종자 가족 개개인의 성향(강성, 중도), 가족관계, TV 시청내용, 음주실태, 실종자 가족 중 여론 주도자 식별 등 유가족 사찰 관련 첩보를 수집하여 보고하게 함.

각 부대원에게 임무부여를 통해 안산시 등지에서 유가족 및 단원고 복귀학생 동정, 유가족 단체 지휘부의 과거 직업·정치성향·가입정당, 합동분향소 주변 시위 상황 등에 대한 첩보를 수집하여 보고하게 함.

기무사 내 사이버 활동부대인 ○○○부대 정보○○반은 구글 검색 등을 통해 유가족 개인별 인터넷 기사뿐만 아니라 전화번호, 학적사항, 중고거래 내역, 인터넷 카페활동 등을 수집, 보고함으로써 소위 '사이버 사찰'을 실시함.

기무사는 全 부대적으로 '세월호 관련 여망 및 제언수집'의 이름으로 세월호 정국 조기 전환방안을 수집하였으며, 그 방안의 하나로 실종자 수색포기를 위한 세월호 수장방안이 BH에 보고됨.

유병언 사망 확인경까지 ○○○·○○○부대는 본래의 방탐·보안 임무에 공백이 발생함에도 불구하고 은신 의심지역에 인력 및 장비를 전개한 후 유병언 관련 통신 파악을 위해 공공기관 무전통신부터 항만·공사장·영업소 등 개인간 무전통신까지 무차별적으로 감청·채록하여 수백 쪽에 달하는 채록문을 TF에 보고함.

해설 및 검토

1. 간통죄가 지키려고 했던 법익은 무엇이며, 실제로 그러한 법익이 지켜진다고 볼 수 있는가?

2. 국가기관이 개인의 사생활에 대한 정보를 수집할 필요성과 개인의 사생활의 비밀과 자유를 조화하는 것이 가능한가? 가능하다면 그 방법은 무엇인가?

3. 연예인 등 유명인의 사생활의 비밀과 자유는 일반인들의 그것과 차이가 있는가?

제 15 장 동성결혼

1. 쟁 점

동성결혼만큼 각국의 입법례가 차이를 보이는 사례를 찾아보기도 어려울 것이다. 2011년을 기준으로 전 세계에서 약 76개 국가는 동성애 또는 이와 관련된 행위를 범죄로 처벌하고 있으며, 그 중 몇 개 국가는 동성애를 사형에 해당하는 범죄로 처벌한다고 한다.

동성애에 대한 차별은 인권관련 논의에서 중요한 관심사로 등장하고 있다. 유엔 인권최고대표(UN High Commissioner for Human Rights)는 2011년 "성적 지향 및 성정체성에 기초한 차별적 법률과 관행, 폭력행위(Discriminatory laws and practices and acts of violence against individuals based on their sexual orientation and gender identity)"라는 보고서를 유엔인권이사회(Human Rights Council)에 제출하였는데, 유엔인권이사회는 2014년 9월 26일 위 보고서에 기초하여 "인권, 성적 지향 및 성정체성(human rights, sexual orientation and gender identity)"라는 결의안을 채택하였다.

이와 같이 성적 지향 및 성정체성에 기초한 차별에 대하여 유엔인권이사회가 관심을 갖기 시작했지만 아직까지 국제인권조약이 동성결혼의 권리를 적극적으로 인정하지는 않고 있다. 동성결혼에 관한 국가들의 실행도 다양하므로 관습국제법상 동성결혼의 권리가 인정된다고 보기도 어렵다. 그러나 결혼 및 가족의 개념에 대한 이해에 근본적인 변화가 있을 뿐만 아니라 각국의 입법 또는 사법적 판결의 변화 등을 고려할 때, 국제인권조약의 해석상 또는 관습국제법상 동성결혼이 하나의 권리로 인정될 가능성은 존재한다.

동성애가 불법이 아니라면 굳이 동성결혼을 권리로 인정할 필요가 있는가하는 의문이 제기될 수 있다. 그러나 법적으로 동성결혼을 인정하는 것과 그렇지 않는 것 사이에는 근본적으로 많은 차이가 있다. 법적인 부부에게는 상속, 자녀의 입양 및 양육권의 행사, 조세, 보험, 의료 및 주택에서 많은 이익이 주어진다. 국가가 제공하는 많은 이익들이 법적인 부부와 가족의 개념에 기초하고 있는 것이다. 동성커플이 아무리 오랜 기간 동안 동거하였다고 하더라도 이들은 법적인 부부라면 당연히 누리는 이러한 이익들을 누리지 못한다. 이들이 아무리 자신들을 보호하기 위하여 기존의 법적인 장치를 강구한다고 하더라도 법적인 부부로 인정받는 것에는 미치지는 못한다. 동성결혼을 인정하지 않으면 동성커플은 존재하지 않을 것으로 생각할 수 있지만 동성커플들을 법적인 보호의 대상에서 제외하더라도 동성커플이 없어지지는 않는다.

국가에 따라서는 동성결혼을 인정하지 않는 대신에 동성커플에게 이성부부에 유사한 법적인 유대를 인정하여 이를 보호하는 입법례도 있는데, 이러한 입법례는 결국 동성커플에게는 이성부부에게 주어지는 완전한 법적인 보호를 인정하지 않는 것이라는 점에서 과도적인 입법이며, 따라서 법적으로 이성간의 결혼과 완전히 동등한 동성결혼을 인정할 것인가 하는 문제는 여전히 남는다고 볼 수 있다.

한국의 헌법이나 법률에 결혼은 이성간의 결합이라거나 동성결혼을 금지한다는 명시적인 규정은 없는데, 헌법 제36조 1항은 "혼인과 가족생활은 개인의 존엄과 양성의 평등을 기초로 성립되고 유지되어야 하며…"고 규정하여 가족이 양성으로 구성된다는 전제를 하고 있다. 민법 제800조는 "성년에 달한 자는 자유로 약혼할 수 있다"고 규정하고 있으며, 제807조는 "만 18세가 된 사람은 혼인할 수 있다."고 규정하여 결혼이 이성간의 결합이라는 표현은 존재하지 않는다. 다만, 민법 826조는 부부(夫婦)라는 표현을 사용하여, 역시 결혼은 이성간의 결합이라는 전제를 하고 있는 것으로 보인다. 헌법재판소는 2009헌바17 사건에서 혼인제도가 일부일처주의에 기초하고 있다고 언급하고 있다. 대법원은 2009스117 사건에서 혼인은 남녀간의 육체적, 정신적 결합으로 성립하는 것으로 민법의 해석상 동성결혼은 인정되지 않는다고 보고 있다.

한국에서도 동성애에 대한 차별금지와 동성결혼을 인정하여 달라는 요구가 점차로 강해지고 있으며, 이미 동성결혼을 인정하여 달라는 소송이 법원에 제기되고 있으나 2016년 현재 법원은 이를 인정하지 않고 있다.

다만, 법원은 가족 관념이나 성적인 역할도 변화할 수 있으며, 전통적인 성적 개념도 현재의 법질서에 부합해야 한다는 점을 지적하고 있다. 대법원은 종중원의 자격에 관한 2002다13850 판결에서 "여성에게는 종원의 자격을 부여하지 않는 종래 관습에 대하여 우리 사회 구성원들이 가지고 있던 법적 확신은 상당 부분 흔들리거나 약화"되어 여성은 종중의 구성원이 될 수 없다는 종래의 관습은 성별에 의하여 권리를 생리적으로 부여하거나 원천적으로 박탈하는 것으로 변화된 우리 전체 법질서에 부합하지 아니하여 정당성과 합리성이 없다고 판시하였다.

헌법재판소는 간통죄에 대하여 위헌을 확인한 2009헌바17 결정에서 헌법 제10조가 개인의 인격권과 행복추구권을 보장하고 있는데, 이는 개인의 자기운명결정권을 전제로 하는 것이며, 여기에는 성적 자기결정권이 포함되어 있다고 판시하였다. 헌법재판소는 이어 전통적인 가족 구조 및 가족 구성원의 역할이나 지위에 대한 인식이 변화하고 있고, 급속한 개인주의 및 성개방적 사고가 확산됨에 따라 결혼과 성에 대한 인식도 바뀌어 가고 있으므로 성과 사랑은 형벌로 통제할 사항이 아닌 개인에게 맡겨야 하는 문제라고 지적하였다. 헌법재판소는 오늘날 우리 사회는 전통적인 성 도덕의 유지 내지 부부간 정조의무의 보호라는 법익 못지않게 성적 자기결정권을 자유롭게 행사하는 것이 개인의 존엄과 행복추구의 측면에서 더한층 중요하게 고려되는 사회로 변해가고 있다는 점도 지적하였다. 동성결혼에 관한 쟁점은 이미 해외에서 많이 논의되었으므로 이에 관하여 살펴본다.

2. 동성결혼에 대한 미국판례의 변천

미국에서 동성결혼의 합법화를 요구하는 소송은 1970년대 초부터 등장하였다. 미네소타주 대법원은 1971년 Baker v. Nelson 사건에서 결혼과 출산은 인간의 존재와 생존에 근본적이므로 동성간에 결혼할 권리는 존재하지 않는다고 판결하였다. 이 사건에서 미네소타 대법원은 결혼은 남성과 여성 사이의 결합으로서 가족 안에서 자녀의 출산과 양육을 특징으로 한다는 것은 창세기만큼이나 오래 된 것이라고 하였다. 동성결혼에 관한 초기의 판결들은 결혼은 그 정의상 당연히 이성간의 결합이며, 자녀의 출산을 전제로 한다고 본다.

1993년 하와이주 대법원은 Baehr v. Lewin 사건에서 하와이주의 헌법상 사생활의 자유에 관한 권리에 기하여 동성결혼에 관한 권리가 생기는 것은 아니라고 판시하였다. 그러나 판결은 동성간의 결혼을 금지하는 하와이주의 법률은 성(sex)에 기초한 구분이므로 하와주의 헌법에 따라 "엄격심사(strict scrutiny)"의 대상이 된다고 판결하였다. 이는 주정부가 동성결혼을 금지하는 것이 "주정부의 긴요한 이익(compelling state interests)"을 위한 것이며, 동성결혼의 금지가 헌법상의 기본권을 불필요하게 제약하지 않는 최소한의 조치라는 점을 입증하지 아니하면 동성결혼을 금지하는 주법률이 헌법을 위반하여 무효가 될 가능성이 매우 높다는 것을 의미한다.

버몬트주 대법원은 1999년 동성결혼을 인정한 것은 아니지만 동성커플에 대하여 이성부부에게 인정되는 이익을 부인하는 것은 주헌법에 반한다고 판시하였으며, 이에 주의회는 부부에게 인정되는 이익을 동성커플에게 부여하기 위하여 "민사결합(civil union)"이라는 제도를 만들었다.

미국에서는 다른 한편으로 결혼을 이성간의 결합으로 정의하여 동성결혼을 적극적으로 막기 위한 법률들이 등장하였다. 미국의회는 1996년 결혼보호법(Defense of Marriage Act, DOMA)을 제정하였는데, 이 법의 목적은 연방차원에서 동성결혼을 인정하지 않기 위한 것이다. DOMA는 주정부가 동성결혼을 허용할지 여부를 결정할 권한이 있다고 규정하였으나 연방법의 목적상 결혼을 이성간의 결합으로 정의하였다.

이러한 상황에서 매사추세츠주 대법원은 2003년 Goodridge v. Department of Public Health 사건에서 주헌법의 해석에 기초하여 동성간의 결혼을 인정하였다. 이 사건의 판결은 최소한의 합리성 심사기준을 적용하더라도 동성결혼의 금지가 적법절차 및 평등권을 침해한 것이라고 판단하였다.

그러나 동성결혼을 반대하는 움직임도 적지 않았다. 미국의 11개 주에서 2004년 동성결혼을 금지하는 헌법개정안이 통과되었다. 뉴욕주 대법원은 2006년 Hernandez v. Robles 사건에서 주헌법에 따르면 동성결혼의 권리가 인정되지 않는다고 판결하였으며, 뉴저지주 대법원은 2006년 Lewis v. Harris 사건에서 동성커플도 이성부부와 동일한 이익을 누릴 권리는 인정하였지만 동성결혼의 권리를 인정하지는 아니하였다.

한편, 코네티컷주 대법원은 2008년 주법률이 동성커플에게 이성부부와 동일한 권리를 부여하면서도 결혼이라는 용어를 사용하지 아니하고 "민사결합(civil union)"이라는 용어를 사용하는 것은 동성커플에 대한 평등권 침해라고 판시하였다.[1] 캘리포니아주 대법원도 2008년 평등권, 적법절차조항에 기하여 동성결혼의 권리를 인정하였다.[2] 버몬트주는 2009년 6월 미국에서 최초로 입법을 통하여 동성결혼을 인정한 주가 되었으며, 뒤를 이어 몇 개의 주는 입법을 통하여 동성결혼을 허용하였다.

연방대법원은 2013년 United States v. Windsor 사건에서 주정부에 의하여 합법적으로 인정받은 동성결혼을 연방정부가 인정하지 않도록 한 DOMA는 무효라고 판결하여, 제한적인 범위 내에서나마 처음으로 동성결혼을 인정하였다.

연방대법원은 2015년 6월 Obergefell v. Hodges 사건에서 전면적으로 동성결혼을 허용하였다. 연방대법원은 Obergefell 사건에서 연방헌법상의 결혼할 권리가 동성간에도 인정되어야 하는 이유를 다음과 같이 제시하고 있다.

첫째, 결혼에 관한 개인의 선택권은 개인의 자율성에 내재하는 것이다. 피임, 가족관계, 출산, 자녀의 양육 등과 관련된 선택과 마찬가지로 결혼에 관한 선택은 가장 사적인 영역에 속하는 것이다. 결혼에 관한 선택은 개인의 운명을 결정한다. 결혼의 여부 및 결혼의 상대를 결정하는 것은 자아를 형성하는 중요한 행위이다. 둘째, 동성부부도 이성부부와 마찬가지로 동일한 긴밀한 유대를 누릴 권리가 있다. 셋째, 결혼할 권리는 아동과 가족을 보호하고, 자녀의 양육, 출산, 교육의 권리로부터 의미를 도출할 수 있다. 그리고 동성부부도 생물학적 자녀 또는 입양된 자녀들에게 사랑스럽고 건강한 가정을 제공할 수 있다. 그리고 자녀를 출산할 수 있는 능력이나 의지가 결혼의 요건은 아니다. 넷째, 결혼은 사회질서의 주춧돌이다. 결혼은 가족과 사회의 기초이며, 가족이 없이는 문명과 발전도 없다. 그러므로 부부가 서로를 돌보기로 다짐하면 사회는 이를 인정하고 이러한 결합을 보호하고 지원하기 위하여 물질적인 이익을 제공하는 것이 타당하다. 이성 사이의 결혼만을 인정하는

---

1) Kerrigan v. Commissioner of Public Health, 289 Conn. 135 (2008).

2) In re Marriage Cases, 43 Cal. 4th 757 (2005).

오랫동안 자연스럽고 옳은 것으로 여겨졌지만 이는 오늘날 결혼할 권리의 중심적인 의미와 부합하지 않다는 것이 연방대법원의 취지이다.

동성결혼을 지지하는 논거 중에 또 다른 하나는 평등권이다. 연방대법원의 판결에 따르면, 동성커플들은 이성부부들이 누리는 모든 혜택을 누리지 못하며, 기본권을 제약 당한다. 동성결혼이 오랜 기간 동안 인정받지 못하였다는 점을 고려할 때, 동성결혼을 금지하는 것은 심각하고 지속적인 피해를 줄 수 있다. 결국, 결혼의 권리는 사람의 자유로 내재하는 기본적인 권리이며, 수정헌법 제14조의 적법절차 및 평등권 조항에 따라 동성커플은 이러한 권리와 자유를 박탈당할 수 없다고 본다.

3. 국제인권법의 동향

유럽인권재판소(European Court of Human Rights)는 일찍부터 동성애를 처벌하는 행위가 유럽인권협약(Convention for the Protection of Human Rights and Fundamental Freedoms)을 위반하는 것이라고 판시하였으나 지 동성결혼을 권리로 인정하지는 않고 있다. 유럽인권재판소는 1988년 Norris v. Ireland 사건에서 동성애 행위를 범죄로 처벌하는 아일랜드의 법률이 사생활 및 가족생활에 관하여 존중을 받을 권리를 규정한 유럽인권협약 제8조를 위반한 것이라고 판시하였다. Modinos v. Cyprus 사건에도 동일한 취지의 판결을 하였다.

한편, 유럽인권재판소는 2010년 Schalk and Kopf v. Austria 사건에서 유럽인권협약상 동성사이에는 결혼할 권리가 존재하지 않는다고 판결하였다. 제소자들이 동성결혼의 법적인 근거로 삼은 유럽인권협약 제12조는 "결혼연령의 남성과 여성은 국내법에 따라 결혼하고 가정을 이룰 권리를 가진다."고 규정하고 있는데, 재판소는 협약의 다른 조항들은 권리의 주체로 "모든 사람(everyone)"이나 "누구도(no one)… 않는다."이라는 표현을 사용하고 있는 점, 위 협약이 채택될 시점인 1950년대에는 일반적으로 결혼은 이성사이의 결합으로 이해되고 있다는 점을 근거로 동성사이에는 결혼할 권리가 인정되지 않는다고 판단하였다.

위 사건에서 제소자들은 사생활 및 가족생활의 존중에 관한 권리를 규정한 협약 제14조 및 성별, 인종 등에 기초하여 협약상의 권리의 향유에 차별을 받지 않는다는 협약 제8조에 따라 동성결혼의 권리를 주장하였으나 재판소는 이를 받아들이지 아니하였다. 재판소는 유럽국가들 사이에 동성결혼을 인정하는 추세가 늘고 있으나 다수의 국가들은 아직까지 이를 인정하지 않고 있으며, 동성결혼은 아직까지는 "형성중인 권리(evolving rights)"이며, 입법적으로 이를 인정할지 여부는 국가들에게 "재량의 여지(margin of appreciation)"가 있는 것이라고 보았다.

다만, 유럽의회는 2015년 3월 12일 '2013년 인권 및 민주주의에 대한 연례보고 및 이에 대한 EU 정책(Annual Report on Human Rights and Democracy in the World 2013 and the European Union's policy on the matter)'이라는 보고서를 채택하였는데, 이 보고서는 EU회원국들이 동성결혼 또는 동성간의 결합이 정치적, 사회적, 인권의 문제라는 인식을 제고하는데 기여할 것을 권고하고 있다.

아직까지 유럽인권재판소가 동성결혼에 관한 권리를 기본권의 하나로 인정하지 않고 있지만 적지 않은 수의 유럽국가들이 동성결혼을 인정하고 있는 점, 유럽의회가 회원국들에게 동성결혼을 인정할 것을 권고하고 점에 비추어 보면 조만간 동성결혼을 권리로 인정할 가능성이 존재한다.

4. Human Rights Committee

시민적, 정치적 권리에 관한 국제규약(International Covenant for Civil and Political Rights, ICCPR) 제23조 1항은 "가족은 사회의 자연적, 근본적 단위이며, 사회와 국가의 보호를 받을 권리가 있다"고 규정하고 있으며, 제2항은 결혼 적령기의 남녀가 결혼하고 가족을 구성할 권리는 인정되어야 한다."고 규정하고 있다. 이어서 제3항은 "배우자의 자유롭고 완전한 동의가 없이는 결혼이 이루어질 수 없다."고 확인하고 있다.

위 규약 제26조는 모든 사람은 법 앞에 평등하며 차별받지 않고 법 앞에 평등한 보호를 받을 권리가 있음을 명시하고 있다. 특히 이 조항은 인종, 피부색, 성, 언어, 종교, 정치적 또는 기타의 의견, 국민적 또는 사회적 출신, 재산, 출생 또는 기타 지위에 근거한 차별 없이 평등하고 실효적인 법적 보호를 받을 권리가 있음을 선언하고 있다.

위 인권규약은 결혼이 남녀간의 결합이라고 정의하지 않고 있으며, 성 또는 기타의 지위에 근거한 차별 없이 평등하고 실효적인 법적 보호를 받을 권리가 있다는 점을 선언하고 있다는 점에서 조약의 해석상 동성결혼이 인정될 가능성이 존재하며, 적어도 동성커플이 이성부부에 비하여 차별을 받아서는 아니 된다는 해석이 가능하다.

Human Rights Committee는 위 규약 제23조 2항의 해석상 국가는 이성결혼을 인정할 의무만이 존재한다고 하여, 국제법상 동성결혼을 인정할 의무가 없다고 하였다.[3] 다만, Human Rights Committee는 법적인 부부에게 부여하는 이익을 동성커플에게 부여하지 않는 것은 성적 지향에 따른 차별에 해당한다고 하였다.[4]

5. 군대 내의 동성애 처벌

군대 내 동성애 처벌 위헌 사건

헌법재판소 2016. 7. 28. 선고 2012헌바258 결정

[다수의견]

심판대상조항은 동성 군인 사이에 성적 행위가 있었다는 이유만으로 처벌하는 규정이 아니라, 앞서 본 바와 같이 객관적으로 일반인에게 혐오감을 일으키게 하고 선량한 성적 도덕관념에 반하면서 계간에 이르지 아니한 동성 군인 사이의 성적 만족 행위로서, 군이라는 공동사회의 건전한 생활과 군기를 침해하는 것만을 처벌하는 규정일 뿐이고, 동성 사이의 성적 행위를 한 군인과 이성 사이의 성적 행위를 한 군인을 차별하기 위한 목적에서 규정된 것이 아니다. 심판대상조항이 동성 사이의 성적 행위를 한 군인에게만 적용되는 것은 앞서 본 바와 같이 군대는 동성 사이의 비정상적인 성적 교섭행위가 발생할 가능성이 현저히 높으며, 상급자가 하급자를 상대로 동성 사이의 성적 행위를 감행할 가능성이 높고, 이를 방치할 경우 군의 전투력 보존에 직접적인 위해가 발생할 우려가 크다는 군대 내의 특수한 사정에 따른 것이므로, 이성 사이의 성적 행위를 한 군인과 비교하여 어떠한

3) Joslin et al. v. New Zealand, Communication No. 902/1999, U.N. Doc. A/57/40 at 214 (2002).

4) Young v. Australia, Communication No. 941/2000, U.N. Do. (CCPR/C/78/D/941/2000).

차별취급이 존재한다 하더라도, 이는 합리적인 이유가 인정된다.

[반대의견]

군형법 제정 당시부터 군대 내에서의 추행을 형법이나 성폭력처벌법과 달리 규정하게 된 이유를, 군의 특성상 군인, 특히 병(兵)의 경우는 군영 내에서 동성간 집단숙박을 하여야 하고, 엄격한 상명하복관계에 있어 상관의 지시를 거역하기가 사실상 불가능하다는 점을 고려한 것으로 본다면, 심판대상조항에 해당하는 '추행'은 '동성 간에 군영(軍營) 내에서 하는 음란한 행위'로 한정되어야 할 것이다. 그러나 심판대상조항이 행위의 객체나 시간 및 장소에 관하여 아무런 규정을 두지 않았고, 위 대법원 판례가 설시한 '군이라는 공동사회의 건전한 생활과 군기'라는 보호법익의 개념도 광범위하고 포괄적이다 보니, '군인인 이성간의 군영 내 또는 군영 외 음란행위'나 '군인과 비군인과의 군영 내에서의 음란행위' 등도 이 사건 법률조항에 해당하는지 여부가 불분명하게 되었다.

앞서 본 것처럼 '강제성을 수반하지 않는 당사자 간의 자발적 합의에 의한 음란행위'가 심판대상조항의 '추행'에 해당하는지 여부가 모호하지만, 만약 이러한 합의에 의한 음란행위까지도 심판대상조항의 '추행'에 해당한다고 본다면 이 경우에는 군의 전투력 보존과 직접적인 관련성이 없다고 볼 수 있기 때문에 원칙적으로 형사처벌의 범위에서 제외함이 마땅하고, 설사 아직 우리나라 군의 현실을 고려하여 '합의에 의한 음란행위'도 형사처벌하는 것이 불가피하다고 보더라도 '군영 내'에서 이루어지는 행위만 처벌하는 것으로도 충분히 그 입법목적을 달성할 수 있을 것이다. 병(兵)이 정당한 절차에 따른 휴가·외박 등으로 영외로 벗어난 경우 또는 장교, 준사관, 부사관, 군무원 등이 업무시간 종료 후 영외로 벗어난 경우와 같이 공적인 시간과 장소를 벗어난 이후에 이루어진 합의에 의한 음란행위를 처벌하는 것은 심판대상조항의 입법목적과 보호법익을 벗어난 과잉 처벌이기 때문이다.

6. 성은 변경할 수 있는가?

대법원 2011. 9. 2. 자 2009스117 전원합의체 결정

[다수의견]

헌법 제36조 제1항은 "혼인과 가족생활은 개인의 존엄과 양성의 평등을 기초로 성립되고 유지되어야 하며, 국가는 이를 보장한다."라고 선언하고 있는바, 무릇 혼인이란 남녀 간의 육체적, 정신적 결합으로 성립하는 것으로서, 우리 민법은 이성(異姓) 간의 혼인만을

허용하고 동성(同姓) 간의 혼인은 허용하지 않고 있다. 그런데 만약 현재 혼인 중에 있는 성전환자에 대하여 성별정정을 허용할 경우 법이 허용하지 않는 동성혼의 외관을 현출시켜 결과적으로 동성혼을 인정하는 셈이 되고, 이는 상대방 배우자의 신분관계 등 법적·사회적 지위에 중대한 영향을 미치게 된다. 따라서 현행 민법 규정과 오늘날의 사회통념상 현재 혼인 중에 있는 성전환자는 전환된 성을 법률적으로 그 사람의 성이라고 평가할 수 없고, 그 결과 가족관계등록부의 성별정정도 허용되지 아니한다고 할 것이다. 다만 현재 혼인 중이 아니라면 과거 혼인한 사실이 있다고 하더라도 위와 같은 혼란을 야기하거나 사회에 부정적인 영향을 미칠 우려가 크지 않으므로 성별정정을 불허할 사유가 되지 아니한다.…

성전환수술에 의하여 출생 시의 성과 다른 반대의 성으로 성전환은 이미 이루어졌고, 정신과 등 의학적 측면에서도 이미 그 전환된 성으로 인식되고 있다면, 전환된 성으로 개인적 행동과 사회적 활동을 하는 데에까지 법이 관여할 방법은 없다. 그러나 성전환자가 혼인 중에 있거나 미성년자인 자녀가 있는 경우에는, 가족관계등록부에 기재된 성별을 정정하여, 그 배우자나 미성년자인 자녀의 법적 지위와 그에 대한 사회적 인식에 곤란을 초래하는 것까지 허용할 수는 없으므로, 현재 혼인 중에 있거나 미성년자인 자녀를 둔 성전환자의 성별정정은 허용되지 않는다고 할 것이다.

[반대의견]

성적 정체성에 관한 태도 결정이나 성적 지향은 개인의 존재 그 자체를 구성하는 것으로서 이를 법적으로 인정받지 못하는 것은 인간의 존엄을 유지하고 스스로 선택한 가치관에 따라 행복을 추구한다는 가장 기본적인 권리를 부정당하는 것이나 다름없다. 따라서 사회적 인식이나 통념 등을 이유로 사회 내의 소수자인 성전환자의 성별 정정을 제약하는 데에는 극히 신중한 태도를 가질 필요가 있다. 성전환자의 성별정정은 우리 사회의 주류로부터 오히려 지지·동의될 수 없는 것을 아마도 그들의 뜻에 반하여 성전환자에게도 이 사회에서 인간으로서 누릴 수 있는 행복의 추구를 가능하게 하기 위한 기반으로서 시인하는 것이다. 따라서 이 맥락에서 윤리적 또는 종교적 신념 등에 기반한 사회적 통념 또는 인식을 앞세워서는 성전환자의 성별정정이 가지는 법적 의미는 현저히 퇴색할 수밖에 없는 것이다. 특히 법원이 가족관계등록부에 기재된 성별의 정정을 허가할 것인지 여부를 결정함에 있어서 일정한 기준을 세우고 그에 따라 일관된 처리를 함으로써 법적 안정성을 유지하는 것이 중요한 가치임은 부인할 수 없다고 하더라도, 어떠한 소극적 요건을 절대적 기준으로 설정함으로써 경우에 따라 성전환자의 인간으로서의 존엄성이나 행복추구권의 본질적 부분이 침해되는 결과에 이를 수 있음에도 이를 감수하면서까지 법적 안정성을 추구하는 것이 정당하다고 말할 수 없다.

해설 및 검토

1. 결혼은 어떻게 정의되어야 하며, 그 궁극적 목적은 무엇인가?

2. 동성결혼을 인정할 수 없는 근거와 동성결혼을 인정해야 하는 근거를 서로 비교하여 토론해 보자.

제 16 장
사상, 양심 및 종교의 자유

1. 조약 및 법률

ICCPR 제18조는 "모든 사람은 사상, 양심 및 종교의 자유에 대한 권리를 가진다." 고 규정한다. 이 권리에는 특정한 종교나 신념을 가질 권리와 예배, 의식, 행사 및 선교를 통하여 종교나 신념을 표명하는 자유를 포함한다. 누구도 종교를 선택할 자유를 침해받지 아니한다.

종교의 자유는 신앙, 무신앙의 자유와 종교적인 신념을 공개하지 아니할 자유를 포함한다. 종교의 자유는 단지 전통적인 종교나 제도화된 종교만을 의미하는 것은 아니다. 그러므로 신흥 종교나 종교적인 소수자 또는 종교를 갖지 아니한 사람에 대한 차별은 종교의 자유를 침해하는 것이다. 사상, 양심 및 종교를 선택할 자유는 절대적이며 제한될 수 없다. 다만, 이를 표현하는 것은 다른 문제이다.

종교의 자유는 개별적, 집단적 또는 사적, 공개적으로 행사될 수 있다. 종교적인 신념은 보통 의식을 행하거나 상징을 이용하는 방법으로 표현된다. 일정한 음식을 먹거나 복장을 입는 것으로 표현되기도 한다. 종교적인 행위에는 종교지도자를 선출하거나 학교를 설립하거나 출판물을 간행하는 행위를 포함한다. 종교의 자유에는 종교를 변경하거나 더 이상 믿지 않는 것도 포함한다. 그러므로 종교나 믿음을 강요하거나 변경하도록 위협하는 행위는 종교의 자유를 침해하는 것이다. 부모는 자신의 종교나 믿음에 따라 자식에게 종교적인 교육을 할 권리가 있다.

공교육이 대안적인 교육을 제시하지 아니한 상태에서 특정한 종교교육을 하는 것은 허용되지 않지만 중립적이고 객관적으로 일반적인 종교의 역사 등을 교육하는 것은 허용된다.

ICCPR 제20조에 따라 특정한 믿음이나 종교적인 표현이 차별, 적대감 또는 폭력을 유발하는 전쟁이나 민족적, 인종적 또는 종교적인 증오를 조장해서는 아니 된다.

국교 또는 공식적인 종교가 인정되는 경우에도 국교 또는 공식적인 종교를 믿는 사람들에게만 혜택을 주거나 다른 종교를 믿는 사람들에게 불이익을 주는 것은 허용되지 않는다.

제18조 3항에 따라 사상, 양심 및 종교의 자유는 공공의 안전, 질서, 건강, 도덕, 타인의 근본적인 권리와 자유를 보호하기 위하여 필요한 범위 내에서 제한될 수 있다.

일반논평 22는 제18조가 양심적 병역거부의 권리를 명시하지는 않고 있으나 치명적인 무기를 사용해야할 의무가 양심 또는 종교의 자유와 충돌하는 한 양심적 병역거부의 권리가 인정될 수 있다고 보고 있다. 양심적 병역거부를 인정하는 경우에는 종교나 믿음에 따라 차이를 둘 수 없다. 헌법 제19조는 양심의 자유, 제20조 1항은 종교의 자유를 규정하고 있다.

2. 양심적 병역거부의 실태

한국에서는 종교적인 신념을 이유로 병역을 거부하는 것이 종교 및 양심의 자유의 범위에 속하는가가 문제된다. 한국전쟁 이후 2012년까지 양심 또는 종교상의 이유로 징역형을 선고받은 사람은 약 17,000명에 이른다.[1] 연평균 수감인원은 1980년부터 1993년까지 225명이었으나 2001년부터 2012년까지는 매년 691명으로 증가 추세이다. 양심적 병역거부자들에게는 일률적으로 징역 1년 6월이 선고되었는데, 이는 이들이 수형을 이유로 병역의무를 이행하지 않게 되는 가장 최저의 형이다. 2018년 헌법재판소의 판결로 양심적 병역거부 및 대체복무제가 도입되는 길이 열렸다.

1) 연합뉴스 2012. 11. 28.

3. 헌법재판소 판례

양심적 병역거부 사건

헌법재판소 2018. 6. 28. 선고 2011헌바379 결정 등

헌법상 보호되는 양심은 어떤 일의 옳고 그름을 판단함에 있어서 그렇게 행동하지 아니하고는 자신의 인격적인 존재가치가 허물어지고 말 것이라는 강력하고 진지한 마음의 소리로서 절박하고 구체적인 양심을 말한다. 즉, '양심상의 결정'이란 선과 악의 기준에 따른 모든 진지한 윤리적 결정으로서 구체적인 상황에서 개인이 이러한 결정을 자신을 구속하고 무조건적으로 따라야 하는 것으로 받아들이기 때문에 양심상의 심각한 갈등이 없이는 그에 반하여 행동할 수 없는 것을 말한다.

이때 '양심'은 민주적 다수의 사고나 가치관과 일치하는 것이 아니라, 개인적 현상으로서 지극히 주관적인 것이다. 양심은 그 대상이나 내용 또는 동기에 의하여 판단될 수 없으며, 특히 양심상의 결정이 이성적·합리적인가, 타당한가 또는 법질서나 사회규범·도덕률과 일치하는가 하는 관점은 양심의 존재를 판단하는 기준이 될 수 없다.

이처럼 개인의 양심은 사회 다수의 정의관·도덕관과 일치하지 않을 수 있으며, 오히려 헌법상 양심의 자유가 문제되는 상황은 개인의 양심이 국가의 법질서나 사회의 도덕률에 부합하지 않는 경우이므로, 헌법에 의해 보호받는 양심은 법질서와 도덕에 부합하는 사고를 가진 다수가 아니라 이른바 '소수자'의 양심이 되기 마련이다.

특정한 내적인 확신 또는 신념이 양심으로 형성된 이상 그 내용 여하를 떠나 양심의 자유에 의해 보호되는 양심이 될 수 있으므로, 헌법상 양심의 자유에 의해 보호받는 '양심'으로 인정할 것인지의 판단은 그것이 깊고, 확고하며, 진실된 것인지 여부에 따르게 된다. 그리하여 양심적 병역거부를 주장하는 사람은 자신의 '양심'을 외부로 표명하여 증명할 최소한의 의무를 진다.

물론 그렇게 형성된 양심에 대한 사회적·도덕적 판단이나 평가는 당연히 가능하며, '양심'이기 때문에 무조건 그 자체로 정당하다거나 도덕적이라는 의미는 아니다. 양심의 자유 중 양심형성의 자유는 내심에 머무르는 한, 절대적으로 보호되는 기본권이라 할 수 있는 반면, 양심적 결정을 외부로 표현하고 실현할 수 있는 권리인 양심실현의 자유는 법질서에 위배되거나 타인의 권리를 침해할 수 있기 때문에 법률에 의하여 제한될 수 있다.…

양심적 병역거부는 인류의 평화적 공존에 대한 간절한 희망과 결단을 기반으로 하고 있다. 사유를 불문하고 일체의 살상과 전쟁을 거부하는 사상은 역사상 꾸준히 나타났으며,

비폭력·불살생·평화주의 등으로 표현된 평화에 대한 이상은 그 실현가능성과 관계없이 인류가 오랫동안 추구하고 존중해온 것이다. 우리 헌법 역시 전문에서 '항구적인 세계평화와 인류공영에 이바지함'을 선언하여 이러한 이념의 일단을 표명하고 있다. 뒤에서 보듯이 세계의 많은 나라들이 양심적 병역거부를 인정해왔고 국제기구들에서도 끊임없이 각종 결의 등을 통해 그 보호 필요성을 확인해온 것은, 이 문제가 위와 같은 인류 보편의 이상과 연계되어 있음을 시사한다.

한편, 양심적 병역거부를 인정하는 것이 여호와의 증인 등을 비롯한 특정 종교나 교리에 대한 특별취급을 하는 것이 아니냐는 의문이 제기되기도 한다. 그러나 이는 앞서 본 것처럼 인류 공통의 염원인 평화를 수호하기 위하여 무기를 들 수 없다는 양심을 보호하고자 하는 것일 뿐, 특정 종교나 교리를 보호하고자 하는 것은 아니다.…

1966년 국제연합(UN)에서 채택한 '시민적·정치적 권리에 관한 국제규약(International Covenant on Civil and Political Rights, 이하 '자유권규약'이라 한다)' 제18조는 사상, 양심 그리고 종교의 자유를 보장하고 있고, 1993년 자유권규약위원회(Human Rights Committee)는 사상, 양심, 종교의 자유에 관한 일반의견 제22호에서, 자유권규약 제18조에서 양심적 병역거부권이 도출될 수 있다고 하였다. 우리나라는 1990년 위 규약에 제18조에 대한 아무런 유보 없이 가입하였다.

국제연합 인권위원회(United Nations Commission on Human Rights)도 반복된 결의를 통하여 같은 입장을 밝혔다. 예를 들면, 위 위원회는 1989년 제59호 결의에서 양심적 병역거부권을 자유권규약 제18조에 규정된 사상, 양심, 종교의 자유의 정당한 권리행사로 인정하였고, 1998년 제77호 결의에서는 양심적 병역거부 행위의 진정성을 판단할 독립적이고 공정한 결정기관의 설립, 비전투적 또는 민간적 성격을 띤 대체복무제의 도입, 양심적 병역거부자에 대한 구금 및 반복적 형벌부과 금지 등을 각국에 요청하였으며, 그 외에도 수차례의 결의를 통하여 위와 같은 내용을 재확인하였다.

또한 2006년부터 국제연합 인권위원회를 대신하게 된 국제연합 인권이사회(United Nations Human Rights Council)는 2013. 9. 27. 양심적 병역거부에 관한 결의를 통하여 앞서 살펴본 인권위원회의 결의 내용들을 다시 언급하면서, 양심적 병역거부자에 대한 처벌을 중단하고 현재 수감 중인 양심적 병역거부자들을 석방할 것, 대체복무제를 도입할 것 등을 각국에 촉구하였다.

한편, 유럽연합의회는 2000. 12. 7. 채택한 '유럽연합 기본권헌장(Charter of Fundamental Rights of the European Union)'에서 "양심적 병역거부권은 인정되며, 그 권리의 행사는 각국의 국내법에 따른다."(제10조 제2항)라고 규정하여 양심적 병역거부권을 인정하고 있다. 위 기본권헌장은 2009. 12. 1. 발효된 새로운 유럽연합조약(Treaty on European Union) 제6조

제1항에 따라 유럽연합 회원국에 대해 법적 구속력을 가지게 되었다.

유럽인권재판소는 2011. 7. 7. 양심적 병역거부가 유럽인권협약 제9조에 의하여 보장된다고 판단하면서, 진지한 종교적 신념을 이유로 병역의무를 거부하는 사람에게 대체복무를 부과하지 않고 형사처벌을 하는 것은 민주사회에서 필요한 제한이라고 볼 수 없어 유럽인권협약 제9조를 위반한 것이라고 판단하였다[Bayatyan v. Armenia (Application no. 23459/03)].

자유권규약위원회는 2006년 자유권규약 관련 대한민국의 제3차 국가보고서에 대한 최종견해에서, 양심적 병역거부자가 형사처벌을 받고 국가기관 및 공공기관의 채용에서 배제되며 전과자의 낙인을 안고 살아가는 것에 대해 우려를 표한다고 하면서, 대한민국에게 양심적 병역거부자를 군복무에서 면제하고 자유권규약 제18조에 부합하는 입법조치를 취할 것을 권고하였고, 2015년에도 대한민국의 제4차 국가보고서에 대한 최종견해를 통하여 양심적 병역거부자를 석방하고, 그들의 전과기록을 말소하고 적절한 보상을 하며, 민간적 성격의 대체복무제를 도입할 것을 권고하였다.

한편, 자유권규약위원회는 처벌조항에 따라 유죄확정판결을 받은 여호와의 증인인 우리 국민 2인이 제기한 개인통보에 대해 2006. 11. 3. 채택한 견해에서, 대한민국이 자유권규약 제18조 제1항을 위반하였다고 하면서, 대한민국은 위 국민들에게 효과적인 구제조치를 하고 유사한 위반이 장래에 또 발생하지 않도록 할 의무가 있다고 하였다. 그 후 자유권규약위원회는 양심적 병역거부와 관련하여 우리 국민이 제기한 모든 개인통보 사건들에서 같은 취지의 견해를 채택하였다.…

따라서 양심적 병역거부자에 대한 대체복무제를 규정하지 아니한 병역종류조항은 과잉금지원칙에 위배하여 양심적 병역거부자의 양심의 자유를 침해한다.

대한민국 병역제도가 생긴 이래 지금까지 양심적 병역거부의 문제는 계속 논의되어 왔고, 또한 대체복무제에 대한 논의도 적어도 2000년대 초반부터는 본격적으로 활발해졌다고 할 수 있다.

헌법재판소는 2004. 8. 26. 선고한 2002헌가1 결정에서 구 병역법(1999. 2. 5. 법률 제5757호로 개정되고, 2004. 12. 31. 법률 제7272호로 개정되기 전의 것) 제88조 제1항 제1호에 대하여 합헌 결정을 하면서도, 입법자는 양심의 자유와 국가안보라는 법익의 갈등관계를 해소하고 양 법익을 공존시킬 수 있는 방안이 있는지, 국가안보라는 공익의 실현을 확보하면서도 병역거부자의 양심을 보호할 수 있는 대안이 있는지, 우리 사회가 양심적 병역거부자에 대하여 이해와 관용을 보일 정도로 성숙한 사회가 되었는지에 관하여 진지하게 검토하여야 할 것이며, 설사 대체복무제를 도입하지 않기로 하더라도, 법적용기관이 양심우호적 법적용을 통하여 양심을 보호하는 조치를 취할 수 있도록 하는 방향으로 입법을 보완할 것인지에 관하여 숙고하여야 한다고 권고하였다.

한편, 국가인권위원회는 2005. 12. 26. 국회의장과 국방부장관에게 대체복무제 도입을 권고한 바 있고, 그로부터 12년이 지난 2017. 6. 27.에도 다시 그 도입을 권고하였다. 또한, 본 사건과 관련하여 2016. 11. 28. 헌법재판소에 제출한 의견서에서는, 양심적 병역거부권과 국방의 의무가 조화롭게 공존할 수 있는 대체복무제가 마련되어야 하며, 양심적 병역거부자에게 대체복무의 기회를 제공하지 않고 형사처벌하는 것은 양심의 자유를 침해한다고 본다는 입장을 표명하였다.

국방부는 2007. 9. 18. 사회복무제도의 일환으로 종교적 사유 등에 의한 병역거부자에 대한 대체복무제 도입을 공론화과정을 거쳐 추진하겠다는 '「병역이행 관련 소수자」의 사회복무제 편입 추진 방안'을 발표하였다. 법무부도 2018. 4. 29.자 '제3차 국가인권정책 기본계획' 초안에서 '입영 및 집총거부자'에 대한 합리적 대체복무 방안 도입을 검토하겠다고 발표한 바 있다.

그리고 국회에서는 대체복무 편입결정을 위한 심사기구의 구성, 심사의 절차, 대체복무의 업무영역, 대체복무 기간의 설정 등에 대하여 구체적인 설계가 이루어진 대체복무제를 도입하는 내용의 병역법 개정안이 제17대 국회인 2004. 9. 22. 최초로 발의된 이래 제18대, 제19대, 제20대 국회까지 실제 입법으로 이어지거나 진지한 논의가 이루어지지는 못한 채 끊임없이 발의되고 있다.

법원에서도 최근 하급심에서 양심적 병역거부에 대해 무죄판결을 선고하는 사례가 증가하고 있다.

비록 우리 재판소가 지난 2011년에는 처벌조항에 대하여 합헌 결정을 하였지만(2008헌가22), 이미 2004년에는 대체복무제 도입에 관한 검토를 권고한 바 있고(2002헌가1), 이제 그로부터 약 14년이라는 결코 짧지 않은 시간이 지나고 있다.

이러한 모든 사정을 감안해 볼 때 국가는 이 문제의 해결을 더 이상 미룰 수 없으며 대체복무제를 도입함으로써 병역종류조항으로 인한 기본권 침해 상황을 제거할 의무가 있음이 분명해진다. 양심의 자유와 국가안보라는 공익을 조화시킬 수 있는 대안이 존재하며 그에 관한 우리 사회의 논의가 성숙하였음에도 불구하고, 오로지 개인에게만 책임을 전가하는 것은 국가의 중대한 임무 해태라고 하지 않을 수 없다.

다수결을 기본으로 하는 민주주의 의사결정구조에서 다수와 달리 생각하는 이른바 '소수자'들의 소리에 귀를 기울이고 이를 반영하는 것은 관용과 다원성을 핵심으로 하는 민주주의의 참된 정신을 실현하는 길이 될 것이다.

4. 대법원 판례

양심적 병역거부는 정당한 사유로 볼 수 있는가?

대법원 2018. 11. 1. 선고 2016도10912 전원합의체 판결

자유민주주의는 다수결의 원칙에 따라 운영되지만 소수자에 대한 관용과 포용을 전제로 할 때에만 정당성을 확보할 수 있다. 국민 다수의 동의를 받지 못하였다는 이유로 형사처벌을 감수하면서도 자신의 인격적 존재가치를 지키기 위하여 불가피하게 병역을 거부하는 양심적 병역거부자들의 존재를 국가가 언제까지나 외면하고 있을 수는 없다. 일방적인 형사처벌만으로 규범의 충돌 문제를 해결할 수 없다는 것은 이미 오랜 세월을 거쳐 오면서 확인되었다. 그 신념에 선뜻 동의할 수는 없다고 하더라도 이제 이들을 관용하고 포용할 수는 있어야 한다.

요컨대, 자신의 내면에 형성된 양심을 이유로 집총과 군사훈련을 수반하는 병역의무를 이행하지 않는 사람에게 형사처벌 등 제재를 해서는 안 된다. 양심적 병역거부자에게 병역의무의 이행을 일률적으로 강제하고 그 불이행에 대하여 형사처벌 등 제재를 하는 것은 양심의 자유를 비롯한 헌법상 기본권 보장체계와 전체 법질서에 비추어 타당하지 않을 뿐만 아니라 소수자에 대한 관용과 포용이라는 자유민주주의 정신에도 위배된다. 따라서 진정한 양심에 따른 병역거부라면, 이는 병역법 제88조 제1항의 '정당한 사유'에 해당한다.

5. 준법서약제와 양심의 자유

준법서약제 등 위헌확인, 가석방심사 등에 관한 규칙 제14조 2항 위헌확인

헌법재판소 2002. 4. 25. 선고 98헌마425, 99헌마170, 498(병합) 판결

[합헌의견]

1. 내용상 단순히 국법질서나 헌법체제를 준수하겠다는 취지의 서약을 할 것을 요구하는 이 사건 준법서약은 국민이 부담하는 일반적 의무를 장래를 향하여 확인하는 것에 불과하며, 어떠한 가정적 혹은 실제적 상황하에서 특정의 사유(思惟)를 하거나 특별한 행동

을 할 것을 새로이 요구하는 것이 아니다. 따라서 이 사건 준법서약은 어떤 구체적이거나 적극적인 내용을 담지 않은 채 단순한 헌법적 의무의 확인·서약에 불과하다 할 것이어서 양심의 영역을 건드리는 것이 아니다.

2. 양심의 자유는 내심에서 우러나오는 윤리적 확신과 이에 반하는 외부적 법질서의 요구가 서로 회피할 수 없는 상태로 충돌할 때에만 침해될 수 있다. 그러므로 당해 실정법이 특정의 행위를 금지하거나 명령하는 것이 아니라 단지 특별한 혜택을 부여하거나 권고 내지 허용하고 있는 데에 불과하다면, 수범자는 수혜를 스스로 포기하거나 권고를 거부함으로써 법질서와 충돌하지 아니한 채 자신의 양심을 유지, 보존할 수 있으므로 양심의 자유에 대한 침해가 된다 할 수 없다.

이 사건의 경우, 가석방심사등에관한규칙 제14조에 의하여 준법서약서의 제출이 반드시 법적으로 강제되어 있는 것이 아니다. 당해 수형자는 가석방심사위원회의 판단에 따라 준법서약서의 제출을 요구받았다고 하더라도 자신의 의사에 의하여 준법서약서의 제출을 거부할 수 있다. 또한 가석방은 행형기관의 교정정책 혹은 형사정책적 판단에 따라 수형자에게 주는 은혜적 조치일 뿐이고 수형자에게 주어지는 권리가 아니어서, 준법서약서의 제출을 거부하는 당해 수형자는 결국 위 규칙조항에 의하여 가석방의 혜택을 받을 수 없게 될 것이지만, 단지 그것뿐이며 더 이상 법적 지위가 불안해지거나 법적 상태가 악화되지 아니한다.

이와 같이 위 규칙조항은 내용상 당해 수형자에게 하등의 법적 의무를 부과하는 것이 아니며 이행강제나 처벌 또는 법적 불이익의 부과 등 방법에 의하여 준법서약을 강제하고 있는 것이 아니므로 당해 수형자의 양심의 자유를 침해하는 것이 아니다.

3. 남북한의 대결상황에서 북한은 여전히 대남혁명전략을 추구하며 대한민국의 존립을 위협하고 있으므로 대한민국으로서는 국가의 존립 보장을 위하여 북한의 대남혁명전략에 방어적으로 대처하지 아니할 수 없다. 또한 북한에 연계하거나 혹은 자발적 의사에 의하여 대한민국의 자유민주적 기본질서를 침해하거나 붕괴시키려는 세력의 위법행위는 그 행위의 성격상 주로 국가보안법위반죄 또는 집회및시위에관한법률위반죄를 통하여 처단하여 온 것이 현재 우리의 법적 현실이라고 할 것이다. 이와 같은 상황에서 당해 수형자들에게 그 가석방 여부를 심사함에 있어서 다른 범죄의 수형자들에게 일반적으로 적용되는 심사방법을 공히 적용하는 외에, 국민의 일반적 의무인 '국법질서 준수의 확인절차'를 더 거치도록 하는 것은 당해 수형자들이 지니는 차별적 상황을 합리적으로 감안한 것으로서 그 정책수단으로서의 적합성이 인정된다고 할 것이다.

이와 같이 준법서약제는 당해 수형자의 타 수형자에 대한 차별취급의 목적이 분명하고 비중이 큼에 비하여, 차별취급의 수단은 기본권침해의 문제가 없는 국민의 일반적 의무사항의 확인 내지 서약에 불과하다고 할 것이므로 그 차별취급의 비례성이 유지되고 있음이 명백하다고 할 것이고, 결국 이 사건 규칙조항은 헌법상 평등의 원칙에 위배되지 아니한다.

[위헌의견]

1. 헌법이 양심의 자유를 보장하는 이유와 그 보호범위

헌법재판소는 양심의 자유의 보호범위에 관하여, 헌법 제19조에서 말하는 양심이란, 개인의 인격형성에 관계되는 내심에 있어서의 가치적·윤리적 판단뿐만 아니라 세계관·인생관·주의·신조 등을 포함한다고 한 바 있다. 그런데 다수의견은 이러한 선례를 고려하지 않고 양심의 범위를 도덕적 양심에 국한시키면서, 개인의 윤리적 정체성에 관한 절박하고 구체적인 양심에 한정시켜 이 사건을 판단하고 있는바, 이는 명백히 종래의 판례취지를 축소 내지 변경하는 것이다.

또한 다수의견은 더 나아가 양심의 자유의 보호범위를 첫째, 둘째, 셋째로 나누어 개념적으로 규정하고 있는바, 판례가 아직 집적되어 있지 않음에도 그러한 연역적 개념위주로 형식적 판단을 하는 것은 양심의 자유의 보호영역을 넓히기보다는 이를 제약하는 데 사용될 수 있다는 점에 문제점이 있다.

2. 준법서약서 제출요구가 양심의 자유의 보호범위에 속하는지 여부

가. 다수의견은 이 사건 준법서약은 "단순한 헌법적 의무의 확인·서약에 불과하다고 할 것이어서 양심의 영역을 건드리는 것이 아니다"라고 한다. 일반인을 상대로 한 준법서약에 관한 한 그러한 판단에 이의가 없다. 그러나 이 사건에서 문제된 준법서약서제도가 국가보안법위반죄로 무기징역을 선고받아 수감중인 폭력적 방법에 의한 국가전복을 도모하려는 공산주의자에 대한 것이라면 문제는 달라진다. 폭력적 방법으로 정부를 전복할 권리는 누구에게도 보장되어 있지 않지만, 그러한 사고가 개인의 내면에 머무는 한 이를 고백하게 하거나 변경하게 하는 것은 양심의 자유를 침해하는 것이다.

나. 자유민주주의 체제에서는 아무리 자유민주주의의 반대자라 하더라도, 그 표현된 행위가 공익에 적대적일 경우에만 정당한 제재를 가할 수 있다. 국가는 폭력적인 국가전복을 시도하는 극단적 공산주의자들로부터 스스로를 보호해야 하지만, 한편 공산주의보다도 인권보장에 있어 우월한 자유민주주의 체제 하에서는, 그들의 "행위"를 법적으로 처벌할 수는 있어도, 그들로 하여금 여하한 직·간접적인 강제수단을 동원하여 자신의 신념을 번복하게 하거나, 자신의 신념과 어긋나게 대한민국 법의 준수의사를 강요하거나 고백시키게 해서는 안될 것이다.

다. 준법서약서제도는 과거의 사상전향서제도와는 형식적으로 다른 형태로서 국법질서를 준수하겠다는 서약서이지만, 그 실질에 있어서는 오랜 기간 공산주의에 대한 신조를 지닌 국가보안법 위반자 등으로 하여금 그러한 신조를 변경하겠다는 것을 표명하게 하고, 그럼으로써 같은 신조를 지닌 자들과 격리하게 되는 효과를 도모하는 점에서 유사하다.

라. 설사 다수의견의 판시와 같은 양심 개념을 차용한다고 하더라도, 양심의 자유나 표현의 자유와 같은 기본권은 국가에 의한 중요한 혜택의 배제시에도 제한될 수 있다고 보아야 한다. 무엇이 그러한 혜택에 포함될 것인지는 개별적으로 논해야 할 것이나, 적어도 장기수에 있어 가석방의 배제는 그의 일생 일대의 중요한 문제로서 이에 포함시켜 보아야 할 문제이다.

마. 그러므로 준법서약서제도는 헌법 제19조의 양심의 자유의 보호영역 내에 포섭되어야 마땅하다.

3. 준법서약서제도의 양심의 자유 침해 여부

가. 준법서약서제도는 "개인의 세계관·인생관·주의·신조 등이나 내심에 있어서의 윤리적 판단"을 그 대상으로 하고 있다는 점에서 내심의 자유를 직접 제한하는 것이라고 볼 수 있다. 비록 준법서약서라는 '표현된 행위'가 매개가 되지만 이는, 국가가 개인의 내심의 신조를 사실상 강요하여 고백시키게 한다는 점에서, 양심실현 행위의 측면이라기보다는, 내심의 신조를 사실상 강요하는 것에 다름 아니다.

나. 준법서약서제도는 어느 법률에서도 이를 직접 규정하고 있지 않으며 또한 이를 하위법령에 위임하는 근거규정도 없다. 그러므로 더 나아가 볼 것 없이 국민의 자유와 권리는 "법률로써" 제한할 수 있도록 한 헌법 제37조 2항에 위반된다.

다. 설사 이를 내심의 자유에 관련된 것이 아니라, 양심 "실현"의 자유에 대한 제한으로 보는 경우에도 이 사건 규칙은 비례의 원칙을 준수한 것이라 볼 수 없다.

이 사건 규칙이 수형자의 재범 가능성을 판단하기 위하여 향후의 준법의사를 파악한다는 관점에서 입법목적상 정당하다고 하더라도, 준법서약서를 제출하였다고 하여 향후 재범의 가능성이 없는 것인지, 제출하지 않은 경우 가석방하면 재범의 위험성이 높은 것인지는 명확하지 않다는 점에서, 이 사건 규칙이 입법목적 달성을 위한 효과적인 방법인 것인지는 의문이 있다.

한편 재범의 가능성에 대한 판단이 제도의 목적이라면 면접 등 다른 일반 수형자의 가석방 심사 방법으로도 충분히 그 목적을 달성할 수 있음에도, 이 사건 규칙은 필요 이상으로 양심의 자유를 제한한다.

> 나아가 준법서약서제도로 인하여 개인이 겪게 되는 양심상의 갈등, 즉 가석방을 얻어내기 위하여 자신의 근본적 신조를 변경하겠다는 표현을 하거나 혹은 침묵을 통해 신조의 불변을 나타내는 것에 대한 내면적 갈등의 심각성은, 재범의 위험성의 한 판단자료라는 공익과 대비시킬 때, 법익간의 균형성이 심각하게 훼손되고 있는 것이다.

6. 이른바 블랙리스트

'블랙리스트'는 정권에 반대하거나 비판적인 사람들을 감시하거나 불이익을 주기 위하여 작성하는 명단을 의미한다. 블랙리스트는 1970년대부터 노동운동을 탄압하기 위하여 만들어졌다. 1970년대 말부터 1980년대에 걸쳐 노동운동이 활발하였는데, 이 때 사용자의 부당 해고로 많은 노동자들이 해고되었다. 해고된 노동자가 다른 사업장에 다시 취업하지 못하도록 불이익을 주기 위하여 개별 기업들의 제보로 노동부와 정보기관이 작성하여 사업장, 노동부 및 정보기관 등에 비치하여 노동자들에게 불이익을 주었다. 1984년 성남에서 처음으로 블랙리스트가 발견되었으며, 1991년경 전국의 해고노동자, 시국 사건 관련자, 운동권 대학생 등 8천명의 명단이 입력된 블랙리스트가 발견되었다.

박근혜 정권 아래에서도 야당 후보를 지지하거나 정부에 대하여 비판적인 성명에 참여한 사람, 심지어 비판적인 예술 활동에 관여한 1만 여명에 대하여 블랙리스트를 작성하여 정부가 지원하거나 후원하는 사업에서 배제하는 등 예술 및 문화의 영역에서 각종의 불이익을 준 바가 있다. 블랙리스트는 국가가 개인의 정치적인 성향이나 사상을 파악하여 이에 따라 개인을 감시하거나 불이익을 주는 도구로 사용하는 것이므로 사상, 양심의 자유를 침해한다고 볼 수 있다. 전체주의 국가에서는 국가가 개인의 정치적인 성향이나 사상을 사전에 파악하여 이를 명단으로 만들어 관리하는 경우가 많다.

해설 및 검토

1. 운동선수, 산업체복무, 공익근무 등 짧은 기간 동안의 군사훈련을 제외하고 사실상 군복무를 하지 않는 사람들이 적지 않다. 군복무를 면제하는 이러한 제도가 군복무 기피현상을 야기하는가?

2. 양심적 병역거부를 인정함으로써 생길 수 있는 문제점은 무엇이며, 이를 극복할 수 있는 방안은 무엇인가?

3. 국기에 대한 맹세문(나는 자랑스러운 태극기 앞에 자유롭고 정의로운 대한민국의 무궁한 영광을 위하여 충성을 다할 것을 굳게 다짐합니다)은 국가와 개인의 관계에 대하여 어떠한 견해를 취하고 있으며, 이것이 양심의 자유와 양립할 수 있는지 생각해 보자.

인권법 강의

제 17 장
사 회 권

1. 사 회 권

ICESCR은 근로의 권리(제6조, 제7조), 노동조합에 관한 권리(제8조), 사회보험의 권리(제9조), 가정과 아동의 보호(제10조), 식량, 의복 및 주택의 권리, 기아로부터의 해방(제11조), 건강권(제12조), 교육권(제13조). 무상초등교육권(제14조), 문화, 예술 및 과학의 권리(제15조) 등을 규정하고 있다.

한국 헌법은 교육의 권리(제31조), 근로의 권리(제32조), 단결권 등의 권리(제33조)를 비롯한 사회적 권리에 규정을 두고 있다.

2. 공무원의 부패와 불공정한 사회

부정선거와 군사 쿠데타 등은 국민들의 정치적인 의사결정의 자유를 박탈한 것이라고 볼 수 있다. 국민들의 정치적인 의사결정의 자유가 박탈되면 부정부패가 만연하게 되며 사회의 일상적인 의사결정도 불공정하게 된다. 부정부패는 공무원의 의사결정이 뇌물을 공여하는 쪽에게 유리하게 내려지도록 하므로 사회는 불공정하게 된다. 기업이 공무원들에게 뇌물을 주는 행위가 만연하고 이를 강력하게 처벌하기 않으면 당연히 공무원들이 기업에게 유리한 정책을 수립할 가능성이 높다. 이는 하위직 공무원이나 고위직 공무원이나 마찬가지이다. 특히, 한국에서 대기업들이 고위직 관리들에게 뇌물을 제공하고 특혜를 받는 이른바 '정경유착'의 뿌리는 매우 깊다. 기업들이 통상의 기업의 자금으로 공무원들에게 뇌물을 주는 것은 매우 어렵다. 기업들은 통상 회사의 자금을 빼돌려 비자금을 마련하고 이를 이용하여 뇌물을 주는 경우가 많다. 기업들이 공무원들을 상대로 뇌물을 제공하는 행위가 만연하다는 말은 기업의 회계가 매우 불투명하며, 기업들이 회사자금을 불법적인 목적으로 은닉하는 관행이 널리 퍼져 있다는 말과 비슷하다. 공무원에게 뇌물을 주거나 회사의 자금을 빼돌려 비자금을 만드는 행위가 모두가 범죄임은 물론이다.

대통령에 대한 뇌물

서울고등법원 1996. 12. 16. 선고 96노1892 판결

기업인들이 금원을 공여함에 있어서 명시적으로 표시하지 않는 경우에도 실제에 있어서는 앞에서 본 바와 같이 기업활동에 관하여 직접적 간접적으로 영향력을 행사할 수 있는 대통령의 막강한 직무권한을 의식한 상태에서 대통령의 직무와 관련하여 다른 경쟁기업과의 차별화된 이익을 기대하거나 적어도 불이익을 받지 않으려고 이 사건 각 금원을 제공하였고 피고인 전두환, 노태우도 대통령으로서 기업인들의 위와 같은 실질적인 금원제공의 취지를 인식하고 있었던 것으로 보이는데다가, 이 사건 각 수수금액이 매우 다액인 점, 그 금원 수수의 방식이 비공식 단독면담을 하는 자리에서 이루어진 것인 점, 피고인 전두환, 노태우가 받은 금원의 관리방법이 은밀한 것이었고, 공여한 기업인들 역시 대개의 경우 금원 조성방법이 변칙적이었고 속칭 돈세탁을 한 점, 피고인 전두환, 노태우가 대통령 퇴임 후에까지도 엄청나게 많은 금원을 계속 보유하고 있었던 점 등의 모든 사정을 종합하여 보면, 이 사건 각 금원은 순수한 정치자금으로 수수된 것이라고는 도저히 볼 수 없고 대통령의 직무와의 대가관계가 있다고 할 것이므로 뇌물이라고 할 것이다. 설령 이 사건 각 금원 중 순수한 정치헌금의 성격도 일부 포함되어 있는 경우가 있었다고 하더라도 대통령의 직무와의 대가관계도 동시에 인정되고 양자가 불가분적으로 결합하여 있는 이상 전체적으로 보아 순수한 정치헌금이라고 할 수 없고 그 전체를 뇌물이라고 할 수밖에 없는 것이다.

3. 공무원의 근로 3권의 제한

공무원의 노동기본권 제한

헌법재판소 2008. 12. 26. 선고 2005헌마971 판결

공무원의 업무수행 현실을 보면, 제반 주요정책을 결정하고 그 소속 하위직급자들을 지휘·명령하여 분장사무를 처리하는 역할은 통상 5급 이상의 공무원에게 부여되는 것이 일반적이고, 6급 이하의 공무원들 중에서도 '지휘·감독권 행사자', '업무 총괄자', '인사·보수 등 행정기관의 입장에 서는 자', '노동관계의 조정·감독 등 업무 종사자'는 '항상 사용자의 이익을 대표하는 자'의 입장에 있거나 그 업무의 공공성·공익성이 크며, 이들이 노조에 가입할 경우 예상되는 노조 운영 등에의 지배·개입 등 노조의 자주성을 훼손하는 것을 방지하고, 노사 대항적 관계의 단체교섭에 있어서 노사 간 힘의 균형을 확보해 줌으로써 집단적 노사자치를 실현한다는 집단적 노사관계법의 기본적인 법원리에 따라 이들 공무원을 노조 가입대상에서 제외한 것으로 보인다.

또한 6급 이하 공무원 중 직무의 특성상 군인, 경찰 등 특정직 공무원과 유사하게 국가안전 및 국민의 생명과 안전보호 등 국가 기능유지에 핵심적인 업무를 수행하고 제복근무 등 조직 내 지휘·감독체계의 유지가 특히 강조되는 교정·수사 등의 업무를 수행하는 공무원과 업무의 성격상 노사 간의 이해관계에 영향을 미침으로서 업무수행에 있어서 중립성과 공정성이 특히 요구되는 노동관계의 조정·감독 등 노조 조합원으로서의 지위를 가지고 수행하기에 적절하지 아니한 업무에 종사하는 공무원을 노조 가입대상에서 제외한 것이다.

이러한 입법내용은 헌법상 근로자에 대한 근로3권의 실질적 보장을 전제하면서도 헌법 제33조 2항이 근로3권이 보장되는 공무원의 범위를 법률에 의하여 정하도록 유보함으로써 공무원의 국민 전체에 대한 봉사자로서의 지위와 그 직무상의 공공성 등을 고려한 합리적 공무원제도의 보장 및 공무원제도와 관련한 주권자 등 이해관계인의 권익을 공공복리의 목적 아래 통합 조정하려는 의도와 어긋나는 것이라고 볼 수 없다.

그러므로 위 법률조항은 헌법 제33조 2항이 공무원 신분의 특수성과 수행하는 업무의 공공성을 고려하여 단결권 및 단체교섭권의 향유주체가 될 수 있는 공무원의 범위를 정하도록 하기 위하여 입법자에게 부여하고 있는 형성적 재량권의 범위를 일탈한 것으로 볼 수 없고, 따라서 헌법에 위반되는 것이라고 할 수 없다.…

세계인권선언은 그 전문에 나타나 있듯이 "인권 및 기본적 자유의 보편적인 존중과

준수의 촉진을 위하여 … 사회의 각 개인과 사회 각 기관이 국제연합 가맹국 자신의 국민 사이에 또 가맹국 관할하의 지역에 있는 시민들 사이에 기본적인 인권과 자유의 존중을 지도교육함으로써 촉진하고 또한 그러한 보편적, 효과적인 승인과 준수를 국내적·국제적인 점진적 조치에 따라 확보할 것을 노력하도록, 모든 국민과 모든 나라가 달성하여야할 공통의 기준"으로 선언하는 의미는 있으나, 그 선언내용인 각 조항이 바로 보편적인 법적 구속력을 가지거나 국제법적 효력을 갖는 것으로 볼 것은 아니다.

한편 위 선언의 실효성을 뒷받침하기 위하여 마련된 '경제적·사회적 및 문화적 권리에 관한 국제규약'은 제4조에서 "… 국가가 이 규약에 따라 부여하는 권리를 향유함에 있어서, 그러한 권리의 본질과 양립할 수 있는 한도 내에서, 또한 오직 민주사회에서의 공공복리증진의 목적으로 반드시 법률에 의하여 정하여지는 제한에 의해서만, 그러한 권리를 제한할 수 있음을 인정한다."라고 하여 일반적 법률유보조항을 두고 있고, 제8조 1항 (a)호에서 국가 안보 또는 공공질서를 위하여 또는 타인의 권리와 자유를 보호하기 위하여 민주사회에서 필요한 범위 내에서는 법률에 의하여 노동조합을 결성하고 그가 선택한 노동조합에 가입하는 권리의 행사를 제한할 수 있다는 것을 예정하고 있다.

나아가 '시민적 및 정치적 권리에 관한 국제규약' 제22조 1항은 "모든 사람은 자기의 이익을 보호하기 위하여 노동조합을 결성하고 이에 가입하는 권리를 포함하여 다른 사람과의 결사의 자유에 대한 권리를 갖는다."고 규정하고 있으나, 같은 조 2항에서 그와 같은 권리의 행사에 대하여는 법률에 의하여 규정되고, 국가안보 또는 공공의 안전, 공공질서, 공중보건 또는 도덕의 보호 또는 타인의 권리 및 자유의 보호를 위하여 민주사회에서 필요한 범위 내에서는 합법적인 제한을 가하는 것을 용인한다고 하는 유보조항을 두고 있을 뿐만 아니라, 위 제22조는 우리나라의 국내법적 수정의 필요에 따라 가입 당시 유보되었기 때문에 직접적으로 국내법적 효력을 가지는 것도 아니다.…

4. 노동쟁의에 대한 부당한 공권력의 행사

국가의 공권력이 일방적으로 사용자를 위하여 노동조합의 활동을 억압하고 노동쟁의에 개입하는 사례가 적지 않다. 대표적으로 쌍용차 사건을 들 수 있다. 쌍용자동차 노동조합은 사용자의 구조조정에 반대하며 2009년 5월 22일부터 8월 6일까지 평택 공장에서 점거 농성을 하였다. 경찰은 진압계획을 수립하고 사용자측과 협조하여 단전, 단수 조치를 실행하고, 음식물, 의약품과 의료진의 출입을 통제하였다

경찰은 사용자측의 노조원 등에 대한 폭력행사를 방치하였다. 나아가 경찰은 헬기를 이용하여 수 백회에 걸쳐 최루액을 투하하거나 헬기를 저공비행하여 공포심을 조장하였다. 경찰은 2009년 6월 25일부터 8월 5일까지 2급 발암물질인 최루액 20만 리터를 노동자에게 살포하였다. 경찰은 8월 4일 및 5일에 걸쳐 대테러 임무를 담당하는 경찰특공대 투입하여 강제로 진압하였다. 경찰은 강제진압을 정당화하기 위하여 7월 27일부터 8월 6일까지 수원역 등 26개 장소에서 쌍용자동차 노조의 불법 폭력 무기류 사진 전시회를 개최하였다. 그리고 그 해 7월 2일부터 경찰관 50명으로 쌍용차 인터넷 대응팀을 구성하여 댓글 등을 통하여 경찰에 유리한 여론을 조성하였다. 뿐만 아니라 쌍용자동차 파업 이후에 사망한 노동조합원과 그 가족들을 추모하기 위한 분향에서 추모행사, 종교행사, 집회 및 시위, 기자회견 등을 방해하였다. 경찰청 인권침해 사건 진상조사위원회는 2018년 8월 28일 조사결과를 발표하고 경찰이 공권력의 과잉 행사에 대하여 사과하고, 노동조합원 등에 대한 손해배상청구소송을 취하하며, 유사사건의 재발방지를 위한 제도개선을 권고하였으며, 정부에 대하여 사과, 명예회복 및 치유방안의 마련을 촉구하였다.

5. 노동조합의 활동에 대한 사용자의 탄압

헌법상 보장된 노동조합의 권리에도 불구하고 노동자들의 권리는 매우 제약되고 있다. 예를 들어, 삼성그룹은 창업 초기부터 이어져 내려온 '무노조 경영' 방침 아래 삼성그룹 미래전략실 인사지원팀의 지휘 아래 삼성전자, 삼성전사서비스는 물론 모든 협력업체에 대하여도 조직적인 노조와해 공작을 기획하고 실행하였다. 삼성그룹은 매년 노조설립 저지, 세확산 방지, 고사화, 노조탈퇴 유도 등 일명 그린화라고 하는 노사전략을 수립하고 이를 점검하고 신념화하는 임직원 교육을 실시하였다. 그리고 임직원들로 구성된 종합상황실과 신속대응팀을 만들어 체계적인 노조와해 작업을 추진하였다. 삼성은 고용노동부 장관 정책보좌관 출신의 노조전문가를 고용하여 노조와해 전략을 자문받았으며, 경총도 삼성의 요구에 따라 노조와해 공작에 참여하였다. 구체적으로 삼성그룹이 저지를 범죄행위를 보면 노조가 활동할 수 없도록 협력업체를 폐업시키고 조합원의 채취업을 방해하며, 차별대우와 심성 관리를 빙자한 개별 면담 등으로 노조의 탈퇴를 종용하며, 조합활동을 이유로 임금을 삭감하며, 경총과 공동으로 단체교섭을 지연시키고 이에 응하지 아니하였다. 나아가 노조원들의 채무 등 재산관계, 건강상태까지 정보를 수집하여 노조파괴에 이용하였으며, 불법파견을 적법한 도급으로 위장하며, 경찰청 간부에게 뇌물을 제공하고 노동조합 활동 중 자살한 노조원의 부친에게 금품을 제공하여 노동조합이 그 이름으로 장례식을 치를 수 없도록 하였다. 검찰은 이 사건을 장기간에 걸친 조직적인 노조와해 공작의 종합판이라고 규정하였으며, 삼성은 내외부의 모든 세력이 합세하여 압도적인 힘과 정보의 우위로 기울어진 운동장에서 노조와 불공정한 게임을 한 것이라고 판단하였다. 이로 인하여 노동자의 기본권에 대한 중대한 침해가 발생하였으며, 조합원들이 입은 정신적, 경제적 피해는 막대하였다고 하였다(서울중앙지방검찰청 2018. 9. 27. 발표).

6. 사회권위원회의 검토의견

사회적, 경제적, 문화적 권리에 관한 국제규약의 이행을 감독하는 사회권위원회는 2017년 한국이 제출한 제4차 국가보고서에 대한 권고의견을 채택하였다(E/C.12/KOR/Co/4, 19 October 2017). 주요한 내용은 다음과 같다.

1. 한국은 공공의 이익을 위한 공익제보자를 보호하기 위한 법의 적용 범위를 확대해야 하며, 부정청탁금지 및 금품수수의 금지에 관한 법을 그 법의 내용대로 철저하게 집행해야 한다. 부패방지를 위한 제도적인 장치는 실효적이어야 한다. 한국은 부패에 관한 사법판결들을 비롯하여 통계자료를 수집하여 부패방지의 실효성을 모니터해야 한다(para 14).

2. 한국은 한국에 주소를 둔 회사 및 이들이 지배하는 회사들이 규약상의 권리를 위반할 위험을 확인, 예방, 경감하기 위하여 주의의무를 행사할 법적 의무를 부과해야 하며, 그러한 권리가 침해되지 않도록 하며, 위 회사들의 결정과 운영으로 초래되는 부정적인 영향을 기록하도록 해야 한다(para 18). 한국 내 및 해외의 한국회사의 활동으로 인한 인권침해 주장에 대하여 대응해야 하며, 피해자들이 한국의 사법적 및 비사법적 절차로 구제받을 수 있도록 해야 한다(para 18). 국내적 및 국제적으로 공공 조달, 자금 대여,

보조금 등을 경제적, 사회적 및 문화적 권리의 준수와 연계해야 한다(para 18).

3. 한국은 포괄적인 차별금지법을 시급하게 채택해야 하며, 사람들과 국회의원들에게 인간의 존엄성에 대한 보호와 인권의 평등을 차별하는 것이 해로운 영향을 미친다는 점을 널리 인식시켜야 한다(para 23).

4. 한국은 레즈비언, 게이, 양성애자, 성전환자, 중성애자에 대한 법률상, 사실상 차별을 철폐하는 실효적인 조치를 취해야 한다(para 25). 동성애를 처벌하는 군형법 조항을 삭제해야 한다. 사회보장, 임신 건강 및 주택과 관련되어 이들에게 차별적이거나 차별적인 효과를 갖는 법령들을 개정해야 한다. 채택될 포괄적 차별금지법은 성적 지향 및 성정체성에 기한 차별도 금지해야 한다. 레즈비언, 게이, 양성애자, 성전환자 및 중성애자에 대한 편견을 없애는 인식 제고 활동을 해야 한다(para 25).

5. 육아 책임으로 인하여 여성의 경력이 단절되고 이들이 시간제 일자리에 몰리는 근본원인을 해결해야 한다. 육아 돌봄 시설의 수가 충분한지, 유연 근로제의 채택, 남성 육아휴직제, 여성할당 등의 조치들이 실효적인지 평가하고 개선책을 마련해야 한다. 직역간 교차 평가를 하는 등 평등고용법에 따른 동일노동 동일임금의 규정이 제대로 이행되는지 모니터 해야 한다(para 35).

6. 한국은 고용허가제에 따라서 이주노동자들이 고용관계를 변경하는 것을 제한하는 제도를 폐지해야 한다. 여권의 압수 관행의 방지, 착취 사례 조사, 이주노동자에 대한 사실상의 구금과 신체적인 학대를 방지하고 가해자를 법정에 세우는 등 노동 및 사회보장의 권리는 어업, 농업 분야에서 보호되고 존중되어야 한다(para 37).

7. 한국은 합법적인 파업을 할 수 있는 조건을 완화해야 하며, 실효적인 파업권을 보장하기 위하여 필수 사업장의 정의를 축소해야 한다. 한국은 파업권을 침해하는 행위를 삼가야 하며, 쟁의행위에 참여하는 노동자에 대한 보복행위를 독립적으로 조사해야 한다(para 39).

8. 한국은 복수노조가 회사에 의하여 노동자들의 집단적인 교섭력을 약화하는 데 사용되지 않도록 해야 한다. 모든 사람은 노동조합을 자유로이 결정하고 이에 가입할 수 있어야하며, 노동조합의 기능에 자의적으로 간섭할 수 없다(para 41).

9. 한국은 자살의 사회적 원인을 치유하고, 교육 및 고용에서의 과도한 스트레스, 노인의

빈곤, 레즈비언, 게이, 양성애자, 성전환자 및 중성애자와 같은 특정한 그룹들이 겪는 차별과 증오표현을 해결하여 재발을 예방하는 노력을 강화해야 한다(para 56).

해설 및 검토

1. 국가가 사회권을 보장할 의무와 자유권을 보장할 의무 사이에 근본적인 차이가 있는가?

2. 국가가 보편적인 복지정책을 시행하는 것에 대한 찬성과 반대의 논거에는 어떤 것들이 있는가?

인권법 강의

제18장 난 민 법

1. 난민협약 및 난민의정서

난민협약(Convention relating to the Status of Refugees) 및 난민의정서(Protocol relating to the Status of Refugees)에 따르면 난민은 인종, 종교, 국적, 특정사회집단의 구성원, 정치적 의견을 이유로 박해를 받을 우려가 있다는 충분한 이유가 있다는 공포로 인하여 국적국 밖에 있는 자로서 그 국적국의 보호를 받을 수 없거나 또는 그러한 공포로 인하여 그 국적국의 보호를 받을 것을 원하지 않는 자를 의미한다(협약 제1조 및 의정서 제1조 참조). 따라서 빈곤 등 경제적인 이유나 환경파괴, 환경오염 등을 이유로 하여 본국을 떠난 사람은 난민의 개념에서 제외된다. 인종 등의 이유로 박해를 받을 우려가 있어도 국적국 내에 머물고 있는 사람은 국내실향민(Internally Displaced Persons, IDP)라고 부르며, 이들도 난민에서 제외된다. 다만, 국적국을 떠날 당시에 박해를 받을 위험성이 있을 필요는 없으며, 현지 체제 중에 난민의 자격을 얻을 수도 있다. 예를 들어, 취업 등을 목적으로 해외로 이주하였으나 해외 체제 중에 본국의 민주화 운동을 한 결과 귀국하게 되면 박해를 받을 위험성이 있는 경우에는 난민이 될 수 있다. 난면협약 및 난민의정서의 체약국은 난민을 어떠한 방법으로도 인종, 종교, 국적, 특정사회집단의 구성원신분 또는 정치적 의견을 이유로 그 생명이나 자유가 위협받을 우려가 있는 영역의 국경으로 추방하거나 송환하여서는 아니 된다(난민협약 제33조 1항). 난민들은 최종적으로는 박해의 위험이 소멸된 이후에 자발적으로 본국으로 귀환하거나 난민의 지위를 인정받은 국가에 정착하거나 제3국에 재정착하게 된다.

UN에서는 난민고등판무관(UN High Commissioner for Refugee, UNHCR)이 난민의 보호에 관한 업무를 담당한다. 난민협약 및 난민의정서에서 규정하고 있는 난민을 협약

난민이라고 하며, 협약난민에는 해당하지 않지만 보호의 필요가 있는 사람들, 예를 들어, 전쟁피난민, 국내실향민 등을 위임난민이라고 한다. 협약상의 난민과 위임난민은 모두 UNHCR의 임무 내에 속한다.

한국은 1992년에 난민의 지위에 관한 협약(난민협약) 및 난민의 지위에 관한 의정서(난민의정서)에 가입하였다. 이에 따라 한국은 국내적인 이행조치로 1993년 12월 10일 출입국관리법을 개정하였으며, 개정된 출입국관리법은 1994. 7. 1.부터 효력을 발생하였다. 2009년 '난민 등의 지위와 처우에 관한 법률안'이 제출되었으며, 새로운 '난민법'이 국회를 통과하여, 2012. 2. 10. 법률로 제정되었다. 이 법은 2013. 7. 1.부터 시행되고 있다.

2. 냉전의 종식과 국가들의 태도변화

냉전의 종식으로 난민발생의 양상은 달라지고 있다. 첫째, 냉전의 시기의 난민은 대부분의 경우 이데올로기의 대립에서 오는 박해나 또는 정치적 반대자나 양심수들에 대한 탄압으로 발생하였다. 그러나 냉전이 종식된 이후부터는 그 동안 이데올로기의 대립으로 억눌려 왔던 인종, 민족 또는 종교적인 정체성을 찾으려는 노력이 분출하였다. 이러한 인종, 민족 또는 종교간의 대립으로 인하여 격렬한 충돌이 발생하였으며, 이러한 과정에서 수많은 난민들이 발생하였다. 둘째 이와 같은 난민발생의 양상이 달라지면서 난민은 오히려 대규모로 발생하고 있다. 냉전의 시기에는 난민은 소규모로 발생하는 경우가 많았지만 국내의 세력간의 대립으로 인한 분쟁이 많아지면서 대량으로 난민이 발생하는 사례가 늘고 있다. 셋째, 인종, 민족 또는 종교간의 갈등으로 인하여 국내실향민의 발생이 증가하고 있다.

냉전의 종식으로 인하여 난민의 발생양상이 달라지면서 난민들을 받아들이려는 국가들의 태도는 매우 소극적으로 변하고 있다. 특히 2001년 9월 11일에 발생한 9.11사태는 난민에 대한 국가들의 태도에 부정적인 영향을 미쳤다. 9. 11. 사태가 일어난 후 유엔안전보장이사회는 국가들이 난민의 지위를 부여함에 있어서 난민신청자들이 테러행위에 관여하지 않았음을 보장하고,[1] 난민의 지위가

---

1) UN Doc. S/RES/1373(2001).

테러행위에 관련된 자들에 의하여 남용되지 않도록 촉구하였다.[2] 이에 따라 국가들은 여러 가지 수단을 통하여 난민의 유입을 통제하고 있다.

첫째, 난민협약 및 의정서의 가장 핵심적인 원칙에 따라 박해의 가능성이 있는 경우에 당사자의 의사에 반하여 송환될 수 없는데도 불구하고 종종 국경이 폐쇄되어 난민들은 그 안전이 확보될 수 없는 국가로 강제로 돌려보내지는 경우가 생기고 있다. 나아가 국가들은 보다 직접적으로 해상에서 난민들을 차단하여 강제적으로 돌려보냄으로써 이들 난민들이 입국하여 국내절차에 따라 난민의 자격을 취득하는 것을 방지하고 있다.[3] 예를 들어, 1991년 아이티에서 Jean-Bertrand Aristide 대통령의 민간정부가 군사쿠데타로 전복된 후에 많은 아이티인들이 탄압을 피하여 미국으로 피난하였으나 미국정부는 이들을 쿠바에 있는 관타나모 기지에 수용하다가 형식적인 심사를 거쳐 아이티로 송환하였으며, 이들이 난민협약에 따른 권리를 인정하라는 소송을 제기하자 1992년경부터는 형식적인 심사의 기회도 부여하지 않기 위하여 Coast Guard가 공해상의 아이티인들을 붙잡아 바로 아이티로 되돌려 보내는 정책을 취하였다.[4]

둘째, 국가들은 난민이 발생하는 국가들에서 입국하는 사람들이 입국하는 경우에 비자요건 등을 강화하여 난민들이 국경을 통과하여 입국하는 것을 어렵게 함으로써 간접적으로 난민의 수용을 회피하기도 한다.[5] 일반적으로 자국에 입국하는 사람들에게 비자를 요구하는 것은 국제법상 문제가 없지만 특정국가로부터의 난민유입을 억제하기 위하여 비자요건을 강화하는 경우에는 난민협약상의무에 대한 간접적인 회피가 문제가 된다. 뿐만 아니라 많은 국가들은 제대로 된 여행서류를 갖추지 아니한 여행객들을 운송한 항공사 등을 제재함으로써 간접적으로 난민들이 자국내로 유입되는 것을 어렵게 한다. 이와 같이 간접적으로 난민들이 자국 내로 유입하는

---

2) UN Doc. S/RES/1566(2004).

3) Guy S. Goodwin-Gill, "The Refugee in International Law", in Karen Musalo et al(ed), *Refugee Law and Policy* (Durham: Carolina Academic Press, 2007), pp.371~372.

4) 아이티에서 난민의 발생 및 이들을 보호하기 위한 미국 내에서의 소송의 과정에 대하여는 Harold Hongju Koh, "The Haiti Paradigm in United States Human Rights Policy", 103 Yale L.J. 2391, 참조.

5) Julie Mertus A. "The State and The Post-Cold War Refugee Regime: New Models, New Qeustions", 20 Mich. J. Int'l L. 59 (1998), 77.

것을 어렵게 함으로써 난민의 유입을 방지하는 국가들의 관행은 직접적으로 난민협약상의 의무를 위반하는 것은 아니지만 간접적으로 난민협약상의 의무를 회피하는 관행이라는 비판을 받을 수 있다.[6)]

셋째, 난민수용국들에 의한 난민의 보호는 수용시설 등을 통한 일시적인 보호에 그치는 경우가 많다. 냉전의 시기에는 일단 난민의 지위가 인정된 이후에 박해의 가능성이 소멸하였다는 이유로 본국으로 송환하는 예는 거의 없었다. 그러나 냉전의 종식과 더불어 국가들은 종교 또는 민족간의 분쟁으로 인한 박해의 가능성은 소멸할 수도 있으므로 "일시적인 보호(temporary protection)"만을 제공하는 예가 적지 않다. 국가들이 대규모의 난민유입에 대하여 일시적인 보호만을 제공하는 경우에 이는 난민협약상의 난민에 대하여 사실상 난민의 지위를 거부하는 효과가 있으며, 특히 개별적으로 난민의 인정여부가 심사되지 아니하는 경우에는 더욱 그러하다.

넷째, 난민의 지위가 인정된 이후에도 국가들은 "박해의 가능성"이 소멸되었다는 이유로 수용국 또는 제3국 정착보다는 "송환(repatriation)"을 선호하고 있다. 박해의 가능성이 소멸된 경우에 난민에 대한 궁극적인 해결책으로서 "자발적인 송환(voluntary repatrition)"이 바람직한 것이기는 하지만 냉전이 종식된 이후에는 특히 "비자발적인 안전한 송환(involuntary safe return)"까지도 하나의 대안으로 강조되고 있다.

3. 난민법의 내용

난민협약에 따라 난민을 정의하고 있으며, 난민에 해당하지 아니하지만 고문 등의 비인도적인 처우나 처벌 또는 그 밖의 상황으로 인하여 생명이나 신체의 자유 등을 현저히 침해당할 가능성이 있는 사람으로서 법무부장관의 체류허가를 받을 사람을 '인도적 체류자'로 정의하고 있다.[7)] 난민법은 난민인정자, 인도적 체류자, 난민신청자는 난민협약 제33조 및 고문방지협약 제3조의 규정에 따라 본인의 의사

6) Guy S. Goodwin-Gill and Jane McAdam, The Refugee in International Law(3rd eidtion, Oxford University Press, 2007), pp.370~371.

7) 난민법 제2조 3호.

에 반하여 강제로 송환되지 않음을 명시하고 있다.[8] 강제송환금지의 원칙이 난민인정자 뿐만 아니라 인도적 체류자, 난민신청자에게도 적용됨을 명시하고 있다.

난민법은 난민인정을 신청하는 절차를 매우 구체적으로 규정하고 있다. 우선, 대한민국 안에 있는 외국인이 난민인정 신청을 하는 경우에는 난민인정신청서를 제출하여야 하는데, 이 때 신청자가 신청서를 작성할 수 없는 경우에는 공무원이 작성하도록 규정하였다.[9] 그리고 외국인이 난민인정 신청에 관하여 문의하거나 신청의사를 밝히는 경우에는 적극적으로 도와야 한다.[10] 난민법은 출입국항에서도 난민인정 신청을 할 수 있도록 명시한다.[11] 법무부장관은 인도적 체류자에 대하여 취업활동을 허가할 수 있다(제39조).

법무부장관은 난민신청자에게 생계비를 지원할 수 있으며, 난민신청 6개월 이후에는 취업을 허가할 수 있다(제40조). 난민신청자에게도 의료지원을 할 수 있으며, 신청자 및 미성년인 가족은 국민과 같은 수준의 초등교육 및 중등교육을 받을 수 있다(제42조). 난민법은 대한민국 밖에 있는 난민 중 대한민국에서 정착을 희망하는 '재정착희망난민'을 수용할 수 있는 근거규정을 두었다(제2조 5호).

난민협약은 체약국이 UNHCR과 협력하고 이에 협력하고 편의를 제공할 것과 난민의 상태, 협약의 이행상황, 난민에 관한 법령 등에 관하여 정보와 통계를 제공할 것을 규정한다.[12] 난민법은 협약상의 의무에서 더 나아가 UNHCR과 협력하고 편의를 제공할 것을 규정하고 있다. 이에 따라 법무부장관은 유엔난민기구와 난민인정자 및 난민신청자의 상황, 난민협약 및 난민의정서의 이행 상황, 난민 관계 법령 등의 자료를 요청하는 경우에 협력하여야 한다(제29조 1항).

---

8) 난민법 제3조.
9) 난민법 제5조 1항, 3항.
10) 난민법 제5조 4항.
11) 난민법 제6조 11항.
12) 난민협약 제35조.

4. 박해의 가능성

난민인정요건

대법원 2012. 4. 26. 선고 2010두27488 판결

난민의 지위에 관한 협약 제1조, 난민의 지위에 관한 의정서 제1조의 규정을 종합하여 보면, 법무부장관은 인종, 종교, 국적, 특정 사회집단의 구성원 신분 또는 정치적 의견을 이유로 박해를 받을 충분한 근거 있는 공포로 인하여 국적국의 보호를 받을 수 없거나 국적국의 보호를 원하지 않는 대한민국 안에 있는 외국인에 대하여 그 신청이 있는 경우 난민협약이 정하는 난민으로 인정하여야 한다.

그리고 위와 같은 난민 인정의 요건인 박해를 받을 '충분한 근거 있는 공포'가 있다는 점은 원칙적으로 난민 인정의 신청을 하는 외국인이 증명하여야 할 것이나, 난민의 특수한 사정에 비추어 그 외국인에게 객관적인 증거에 의하여 주장사실 전체를 증명하도록 요구할 수는 없고, 그 진술에 일관성과 설득력이 있고 입국 경로, 입국 후 난민 신청까지의 기간, 난민 신청 경위, 국적국의 상황, 주관적으로 느끼는 공포의 정도, 신청인이 거주하던 지역의 정치·사회·문화적 환경, 그 지역의 통상인이 같은 상황에서 느끼는 공포의 정도 등에 비추어 전체적인 진술의 신빙성에 의하여 그 주장사실을 인정하는 것이 합리적인 경우라면 그 증명이 있다고 보아야 한다(대법원 2008. 7. 24. 선고 2007두3930 판결 참조).

한편 박해의 경험에 관한 난민신청인의 진술을 평가할 때 그 진술의 세부내용에서 다소간의 불일치가 발견되거나 일부 과장된 점이 엿보인다고 하여 곧바로 신청인 진술의 전체적 신빙성을 부정하여서는 아니 되고, 그러한 불일치·과장이 진정한 박해의 경험에 따른 정신적 충격이나 난민신청인의 궁박한 처지에 따른 불안정한 심리상태, 시간의 경과에 따른 기억력의 한계, 우리나라와 서로 다른 문화적·역사적 배경에서 유래한 언어감각의 차이 등에서 비롯되었을 가능성도 충분히 염두에 두고 진술의 핵심내용을 중심으로 전체적인 일관성 및 신빙성을 평가하여야 하며, 특히 난민신청인이 여성으로서 심각한 박해의 피해자라고 주장하는 경우에는 그 가능성과 이에 따른 특수성도 진술의 신빙성을 평가하는 과정에서 염두에 두어야 한다. 그리고 만일 위와 같은 평가에 따라 난민신청인이 주장하는 과거의 박해사실이 합리적으로 수긍되는 경우라면 그 출신국의 상황이 현저히 변경되어 박해의 가능성이 명백히 소멸하였다고 볼 만한 특별한 사정이 인정되지 아니하는

한, 난민 인정의 요건인 박해에 관한 충분한 근거 있는 공포가 있다고 보아야 한다.

5. 특정사회집단의 구성원 신분의 개념

특정사회집단의 구성원과 동성애

대법원 2017. 7. 11. 선고 2016두56080 판결

'특정 사회집단'이란 한 집단의 구성원들이 선천적 특성, 바뀔 수 없는 공통적인 역사, 개인의 정체성 및 양심의 핵심을 구성하는 특성 또는 신앙으로서 이를 포기하도록 요구해서는 아니 될 부분을 공유하고 있고, 이들이 사회환경 속에서 다른 집단과 다르다고 인식되고 있는 것을 말하며, 동성애라는 성적 지향이 난민신청자의 출신국 사회의 도덕규범이나 법규범에 어긋나 그것이 외부로 드러날 경우 그로 인해 박해에 노출되기 쉬우며, 이에 대해 출신국 정부에서 보호를 거부하거나 보호가 불가능한 경우에는 특정 사회집단에 해당한다고 볼 수 있다.

외국인이 받을 '박해'란 '생명, 신체 또는 자유에 대한 위협을 비롯하여 인간의 본질적 존엄성에 대한 중대한 침해나 차별을 야기하는 행위'를 말한다. 동성애라는 성적 지향 내지 성정체성이 외부로 공개될 경우 출신국 사회의 도덕규범에 어긋나 가족이나 이웃, 대중으로부터의 반감과 비난에 직면할 수 있어, 이러한 사회적 비난, 불명예, 수치를 피하기 위해서 스스로 자신의 성적 지향을 숨기기로 결심하는 것은 부당한 사회적 제약일 수 있으나, 그것이 난민협약에서 말하는 박해, 즉 난민신청인에 대한 국제적인 보호를 필요로 하는 박해에 해당하지는 아니한다. 그러나 난민신청인의 성적 지향을 이유로 통상적인 사회적 비난의 정도를 넘어 생명, 신체 또는 자유에 대한 위협을 비롯하여 인간의 본질적 존엄성에 대한 중대한 침해나 차별이 발생하는 경우에는 난민협약에서 말하는 박해에 해당한다. 따라서 동성애자들이 난민으로 인정받기 위해서는, 출신국에서 이미 자신의 성적 지향이 공개되고 그로 인하여 출신국에서 구체적인 박해를 받아 대한민국에 입국한 사람으로서 출신국으로 돌아갈 경우 그 사회의 특정 세력이나 정부 등으로부터 박해를 받을 우려가 있다는 충분한 근거 있는 공포를 가진 사람에 해당하여야 하고, 박해를 받을 '충분한 근거 있는 공포'가 있음은 난민 인정 신청을 하는 외국인이 증명하여야 한다.

특정사회집단의 구성원과 여성할례

대법원 2017. 12. 5. 선고 2016두42913 판결

'여성 할례'(Female genital mutilation)는 의료 목적이 아닌 전통적·문화적·종교적 이유에서 여성 생식기의 전부 또는 일부를 제거하거나 여성 생식기에 상해를 입히는 행위를 의미한다. 이는 여성의 신체에 대하여 극심한 고통을 수반하는 직접적인 위해를 가하고 인간의 존엄성을 침해하는 행위로서, 특정 사회집단의 구성원이라는 이유로 가해지는 '박해'에 해당한다. 따라서 난민신청인이 국적국으로 송환될 경우 본인의 의사에 반하여 여성 할례를 당하게 될 위험이 있음에도 국적국으로부터 충분한 보호를 기대하기 어렵다는 사정이 인정된다면, 국적국을 벗어났으면서도 박해를 받을 수 있다고 인정할 충분한 근거가 있는 공포로 인하여 국적국의 보호를 받을 수 없는 경우에 해당한다고 할 수 있다. 그리고 여기에서 '여성 할례를 당하게 될 위험'은 일반적·추상적인 위험의 정도를 넘어 난민신청인이 개별적·구체적으로 그러한 위험에 노출되어 있는 경우를 의미하고, 여성 할례를 당하게 될 개별적·구체적인 위험이 있다는 점은 원고가 속한 가족적·지역적·사회적 상황에 관한 객관적인 증거에 의하여 합리적으로 인정되어야 한다.

원고는 라이베리아 공화국(이하 '라이베리아'라고 한다) 국적인 만 14세(생년월일 생략)의 여성으로서 가나 난민촌에서 태어난 후 어머니를 따라 2012. 3. 7. 대한민국에 입국하였다.

원고의 어머니는 원고의 신변을 보호하기 위하여 원고를 난민으로 인정하여 줄 것을 신청하면서 원고가 국적국으로 돌아가게 되면 'Sande Bush School'에 들어가 여성 할례를 받을 수밖에 없다고 주장하였다.

원고가 난민에 해당하는지를 심사하는 행정청과 그에 관한 처분의 적법성을 판단하는 법원으로서는, 원고의 나이와 성장 환경, 출신 부족, 원고의 국적국에서 이루어지고 있는 여성 할례의 현황, 원고 어머니가 국적국을 떠나게 된 경위, 국적국 정부가 여성 할례를 없애기 위하여 실효적인 노력을 다하고 있다고 평가되는지 등 원고가 속한 가족적·지역적·사회적 상황에 관한 객관적인 자료에 대하여 합리적으로 심사하여, 원고가 국적국으로 돌아갈 경우 여성 할례의 위험에 노출될 개별적·구체적 위험이 인정되는지를 살펴보아야 …

6. 종교의 변경과 난민

난민불인정결정취소

수원지방법원 2018. 2. 13. 선고 2017구합67316 판결

이란이슬람공화국 국적의 갑이 단기종합(C-3) 체류자격으로 대한민국에 입국한 후 약 13년을 불법체류하던 중 강제퇴거명령을 받고 외국인보호소에 보호되어 있다가 '대한민국 체류 중 이슬람교에서 기독교로 개종하여 종교적 박해를 받을 우려가 있다'는 사유로 난민인정을 신청하였으나 외국인보호소장이 난민불인정결정통지를 한 사안에서, 갑이 체류기간 연장을 위하여 난민신청을 한 것이 아닌지 동기가 의심되기는 하나 개종으로 인한 자신과 가족들에 대한 이란 정부의 탄압, 난민인정 여부의 불확실성 등을 고려하여 실제로 개종을 하였더라도 신변의 위험성을 감소시키기 위하여 난민신청을 미루었던 것으로 볼 수도 있으므로 그러한 사정만으로 갑의 개종사실에 대한 진술의 신빙성을 부정하기는 어려운 점, 갑이 기독교 교회 교인으로 등록 후 세례를 받고 상당한 기간 동안 신앙생활을 지속하였으며 이란인들을 자신의 집으로 불러 기독교를 소개하거나 노방전도 등을 통해 다수의 이란인들을 교회로 데려오는 등 적극적인 종교활동을 한 점, 이란인이 단순히 기독교로 개종하는 것에 그치지 아니하고 적극적인 포교활동까지 나아갈 경우 이란 정부에 의해 임의적인 체포와 심문을 당할 우려가 있고 신체적·정신적 고문에 노출될 것으로 보이는 점 등에 비추어, 갑이 이란으로 귀국하면 이란 정부에 의하여 기독교 개종자라는 이유로 박해를 받을 충분한 근거 있는 공포가 있다고 보는 것이 타당하므로 난민법 제2조 제1호에서 정한 난민에 해당한다.…

7. 현지 체제 중의 난민

체제중 난민

서울행정법원 2006. 2. 3. 선고 2005구합20993 판결

1. 처분의 경위

가. 원고들은 미얀마국민으로서 미얀마국 여권을 소지하고 출국하여 별지 목록 기재

각 '입국일자'에 대한민국에 입국하여 노동자로 생활하다가 2000. 5. 16. 피고에게 난민인정신청을 하였다.

나. 이에 피고는 원고들이 '난민의 지위에 관한 협약(1951. 7. 28.)' (이하 '난민협약'이라 한다) 제1조에서 난민의 요건으로 규정한 '박해를 받을 충분한 근거가 있는 공포'를 가진 것으로 인정할 수 없다는 이유로, 2005. 3. 11. 원고들의 난민인정을 불허하는 결정(이하 '이 사건 각 처분'이라 한다)을 하였다.…

(1) 미얀마국의 일반 상황

… 국제앰네스티는 2005년에 발표한 보고서에서 2004. 12. 당시 미얀마 내에 1,300명 이상의 정치범이 수감되어 있고, 표현과 집회, 결사의 자유에 대한 권리를 평화적으로 행사했다는 이유로 감금된 정치범에 대한 깊은 우려를 표시하였다. 또한, 아세안(동남아국가연합)은 2005. 12. 12.경 회원국인 미얀마에 대해 민주주의 개혁 촉진과 구금자 석방을 강력히 촉구하였다.

(2) 원고들 개인의 박해가능성

(가) 1990년 총선에서 선출된 국회의원과 NLD 활동가 중 일부는 1991. 2. 14. 해외로 도피 및 망명하여 태국에 NLD-LA 본부를 설치하였고, 일본, 호주, 미국, 대한민국 등에 지부를 두어 활동하고 있다. NLD-LA 한국지부는 미얀마의 군사정부를 타도하고 진정한 민주주의 정치체제를 탄생시키는 것을 목적으로 하여 1998. 1. 2. 설립(창립회원 약 20명)되었고, 1999. 5. 4. NLD-LA 본부의 승인을 받았다. 미얀마인들의 다른 단체인 미얀마공동체는 1996년 대한민국 내 미얀마인의 친목을 도모하고 권익을 옹호하기 위하여 결성된 단체로 현재 300여 명의 회원이 가입되어 있다.

(나) NLD-LA 한국지부는 월 1회 정기 월례회의를 개최하고, 매주 일요일에 활동방침을 정하는 회의를 개최하며, 월 60,000원의 회비 및 수감중인 정치범가족 돕기 회비로 월 10,000원을 갹출하고, 독립기념일, 8888항쟁일 등 중요한 날에 미얀마 대사관 앞 등에서 '군사정권타도', '국내에 표현의 자유를 획득' '정치범 전원 석방' 등의 구호를 외치며 시위를 하거나, 전단지 배포 등의 활동을 하며, 언론매체나 시민단체, 대학생 등을 초청하여 미얀마 민주화와 인권탄압중지를 위한 지원을 요청하는 등의 활동을 하였다. 한편, 미얀마 대사관원이 이와 같은 시위 상황을 비디오로 촬영하기도 하였다.

(다) 원고들은 별지 목록 기재 각 '입국일자'에 산업연수 또는 관광목적으로 대한민국에 입국하였고, 노동자로 생활하면서 별지 목록 각 '가입일자'에 NLD-LA 한국지부의 회원으로 가입하였다. 미얀마공동체 회원으로도 활동하던 원고 5, 6은 2003. 1. 31. NLD-LA 한국지

부와 미얀마 민주화를 위한 활동방법에 대한 견해를 달리한다는 이유로 NLD-LA 한국지부에서 탈퇴하여 미얀마공동체에서 미얀마 노동자의 산재처리, 체불임금해결 등의 활동을 하고 있다. 원고 8은 2004. 3. 28. 몸이 안 좋고 일자리도 없어 활동에 참여하기 어렵다는 이유로 탈퇴하였고, 원고 9는 2003. 9. 31. 이주노동자 시위 참가 등의 활동을 이유로 탈퇴하였으며, 원고 7은 1999. 12.경 술을 마시고 싸운 사건으로 2000. 5. 14. 제명되었다가 2002. 6. 9. 재가입하였고, 다시 2003. 8. 31. 제명되었다.

(라) 원고들은 NLD-LA 한국지부의 회원으로 가입한 이래 2000. 5. 16. 이 사건 난민인정신청을 할 당시까지 3 내지 5회 정도 위 (나)항 기재와 같은 반정부시위에 참가하였다. 그리고 원고 1 내지 6, 8, 9는 이 사건 난민인정신청 이후에도 이 사건 각 처분 당시까지 시위 등에 연 8 내지 10회 참가하고 NLD-LA 한국지부의 월례회의에 계속 참석하여 왔고, 원고 7은 이 사건 난민인정신청 직후에 시위에 몇 회 참석하였을 뿐 NLD-LA 한국지부의 월례회의 등에는 참석하지 아니하였다.

(마) 원고들을 포함한 21명의 NLD-LA 한국지부 회원들은 2000. 5. 16. 피고에게 난민인정신청을 하였고, 그 중 3명은 2003. 1. 29.에, 4명은 2005. 3. 31.에 난민지위가 인정되었으며, 5명은 난민인정신청을 철회(3명은 일본으로 밀항, 1명은 알코올중독자로서 미얀마로 출국)하였고, 원고들은 2005. 3. 11. 피고로부터 난민인정을 불허하는 이 사건 각 처분을 받았다.…

라. 판 단

(2) 협약상 난민 요건의 충족 여부

(가) 박해를 받을 충분한 근거가 있는 공포

① 난민협약은 인종, 종교, 민족, 특정 사회집단의 구성원 신분 또는 정치적 의견을 이유로 박해를 받을 우려가 있다는 충분한 근거 있는 공포를 요건으로 하는데, 이때의 박해가 무엇을 말하는지에 관하여는 확립된 견해는 없지만 일응 생명 또는 신체의 자유와 같은 중대한 인권에 대한 침해행위가 이에 해당한다고 말할 수 있고(편람 제51항 참조), 그 밖에도 일반적으로 문명사회에서 허용될 수 없을 것으로 생각되는 부당한 차별, 고통, 불이익의 강요 등이 이에 해당한다고 할 수 있을 것이고, 이러한 박해의 입증책임은 난민임을 주장하는 당사자측에 있다고 할 것이다.

② 또한, 난민으로 인정되기 위해서는 신청인이 위와 같은 박해에 대한 공포를 느끼는 것만으로는 부족하고 그 공포에 대한 충분한 근거를 요구한다. 이는 신청인의 주관적인 심리상태가 객관적 상황에 의하여 뒷받침되어야 함을 의미하는데(편람 제38항 참조), 합리적인 통상인이 신청인에게 주어진 것과 같은 총체적 경험과 상황 속에 놓일 경우 박해

에 대한 공포를 느낄 것으로 판단된다면 그 공포는 충분한 근거를 갖춘 것으로 봄이 상당하다.

그리고 여기서 말하는 신청인에게 주어진 총체적 경험과 상황을 판단함에는 신청인의 국적국 내에 존재하는 일반적인 인권상황을 고려하여야 함은 물론이지만, 나아가 그와 같은 신청인의 국적국에 관한 일반적인 상황이 어떠한 구체적 사정 속에서 신청인에 대한 박해 가능성으로 연결될 수 있는지에 관하여도 검토되어야 할 것이며, 이 점에 관한 사실관계는 일차적으로 신청인 자신에 의하여 제공되어야 한다(편람 제195항 참조).

③ 신청을 제출한 자가 입증책임을 지는 것이 일반적인 법원칙이다. 그러나 난민은 그 성격상 박해의 내용이나 가능성, 원인에 관한 충분한 객관적 증거자료를 갖추지 못하는 것이 오히려 일반적이라 할 것이므로, 그 입증의 정도에 있어서 난민에게 객관적 증거자료에 의하여 주장사실 전체를 입증하도록 요구할 수는 없고 단지 그 진술의 전체적인 신빙성만 수긍할 수 있으면 된다 할 것이지만, 이를 위해서는 적어도 원고들의 주장사실 자체로서 일관성과 설득력을 갖추어야 하고 일반적으로 알려져 있는 사실과 상반되어서 안 된다(편람 제204항 참조).

④ 한편, 난민이 되기 위하여 국적국 밖에 있어야 하는 요건은, 반드시 신청인이 국적국을 불법적으로 떠났어야 하고, 또는 충분한 근거가 있는 공포 때문에 그 국가를 떠났어야 함을 의미하는 것은 아니며(편람 제94항 참조), 이미 인정된 난민과 결합하거나 또는 거주국에서 정치적 의견을 표명하는 것과 같은 자신의 행동의 결과로서 거주국에 체제중에 난민이 될 수도 있다(편람 제96항 참조).

(나) 미얀마 정부로부터의 박해 가능성

① 먼저 원고들의 미얀마국 내에서의 정치적인 활동에 기한 난민해당성 여부에 대하여 보면, 원고들이 스스로 인정하는 바와 같이 미얀마에서 8888항쟁 당시 학생 등의 신분으로 참가하였을 뿐 지도적 역할을 맡은 것이 아니고 원고들 주장만으로는 반정부활동조직에 속하였다고 보기 어려우므로, 원고들이 미얀마국 내에서의 정치적 활동만을 이유로 박해받을 객관적인 우려가 있다고 보기는 어렵다.

② 다음으로 원고 1 내지 6, 8, 9의 대한민국 내에서의 정치적인 활동에 기한 난민해당성 여부에 대하여 본다.

비록 위 원고들이 미얀마 군사정부의 박해를 피해 대한민국에 입국한 것이 아니라 산업연수 등의 목적으로 대한민국에 입국하였고, 위 원고들이 2000. 5. 16. 이 사건 난민인정신청을 할 당시에는 NLD-LA 한국지부에서 지도적인 지위에 있지 아니하였을 뿐만 아니라 반정부시위에 참가한 회수도 3 내지 5회에 불과하였던 사정이 인정된다.

그러나 피고가 위 원고들의 이 사건 난민인정신청일로부터 이 사건 각 처분일까지 약 5년간 난민인정 여부에 대한 결정을 보류하는 동안 위 원고들이 NLD-LA 한국지부의 회원으로서 미얀마 군사정부의 민주세력에 대한 정치적 탄압을 국제사회에 알림으로써 미얀마인들의 인권을 위한 적극적인 활동을 계속하여 온 점, 위 원고들이 미얀마 대사관 앞에서 군사정권타도 등의 슬로건을 외치며 반정부시위를 할 당시 미얀마 대사관원이 위 원고들의 활동을 비디오로 촬영하기도 한 점, 위 원고들과 정치적 활동을 함께 하였던 NLD-LA 한국지부의 회원 약 21명 중 8명(일본국에서 인정된 1명 포함)이 모두 난민지위를 인정받은 점, 미얀마 군사정부가 2002년 당시에는 일시적으로 아웅산 수지를 가택연금에서 해제하고 유화적인 조치를 취하기도 하였으나 2003년 이래로 NLD의 정치활동을 탄압하고 그 지도자뿐만 아니라 일반 당원의 경우에도 정치범으로 감금을 하여 오고 있는 점 등에 비추어 보면, 위 원고들은 NLD-LA 한국지부의 회원으로서 대한민국에서의 적극적으로 반정부활동을 계속해 온 것에 의해 미얀마 정부로부터 위와 같은 활동이 파악되어 있을 가능성이 높다. 따라서 위 원고들은 이미 인정된 난민과 결합하거나 거주국에서 정치적 의견을 표명하는 자신의 행동 결과로서 대한민국 현지에서 체제중 난민이 되었다고 할 것이다(편람 제96항 참조).

결국, 원고 1 내지 6, 8, 9는 난민협약에서 말하는 '박해를 받을 충분한 근거가 있는 공포'를 갖고 있다고 볼 수 있어 출입국관리법 제2조 제2의2호에서 정한 난민에 해당하므로, 이 사건 각 처분 중 위 원고들에 대한 처분은 위법하다.

8. 인도적 보호

내전 등으로 인하여 본국을 떠났다고 하더라도 난민으로 인정받기 위해서는 인종, 종교, 국적, 특정사회집단의 구성원, 정치적 의견을 이유 등으로 인한 박해의 가능성이 존재해야 한다. 내전 등으로 인한 생명의 위협으로 본국을 떠났다고 하여 모두 난민으로 인정받는 것은 아니다. 그리하여 국제법상 난민은 아니지만 인도적인 보호가 필요한 사람들을 송환하지 아니하는 경우가 있다. 이를 인도적 보호 또는 일시적 보호라 한다. 한국의 난민법은 난민은 아니지만 "고문 등의 비인도적인 처우나 처벌 또는 그 밖의 상황으로 인하여 생명이나 신체의 자유 등을 현저히 침해당할 수 있다고 인정할 만한 합리적인 근거가 있는 사람"으로서 체류허가를

받은 외국인을 ‘인도적 체류자’로 분류하여 강제송환에서 제외하고 있다.[13)]

예멘 난민 문제에 대한 상반된 입장

한국일보(2018. 9. 14.)

제주에 체류 중인 예멘인 난민 신청자 중 미성년자 등 23명에게 난민 지위는 인정하지 않는 대신 인도적 체류를 허가했다. 이들에게는 제주 이외의 다른 지역으로 갈 수 있도록 ‘제주 출도제한’ 조치도 해제됐다.

법무부 제주출입국·외국인청은 제주지역 예멘인 난민심사 대상자 484명 중 면접이 완료된 440명 가운데 영유아 동반 가족, 임신부, 미성년자, 부상자 등 23명에 대해 ‘인도적 체류’ 허가를 결정했다고 14일 밝혔다. 그러나 법무부는 이들이 난민협약과 난민법상 5대 박해사유(인종, 종교, 국적, 특정사회집단 구성원 신분, 정치적 견해)에 해당되지 않아 난민 지위는 부여하지 않기로 했다.

법무부는 또 인도적 체류허가를 받은 이들 23명에 대해 제주에서 떠나지 못하도록 한 ‘제주도 출도 제한’ 조치도 해제했다.

이날 법무부의 결정에 대해 난민 찬·반 단체의 입장은 상당히 달랐다.

난민네트워크·예멘인 난민 인권을 위한 범도민위원회는 이날 성명을 통해 “인도적 체류 허가는 강제송환되어서 안 되는 예멘 난민들에게 부여해야 하는 최소한의 마지노선이지 최선의 결과는 아니다”라며 “앞으로 정부는 한국사회의 구성원으로 살아갈 예멘 난민들이 정착이 가능하도록 정착지원에 대한 제도를 개선하라”고 촉구했다.

반면 난민대책 국민행동은 “법무부의 난민 불인정은 예멘인들이 가짜 난민으로 밝혀진 것으로, 정부는 예멘 가짜 난민들을 즉시 송환해 국민의 안전을 지켜야 한다”며 “가짜 난민들이 한국으로 오게 하는 주범인 난민법과 무사증 제도를 즉각 폐지하라”고 요구했다.

13) 난민법 제2조 및 3조 참조.

■ 해설 및 검토

1. 국가들이 난민협약에 가입하여 난민을 수용하는 이유는 무엇인가?

2. 난민의 지위를 얻기 위하여 어느 정도의 박해가 예상되어야 하는가?

3. 국내에 체류 중인 미등록 외국인이 난민의 지위를 얻기 위하여 일부러 박해를 자초하는 것으로 보이는 경우에 난민의 지위를 인정해야 하는가?

4. 여성이라는 이유로 박해를 받는 경우에 난민으로 볼 수 있는가?

제 19 장 탈북자 보호

1. 쟁 점

2013년 5월 9명의 탈북 청소년이 라오스에서 체포된 이후, 중국을 거쳐 북한으로 강제송환된 사건이 발생하였다. 이에 대하여 국내에서는 탈북자 보호에 소홀한 정부에 대한 비판이 제기되었다. 유엔난민고등판무관은 세계의 모든 나라가 강제송환금지원칙을 준수해야 한다며, 라오스의 행위를 비판하였다.

통일부의 통계에 의하면 한국 전쟁 이후 2016년 말까지 입국한 탈북자 또는 북한이탈주민은 약 3만 명을 넘고 있다. 그 중에서 여성의 비율은 약 70퍼센트를 차지한다. 남북한의 자유로운 왕래가 불가능한 현실에 비추어 보면, 남한에 입국한 대부분의 탈북자들은 제3국, 특히 중국을 경유하여 입국한 것으로 추정된다.

그러나 북한을 이탈하여 현재 중국 등 제3국에 머물고 있는 탈북자들의 규모와 현황에 대하여는 정확한 조사가 불가능하다. 북한의 경제상황이 매우 어려웠던 1990년대에는 약 10만 명 정도의 탈북자가 중국에 체류하는 것으로 추정되었으며, 2000년대 이후에는 수만 명 정도가 중국에 체류하는 것으로 추산되고 있다. 이들은 일정한 기간 동안 제3국에 체류하다가 비자발적으로 북한으로 송환되거나 예외적으로는 자발적으로 북한으로 돌아가는 예도 있는 것으로 추정된다. 그들 중 일부는 중국인 등과 결혼하거나 동거를 하여 불안한 상태에서 현지에 정착을 하는 경우도 존재한다.

제3국에 체류 중인 탈북자들은 북한의 보호를 받기를 원하지 않는 경우가 대부분일 것이지만 국제법상으로는 이들을 대한민국의 국민으로 보기에도 난점이 존재한다. 그러므로 탈북자들은 실효적인 보호를 제공할 국적국이 사실상 존재하지 아니하는 보호의 사각지대에 놓이게 된다. 국제법상 특정 국가로부터 실효적인 보호를 제공받을 수 없는 신분을 가진 사람들로는 무국적자를 들 수 있는데, 탈북자들은 형식적으로는 국적을 보유하고 있지만 국적국의 실효적인 보호를 받을 수 없는 점에서 무국적자와 유사한 위치에 있다고 볼 수 있다.

탈북자들은 언제라도 북한으로 강제송환 되어 처벌을 받을 가능성이 있으며, 제3국에 체류하는 기간 동안에는 인신매매의 위험에 노출되어 있다. 탈북 여성이 제3국에 체류하는 동안에 출산하는 아동은 적절한 법적인 보호를 받지 못할 가능성도 있다.

2. 각국의 정책

첫째, 탈북자에게 난민의 지위를 인정하지 않을 뿐만 아니라 한국 등 제3국으로의 출국도 공식적으로는 허용하지 않는 국가가 있다. 여기에는 중국이 속한다. 중국은 1990년대 초 북한 경제상황의 악화로 인한 생계형 탈북에 대하여 묵인하는 태도를 취하다가[1] 1990년대 중반부터는 탈북자 규모의 증가와 더불어 이들에 대한 통제를 강화하였으며, 2000년대 이후에도 중국의 이러한 입장은 유지되고 있다.[2] 즉, 중국의 입장은 탈북자들은 난민법상의 난민이 아니라 경제적인 이유로 불법적으로 월경한 자들이며, 이들은 북한으로 송환되어야 한다는 것이다.[3] 둘째, 난민의 지위를 인정하지는 않지만 한국을 비롯한 제3국으로의 출국을 허용하는 국가들이 있다. 여기에는 태국 등 동남아시아의 대부분의 국가가 이에 속한다.[4] 셋째, 탈북자들이 2000년대 이후 미국과 유럽 등으로 이주하여 난민의 지위를 얻으려고 시도하는 경우가 점차적으로 늘고 있는데, 이들에게 난민의 지위를 부여하여 수용하는 국가들도 늘고 있다. 미국, 영국, 독일, 캐나다, 호주 등이 이에 속한다.[5]

중국은 북한과 탈북자를 송환하는 협정을 체결하고, 1990년대 중반부터 매년

1) 이기현, "중국의 탈북자 정책 동학과 한국의 대응전략", 통일정책연구 제21권 2호 (2012), 124쪽 참조.
2) 상게논문, 125쪽 참조.
3) 송영훈, "해외탈북이주 현상의 현황과 쟁점", JPI 정책포럼 No.2012-5, 13쪽 참조.
4) 송영훈, 위 글 12~13쪽 참조.
5) 이들 국가들에서 탈북자들이 난민인정을 받은 구체적인 수치는 송영훈의 위 글 12~15쪽 참조.

많은 수의 탈북자들을 북한으로 송환하고 있는 것으로 알려져 있다.[6] 탈북자에 관하여는 이들을 난민법상 난민으로 보고, 난민의 지위를 부여하여 체류국이 수용할 것인가가 주된 쟁점이 된다. 탈북자들에게 난민의 지위가 인정되면 이들은 북한으로 송환되는 위험에서 벗어나게 된다.

3. 북한주민의 국적

북한주민의 국적

대법원 1996. 11. 12. 선고 96누1221 판결

원고는 조선인인 위 소외 1을 부친으로 하여 출생함으로써 위 임시조례의 규정에 따라 조선국적을 취득하였다가 1948. 7. 17. 제헌헌법의 공포와 동시에 대한민국 국적을 취득하였다 할 것이고, 설사 원고가 북한법의 규정에 따라 북한국적을 취득하여 1977. 8. 25. 중국 주재 북한대사관으로부터 북한의 해외공민증을 발급받은 자라 하더라도 북한지역 역시 대한민국의 영토에 속하는 한반도의 일부를 이루는 것이어서 대한민국의 주권이 미칠 뿐이고, 대한민국의 주권과 부딪치는 어떠한 국가단체나 주권을 법리상 인정할 수 없는 점에 비추어 볼 때 이러한 사정은 원고가 대한민국 국적을 취득하고, 이를 유지함에 있어 아무런 영향을 끼칠 수 없다 고 판단하였다. 기록과 관계 법령의 규정에 비추어 보면 원심의 위 사실인정 및 판단은 정당하고, 거기에 소론과 같이 국적법에 관한 법리를 오해한 위법이 있다고 할 수 없다. …

4. 탈북자의 국제법적 지위

탈북자의 법적 지위에 관한 쟁점으로는 이들이 과연 난민협약 및 난민의정서의 정의에 따른 난민에 해당하는가를 포함하여 이들이 국제법상 어떠한 보호를 받을 수 있는가 하는 점이다. 난민협약 등에 따르면 난민은 인종, 종교, 국적, 특정사회집단의 구성원, 정치적 의견을 이유로 박해를 받을 우려가 있다는 충분한 이유가 있다는

6) 이규창, "재중 탈북자 보호와 고문방지협약", 국제법학회논총 제51권 제1호(통권 제104호), 14쪽 참조.

공포로 인하여 국적국 밖에 있는 자로서 그 국적국의 보호를 받을 수 없거나 또는 그러한 공포로 인하여 그 국적국의 보호를 받을 것을 원하지 않는 자를 의미한다. 따라서 빈곤 등 경제적인 이유나 환경파괴, 환경오염 등을 이유로 하여 본국을 떠난 사람은 난민의 개념에서 제외된다. 탈북자들이 난민에 해당하는가 여부는 이들이 북한을 떠난 이유를 어떻게 볼 것인가와 관련이 있다.

이들이 정치적 의견 등을 이유로 박해로 인하여 북한을 떠났거나 그러한 이유 때문에 송환되는 경우에 박해를 가능성이 있다면 이들은 난민에 해당할 것이다. 이들이 빈곤 등을 이유로 북한을 떠난 것이라면 원칙적으로 난민에 해당하지 않을 것이다.

5. 국제기구의 대응

탈북자 문제는 국제사회에서도 논의되고 있다. 제67차 유엔총회 결의는 관련국에게 탈북자를 강제송환하지 않고, 난민으로서의 권리를 보장할 것을 촉구하였다.

북한 인권상황에 대한 유엔총회 결의

67/181 (2012년 12월 20일)

(iv) The situation of refugees and asylum seekers expelled or returned to the Democratic People's Republic of Korea and sanctions imposed on citizens of the Democratic People's Republic of Korea who have been repatriated from abroad, leading to punishments of internment, torture, cruel, inhuman or degrading treatment or the death penalty, and in this regard strongly urges all States to respect the fundamental principle of non-refoulement, to treat those who seek refuge humanely and to ensure unhindered access to the United Nations High Commissioner for Refugees and his Office, with a view to protecting the human rights of those who seek refuge, and once again urges States parties to comply

> with their obligations under the 1951 Convention relating to the Status of Refugees16 and the 1967 Protocol thereto17 in relation to refugees from the Democratic People's Republic of Korea who are covered by those instruments…

6. 탈북자 보호의 과제

단기적으로는 탈북자들이 강제송환을 당하지 않도록 하는 노력이 필요하다. 이러한 노력에는 양자적인 외교적 노력, 국제인권조약기구, 유엔총회, 인권이사회, UNHCR 등 다양한 통로를 이용하는 방법이 고려될 수 있을 것이다. 탈북자들이 체류국에서 난민의 지위를 인정받아 강제송환을 당하지 않는다고 이들의 지위가 안전해지는 것은 아니다. 최종적으로는 이들을 어느 국가에 어떻게 정착시킬 것인가 하는 문제가 남는 것이다. 난민법상의 난민문제의 영구적 해결방안으로는 일반적으로 자발적 귀환, 현지 통합 및 재정착이 있다. 자발적 귀환은 난민이 스스로의 의사에 따라 본국으로 귀환하는 것을 의미한다. 현지 통합은 난민이 난민의 지위를 인정받을 국가에서 정착하는 것을 말하며, 재정착은 난민이 난민의 지위를 인정받은 국가가 아닌 제3국에 정착하는 것을 의미한다. 그러므로 탈북자 보호를 위한 방안도 이와 같은 해결방안이 포함되어야 할 것이다.

장기적인 대책도 필요하다. 첫째, 국제공동체가 난민발생으로 인한 비용을 분담하는 체제를 마련할 필요가 있으며, 이를 위한 국제공동체의 연대가 강화될 필요가 있다. 사실 난민 발생으로 인한 부담을 난민이 최초로 도착하는 국가에게 모두 지우는 것은 타당하지 않을 수 있다. 오늘날 국가들이 다양한 제도적 장치를 통하여 가능한 한 난민의 유입을 억제하려고 시도하는 것도 궁극적으로는 난민으로 인한 부담을 전적으로 부담하지 않으려는 시도라고 볼 수 있다. 탈북자가 도착한 특정국가에게 이를 수용하라고 요구하는 것만이 능사는 아니며, 그로 인한 부담을 국제공동체가 공평하게 나눌 수 있는 체제를 만들 필요가 있다고 본다. 이는 한국과 어느 특정 국가 사이에 양자적인 문제로 해결될 수 있는 것은 아니며, 국제공동체 전체의 대화와 연대가 필요한 사안이다. 한국이 탈북자들을 지원하기 위한 포괄적인 프로그램을 주도하는 것도 고려해 볼 수 있을 것이다.

둘째, 북한의 인권 상황을 개선할 필요가 있다. 현재 대량으로 탈북자가 발생하고 있는 상황은 매우 복합적이어서 하나의 원인을 특정하기도 어려운 상황이다. 다만, 전반적으로 열악한 북한의 인권 상황이 근본적인 문제인 점은 틀림이 없다. 북한의 인권 상황이 개선되어야 대량의 탈북 사태는 진정될 수 있을 것이다. 북한의 인권을 어떠한 방법으로 개선할 것인가에 답변하기는 쉽지 않다. 그러나 국제사회에서 북한의 인권 문제를 공론화하는 것은 필요할 것이다. 이미 한국은 유엔 총회, 유엔 인권이사회 등을 통하여 지속적으로 이 문제를 제기하고 있는 바, 이러한 노력은 계속될 필요가 있다고 본다.

셋째, 북한의 경제 상황을 개선할 필요가 있다. 탈북자가 발생하고 있는 근본적인 원인을 조금 더 좁은 범위에서 본다면 북한의 경제 상황이 매우 열악하다는 점일 것이다. 그러므로 북한의 경제 상황이 호전된다면 탈북자가 대량으로 발생하는 현상은 상당히 줄어 들 것으로 전망된다. 따라서 이 점에 있어서는 국제사회가 북한의 경제 상황을 근본적으로 개선하기 위한 경제원조 등의 조치를 마련할 필요가 있는 것이다. 물론, 국제사회의 이러한 계획은 핵무기개발, 미사일발사 등 최근의 북한의 행동으로 인하여 제약을 받고 있으므로 북한과 국제사회의 포괄적인 합의가 전제되어야 할 것이다.

해설 및 검토

1. 탈북자가 국제법상 난민이 될 수 있는 근거는 무엇인가?
2. 탈북자가 국내법상 한국의 국민이라는 것과 국제법상 난민이라는 것은 양립할 수 있는가?
3. 한국 정부가 해외에 체류 중인 탈북자를 자국민으로 보호할 수 있는가?

제 20 장
위 안 부

1. 쟁 점

일본군 위안부는 1937년부터 광범위하게 동원되어 중국, 대만, 태평양 등 일본군이 있는 곳에서는 어느 곳에서나 존재하였다. 위안부에 대한 수요가 급격히 늘게 되자 일본군은 취업사기에 의한 연행, 폭행 및 협박에 의한 강제연행, 인신매매, 봉사대 및 근로대 명목 등 다양한 방법으로 위안부를 동원하였다.[1] 2차 대전 이후에도 오랜 기간 동안 위안부 문제는 논의되지 않다가 1990년대에 이르러 위안부 피해자들이 증언을 하고, 여성단체들이 위안부 문제 해결을 위하여 노력하면서 국제적인 인권문제가 되었다.

위안부 문제와 관련해서는 동원에 강제성이 있었는지, 일본군이 관여하였는지, 1965년 한일청구권협정으로 위안부 피해자들이 일본 정부에 대하여는 배상청구권이 소멸하였는지 여부가 쟁점이 된다. 일본 정부에 대한 국제법적인 책임은 주로 강제노동금지협약, 부녀매매금지조약, 관습국제법상의 노예제도금지 위반, 육전협약 위반, 비인도적 범죄 등을 들 수 있다. 그러나 위안부 피해자들이 일본 정부를 상대로 일본 법원에서 제기한 소송에서는 모두 패소하였으며, 책임자들에 대한 고소는 일본 검찰이 접수를 거부하여 이루어지지 못하였다.

1965년 한일 양국은 '대한민국과 일본국 간의 기본관계에 관한 조약'(한일기본협정)을 체결하면서 동시에 '대한민국과 일본국 간의 재산 및 청구권에 관한 문제의 해결과 경제협력에 관한 협정'(청구권협정)을 체결하였다. 이 협정 제1조는 일본이 한국에게 무상으로 3억 달러, 장기 차관으로 2억 달러를 제공하며, 협정 제2조는

---

1) 위안부라는 용어에 대하여는 적절하지 않다는 비판이 적지 않고, 성노예로 표현하여야 한다는 견해가 강하게 제기되고 있으나 그 실상은 성노예라고 하더라도 이 용어가 오랫동안 사용되어 왔으므로 이 용어를 사용하기로 한다.

양 체약국은 양 체약국 및 그 국민(법인을 포함함)의 재산, 권리 및 이익과 양 체약국 및 그 국민간의 청구권에 관한 문제가 1953년 9월 8일에 샌프란시스코에서 서명된 일본국과의 평화조약 제4조(a)에 규정된 것을 포함하여 완전히 그리고 최종적으로 해결된 것이 된다는 것을 확인한다고 규정하였다.

한국 정부는 대일 민간청구권보상에 관한 법률을 제정하여 강제징용자, 민사채권자 등으로부터 신고를 받은 후 일본으로부터 받은 무상자금의 일부를 지급하였으나 위안부 피해자는 청구권협상과정이나 그 이후의 국내보상에서도 전혀 고려되지 아니하였다.

한국 정부의 입장은 위안부가 반인도적 불법행위에 해당하는 사안으로 청구권협정에 의하여 해결된 것으로 볼 수 없으며, 일본 정부의 법적인 책임이 존재한다는 것이다. 일본 정부는 1993년 8월 관방장관 고노 요헤이 담화를 통하여 위안부의 존재 및 일본군의 관여, 강제동원을 시인하여 사죄와 반성의 뜻을 표명하고, 1995년 인도적 차원에서 민간이 주도하는 아시아여성기금을 설립하여 피해자들에게 개별적으로 1인당 5백만엔을 지원하였다. 일본 정부의 입장은 기본적으로 위안부 문제는 한일청구권협정에 의하여 해결되었다는 것이다. 일본 정치인들 상당수는 위안부 동원의 강제성을 부인하거나 위 청구권협정에 따라 배상책임을 부인하고 있다.

2. 국제법상 인신매매 및 노예제의 금지

노예는 다른 사람의 소유 또는 통제 아래에서 그 권위에 복종하며, 노예의 노동이나 역무는 강압에 의하여 얻어진다. 노예제도는 고대이집트, 바빌로니아, 앗시리아, 그리스, 로마, 인도, 중국, 중세 유럽에도 존재하였다. 노예는 매매, 교환, 임대, 담보, 상속, 증여의 대상이 되었으며, 지참금, 압류의 대상이기도 하였다. 로마시대에는 동방을 정복하여 많은 노예들이 제국 안으로 들어오게 되었으며, 이들은 광산, 가내수공업, 대농장의 집단노동에 종사하였다. 로마시대에 노예는 유언을 하거나 형사고소를 할 수 없었으며, 민사사건의 증인이 될 수도 없었다.

17세기 내지 18세기에 대서양에서 성행하였던 노예무역은 역사상 가장 잔혹한 형태의 노예제라고 볼 수 있다. 노예무역의 과정에서 많은 10퍼센트 내지 20퍼센트의 노예들이 신대륙에 도달하기 이전에 사망하였다. 여성 및 아동들을 포함하여 노예들은 뜨거운 더위 아래에서 일주일에 6일, 하루 14시간 이상의 중노동에 시달렸다. 신대륙의 아프리카 노예들 중 3분의 1은 3년 안에 사망하였다고 한다. 노예들은 노예는 관리를 위하여 낙인이 찍히는 경우가 많았으며, 완전히 물건으로 취급되어 소유와 거래의 대상이 되었다. 상시적으로 채찍을 맞는 등 고문의 대상이 되었다. 사슬에 묶여 생활하는 경우도 흔하였으며, 언제든지 가족과도 분리될 수 있었다.

영국에서는 1792년 점차적으로 노예무역을 폐지하기 위한 법안이 통과되었으며, 1796년 노예무역을 금지하기로 하는 법안이 하원에서 통과되었다. 프랑스에서는 1793년 일시 노예제가 폐지되었다. 영국에서는 1806년 영국인이 프랑스와 노예무역에 종사하는 것을 금지하는 법안이 통과되었다. 이어 1807년 영국에서 노예무역을 완전히 금지하는 법안이 통과되었다. 미국에서는 1808년부터 노예의 수입이 금지되었다.

영국 및 영국의 식민지에서 노예제를 완전히 폐지하는 법안이 통과된 것은 1833년이다. 영국의 식민지를 제외한 기타 유럽국가들의 식민지 및 미국에서 노예제는 1860년대까지 남아 있었다. 프랑스 식민지에서는 1848년, 미국은 1865년, 쿠바는 1886년, 브라질은 1888년에 노예제를 폐지하는 법안이 통과되었다. 그러므로 법적으로 완전히 거래의 대상이 되어 물건으로 취급되는 노예제도는 19세기 후반에 폐지되었다고 볼 수 있다. 노예제에 대한 규제는 직접적인 인신매매의 금지, 노예제의 직접적 금지, 국제노동기구 및 국제형사재판소 등에 의한 규제 등으로 구분하여 볼 수 있다.

1904년 "백인노예매매의 억제를 위한 협약(International Agreement for the Suppression of the White Slave Traffic)"이 채택되었다. 이 협약의 목적은 유럽의 경제상황의 악화로 인하여 여성들이 강제매매춘의 희생자가 되는 것을 방지하는 것이었다. 위 조약은 1910년에 개정되어 여성의 인신매매를 처벌하는 규정이 포함되었다. 1910년 협약은 21세 이하의 여성을 부도덕한 목적을 위하여 고용, 납치, 유인하거나 21세 이상의 여성을 동일한 목적으로 폭력, 위협, 기망 또는 강제력을 사용하는 것을 처벌하도록 규정하고 있다.

1921년 “여성 및 아동의 인신매매의 억제를 위한 국제협약(International Convention for the Suppression of the Traffic in Women and Children)”이 체결되었는데, 이 협약은 더 이상 인종차별적인 “백인노예(white slave)”라는 용어를 사용하지 않고, “여성 및 아동의 인신매매(traffic in women and children)”이라는 용어를 사용하였다. 이 조약은 아동의 인신매매를 처벌하고, 고용기관의 허가 및 감독의 강화, 여성 및 아동의 이주에 대한 보호 등을 규정하였다. 1933년에는 “성인여성의 인신매매억제를 위한 국제조약(International Convention for the Suppression of the Traffic in Women of Full Age)”가 체결되었다. 이 협약은 성인여성의 인신매매를 처벌하고, 인신매매범죄에서는 동의가 위법성을 조각하지 않음을 규정하였다.

UN은 1949년에 “인신매매 및 매매춘방지협약(the Convention for the Suppression of the Traffic in Persons and of the Exploitation of the Prostitution of Others)”을 채택하였다. 이 협약은 기존의 모든 협약을 대체하는 것으로 포괄적으로 성을 목적으로 한 인신매매와 강제매매춘을 금지하고 있다. 2000년에는 “여성 및 아동의 인신매매의 방지, 억제 및 처벌에 관한 유엔 의정서(the United Nations Protocol to Prevent, Suppress and Punish Trafficking in Persons, Especially Women and Children)”이 채택되었다. 이 협약은 “인신매매(trafficking in persons)”를 착취를 목적으로 힘의 사용 또는 그 위협, 기타의 협박, 납치, 사기, 기망, 힘의 남용, 또는 취약한 지위를 이용하거나 다른 사람에 대한 통제를 가진 사람의 동의를 얻기 위하여 이익 등을 제공하여 사람을 모집, 운송, 이송, 수용하는 행위라고 정의하고, 이를 금지하고 있다.

노예제 자체를 금지하는 조약도 존재한다. 1926년 노예협약에서는 노예제를 “사람에게 소유권의 일부 또는 전부의 권한이 행사되는 지위나 상태(the status or condition of person over whom any or all of the powers attaching to the right of ownership are exercised)”이라고 정의하고 있다. UN은 1956년 “노예제, 노예무역 및 노예제와 유사한 제도와 관행의 폐지에 관한 보충협약(Supplementary Convention on the Abolition of Slavery, the Slave Trade and Institutions and Practices Similar to Slavery of 1956)”을 채택하였다. 이 협약은 1926년의 노예협약상의 노예에 관한 정의를 유지하면서 동 협약의 적용대상에서 제외될 수도 있는 노예제와 유사한 다양한 형태의 제도와 관행을 금지하고 있다. 여기에는 체약국이 폐지의무를 부담하는 노예상태에는 채무자가 자신의 채무에 대한 담보로 노동력을 제공하는 지위나 상태를 의미하는 이른바 "채무 노예(debt bondage)"가 포함된다.

국제노동기구(International Labor Organization, ILO)는 노동조건의 개선 등을 목적으로 하는 국제기구인바, 1930년에 "강제노동협약(the Forced Labour Convention)"을 채택하였다. 이 협약에 의하면 "강제노동은 처벌의 위협으로 인하여 본인에 의하여 자발적으로 제공되지 아니한 모든 일이나 역무(all work or service which is exacted from any person under the menace of any penalty and for which the said person has not offered himself voluntarily)"라고 정의하고 있다. 강제노동협약 제1조는 체약국이 "가능한 최단기간 내에 강제노동의 사용을 폐지"할 것을 규정하고 있다. 이어 ILO는 1957년에 "강제노동폐지협약(the Abolition of Forced Labour Convention)"을 채택하였다. 1999년에 채택된 "가혹한 아동노동에 관한 협약(ILO Convention on the Worst Forms of Child Labour)"는 아동에게 해로운 잔혹한 노동을 금지하고 있는데, 아동에 대한 인신매매, 채무노예, 농노, 아동성매매, 포르노그래피, 무력분쟁에서의 강제징집을 포함한 강제노동 등, 모든 형태의 아동노예를 금지하고 있다.

뉘른베르크 국제군사재판소 헌장(Charter of the International Military Tribunal) 제6조(c)는 재판소의 관할에 속하는 인도에 반하는 범죄로 "노예화(enslavement)"를 규정하고 있으며, 극동군사재판소 헌장(International Military Tribunal for the Far East Charter) 제5조도 민간인에 대한 "노예화(enslavement)"와 "비인간적인 행위(inhumane acts)"를 인도에 반하는 범죄(crimes against humanity)로 규정하여 처벌하였다.

구유고국제형사재판소(International Criminal Tribunal for the Former Yugoslavia, ICTY) 규정 제5조(c) 및 르완다국제재판소(International Criminal Tribunal for Rwanda, ICTR) 규정 제3조도 노예화(enslavement)를 인도에 반하는 범죄로 규정하고 있다. 시에라리온 특별재판소(Special Court for Sierra Leone, SCSL) 규정도 성노예를 규정하고 있다. 규정 제2조(c)는 노예화를 인도에 반하는 범죄로 규정하고 있으며, (g)는 강간, 성적 노예, 강제매매춘, 강제임신 및 기타의 성적 폭력을 재판소의 관할로 규정하고 있다. SCSL 규정은 노예화와 성적 노예를 별도로 규정하고 있다. 국제형사재판소(International

Criminal Court, ICC)규정은 그 관할에 속하는 인도에 반하는 범죄로 노예화(enslavement)를,[2] 강간(rape), 성노예(sexual slavery), 강제매매춘(enforced prostitution), 강제임신(forced pregnancy), 강제불임(enforced sterilization) 또는 이에 상당하는 중대한 성폭력(any other form of sexual violence of comparable gravity)을 규정하고 있다.[3] ICC규정의 노예화는 여성 및 아동의 인신매매를 포함하는 개념이다.[4] 나아가 ICC규정은 국제적 무력충돌에서의 전쟁범죄로 제네바협약의 중대한 위반을 구성하는 강간, 성노예, 강제매매춘, 강제임신, 강제불임, 기타의 성폭력을 규정하고 있다.[5] ICC규정 제8조제2항(e)(vi)는 비국제적 무력충돌에서의 전쟁범죄로 제네바협약 공통 제3조의 중대한 위반을 구성하는 강간 등을 규정하고 있다.

3. 현대적 노예제와 위안부

노예제의 형태에는 여러 가지가 있다. 속박의 정도가 가장 강한 상품 노예는 가축이나 물건처럼 거래의 대상이 되는 노예를 말한다. 노예제도를 금지하는 협약들은 상품 노예 이외에 이와 유사한 신체적 구속들도 노예제 및 노예제 유사의 관행으로 금지하고 있다. 국제적인 문서에서도 다양한 형태의 노예제 및 노예유사의 관행이 확인되고 있다. 오늘날 국제법에 의하여 금지되는 형태의 노예제인가 여부는 개인의 거주 이동의 자유에 대한 제한의 정도, 개인의 소유권에 대한 인정 여부와 정도, 당사자의 동의의 존재 여부와 당사자가 상대방과의 관계에 대하여 완전하게 이해하고 있는가 여부 등이 중요한 고려요소이다. 오늘날 주로 문제가 되는 노예제 또는 노예제와 유사한 형태로는 다음이 문제가 된다.

첫째, 농노(serfdom)이다. 농노는 농장이나 농업에 사용되는 노예를 말한다. 농노는 채무 또는 기타의 이유로 다른 사람에 속하는 토지에서 노동력을 제공하거나 수확물을 제공하며, 그 지위를 변경하지 못한다. 이러한 지위는 직접적으로 상속이 되거나 채무의 승계라는 형태로 후손에게 이어진다.

2) ICC Statute, article 7(c).
3) ICC Statute article 7(g).
4) ICC Statutte article 7(2)(c).
5) ICC Statute article 8(2)(b).

둘째, 강제노동(forced labour)이 있다. 강제노동은 처벌의 위협 때문에 본인의 의사에 반하여 노동력을 제공하는 것인데, 노예제와 매우 유사하지만 노예제와는 구분되고 있다. 국제협약도 노예제를 폐지하는 조약과 강제노동을 금지하는 조약으로 나뉘어져 있으며, 후자의 영역은 주로 국제노동기구의 임무로 인식되고 있다.

셋째, 채무노예(debt bondage)가 있다. 이것은 채무자가 채무의 이행 또는 담보로 자신의 역무를 제공하는 것인데, 제공되는 역무가 합리적으로 채무의 청산에 사용되지 않거나 제공되는 역무의 기한이 제한되고 역무의 성질이 특정되지 않는 경우에 노예와 유사하게 된다.

넷째, 이주노동자(migrant workers)가 있다. 이주노동자들이 바로 노예가 되는 것은 아니다. 그러나 이주노동자들은 고용주에 의하여 여권을 빼앗기는 경우가 적지 않으며, 가사노동에 종사하는 이주노동자들은 활동이 자유롭지 못하다는 점에서 피고용 기간 동안 노예적 상태에 빠질 위험성이 많다. 이주노동자의 보호를 위하여 "이주노동자권리협약(The International Convention on the Protection of the Rights of All Migrant Workers and Members of Their Families)"이 채택되어 있다.

다섯째, 강제매매춘(forced prostitution)이다. 강제매매춘은 구속된 상태나 위협 아래에서 자신의 의사에 반하여 성매매를 강요당하는 것을 상태를 말한다. 신체적 학대, 아동에 대한 직접적 통제, 물리적인 해를 가하겠다는 위협, 피해자를 지속적으로 궁핍한 상태 또는 채무를 부담하도록 유지하거나 감독자의 동의없이 외출하지 못하도록 하는 등의 방법으로 피해자를 통제한다. 본인 또는 제3자에게 대가가 지급되는 경우도 있지만 이것이 노예적 상태 여부를 판단하는 기준은 되지 못한다.

여섯째, 성노예(sexual slavery)라는 개념은 위에서 살펴본 노예유사의 관행 중에서 강제매매춘과 유사한 면이 없지 않으나 이와는 구분된다. 우선, 성노예에서는 강제매매춘에서 흔히 존재하는 경제적 이익이 거의 없다. 가해자가 피해자를 완전히 통제하므로 경제적 이익을 제공할 필요가 없는 것이다. 성노예는 힘을 사용하거나 위협을 통하여 피해자를 성적으로 착취하는 현상이며, 대부분 무력충돌의 과정이나 점령지에서 발생한다.

일반적으로 노예라고 하면 노동력을 착취당하는 것이 보통이겠지만 노예인가 여부는 노동력의 착취 여부가 아니라 자기결정권의 박탈이라는 "지위나 조건(status or condition)"이 결정한다. 노예의 개념에 더 이상 매매나 거래의 대상이 될 필요는 없는 것이다. 적절한 대가의 지급여부, 물리적인 구속 여부, 기간, 법적으로 보장된 권리를 향유하였는지 여부 등이 노예인지 여부를 결정하는데 하나의 기준이 될 수는 있을 것이지만 절대적인 것은 아니다. 그러므로 물리적으로 사람의 행동을 제약하지 않는 경우에도 강력한 심리적인 구속을 당하거나 무력충돌 상황에 노출되거나 본인의 의사에 반하여 매우 낯선 장소로 놓이게 됨으로써 자기결정권을 행사할 수 없는 상태에서 착취를 당하는 경우에도 노예가 될 수 있는 것이다.

노예제 및 노예무역의 금지에 관한 국제법의 발전을 보면, 19세기 초부터 노예무역을 금지하는 국내법이 발달하였으며, 19세기 후반에는 대부분의 국가에서 국내법상 노예제가 폐지되었다. 따라서 19세기 말에서 20세기 초에 노예제 및 노예무역의 금지가 이미 관습국제법의 지위를 취득하였다는 것은 분명하다. 이는 1926년의 노예협약의 체결로 이어졌다. 따라서 1926년 노예협약의 규정들은 노예제의 금지에 관한 관습국제법의 반영으로 보는 것이 타당하다. 노예협약은 그 해석상 전통적인 상품 노예뿐만 아니라 속박의 정도가 이보다 약한 이른바 현대형 노예제도 금지하는 것으로 이해된다. 1926년 노예협약상의 노예에 관한 정의를 보면 사람의 신체의 자유를 박탈한 상태에서 강간이나 기타 성적인 학대 등을 가하는 것은 노예제에 해당함을 알 수 있다. 신체의 자유를 구속당한 상태에서 노동력을 착취당하는 경우나 동일한 상황에서 성적인 착취를 당하는 경우에 본질적으로 그 지위나 조건에 차이가 있다고 볼 수 없는 것이다. 그리고 이러한 노예제의 금지에 관한 국제법은 강제노동의 금지 및 인신매매의 금지에 관한 조약의 채택, 일반적인 인권조약의 채택 등에 의하여 강화되었다고 볼 수 있다.

ICTY도 노예화 여부를 판단하는 요소로 "이동의 자유에 대한 통제, 물리적 환경의 통제, 심리적 통제, 도망을 방지하기 위한 조치, 배타적 지배를 위한 힘의 사용, 기간, 잔혹한 대우, 성과 노동에 대한 착취 및 통제" 등을 들면서[6] 물리적인

---

6) Prosetor v. Kunarac, Kovac & Vukovic, Case No. IT-96-23 & IT-96-23/1-A, Appeals Chamber Judgment(June 12, 2002), para. 119.

통제뿐만 아니라 심리적인 통제로도 노예에 해당할 수 있으며, 노동에 대한 착취뿐만 아니라 성에 대한 착취로도 노예가 될 수 있음을 설시하고 있다.

일본군에 본격적으로 위안소가 설치된 것은 1937년부터로 알려져 있는바, 육군성을 비롯한 당시 일본의 여러 정부기관이 적극적으로 참여하였다는 점은 이미 여러 자료를 통하여 확인되고 있다.[7] 위안부 피해자들이 연행되는 과정을 보면, 취업사기, 협박 및 폭력, 인신매매 및 유괴, 근로정신대제도를 통한 동원 등 다양한 방식으로 위안부가 되었음을 알 수 있다. 위안소는 군대의 보호, 감독 및 통제를 받았을 뿐만 아니라 위안소 자체가 대부분 전쟁지역이거나 위안부 피해자들이 모집된 지역과는 아주 떨어진 지역이어서 위안부들이 본인들의 의사에 따라 스스로 위안부 생활을 그만두고 귀향하는 것은 불가능하였다는 점을 알 수 있다. 이는 위안부 피해자들이 거부할 수 없는 직접적인 물리적인 강제에 의하거나 구체적으로 어떠한 일을 하는지에 관한 정보를 갖지 못한 상태에서 기망을 당하여 위안부가 되었으며, 위안부가 된 이후에도 이를 중지할 의사선택의 자유를 전혀 누리지 못하였음을 보여준다. 그러므로 일본군 위안부가 법률상의 개념으로 볼 때 노예 또는 성노예에 해당한다는 점은 분명하다.

그리고 위안부제도는 강제노동에 관한 국제법도 위반하였음을 알 수 있다. 일본은 1932. 11. 21. 강제노동협약에 가입하였는데, 이 협약이 금지하는 역무의 범위에는 강제매매춘이 포함된다.[8] 1999년 ILO 전문가위원회는 일본군 위안부 제도가 1930년에 채택된 ILO 강제노동협약에 위반함을 지적하고 피해자들에게 배상할 것을 권고한 바 있다.[9] 즉, 일본은 노예금지에 관한 국제법뿐만 아니라 강제노동금지에 관한 국제법도 위반하였다. 이와 같이 일본은 위안부 제도를 운영함으로써 명백히 노예 및 강제노동을 금지하는 조약 및 관습국제법을 위반하였다고 볼 수 있다.[10]

---

7) 정진성, 『일본군 성노예제』, 서울대학교 출판부 (2004), 36~49쪽 참조.

8) International Labour Office, "Report of the Commitee of Experts on the Applications of Conventions and Recommendations", General Report and Observations Concerning International Labour Conferences 81st Session 1994, Geneva.

9) Report of the Committee on the Application of Standards, International Labour Conference, 87th Session (June 1999) Geneva, para. 8.

10) 위안부에 대한 국제법적 평가에 대하여, 박원순 "일본군 '위안부' 문제 해결의 전망", 『일본군 '위안부' 문제의 진상』, (역사비평사, 2000), 433~482쪽 참조.

그 동안 위안부라는 용어가 남성 중심적이어서 피해자들의 상황을 제대로 표현할 수 없으므로 성노예라는 용어를 쓰는 것이 타당하다는 주장이 있었다.[11] 피해의 유형으로 볼 때 위안부를 법률상의 용어로는 성노예라고 보는 것이 타당하다고 본다. 다만, 1930년대 말부터 공장노동 등을 목적으로 여성들이 정신대라는 이름으로 광범위하게 동원되어 그 중의 일부가 위안부가 된 경우가 적지 않아서,[12] 성노예라는 명칭만을 사용할 경우에는 당시 실제로 사용된 용어와의 관련성이 불분명해지는 문제가 있을 수는 있다. 이러한 점을 고려할 때, 국제법의 적용을 위한 법적인 개념으로 성노예라는 표현을 사용하고, 과거 이들을 지칭하는 역사적인 용어로 위안부를 병용하는 것이 바람직하다고 본다.

4. 헌법재판소 판결

헌법재판소는 2011년 8월 30일 일본 정부에 대하여 위안부 피해자들의 배상청구권을 실현하도록 해야 할 의무가 한국 정부에게 있다는 판결을 내려, 한국 정부가 위안부들의 피해를 적극적으로 구제할 것을 요구하였다. 소수의견은 더 나아가 한국 정부가 위안부 피해자들에게 보상할 의무가 있다고 판단하였다.

대한민국과 일본국 간의 재산 및 청구권에 관한 문제의 해결과 경제협력에 관한 협정 제3조 부작위위헌확인

헌법재판소 2011. 8. 30. 선고 2006헌마788 판결

가. 이 사건 협정의 체결경위 및 그 후의 보상처리과정

(1) 해방 후 한국에 진주한 미군정 당국은 1945. 12. 6. 공포한 군정법령 제33호로써 재한 구 일본재산(在韓 舊 日本財産)을 그 국유·사유를 막론하고 미군정청에 귀속시켰고, 이러한 구 일본재산은 대한민국 정부 수립직후인 1948. 9. 20.에 발효한 '한미간 재정 및 재산에 관한 최초협정'으로 한국 정부에 이양되었다.

11) 정진성, 위 같은 책 5쪽.
12) 정진성, 위 같은 책 27쪽.

(2) 한편, 1951. 9. 8. 샌프란시스코에서 체결된 연합국과 일본국과의 평화조약에서는 한국에게 일본에 대하여 배상을 청구할 수 있는 권리가 인정되지 않았고, 다만, 위 조약 제4조 a항에 일본의 통치로부터 이탈된 지역의 시정 당국 및 주민과 일본 및 일본 국민 간의 재산상 채권·채무관계는 이러한 당국과 일본 간의 특별약정으로써 처리한다는 것을, 제4조 b항에 일본은 전기 지역에서 미군정 당국이 일본 및 일본인의 재산을 처분한 것을 유효하다고 인정한다는 것을 각 규정하였다.

(3) 위 조약 제4조 a항의 취지에 따라 대한민국 및 대한민국 국민과 일본국 및 일본 국민 간의 재산상 채권·채무관계를 해결하기 위하여, 1951. 10. 21. 예비회담 이후 1952. 2. 15. 제1차 한·일회담 본회의가 열려 우리나라와 일본의 국교정상화를 위한 회담이 본격적으로 시작된 이래, 7차례의 본회의와 이에 따른 수십 차례의 예비회담, 정치회담 및 각 분과위원회별 회의 등을 거쳐, 1965. 6. 22. 이 사건 협정과 어업에 관한 협정, 재일교포의 법적 지위 및 대우에 관한 협정, 문화재 및 문화협력에 관한 협정 등 4개의 부속협정이 체결되기에 이르렀다.

(4) 피청구인이 제출한 '청구권 관계 해설자료'에 의하면, 제1차 한·일회담(1952. 2. 15. ~ 4. 25.)시 우리 정부는 '한·일간 재산 및 청구권 협정 요강 8개항'(이하 '8개 항목'이라 한다)을 제시하였는데, 이는 ① 한국에서 반출된 고서적, 미술품, 골동품, 그 외 국보, 지도원판 및 지금, 지은을 반환할 것, ② 1945. 8. 9. 현재, 일본 정부의 대 조선총독부 채무를 변제할 것, ③ 1945. 8. 9. 이후, 한국에서 이체 또는 송금된 금액을 반환할 것, ④ 1945. 8. 9. 현재, 한국에 본사 또는 주 사무소가 있는 법인의 재일 재산을 반환할 것, ⑤ 한국법인 또는 자연인의 일본 및 일본국민에 대한 일본국채, 공채, 일본은행권, 피징용 한국인의 미수금, 그 외 한국인의 청구권을 변제할 것, ⑥ 한국 법인 또는 한국 자연인 소유의 일본 법인 주식 또는 그 외 증권을 법적으로 인정할 것, ⑦ 전기 재산 또는 청구권에서 발생한 과실을 반환할 것, ⑦ 전기 반환 및 결제는 협정 성립 후 즉시 개시하고 늦어도 6개월 이내에 종료할 것의 8개 항목이다.

(5) 그러나 제1차 회담은 위 8개 항목의 청구권 주장에 대응한 일본 측의 대한·일본인 재산청구권 주장으로 결렬되었고, 이후 독도 문제 및 평화선 문제에 대한 이견, "일본에 의한 36년간의 한국통치는 한국에 유익한 것이었다."는 일본 측 수석대표 구보타(久保田) 망언 및 양국의 정치적 상황 등으로 제4차 한·일회담까지는 청구권 문제에 관한 실질적 논의가 이루어지지 않았다.

(6) 그 뒤 8개 항목에 대한 실질적 토의가 이루어진 것은 제5차 한·일회담(1960. 10.

25. ~ 1961. 5. 15.)이었는데, 8개 항목 각 항에 대한 일본 측의 입장은 대체로, 제1항과 관련하여서는, 지금 및 지은은 합법적인 절차에 의하여 반출한 것이므로 반환의 법적 근거가 없고, 제2, 3, 4항과 관련하여서는, 한국이 소유권을 주장할 수 있는 것은 미군정법령 제33호가 공포된 1945. 12. 6. 이후의 것에 한하며, 제5항과 관련하여서는 한국 측이 개인의 피해에 대한 보상 문제를 들고 나오는 것에 강하게 반발하면서 한국 측에 철저한 근거의 제시를 요구, 즉, 구체적인 징용, 징병의 인원수나 증거자료를 요구하는 것이었다. 이처럼 제5차 회담의 청구권 위원회에서는 1961. 5. 16. 군사정변에 의해 회담이 중단되기까지 8개 항목의 제1항부터 제5항까지 토의가 진행되었으나 근본적인 인식의 차이를 확인하였을 뿐, 실질적인 의견 접근을 이루는 데는 실패하였다.

(7) 이에 1961. 10. 20. 제6차 한·일회담이 재개된 후에는 청구권에 대한 세부적 논의는 시일만 소요될 뿐 해결이 요원하다는 판단 하에 정치적 측면의 접근이 모색되었다. 1961. 11. 22. 박정희·이케다 회담 이후 1962. 3. 외상회담에서는 한국 측의 지불요구액과 일본 측의 지불용의액을 비공식적으로 제시하기로 하였고, 그 결과 한국 측의 순변제(純辨濟) 7억 불에 대하여 일본 측의 순변제 7만 4천불 및 차관 2억 불이라는 차이가 확인되었다.

(8) 이러한 상황에서, 일본 측은 당초부터 청구권에 대한 순변제로 하면 법률관계와 사실관계를 엄격히 따져야 될 뿐 아니라 38선 이남에 국한되어야 하며 그 금액도 적어져서 한국 측이 수락할 수 없게 될 터이니, 유상과 무상의 경제협력의 형식을 취하여 금액을 상당한 정도로 올리고 그 대신 청구권을 포기하도록 하자고 제안하였다. 이에 대하여 한국 측은 청구권에 대한 순변제로 받아야 하는 입장이나 문제를 대국적 견지에서 해결하기 위하여 청구권 해결의 테두리 안에서 순변제와 무상조 지불의 2개 명목으로 해결할 것을 처음에 주장하였고, 그 후에 다시 양보하여 청구권 해결의 테두리 안에서 순변제 및 무상조 지불의 2개 명목으로 하되 그 금액을 각각 구분 표시하지 않고 총액만 표시하는 방법으로 해결할 것을 제의하였다.

(9) 이후 김종필 당시 중앙정보부장은 일본에서 이케다 일본 수상과 1차, 오히라 일본 외상과 전후 2차에 걸쳐서 회담하고, 오히라 외상과의 1962. 11. 12. 제2차 회담시 청구권 문제의 금액, 지불세목 및 조건 등에 관하여 양측 정부에 건의할 타결안에 관한 원칙적인 합의를 하였고, 구체적 조정과정을 거쳐 제7차 한·일회담이 진행 중이던 1965. 4. 3. 당시 외무부 장관이던 이동원과 일본의 외무부 대신이었던 시이나 간에 '한·일 간의 청구권 문제 해결 및 경제협력에 관한 합의'가 이루어졌으며, 1965. 6. 22. 명목을 구분표시하지 않고 일본이 대한민국에게 일정 금액을 무상 및 차관으로 지불하되, 양 체약국

및 그 국민(법인을 포함함)의 재산, 권리 및 이익과 양 체약국 및 그 국민간의 청구권에 관한 문제를 완전히 그리고 최종적으로 해결하는 것을 내용으로 하는 이 사건 협정이 체결되었다.

(10) 그 후 우리 정부는 1966. 2. 19. '청구권자금의운용및관리에관한법률'(1982. 12. 31. 법률 제3613호로 폐지)을 제정하여 무상자금 중 민간보상의 법률적 근거를 마련하였고, 이후 1971. 1. 19. '대일민간청구권신고에관한법률'(1982. 12. 31. 법률 제3614호로 폐지)을 제정하여 보상신청을 받았으나, 그 대상은 일제에 의해 강제로 징용·징병된 사람 중 사망자와 위 회담 과정에서 대일 민간청구권자로 논의되어 알려졌던 민사채권 또는 은행예금채권 등을 가지고 있는 민사청구권 보유자에 한정되었고, 그 뒤 1974. 12. 21. '대일 민간청구권 보상에 관한 법률'(1982. 12. 31. 법률 제3614호로 폐지)을 제정하여 1975. 7. 1.부터 1977. 6. 30.까지 합계 91억 8,769만 3천 원을 지급하였다.

(11) 일본군위안부 문제는 이 사건 협정체결을 위한 한·일 국교정상화 회담이 진행되는 동안 전혀 논의되지 않았고, 8개 항목 청구권에도 포함되지 않았으며, 이 사건 협정 체결 후 입법조치에 의한 보상대상에도 포함되지 않았다.

나. 일본군위안부 문제의 제기와 진행

(1) 1990. 11. 16. 한국정신대문제대책협의회의 발족과 1991. 8. 일본군위안부 피해자인 김○순(1997. 12. 사망)의 공개기자회견을 통하여 일본군위안부 피해자 문제가 본격적으로 제기되었다.

(2) 일본 정부는 그에 관한 책임을 완전히 부인하면서 군위안부를 민간의 접객업자가 군을 따라다니며 데리고 다닌 '매춘부'라고 인식하고 있음을 시사하는 발언을 하였으나, 당시 중앙대학 교수이던 요시미 요시아키(吉見義明)가 1992. 1. 일본방위청 방위연구소 도서관에서 일본군이 군위안부 징집에 직접 관여한 관계공문서 6점을 찾아내자, 그 입장을 대폭 수정하지 않을 수 없게 되었다.

(3) 피해자의 출현과 관련 자료의 발굴 및 안팎의 여론에 밀려 진상 조사에 착수한 일본 정부는, 1992. 7. 위안부 문제에 대한 정부의 관여는 인정하였으나 강제연행을 입증하는 자료는 없다는 1차 조사결과를 공표하였다가, 1993. 8. 4. 제2차 정부조사결과와 함께 일본군 및 관헌의 관여와 징집·사역에서의 강제를 인정하고, 문제의 본질이 중대한 인권 침해였음을 승인하며 사죄하는 내용의 고노 관방장관의 담화를 발표하였다.

(4) 위안소는 1932년 상해사변시 구 일본군 병사에 의해 강간사건이 다발하면서 현지인들의 반발과 성병 등의 문제로 이어지자 그 방지책으로서 일본해군이 설치한 것이 최초였

다. 일본군은 1937. 7.부터 중일전쟁으로 병력을 중국으로 다수 송출하면서 점령지에 군위안소를 설치했는데, 1937. 12. 남경대학살 이후 그 수가 증가되었다. 이에는 군인들에게 '정신적 위안'을 제공함으로써 언제 끝날지 모르는 전쟁에서 이탈하려는 군인들의 사기를 진작시키고 불만을 유화시키며, 특히 일본어를 할 줄 모르는 식민지 여성들을 '위안부'로 '고용'함으로써 군의 기밀이 새어 나갈 수 있는 가능성을 줄이겠다는 의도도 포함되어 있었다.

1941년부터 아시아태평양전쟁 중 일본군은 동남아시아, 태평양지역의 점령지역에서도 군위안소를 설치했다. 공문서에 의해 확인된 군위안소설치지역으로는 조선, 중국, 홍콩, 마카오, 필리핀 등 일본이 침략한 지역이다. 일본군위안부의 수는 8만에서 10만 혹은 20만 정도로까지 추정되고 있으며, 그 중 80%는 조선 여성들이었고, 그 외 일본군위안부 피해자의 국적은 필리핀, 중국, 대만, 네덜란드 등이다.

(5) 이에 우리 정부는 1993. 6. 11. '일제하 일본군 위안부에 대한 생활안정지원법(법률 제4565호)'을 제정하여 일본군위안부 피해자들에게 생활지원금을 지급하기 시작하였지만, 일본 정부는 일본군위안부 피해자에 대한 보상은 이 사건 협정으로 이미 모두 해결된 상태라서 새롭게 법적 조치를 취할 수 없다는 입장을 고수하면서, 1994. 8. 31. 군위안부 피해자들의 명예와 존엄 훼손에 대한 도의적인 책임으로 인도적 견지에서 개별적인 위로금이나 정착금을 지급할 수 있고 정부 차원이 아닌 민간 차원에서 아시아여성발전기금의 조성 등을 모색하겠다는 입장을 밝혔다.

(6) 한국, 대만 등지의 일본군위안부 피해자들과 지원단체들은 아시아여성발전기금의 본질이 일본 정부의 책임회피라고 판단하고, 일본군위안부 피해자들을 정당한 배상의 대상이 아닌 인도주의적 자선사업의 대상으로 보는 기금에 일찌감치 반대 입장을 표명하였으며, 우리 정부는 일본 정부를 상대로 아시아여성기금의 활동을 중단할 것을 요구하였으나 받아들여지지 않자, 위 기금에서 돈을 받지 않는다는 조건으로 정부예산과 민간모금액을 합쳐 위 기금이 지급하려 한 4,300만 원을 피해자들에게 일시금으로 지급하였다.

(7) 한편, 김○순을 비롯한 9명의 일본군위안부 피해자들은 1991. 12. 6. 일본을 상대로 아시아태평양전쟁희생자 보상청구를 하였으나, 2004. 11. 29. 최고재판소에서 상고가 기각되면서 패소로 막을 내렸다. 위 소송과정에서 항소심인 도쿄고등재판소는 원고들이 안전배려의무 및 불법행위에 근거한 손해배상채권을 취득하였을 가능성이 있으나, 이는 이 사건 협정 제2조 3항의 재산, 권리 및 이익에 해당하여 모두 소멸하였다고 판시하였다. 또한 1992. 12. 25. 제기된 부산 군대성노예 여자근로정신대 공식사죄 등 청구소송에서도 1심에서 일부 승소하였으나 항소심에서 파기되었고, 최고재판소에서 2003. 3. 25. 상고불

수리결정이 내려졌다. 나아가 재일한국인 송신도 등이 1993. 4. 5. 제기한 군대성노예 사죄보상소송도 2003. 3. 28. 최고재판소에서 최종 기각되는 것으로 종결되었다.

(8) 이에 우리 정부는 2004. 2. 13. 한·일회담 관련 문서의 공개를 명하는 판결에 따라 관련문서가 공개되자, 국무총리를 공동위원장으로 하고 피청구인을 정부위원으로 하는 '민관공동위원회'의 2005. 8. 26. 결정을 통해, 이 사건 협정은 샌프란시스코 조약 제4조에 근거하여 한·일 양국 간의 재정적·민사적 채권·채무관계를 해결하기 위한 것이었고, 일본군 위안부 문제 등과 같이 일본 정부 등 국가권력이 관여한 '반인도적 불법행위'에 대해서는 이 사건 협정에 의하여 해결된 것으로 볼 수 없으므로 일본 정부의 법적 책임이 인정된다는 입장을 밝혔다.

그러나 일본 정부는 아래에서 보는 미 하원의 결의안 채택, 2008년 유엔인권이사회 정기검토회의의 '위안부' 문제의 해결을 촉구하는 각국의 권고와 질의를 담은 실무그룹 보고서의 정식 채택에 맞서서, ① 고노 담화를 통한 사과, ② 이 사건 협정을 통한 법적 문제의 해결, ③ 아시아여성기금의 활동 등을 통해 일본군위안부 관련 문제가 완결되었다고 주장하였다.

(9) 위와 같은 일련의 일본 정부의 조치 및 태도는 피해자들은 물론이고 국제사회로부터도 수용되지 못했다.

유엔 인권소위원회는 일본군위안부 문제에 대하여 지속적인 연구활동을 수행하여 왔는바, 그 첫 번째 보고서인 1996. 1. 4.자 '쿠마라스와미 보고서'에서는, 2차 대전 때 강제연행된 일본군위안부에 대한 일본국의 인권침해는 명백히 국제법 위반이라는 점을 확인하고, 일본에 대하여 국가차원의 손해배상, 책임자 처벌, 정부 보관중인 모든 자료의 공개, 서면을 통한 공식사죄, 교과서 개정 등을 권고하는 6개 항의 권고안을 제시하였으며, 1996. 4. 19. 제52차 유엔 인권위원회에서 위 보고서의 채택결의가 있었다. 또한 1998. 8. 12. 유엔 인권소위원회(차별방지 소수자 보호 소위원회)에서는 위 쿠마라스와미 보고서의 내용이 보강된 특별보고관 게이 맥두걸의 일본 정부의 법적 배상책임, 책임자 처벌을 골자로 하는 보고서가 발표되어 채택되었다. 위 '맥두걸 보고서'에서는 ① 위안부제도가 성노예제라는 것을 분명히 하고, 위안소를 강간센터(rape center, rape camp)로 규정하여 강제성을 부각하였고, ② 일본의 책임자 처벌문제를 강조하면서 생존 전범의 색출을 주장하였으며, ③ 유엔사무총장은 일본 정부로부터 최소한 연 2회 이상 진행사항을 보고받고, 유엔 인권위원회 고등판무관은 일본 정부와 협력하여 책임자의 처벌 및 적절한 배상을 위한 패널을 구성하는 등 유엔의 적극적인 개입을 요구하였고, ④ 생존자들이 고령인 점을 고려하여 긴급하고 신속하게 일본 정부의 배상이 이루어져야 한다는 점이 강조되었다.

(10) 이후 고이즈미, 아베 정권 등 일본의 보수우경화로 일본군위안부 문제를 교과서에서 삭제하고 고노 담화마저 수정하려는 움직임이 일자, 아래에서 보는 바와 같이 개별국가에서도 이에 대하여 단호하게 대처하기 시작하였다.

미국 하원은 2007. 7. 30. 만장일치로 일본군위안부 결의안을 채택하였는데, 그 주요내용은 ① 일본 정부는 1930년대부터 제2차 세계대전 종전에 이르기까지 아시아 국가들과 태평양 제도를 식민지화하거나 전시에 점령하는 과정에서 일본 제국주의 군대가 강제로 젊은 여성들을 위안부로 알려진 성의 노예로 만든 사실을 확실하고 분명한 태도로 공식 인정하면서 사과하고 역사적인 책임을 져야 한다. ② 일본 정부는 일본군들이 위안부를 성의 노예로 삼고 인신매매를 한 사실이 없다는 어떠한 주장에 대해서도 분명하고 공개적으로 반박하여야 한다. ③ 일본 정부는 국제사회가 제시한 위안부 권고에 따라 현 세대와 미래세대를 대상으로 끔찍한 범죄에 대한 교육을 해야 한다는 것 등이다.

그 후 네덜란드 하원(2007. 11. 8.), 캐나다 연방의회 하원(2007. 11. 28.), 유럽의회(2007. 12. 13.)가 20만 명 이상의 여성들을 위안부로 강제동원해 저지른 만행에 대한 일본 정부의 공식사과와 역사적·법적 책임의 인정, 피해자들에 대한 보상, 위안부 강제동원 사실을 현재와 미래의 세대들에게 교육시킬 것 등을 포함한 결의안을 순차로 채택하였다.

(11) 유엔인권이사회는 2008. 6. 12. 일본 인권상황 정기검토를 통해 일본군위안부 문제에 대해 각국의 권고와 질의를 담은 실무그룹보고서를 정식으로 채택하였으며, 유엔 B규약인권위원회는 2008. 10. 30. 제네바에서 일본의 인권과 관련된 심사보고서를 발표하고, 일본 정부에 대해 처음으로 일본군위안부 문제의 법적 책임을 인정하고 피해자 다수가 수용할 수 있는 형태로 사죄할 것을 권고했다.

(12) 우리나라에서도 2008. 10. 27. 일본군위안부 피해자 명예회복을 위한 공식사과 및 배상촉구 결의안이 전체 의원 261명 중 260명의 찬성으로 국회 본회의를 통과했고, 2009. 7. 대구광역시의회를 시작으로 2011. 3. 현재 46개에 이르는 전국 기초광역의회에서 일본군위안부 문제 해결을 촉구하는 결의를 채택하였다. 또한 대한변호사협회와 일본변호사협회는 2010. 12. 11. 일본군위안부 문제에 대하여 ① 이 사건 협정의 완전 최종해결 조항의 내용과 범위에 관한 양국 정부의 일관성 없는 해석·대응이 피해자들의 정당한 권리 구제를 방해하고 피해자들의 불신감을 조장해 왔다는 것을 확인하고, ② 사죄 및 금전보상을 포함한 일본군위안부 문제의 해결을 위한 입법이 일본 정부 및 국회에 의해 신속하게 이루어져야 함을 확인하는 내용의 공동성명을 발표하였다. 그 결의들 및 성명은 한 사람의 피해자라도 더 살아 있을 때 일본 정부가 입법을 통해 문제를 해결할 것을 촉구하고 있으며, 한국 정부에도 보다 적극적인 외교정책을 취할 것 등을

요구하고 있다. …

5. 일제의 한반도 지배의 법적 성격

대법원 2012. 5. 24. 선고 2009다22549 판결

대한민국 제헌헌법은 그 전문(전문)에서 "유구한 역사와 전통에 빛나는 우리들 대한국민은 기미삼일운동으로 대한민국을 건립하여 세상에 선포한 위대한 독립정신을 계승하여 이제 민주독립국가를 재건함에 있어서"라고 하고, 부칙 제100조에서는 "현행법령은 이 헌법에 저촉되지 아니하는 한 효력을 가진다."고 하며, 부칙 제101조는 "이 헌법을 제정한 국회는 단기 4278년 8월 15일 이전의 악질적인 반민족행위를 처벌하는 특별법을 제정할 수 있다."고 규정하였다. 또한 현행헌법도 그 전문에 "유구한 역사와 전통에 빛나는 우리 대한국민은 3·1운동으로 건립된 대한민국임시정부의 법통과 불의에 항거한 4·19 민주이념을 계승하고"라고 규정하고 있다. 이러한 대한민국 헌법의 규정에 비추어 볼 때, 일제강점기 일본의 한반도 지배는 규범적인 관점에서 불법적인 강점(강점)에 지나지 않고, 일본의 불법적인 지배로 인한 법률관계 중 대한민국의 헌법정신과 양립할 수 없는 것은 그 효력이 배제된다고 보아야 한다. 그렇다면 일본판결 이유는 일제강점기의 강제동원 자체를 불법이라고 보고 있는 대한민국 헌법의 핵심적 가치와 정면으로 충돌하는 것이므로, 이러한 판결 이유가 담긴 일본판결을 그대로 승인하는 결과는 그 자체로 대한민국의 선량한 풍속이나 그 밖의 사회질서에 위반되는 것임이 분명하다. 따라서 우리나라에서 일본판결을 승인하여 그 효력을 인정할 수는 없다.

해설 및 검토

1. 위안부 피해자들이 일본 정부에 대하여 배상청구권을 행사함에 있어서 부딪칠 수 있는 법적인 장애와 이를 극복할 수 있는 논리는 무엇인가?

2. 강제징용 피해자가 일본의 회사들을 상대로 가지는 권리와 위안부 피해자가 일본국에 대하여 가지는 권리는 실체법상 또는 절차법상 어떠한 차이가 있는가?

3. 한국 정부가 위안부 피해자들의 피해 회복과 관련하여 취해야 할 조치는 무엇인가?

인권법 강의

제 21 장 비밀보호와 공익제보

1. 쟁 점

2013년 6월 14일 검찰은 국가정보원이 2012년 대통령 선거 당시 인터넷에서 정부, 여당을 지지하거나 야당 후보를 비방하는 내용의 댓글 게재 및 관련 게시글 찬반 등의 활동을 하도록 지시한 전직 국정원장과 경찰 수사 단계에서 사건을 축소, 은폐하도록 압력을 행사한 혐의로 전직 서울경찰청장을 공직선거법 위반 등의 혐의로 기소하였다. 한편, 국가정보원의 선거개입을 제보한 직원은 파면당하였으며, 공직선거법 및 국가정보원법 위반 등의 혐의로 기소되었다. 2013년 6월 미국의 CIA의 직원이던 에드워드 스노든은 미국 국가안보국이 7년간 비밀리에 프리즘이라는 프로그램을 이용하여 전세계 민간인들의 통화 및 이메일 정보를 수집한 사실을 폭로하였다.

국가기관 및 기업의 범죄행위 등 불법행위를 외부에 제보하는 것은 장려해야 할 것이다. 실제로 이러한 제보를 장려하는 법률도 존재하지만 국가기관 및 기업의 비밀을 보호하는 법률도 혼재하는 것이 사실이다. 현실에서 공익적 제보자는 해고 등 징계를 받거나 범죄를 이유로 처벌받는 일이 적지 않다. 공익적 제보자가 범죄행위 및 불법행위를 제보하기 위해서는 비밀을 유지하도록 하는 법률의 규정을 위반할 수밖에 없는 상황이 존재한다. 그러므로 국가기관 및 기업의 내부비밀의 보호와 전체의 이익을 위한 공익제보를 촉진하도록 제보자를 보호하는 것은 종종 충돌한다.

2. 법률의 규정

1980년 12월 31일 폐지된 반공법 제8조는 반공법 위반의 범죄를 인지하고 수사정보기관에 이를 고지하지 아니한 자는 국가보안법 제9조에 따라 처벌하며, 제10조는 반공법 또는 국가보안법을 위반한 사람을 수사기관 등에 신고한 자는 상금을 지급하도록 규정하고 있다. 반공법상의 불고지죄는 비록 그 적용범위는 다소 제한되었지만 국가보안법 제10조에 여전히 남아 있다. 특정한 범죄를 신고하지 않으면 이를 처벌하는 것은 국가가 국민에게 가장 강력하게 범죄를 신고하도록 요구하는 것이다.

공익을 침해하는 행위를 신고한 사람을 보호하기 위하여 공익신고자보호법이 시행되고 있다. 그러나 공익신고자보호법은 "국민의 건강과 안전, 환경, 소비자의 이익 및 공정한 경쟁을 침해하는 행위"를 신고한 사람에게 신분 및 경제적인 불이익을 주는 것을 금지할 뿐이다. 그러므로 다른 분야의 불법행위를 신고하는 사람은 위 법의 보호대상에서 제외되며, 공익신고자가 비밀누설에 따르는 형사책임을 면하는 것도 아니다.

이에 반하여 비밀을 보호하는 법규정은 다양하다. 형법은 군사상의 기밀누설죄(형법 제98조), 외교상의 기밀 누설죄(형법 제113조), 피의사실공표죄(형법 제126조), 공무상 비밀누설죄(형법 제127조), 비밀침해죄(형법 제316조), 업무상 비밀누설죄(형법 제317조) 등을 규정하여 비밀의 누설이나 공표를 범죄로 처벌하고 있다.

공무원은 재직 중은 물론 퇴직 후에도 직무상 알게 된 비밀을 엄수하여야 하며(국가공무원법 제60조), 이를 위반할 경우 징계사유가 된다(법 제78조). 통신비밀보호법은 통신감청을 하거나 공개되지 아니한 타인간의 대화를 녹음 또는 청취한 자와 이러한 통신 또는 대화의 내용을 공개하거나 누설한 자를 처벌하고 있다(법 제16조 1항). 군사기밀은 더욱 엄격한 보호를 받는다. 군사기밀을 탐지하거나 수집하는 행위(군사기밀보호법 제11조), 군사기밀을 타인에게 누설한 행위(제12조 및 제13조), 과실로 군사기밀을 누설한 행위(제14조) 등은 모두 범죄행위로 처벌된다. 공정거래위원회의 공무원도 사업자 단체에 관한 비밀을 유지할 의무를 부담하며, 이를 위반할 경우 처벌된다(법 제69조).

누구든지 부패행위는 국민권익위원회에 신고할 수 있으나(부패방지 및 국민권익위원회의 설치와 운영에 관한 법률 제55조) 신고의 내용이 허위라는 사실을 알 수 있었다면 위 법에 의한 보호를 받을 수 없다(법 제57조). 국민권익위원회의 공무원이 부패방지 업무처리 중 알게 된 비밀을 누설한 경우 처벌된다(법 제87조).

3. 보도지침 사례

보도지침 관련 무죄확정 판결

대법원 1995. 12. 5. 선고 94도2379 판결

원심이 적법하게 확정한 사실에 의하면, 이 사건에서 피고인들이 "말"지 특집호에 공개한 사항 중 외교상의 기밀에 해당한다고 기소된 사항들은 모두 위 공개 전에 이미 외국 언론에 보도된 내용들이거나 외신을 통하여 국내 언론사에 배포된 것으로 추단된다는 것인바, 사정이 그러하다면 오늘날 각종 언론매체의 성장과 정보산업의 급속한 발전 및 그에 따른 정보교환의 원활성 등을 감안해 볼 때 이러한 사항들은 보도된 나라 이외의 다른 외국도 그 내용을 쉽게 지득할 수 있었다고 봄이 상당하고, 이와 같은 경위로 외국에 이미 널리 알려져 있는 사항은 특단의 사정이 없는 한 이를 비밀로 하거나 확인되지 아니함이 외교정책상의 이익이 된다고 할 수 없는 것이어서 외교상의 기밀에 해당하지 아니한다 할 것이다.

외국에 널리 알려진 사항이라고 하더라도 대한민국 정부가 외교정책상 그 사항의 존재 또는 진위 여부 등을 외국에 대하여 공식적으로 알리지 아니하거나 확인하지 아니함이 외교정책상의 이익으로 되는 예외적인 경우가 있을 수 있음은 소론이 지적하는 바와 같으나, 피고인들이 공개한 사항들 중 어느 사항이 어떠한 이유로 위와 같은 경우에 해당한다는 점에 관하여 검사의 주장·입증이 전혀 없을 뿐만 아니라, 가사 피고인들이 공개한 사항 중 일부가 이에 해당한다고 하더라도, 외국에 널리 알려진 사항 그 자체가 외교상의 기밀이 되는 것은 아니고 다만 그러한 사항의 존재나 진위 여부에 대한 대한민국 정부의 공식적인 입장이나 견해가 외교상의 기밀이 될 수 있을 뿐이라고 할 것인데, 기록에 의하면 피고인들은 외교상의 기밀에 해당된다고 기소된 사항 등에 대하여 정부가 국내 언론사에 이른바 "보도지침"을 보내 보도의 자제나 금지를 요청하는 형식으로 언론을 통제하고 있다는 사실을 공개한 것으로 인정될 뿐이고, 나아가 피고인들이 공개한 내용만으로는 위와 같이 보도의 자제나 금지가 요청된 사항에 대한 대한민국 정부의 공식적인 입장이나 견해는 물론 그 사항 자체의 존부나 진위조차 이를 알거나 확인할 수 없으므로, 피고인들의 위 행위가 외교상의 기밀을 알리거나 확인함으로써 이를 누설한 경우에 해당한다고 볼 수도 없다.

4. 공무원의 공익적 제보

1990년 감사원의 이문옥 감사관은 대기업 부동산 감사 중단 사실을 폭로하였다. 이문옥 감사관은 감사원에서 파면당하고 공무상 비밀누설죄로 구속되었으며(서울지방법원 1993. 9. 6. 선고 90고3615 판결), 6년 후 무죄판결을 받아 복직하였다. 같은 해 윤석양 이병은 보안사의 민간인 사찰을 폭로하였다(서울지방법원 1995. 9. 29. 선고 91가합49346 판결, 서울고등법원 1996. 8. 20. 선고 95나44148 판결 참조). 이지문 중위는 1992년 현역 장교의 신분으로 군 부재자투표 과정에서 일어난 여당 지지 교육, 공개투표 등을 폭로하였다. 이지문 중위는 근무지 무단이탈로 구속된 후 이등병으로 강등되었다. 3년 동안의 재판을 거쳐 예비역 중위로 제대하였으나 입대 전 특채되었던 기업에 복직하지 못하였다.

이문옥 감사관 파면취소청구사건

대법원 1996. 10. 11. 선고 94누7171 판결

원심판결 이유에 의하면, 원심은 판시 증거를 종합하여, 이 사건 감사는 부동산투기가 심각한 사회문제로 대두되어 정부에서 토지공개념 도입 등의 대책을 강구하고 있고, 기업의 비업무용 부동산 보유실태에 관하여 국민의 관심이 집중된 상황하에서 이에 부응하기 위하여 부동산관련 세제의 실제 운용실태, 기업의 비업무용 부동산 보유현황, 과세실태, 법령상 개선사항 등을 파악하고자 한 것으로서 … 은행감독원의 조사결과는 30대 재벌 520개 법인의 비업무용 토지 비율이 총 보유면적의 1.2%이고, 감사원의 조사결과는 그 비율이 43.3%라고 기재하여 대비하는 한편, 법인별로 비업무용 부동산에 대한 과세누락 명세를 개요와 면적, 추징세액 등을 표시하여 기재하고, 감사과정에서 드러난 법령의 모순점을 사항별로 지적한 후 마지막 처리의견으로 "법인에 의한 부동산 투기는 관계 기관의 공식적인 발표 내용보다 훨씬 심각하나 이미 정부에서 토지공개념 도입을 입법 추진 중이고, 재무부에서도 세법 개정 예정으로 있으므로 차기 감사자료로 하기로 하였다."는 견해를 표시하는 것으로 이루어진 사실, 그 후 위 감사가 부당하게 종결되고 감사자료도 사장되었다고 불만을 갖고 있던 원고는 한겨레신문사를 찾아가 위 감사의 부당한 처리과정을 밝힌 메모를 건네주었고, 이어서 위 신문사의 기자 2명을 여관에서 만나 위 보고서 사본

1부를 건네주었는데, 이에 따라 보도된 위 한겨레신문의 주된 내용에는 "업계의 로비에 몰려 대기업 비업무용 부동산 취득실태 감사가 중단되었다.", "이는 고위간부의 지시로 중단된 것이며 감사반원들이 인사조치되었다.", "23개 재벌계열사의 비업무용 부동산 비율은 43%로서 은행감독원이 조사한 비율인 1.2%와 큰 차이가 난다."는 취지의 기사와 함께 감사원 감사에서 드러난 대기업의 비업무용 토지의 기업별 명세가 포함되어 있는 사실을 각 인정한 다음, 국가공무원법상 직무상 비밀이라 함은 국가 공무의 민주적, 능률적 운영을 확보하여야 한다는 이념에 비추어 볼 때 당해 사실이 일반에 알려질 경우 그러한 행정의 목적을 해할 우려가 있는지 여부를 기준으로 판단하여야 하며, 구체적으로는 행정기관이 비밀이라고 형식적으로 정한 것에 따를 것이 아니라 실질적으로 비밀로서 보호할 가치가 있는지, 즉 그것이 통상의 지식과 경험을 가진 다수인에게 알려지지 아니한 비밀성을 가졌는지, 또한 정부나 국민의 이익 또는 행정목적 달성을 위하여 비밀로서 보호할 필요성이 있는지 등이 객관적으로 검토되어야 한다고 전제하고, 이 사건 보고서의 내용 중 은행감독원의 자료는 이미 국회에 제출되어 공개된 것이고, 법령상 개선사항은 추상적 의견에 불과한 것이어서 비밀이라 할 수 없으며, 개별법인의 비업무용 부동산 보유 실태 역시 오늘날과 같은 고도 정보사회에 있어서 일반인에게 알려지지 않은 비밀인지 의문일 뿐 아니라, 나아가 위 감사보고서는 감사자료로 분류된 이상 최종적으로 종결된 것이지 이를 중간단계에 있는 내부보고용 문서라고 볼 수 없어 특별한 사정이 없는 한 이에 기초한 추후의 감사를 전제로 하여 비밀로서 보호할 필요도 인정되지 않으므로 결국 이 사건 보고서는 그 내용이나 성격으로 보아 국가공무원법 제60조 소정의 직무상 비밀에 해당하지 아니한다.…

보안사의 민간인 사찰 폭로와 군무이탈(윤석양 이병 사건)

대법원 1993. 6. 8. 선고 93도766 판결

기록에 비추어 볼 때 원심이, 거시증거에 의하여 피고인의 위 이탈동기에 관하여 피고인이 위 분실에서 위 "혁노맹"사건 수사에 협조하면서 현실과 타협해 가는 자신의 모습에 대한 인간적인 좌절감과 동료에 대한 배신감을 만회하여야겠다는 생각 등으로 개인적으로는 도저히 더 이상의 부대생활을 할 수 없어 보안사의 민간인에 대한 정치사찰을 폭로한다는 명목으로 위 분실을 빠져 나가 부대를 이탈한 사실을 인정하고, 피고인이 이 사건 양심선언을 하기 위한 목적은 이 사건 군무이탈을 하게 된 여러 동기 가운데 하나를 이루는

데 불과하다고 판단한 것은 수긍할 수 있는바, 피고인이 군무를 기피할 목적으로 부대에서 이탈하였음이 위와 같이 인정되고 있는 이 사건에서 피고인의 군무이탈동기가 위 원심판시와 같다면 그 동기나 목적, 부대이탈 후의 피고인의 행적 등 기록에 나타난 제반 사정에 비추어 볼 때 군무기피를 목적으로 한 피고인의 이 사건 부대이탈행위가 자기 또는 타인의 법익에 대한 현재의 부당한 침해를 방위하기 위한 행위로서 사회적으로 상당하여 형법 제21조에 정한 정당방위에 해당한다거나 같은 법 제20조에 정한 사회통념상 허용될 수 있는 정당행위에 해당한다고 볼 수는 없을 것이다.

보안사 민간인 사찰 손해배상사건

서울고등법원 1996. 8. 20. 선고 95나44148 판결

(1) 소외인은 1985년 3월경 한국외국어대학교 노어과에 입학하였다가 1988년 8월경 4학년 1학기를 마치고 자퇴한 자인데, 1990. 5. 1. 군에 입대하여 6주간의 신병교육을 받고 1990. 6. 20. 제3사단 22연대 8중대에 배치되었다가 같은 해 7. 4. "혁노맹"(혁명적 노동자계급투쟁동맹의 약칭, 이하 약칭만을 사용한다)이라는 학생 조직과 관련된 조사를 받기 위하여 서울에 있는 구 국군보안사령부(1991. 1. 1. 국군기무사령부로 개칭되었다. 이하 보안사라고만 한다) 서빙고 분실로 연행되었다.

(2) 당시 보안사 수사요원들은 위 소외인에 대하여 혁노맹 수사에 협조할 것을 요구하였고, 이에 따라 위 소외인은 위 서빙고 분실에서 근무하게 되었는데 처음에는 혁노맹 사건 관계자들을 검거하기 위하여 보안사 대공처 수사 3과의 조사 2계에서 근무하였고, 혁노맹 사건 관계자들이 검거된 후 1990년 8월 말경부터 같은 해 9월 중순경까지는 같은 분석반에서 자료수집 및 정리업무를 담당하였다.

(3) 위 소외인은 1990. 9. 23. 위 서빙고 분실에 비치되어 있던 동향파악 대상자 색인카드 및 컴퓨터 디스켓 등 민간인 사찰관계자료 일부를 가지고 동 부대를 이탈하여, 같은 해 10. 4. 18:30경 한국기독교협의회 인권위원회 사무실에서 보안사의 민간인 사찰행위를 폭로하고 관련 자료를 공개하였다.…

우선 국민을 감시 사찰하는 행위는 권력의 감시로부터의 자유에 대한 침해로써 앞에서 본 바와 같은 헌법상 보장된 인격권 및 사생활평온과 형성의 자유를 제한하는 것이라고 할 것이므로 법률에 따라 필요최소한에 그쳐야 하는 한계가 있다고 것이다. 이 사건의

경우 보안사의 동향파악 감시 등 사찰행위가 군사보안, 군방첩 및 군수사 등 군과는 아무런 관련이 없는 민간인 신분의 정치인, 법조인, 교수, 종교인, 언론인, 재야인사 등을 그 대상으로 하여, 구체적인 사건을 전제하지 아니한 채 미행, 망원 활동 등 여러 방법을 사용하여 지속적으로 이루어진 점에 비추어 볼 때, 보안사의 원고들에 대한 이 사건 감시 등 사찰행위는 특별한 사정이 없는 한, 군에 관련한 첩보수집 및 수사에 한정된 보안사의 직무범위를 일탈한 것으로서 위법한 행위라 할 것이다.

… 이 사건의 경우 보안사는 정보 수집 및 관리함에 있어, 민간인을 대상으로 그 동향감시의 목적하에 미행, 망원, 탐문채집 등의 방법으로 사상·신조 등을 포함하여 개인에 대한 사적 정보를 무제한적으로 비밀리에 수집 관리한 점, 나아가 이러한 정보의 관리 소홀로 원고들에 대한 사적 정보가 유출 공개되게 한 점 등에 비추어 볼 때, 보안사의 이 사건 정보 수집 및 관리행위는 민간인에 대하여 이루어진 것으로서 특별한 사정이 없는 한 보안사의 직무범위를 넘는 것일 뿐만 아니라, 이에 대한 적절한 통제 내지 감독, 수집 및 이용목적의 명시와 그에 따른 입력제한, 정보의 수집방법과 보유에 관한 적정성의 유지, 개인정보체계의 공시, 정보의 부당한 유출 방지 등이 전혀 고려되지 아니한 채 이루어진 것이어서 위법하다 할 것이고, 따라서 원고들은 이러한 보안사의 위법한 정보 수집 및 관리로 인하여 자기 정보 통제권을 침해당하고, 나아가 이 사건 자료가 유출되어 일반에게 공개됨으로써 사생활의 비밀의 자유를 침해당하였다고 할 것이다.

5. 이른바 떡값 검사 명단 공개와 공익

노회찬 국회의원은 국정원이 불법적으로 녹음한 자료를 공개하여 삼성이 정치인과 검사들에게 정기적으로 뇌물을 주었다는 사실을 폭로하였다가 유죄판결을 받고 의원직을 상실하였다.

노회찬 의원 삼성 X 파일 공개 통신비밀보호법 위반 사건

대법원 2011. 3. 17. 선고 2006도8839 전원합의체 판결

[다수의견]

이 사건 도청자료는 전 국가안전기획부 내 정보수집기관인 미림팀이 1997. 4. 9., 같은

해 9. 9. 및 같은 해 10. 7. 당시 공소외 1 삼성그룹 회장비서실장과 공소외 2 중앙일보 사장 사이에 호텔 식당 등에서 이루어진 사적 대화를 불법 녹음하여 생성한 녹음테이프와 녹취보고서로서, 1997년 제15대 대통령 선거를 앞두고 여야 후보 진영에 대한 삼성그룹 측의 정치자금 지원 문제 및 정치인과 검찰 고위관계자에 대한 이른바 추석 떡값 지원 문제 등을 논의한 대화가 담겨 있다. 미림팀장이었던 공소외 3은 이 사건 도청자료를 임의로 반출하여 자신의 집에 보관하고 있다가 1999. 9.경 당시 집권당 인사와의 친분을 내세우며 삼성그룹 관련 정보의 제공을 요구하였던 공소외 4에게 이를 넘겨주었다.… 위 녹음테이프에는 대기업이 1997년 대선 당시 여야 후보 진영에 로비를 하고 정치인과 검찰 고위관계자에게 대규모로 추석 떡값을 보낼 리스트를 검토하는 내용이 담겨 있다는 것, 가처분결정의 취지에 따라 당사자의 실명과 육성을 공개하지 않는다는 것'을 보도하는 수준에 그쳤다가, 그 다음날인 7월 22일부터 후속보도로 이 사건 도청자료를 입수하게 된 경위와 그 수록 내용을 대선자금 제공, 여야 로비, 검찰 고위인사 관리 등으로 세분하여 상세히 보도하면서 대화 당사자와 대화에 등장하는 정치인들의 실명을 공개하였다.…

첫째, 이 사건 도청자료는 국가기관이 자신들의 대화를 공론화시키려는 의도가 전혀 없었던 사인들 사이에 은밀히 이루어진 대화를 불법으로 녹음한 것이다. 그런데 위 피고인이 이 사건 도청자료를 입수하고 그 성문분석을 통해 원본임을 확인하는 한편, 그 출처에 대한 추적과 그 내용의 보도에 관한 법률자문 등을 통해 그 녹음과정 및 실명공개의 불법성을 확인하고도 그 수록 내용을 실명으로 보도하기까지의 제반 경위와 사정에 비추어 보면, 우선 위 피고인이나 문화방송이 국가기관에 의하여 불법 녹음이 저질러졌다는 사실 자체를 고발하기 위하여 불가피하게 이 사건 도청자료에 담겨 있던 대화 내용을 공개한 것이 아니라, 그 대화의 당사자나 내용 등이 공중의 관심을 끌 만한 사안이 된다고 보았기 때문에 공개를 한 것으로 판단된다. 한편 굴지의 재벌그룹 경영진과 유력 중앙일간지 사장이 대통령 선거를 앞두고 정치자금을 지원하는 문제나 정치인과 검찰 고위관계자에게 이른바 추석 떡값을 지원하는 문제 등을 논의하였다는 것은 그 진위 여부를 떠나 논의 사실 자체만으로도 국민이 알아야 할 공공성·사회성을 갖춘 공적인 관심사항에 해당한다고 볼 여지가 있다. 그러나 위 대화의 내용은 앞으로 제공할 정치자금 내지 추석 떡값을 상의한 것이지 실제로 정치자금 등을 제공하였다는 것이 아닐뿐더러, 이 사건 보도가 행하여진 시점에서 보면 위 대화는 이미 약 8년 전의 일로서 그 내용이 보도 당시의 정치질서 전개에 직접적인 영향력을 미친다고 보기 어렵고, 제15대 대통령 선거 당시 기업들의 정치자금 제공에 관하여는 이 사건 보도 이전에 이미 수사가 이루어졌다. 이러한 사정을 고려하면, 위 대화 내용의 진실 여부의 확인 등을 위한 심층·기획 취재를 통해 밝혀진 사실 및 그 불법 녹음 사실을 보도하여 각 행위의 불법성에 대한 여론을 환기함으로써 장차 그와 유사한 사태가 재발하지 않도록 할 수 있음은 별론으로 하더라도, 그러한 사실확인 작업도 없이 곧바로 불법 녹음된 대화 내용 자체를 실명과 함께 그대로 공개하여야 할 만큼 위 대화 내용이 '공익에 대한 중대한 침해가 발생할 가능성이 현저한 경우'로서 비상한 공적 관심의 대상이 되는 경우에 해당한다고 보기는 어렵다.

둘째, 위 피고인이 이 사건 도청자료가 불법 녹음이라는 범죄행위의 결과물이라는 사실을 알면서도 녹음테이프를 입수하기 위하여 미국으로 건너가 녹음테이프의 소지인을 만나 취재 사례비 명목의 돈으로 1,000달러를 제공하고 앞으로 1만 달러를 추가로 제공하겠다는 의사를 밝힌 것은, 단순히 국가기관에 의한 불법 녹음의 범행을 고발하기 위한 것이 아니라 처음부터 불법 녹음된 대화의 당사자나 내용의 공적 관심도에 착안하여 그 내용을 공개하고자 하는 목적으로 그 자료의 취득에 적극적·주도적으로 관여한 것으로 봄이 상당하다.

셋째, 위 피고인이나 문화방송은 국가기관이 재벌 경영진과 유력 언론사 사장 사이의 사적 대화를 불법 녹음한 일이 있었다는 것과 그 대화의 주요 내용을 비실명 요약 보도하는 것만으로도 국가기관의 조직적인 불법 녹음 사실 및 재계와 언론, 정치권 등의 유착관계를 고발할 수 있었음에도 불구하고, 대화 당사자 등의 실명과 대화의 상세한 내용까지 그대로 공개함으로써 그 수단이나 방법의 상당성을 일탈하였다. 더욱이 이 사건 보도가 나가기 전에 법원이 이 사건 도청자료의 전면적인 방송 금지가 아닌 녹음테이프 원음의 직접 방송, 녹음테이프에 나타난 대화 내용의 인용 및 실명의 거론을 금지하는 내용의 가처분결정을 하였는바, 그 취지는 이 사건 도청자료와 관련된 내용의 보도는 허용하되 대화 당사자들에 대한 통신비밀의 침해가 최소화될 수 있도록 실명의 거론이나 구체적인 대화 내용의 보도를 금지한 것이다. 이처럼 법원이 서로 상충하는 통신의 비밀과 언론의 자유가 조화를 이루면서 최대한 충실하게 보장될 수 있도록 상당한 방법을 제시하였음에도 불구하고, 위 피고인이나 문화방송이 이를 따르지 아니하고 대화 당사자들의 실명과 구체적인 대화 내용을 그대로 공개한 행위는 수단이나 방법의 상당성을 결여한 것으로 볼 수밖에 없다.

넷째, 이 사건 보도가 국가기관의 조직적인 불법 녹음행위를 폭로하고 아울러 재계와 언론, 정치권 등의 유착관계를 고발하여 공공의 정보에 대한 관심을 충족시켜 주고 향후 유사한 사태의 재발을 방지한다는 점에서 공익적인 측면이 있음을 부인할 수는 없다. 그러나 앞에서 본 것처럼 이와 같은 공익적 효과는 비실명 요약보도의 형태로도 충분히 달성할 수 있었을 뿐만 아니라, 이 사건 대화의 내용이 이를 공개하지 아니하면 공익에 중대한 침해가 발생할 가능성이 현저한 비상한 공적 관심의 대상이 된다고 보기도 어려운 이상, 이 사건 대화 당사자들에 대하여 그 실명과 구체적인 대화 내용의 공개로 인한 불이익의 감수를 요구할 수는 없다고 할 것이다. 또한 이 사건 대화 당사자들이 비록 국민의 경제적·사회적 생활 등에 영향을 미치는 소위 공적 인물로서 통상인에 비하여 사생활의 비밀과 자유가 일정한 범위 내에서 제한된다고 하더라도, 그렇다고 해서 지극히 사적인 영역에서 이루어지는 개인 간의 대화가 자신의 의지에 반하여 불법 감청 내지 녹음되고 공개될 것이라는 염려 없이 대화를 할 수 있는 권리까지 쉽게 제한할 수는 없다. 이상과 같은 사정에 앞서 본 이 사건 대화가 불법 녹음된 경위, 위 피고인이 이 사건 도청자료를 취득하게 된 경위, 이 사건 보도의 목적과 내용, 방법 등 이 사건 보도와 관련된 모든 사정을 종합하여 보면, 이 사건 보도에 의하여 얻어지는 이익 및 가치가 통신비밀이 유지됨으로써 얻어지는 이익 및 가치보다 결코 우월하다고 볼 수 없다.

결국 위 피고인이 이 사건 도청자료를 공개한 행위는 형법 제20조 소정의 정당행위로서 위법성이 조각되는 경우에 해당하지 아니한다고 할 것이다. 만약 이러한 행위가 정당행위로서 허용된다고 한다면 장차 국가기관 등이 사인 간의 통신이나 대화를 불법 감청·녹음한 후 소기의 목적에 부합하는 자료를 취사선택하여 언론기관 등과 같은 제3자를 통하여 그 내용을 공개하는 상황에 이르더라도 사실상 이를 막을 도리가 없게 된다.

[반대의견]

통신비밀보호법 제16조 1항 2호는 '제1호의 규정에 의하여 지득한 통신 또는 대화의 내용을 공개하거나 누설한 자'를 처벌대상으로 삼으면서 그 공개자가 통신비밀을 어떠한 경로를 통하여 어떠한 방법으로 지득하였는지, 그 통신비밀이 어떠한 내용을 담고 있는지를 불문한다. 이에 의하면, 불법 감청·녹음 등에 관여하지 아니한 언론기관이 그 통신비밀의 내용이 공공의 이해와 관련되어 공중의 정당한 관심의 대상이 된다고 판단하여 이를 보도하는 경우에도 위 조항의 구성요건에 해당하게 된다. 그러나 이와 같은 언론기관의 보도행위가 예외 없이 위 규정에 의한 처벌대상이 된다고 할 경우에는 필연적으로 언론의 자유에 중대한 제약을 가하는 것이 되므로, 여기에서 헌법상 기본권으로 보장되는 통신의 비밀 보호와 언론의 자유 사이의 충돌 문제가 발생한다. 이처럼 헌법상 보장되는 기본권이 서로 충돌하는 경우에는 구체적인 사안에서의 사정을 종합적으로 고려한 이익형량 및 양 기본권 사이의 실제적인 조화를 도모하는 해석 등을 통하여 이를 해결하여야 할 것인바(대법원 2010. 4. 22. 선고 2008다38288 전원합의체 판결 참조), 언론기관의 보도에 의한 통신비밀 공개행위의 정당행위 해당 여부를 판단할 때에는 반드시 이러한 점을 염두에 두어야 한다.…

요컨대 다수의견은 통신의 비밀 보호와 언론의 자유가 서로 충돌하는 지점에서 통신의 비밀 보호에 편향됨으로써 두 기본권이 모두 최대한 실현될 수 있는 조화점이나 경계를 찾는 데 소홀히 하였다고 생각한다.

오늘날 민주주의 사회에서 통신의 비밀 보호가 가지는 헌법적 가치와 기능에 관해서는 다수의견이 잘 설명하고 있는 바와 같다. 한편 언론의 자유는 개인이 언론활동을 통하여 자기의 인격을 형성하는 개인적 가치인 자기실현의 수단임과 동시에 사회구성원으로서의 평등한 배려와 존중을 기본원리로 공생·공존관계를 유지하고 정치적 의사결정에 참여하는 사회적 가치인 자기통치를 실현하는 수단이 되는 핵심적 기본권이다(대법원 2004. 2. 26. 선고 99도5190 판결 등 참조).…

이와 같은 기준에서 피고인 1의 이 사건 보도행위가 정당행위로서 위법성이 조각되는 경우에 해당하는지 여부에 관하여 살펴본다.

먼저, 이 사건 도청자료에 담겨 있던 대화 내용은 주로 공소외 2와 공소외 1 사이에서 논의된 대통령 선거정국의 기류 변화에 따른 여야 대통령후보 진영에 대한 국내 굴지 대기업의 정치자금 지원 문제와 정치인 및 검찰 고위관계자에 대한 이른바 추석 떡값 등의 지원 문제로서, 이를 통하여 위 대기업이 대통령 선거정국에 영향력을 행사하고 그 과정에서 공권력 행사의 일선에 있는 검찰조직에 대한 영향력 강화를 도모하고 있는 것으로 여겨질 수 있는 내용들이다. 대통령중심제를 채택하고 있는 우리 헌법상 대통령 선거는 국민이 자신의 주권을 행사하는 중대한 의미를 갖는 정치행위로서 헌법에서 규정한 선거원칙에 따라 공명·정대하게 치러져야 하고, 모든 형사사건의 최종적·독점적 수사권과 기소권을 행사하는 검찰조직은 국민의 명령에 복종하는 수명자로서 그 누구보다도 법을 준수하여야 하며 그 직무의 염결성이 보장되어야 하는바, 불법적인 방법을 통해 대통령 선거와 검찰조직에 영향력을 미치려는 행태는 민주적 헌정질서의 근간을 해치는 것으로서 매우 중대한 공공의 이익과 관련되어 있다고 할 것이다. 다수의견은 위 대화가 이 사건 보도시점으로부터 약 8년 전에 이루어졌음을 이유로 시의성이 없어 공적 관심의 대상이 아니라고 하나, 그 이후로 재계와 정치권 등의 유착관계를 근절할 법적·제도적 장치가 확립되었다고 보기 어려운 정치 환경이나 위 대화 속에서 정치자금 제공자로 거론된 대기업이 우리 사회에 미치는 영향력 등을 고려하면, 이 사건 도청자료의 공개를 통해 제기된 재계와 언론, 정치권 등의 유착 문제가 단지 과거의 일이라는 이유로 시의성이 없다고 평가절하할 수는 없다.

다음으로, 위 피고인이 공소외 4로부터 이 사건 도청자료를 취득하는 과정에서 어떠한 범죄행위도 자행하지 아니하였음은 명백하다. 구체적인 도청자료 취득과정을 보면, 공소외 4가 먼저 위 피고인에게 접근하여 이 사건 도청자료의 존재를 알리면서 그 중 녹취보고서를 건네주었던 것으로, 위 피고인이 이후 공소외 4에게 녹음테이프의 제공을 요구한 것은 위 녹취보고서의 진정성을 확인하기 위하여 필요한 조치라고 평가할 수 있다. 그리고 위 피고인이 녹음테이프를 건네받는 과정에서 공소외 4에게 취재 사례비조로 돈을 지급하고 장차 추가로 돈을 더 지급하겠다는 의사를 밝히기는 하였으나, 이 사건 도청자료에 담겨진 내용의 중대성이나 이 사건 도청자료를 넘겨주는 데 따르는 위험 등을 고려하면, 이는 취재의 관행을 넘지 않는 수준에서 사례를 한 것으로 봄이 상당하다. 따라서 위 피고인이 이 사건 도청자료를 취득하기 위하여 취했던 일련의 조치들에 선량한 풍속 기타 사회질서에 반하는 것으로 평가할 만한 요소가 개재되어 있다고 볼 수도 없다.

보도 방법의 상당성에 관하여 보면, 위 피고인과 문화방송은 이 사건 도청자료 중 중대한 공공의 이익과 직접적으로 관련된 내용만을 보도하였고 그 외 공공성의 정도가 약한 내용이나 사적인 내용에 대해서는 일체 보도를 하지 아니하였다. 나아가 이들은 이 사건 도청자료를 확보한 뒤 성문분석과 그 출처에 대한 보강취재 등을 통하여 이 사건 도청자료의 진정성 여부 확인을 위한 나름의 조치를 다한 것으로 보이고, 법률자문을 통하여 그 공개에 대한 관계 법령의 검토를 하는 등 보도에도 신중을 기하였던 것으로 평가된다. 보도 과정에서 대화 당사자들이나 그 대화에 등장하는 인물들의 실명이 공개되기는 하였으나, 그 공개된 대화 내용이 갖고 있는 중대한 공공성 및 이들의 사회적 지위 내지 공적 인물로서의 성격을 고려하면, 전체적으로 이 사건 보도행위가 그 방법에 있어서 상당성을 결여하였다고 볼 수 없다.

마지막으로, 이 사건 보도는 국가기관의 조직적인 불법 감청·녹음과 재계와 언론, 정치권 등의 유착관계 실태를 고발하는 것으로서 매우 중대한 공익적 목적을 갖고 있으며, 대화 당사자들은 경제적·사회적으로 지대한 영향력을 행사하는 대기업의 간부 내지 유력 일간지의 사장으로서 공적인 인물들이라 할 것이므로, 사안의 중대성에 비추어 이 사건 도청자료의 공개로 인하여 입게 되는 어느 정도의 인격권의 침해는 감수할 수밖에 없다고 봄이 상당하다. 특히 이 사건 보도 이전에 이미 다른 언론매체를 통하여 대화의 주요 내용이 공개되었을 뿐만 아니라 가처분신청 과정에서 대화 당사자들의 실명까지 공개된 이상 대화 당사자들의 그 비밀 보호에 대한 기대이익도 상당 부분 약화되었다고 볼 수 있다. 이와 같은 사정에다 이 사건 불법 녹음의 주체 및 불법 녹음의 경위, 위 피고인이 이 사건 도청자료를 취득하게 된 과정, 이 사건 보도에 이르게 된 경위와 보도의 목적·방법 등을 종합하여 보면, 이 사건 보도에 의하여 얻어지는 이익과 통신의 비밀이 유지됨으로써 얻어지는 이익을 비교·형량할 때 전자의 이익이 후자의 이익보다 우월하다고 볼 것이다.…

덧붙여 우리는 이 사건 도청자료가 국가기관이 자행한 불법 녹음의 산물임에 주목한다. 국가기관이 조직적으로 불법 감청·녹음 등을 저지른 뒤 그 결과물을 제대로 관리하지 아니한 탓에 함부로 유출되어 언론기관이 이를 위법하지 아니한 방법으로 입수하여 공개하는 경우에는, 단순히 사인이 불법 감청·녹음한 통신비밀을 공개한 경우와는 평가를 달리하여야 한다. 즉, 불법 감청·녹음 등을 자행한 국가가 그것이 불법 감청·녹음 등의 산물이라는 이유로 언론기관의 공개행위를 규제하는 데 한계가 있다고 할 것이다. 물론 그 결과물의 공개로 침해되는 통신비밀의 주체는 국가기관이 아닌 불법 감청·녹음된 통신 또는 대화의 당사자이므로 이들의 통신의 비밀 보호에 대한 이익이 비교·형량의 대상이 되나, 구체적인 이익형량 과정에서 불법 감청·녹음 등의 주체도 그 고려 요소가 됨을 감안하면, 위와 같은 경우 언론의 자유에 대한 제한은 완화될 수 있다고 생각한다.…

6. 이른바 '미투' 운동

미투 운동으로 인생이 뒤바뀐 사람들

여성신문(2018. 10. 24.)

1년 전 배우 알리사 밀라노의 성추행 피해 고백 이후 다양한 분야에서 성폭행·성추행 및 직장 내 괴롭힘에 대한 고백이 이어졌다. 용기 있는 행동으로 미투 운동의 불씨를 당긴 그 여성들은 1년 후 어떤 모습으로 살고 있을까. 지난해 말 올해의 인물로 '침묵을 깬 사람들'(Silence Breaker), 즉 성폭행 및 성희롱 피해 경험을 알린 사람들을 선정했던 시사주간지 타임은 1년 후 최초 고발자들의 현재 모습을 담아 눈길을 끌었다. 이들 중 일부는 직장을 잃었고 또 다른 이들은 피해자 보호를 위한 법안 발의나 지원 활동에 앞장서고 있다. 많은 여성들에게 가해자에 맞선 투쟁은 아직도 진행 중이며 대부분이 그 과정에서 정신적 상처를 입었음을 호소했다.

직원들의 성추행 사건을 묵인한 뉴욕 플라자 호텔을 상대로 한 소송에 참여했던 크리스탈 워싱턴과 다나 루이스는 현재 직장을 떠난 상태다. 이전까지 업무 평가가 좋았던 워싱턴은 소송사건 이후 사소한 트집에 시달렸고 명확한 이유 없이 해고를 당했다. 그는 일터를 잃었지만 가해자는 여전히 그곳에서 일하고 있다. 루이스의 가해자 두 명중 한 명은 해고당했지만 다른 한 명은 2주간의 정직 후 복귀했다. 소송 이후 정신적으로 큰 충격을 받은 그는 현재 의사의 권고에 따라 병가를 내고 요양 중이다.

클로이 다이스트라는 자신의 옛 연인에게 겪은 성적 학대를 고백하는 글을 게재한 후

인생이 180도 바뀌어 버렸다. 그는 상대의 이름을 밝히지 않았지만 네티즌은 그의 옛 연인이 유명 코미디언이자 토크쇼 크리스 하드윅이라는 사실을 알아냈다. 처음에는 클로이를 응원하는 수많은 메시지에 위로를 받았으나 하드윅에 대한 방송국 측의 조사에 참여하지 않기로 선택한 이후 상황은 급변했고 많은 사람들이 그를 거짓말쟁이로 몰아 공격하기 시작했다. 클로이는 가해자 처벌을 원하지도 않고 자신의 경험을 공유함으로써 여성들에게 데이트 폭력의 위험성을 알리고 싶었을 뿐이었지만 여전히 네티즌의 괴롭힘과 협박에 시달리고 있다.

반면에 벤처 투자가 저스틴 칼드벡을 상대로 한 성희롱 고발에 참여한 7명 중 한명인 린지 메이어는 자신의 행동에 대해 자부심을 느끼고 있다. 가해자는 여성들에게 불편함을 주어 미안하다는 간단한 사과로 사건을 무마했고 한동안은 자신의 말을 믿어주지 않는 사람들 때문에 두려웠던 적도 있지만 이제는 안정을 찾고 자신의 회사 경영에 매진하고 있다. 하지만 실리콘 밸리에서 여성 사업가로서의 어려움은 여전하다고 말했다.

미투 운동 이전에 미국 전역을 떠들썩하게 만들었던 여자체조 국가대표팀 팀 닥터 래리 나사르의 성폭행 피해자 중 한명인 제시카 하워드는 2017년 힘든 한 해를 보냈으나 현재는 긍정적인 마음을 되찾고 스포츠와 가톨릭교회의 성폭행 근절에 앞장서는 운동가로 변신했다. 20년간 80명 이상의 10대 체조 선수들을 성폭행해 온 사실이 밝혀진 나사르는 360년 징역형을 받고 복역 중이며 체조협회장은 이 사건에 책임을 지고 사임했다. 하워드는 나사르 사건은 개인의 문제가 아니라 사건을 은폐하려 했던 조직의 문제라며 여성과 아이들의 말에 귀를 기울이는 사회를 만들기 위해 계속 투쟁하겠다고 다짐했다.

7. 해외의 사례

대표적인 사건으로 1971년의 Pentagon Paper 사건을 들 수 있다.[1] Daniel Ellsberg는 국방부 장관이던 Robert McNamara에 대한 보고서 작성을 위하여 베트남 전쟁에 관한 국방부의 비밀서류를 열람하게 되었다. 1971년 6월 13일 뉴욕 타임즈는 이 문서를 공개하였다. 미국 정부는 1917년 간첩행위에 관한 법률(the Espionage Act of 1917)에 따라 정보의 공개는 미국의 이익에 회복할 수 없는 끼칠 수 있다는 있으므로 국가안보를 이유로 연방법원에 제소하여 뉴욕 타임즈가 이 문서를 추가적으로

1) 이 사건에 대하여는 Patricial Bellia, "Wikileaks and the Institutional Framework for National Security Disclosures", 121 Yale L.J. 1448. 참조.

공개하는 것을 막는 소송을 진행하였다. Ellsberg는 관련 서류를 워싱턴 포스트에 주어 공개하도록 하였는데, 미국 정부는 이 문서를 공개하려는 워싱턴 포스트를 상대로도 소송을 진행하였다. 그러나 연방지방법원은 미국 정부의 신청을 모두 기각하였다. 미국 연방법원은 1971년 6월 30일 국가안보를 이유로 사전 검열을 정당화하기 위하여 정부는 무거운 입증의 부담을 진다고 하여 미국 정부의 패소를 선언하였다.[2)]

2010년 7월 폭로 사이트인 Wikileaks는 미군이 아프가니스탄에서 행한 군사 작전에 관한 75,000건의 군사 정보를 공개하였다.[3)] Wikileaks는 이러한 자료를 언론에 공개하여 보도하도록 하였다. Wikileaks는 자신들의 행위를 정부와 기업들의 위법 행위를 바로잡기 위한 행위라고 주장하였다. Wikileaks는 2010년 10월 22일 이라크 전쟁에 관한 390,000 건의 문서를 공개하였다. 공개된 영상에는 미군이 헬기의 오폭 공격으로 로이터 통신의 기자와 민간인들을 살해하는 장면이 포함되어 있었다. 이어 2010년 11월 28일에는 250,000건의 미국의 외교문서를 공개하였다. 이들 문서들은 주요한 신문에 의하여 상세하게 보도되었다.

이러한 폭로는 미군의 정보분석병으로 근무하던 Bradley Manning이 관련 문서들을 Wikileaks에 제공하여 이루어졌다.[4)] Bradley Manning은 간첩죄와 반역죄 등으로 기소되었다. 위 폭로 당시 Wikileaks의 설립자 Julian Assange는 스웨던에 체류하고 있었는데, 스웨던 정부는 성폭행 혐의로 Julian Assange에 대하여 체포영장을 발부하였으나 Julian Assange는 체포를 피하여 영국에 소재한 에콰도르 대사관으로 도피하였다.

---

2) 403 U.S. 713, 714 (1971).

3) Jerome A. Barron, "The Pentagon Papers case and the Wikileaks Controversy: National Security and the First Amendment", 1 Wake Forest J. L & Pol'y 49 참조.

4) Jesselyn Radack & Kathleen Mcclellan, "The Criminalization of Whistleblowing", 2 Am. U. Labor & Emp. L.F. 57. 참조.

해설 및 검토

1. 법률이 고소 및 고발 등 범죄에 대한 신고를 장려하는 규정을 가지고 있음에도 불구하고 일반적으로 정부 기관 내부의 범죄를 제보하는 것이 쉽지 않은 것은 무엇 때문인가?

2. 한국에서 공익 제보가 쟁점이 된 사안에서 공익 제보가 갖는 긍정적 측면과 부정적 측면은 무엇인가?

3. 직장 내의 범죄행위를 목격할 경우에 자신은 어떻게 행동할 것인지에 관하여 이야기 해보자.

제 22 장 진실화해위원회

1. 서 론

독재 또는 내전이 종식된 이후에 가해자의 책임을 추궁하고 사회의 화해를 도모하는 등 과거를 청산하기 위하여 사용되는 사법적, 비사법적 수단을 “과도적 정의(transitional justice)”라고 부른다. 과도적 정의는 가해자의 “책임을 추궁하고 정의를 세우며 화해를 도모하기 위하여 과거의 대규모의 인권침해의 유산과 타협하려는 사회의 시도와 관련된 일련의 과정 또는 장치”로 정의할 수 있다. 과도적 정의의 수단으로는 진실의 조사, 가해자 처벌, 배상, 제도개혁 등을 포함한다. 과도적 정의는 단순히 가해자를 처벌하는데 그치지 않고 대립의 근본 원인과 시민적, 정치적, 경제적, 사회적, 문화적 권리를 포함한 모든 인권침해와 관련된 근본적인 원인을 제거하는 것을 목적으로 하는 것이 보통이다.

국가들의 관행을 보면 과도적 정의의 수단으로 일정한 경우에는 과거의 잔학행위에 책임이 있는 가해자를 사면하는 경우도 있다. 정치적인 과도기에는 구세력과 새로운 세력 사이에서 정치적 타협이 필요하며, 구세력이 순조롭게 퇴진하여 평화가 정착되기 위해서는 구세력이 저지른 범죄에 대한 면책이 필요할 수 있다. 이러한 타협은 심지어 가해자들이 신정부에 참여하는 것을 보장하기도 한다. 이러한 이유로 재판을 하는 경우에도 극소수에 대한 처벌로 그치는 경우가 많으며, 대다수의 가해자는 처벌받지 않을 수 있다.

진실화해위원회는 일반적으로 국가에 의하여 공식적으로 권한을 부여받아 특정한 시기에 발생한 일정한 인권침해사건을 조사하며, 피해자들로부터 직접적, 간접적으로 과거의 상황에 대한 정보를 수집하여 보고서를 발간하는 것을 임무로 한다. 진실화해위원회의 활동결과에 따라 가해자에 대한 형사소추가 이루어지는 일이 없지는 않으나 직접적으로 가해자에 대한 처벌을 목적으로 하지는 않는다. 진실화해위원회의 궁극적인 목적은 과거의 인권침해사실에 대한 기록을 남김으로써 미래에 유사한 인권침해가 재발하는 것을 방지하는 것으로 형사소추를 직접적인 목적으로 하지 않는다는 점에서 재판과 차이가 있다.

정치적 과도기에는 구체제에서 벌어진 인권침해의 가해자들을 재판에 의하여 처벌하지 않고 진실화해위원회를 통하여 진실을 밝힘으로써 구체제와의 화해를 도모하고 평화를 보장하려는 시도가 늘고 있다. 특히, 1990년대 이후 과도적 정의를 실현하는 방법으로 국가마다 진실화해위원회를 설치하는 예가 늘고 있다. 1970년대 이래 현재까지 전세계에서 설치된 다양한 진실화해위원회는 약 40여개국에 이르는 것으로 파악되고 있다. 한국에서도 과거 권위주의 정권의 통치시에 벌어진 인권침해 등을 조사하기 위한 진실화해를 위한 과거사정리위원회와 의문사사건의 진상을 조사하기 위한 의문사진상규명위원회가 활동한 바가 있다.

2. 각국의 예

가. 아르헨티나

아르헨티나는 1976년부터 군부가 정권을 잡아 약 7년 동안 강압적인 통치를 했는데, 이 기간 동안 군부정권은 공산주의자들을 단속한다는 명목으로 반정부인사를 탄압하여 약 10,000명 내지 30,000명의 사람들이 행방불명되었다. 이들은 대부분 체포되어 고문당한 후 살해되었는데, 피해자들의 시신은 암매장되어 가족들은 그 생사도 알지 못하였다. 군사정권은 영국과 벌인 포클랜드 전쟁에서 패한 후 시민사회의 압력에 못 이겨 민간 정부에 권력을 넘겨주었다. 그러나 군사정권의 지도자들은 1983년 민간정부에 정권을 넘겨주기 이전에 스스로 사면령을 선포하고 군사작전과 관련된 모든 문서들을 파괴하는 명령을 내리기도 하였다.

민간정부는 집권 후 바로 군사정권 집권 동안의 실종자를 조사하기 위하여 10명의 위원으로 구성된 실종자위원회(National Commission on the Disappeared)를 설치하였다. 이 위원회는 가해자 및 군대로부터 정보를 얻을 수 있는 권한이 없어서 거듭된 요청에도 불구하고 위원회는 군대로부터 거의 아무런 협력도 얻지 못하였다.

위원회는 공개 진술을 받지는 못하였으나 9개월의 활동기간 동안 약 7,000여건의 진술을 청취하고 9,000명의 실종자를 확인하였다. 불법적으로 구금되었다가 생존한 사람들의 진술을 통하여 고문의 실상을 확인하였다. 위원회는 특히 구금시설을 확인하는데 주력하였다. 이러한 구금시설이 군 또는 경찰의 시설인 경우에는 조사에 방해를 받았다. 위원회는 활동을 종료하면서 보고서를 출간하였는데, 이 보고서는 아르헨티나에서 베스트셀러가 되었다.

민간정부는 군사정권이 스스로에게 부여한 사면을 무효화하였으며, 위원회는 관련 자료들을 검찰에 인계하였다. 위원회가 수집한 증거들은 인권침해에 관련된 군장성들을 기소, 처벌하는데 중요한 역할을 하였다. 하급장교와 병사들은 처벌을 면했으나 고위직 장성들은 유죄판결을 받았다. 군부의 반발은 적지 않아서 메넴 대통령은 1989년에 "더러운 전쟁"의 책임자들을 사면하는 조치를 취하기도 하였다. 그 후 이들 조치는 무효화되었으며, 2001년 아르헨티나 대법원은 사면법이 위헌이라고 판결하였다. 2003년, 아르헨티나 의회는 사면법을 무효화하였으며, 2009년까지 일부 책임자들이 재판에 회부되었다. 재판과정에서 위원회가 수집한 정보와 자료는 절대적으로 중요하였다.

나. 남아프리카 공화국

남아공은 약 45년 동안 인종차별정책을 유지하였으며, 그 동안 아프리카 민족회의(African National Congress, ANC)의 저항운동으로 학살, 살해, 고문, 장기간의 투옥 등 인권침해가 그치지 않았다. 1994년 넬슨 만델라가 대통령으로 당선된 후 진실위원회를 설립하려는 움직임이 본격화되었다. 1995년경에 국가통합 및 화해증진법(The Promotion of National Unity and Reconciliation Act)이 만들어졌으며, 이 법에 따라 17명의 위원으로 구성된 진실화해위원회(Truth and Reconciliation Commission)가 설치되었다. 이 위원회는 1995년에 설치되어 1996년 4월부터 본격적으로 활동에 들어갔는데, 위원회는 사면권, 압수수색권, 증인소환권 등을 보유하여 광범위한 권한을 갖고 있다는 점에서 다른 나라의 진실화해위원회와 비교된다.

남아공의 진실화해위원회는 모범적이라 할 만하다. 위 법은 위원회의 임무와 관련하여 "장래의 인권침해가 재발하는 것을 방지하기 위하여 심각한 인권침해가 발생한 동기와 환경뿐만 아니라 과거의 사건에 관한 진실을 확인"할 필요가 있음을 명시하고 있다. 이러한 남아공의 입장은 과거의 인권침해 사실을 확인하는 것으로 어느 정도 장래의 인권침해행위가 재발하는 것을 막을 수 있다는 전제에 서 있다.

남아공의 위원회는 3개의 소위원회를 두고 있는데, 인권침해위원회(Human Rights Violations Committee)는 피해자와 증인들로부터 진술을 확보하고 대규모의 인권침해의 사실을 기록하는 임무를 갖고 있다. 사면위원회(Amnesty Committee)는 개인의 사면에 관한 청원을 수리하고 심사한다. 배상 및 회복위원회(Reparations and Rehabilitation Committee)는 보상을 위한 방안을 제시하는 임무를 갖고 있다.

위원회는 약 21,000명 이상의 피해자 및 증인들로부터 진술을 청취하였다. 특히 주목할 만한 것은 위원회가 인권침해에 관련된 기관이나 분야에 관하여 특별하게 진술을 청취하는 절차를 진행하였다는 것이다. 그리하여 종교계, 법조계, 기업, 노동계, 언론, 교도소, 군대 등의 분야에서 일어난 인권침해에 대한 진술을 청취하였다.

그러나 위원회는 소환권 및 압수수색권 등 법에 규정된 강력한 권한을 제대로 행사하지 않았으며, 진실을 발견하기보다는 화해를 더 추구한다는 비판을 받았다. 남아공의 위원회에서 가장 특징적인 기능의 하나는 정치적인 이유로 행해진 범죄에 대하여 사면권을 행사하였다는 점이다. 심각한 인권침해의 범죄와 관련하여 사면을 받고자 하는 위원회, 피해자 등이 참여하는 공개된 법정에서 신문에 응해야 했다. 위원회는 4,500건의 사면신청에 대하여 정치적인 동기가 부족하다는 이유로 사면을 거부하였다.

위원회는 과거의 범죄에 관하여 완전히 진실을 고백하고 이것이 정치적인 동기에서 비롯되었다는 것을 입증한 경우에 한하여 사면을 부여하였다. 예를 들어, 가해자가 피해자의 사망이 사고에 기인한 것이라고 주장하는 경우에 그러한 피해자의 사망은 정치적인 동기에서 비롯될 수 없는 것이므로 사면은 거부되었다. 위원회는 행위와 정치적인 동기의 관계, 행위의 비례성 등을 고려하였다. 개인적인 이익이나 원한으로 범죄를 저지른 경우에는 사면이 거부되었다. 예를 들어, 정치적인 기관이나 국가 기관의 묵인이나 승인이 없이 단순히 개인적인 인종차별적인 감정에 기하여 범죄를 저지른 경우에는 사면이 거부되었다. 그러나 사면을 받기 위하여 사과를 하거나 범죄를 반성할 필요는 없었다.

진실에 대한 고백과 사면은 형사처벌을 받을 가능성이 높을 경우에 효과를 발휘할 수 있는 것인데, 몇몇 인사들에 대한 형사처벌이 실패로 돌아가자 진실의 고백과 사면절차를 이용하는 예가 현저히 줄어들었다. 과거 정부 및 군의 지도자들은 진실을 고백하여 사면을 신청하기보다는 형사처벌의 위험을 무릅쓰는 길을 선택하였다.

사면신청자가 모든 관련 사실을 완전하게 공개해야 한다는 요건은 다양한 해석을 낳게 되었다. 신청자가 부정확하게 정보를 밝힌 경우에도 이를 수용한 예가 있으므로 사면을 받은 자가 모두 관련 사실을 완전하게 공개하였는지에 관하여는 다툼이 있다. 그리고 진실화해위원회의 사실조사 능력은 매우 제한적이었으므로 사면 신청자들도 향후 밝혀질 가능성이 있는 사실만을 제한적으로 공개하였다는 비판이 제기된다.

남아공의 위원회의 결정에 대하여 법원이 적법여부를 심사하였다. 즉, 피해자의 유족들이 사면결정의 합헌성에 이의를 제기하는 소송을 남아공의 헌법재판소에 제기한 예가 있다. 헌법재판소는 위원회의 결정이 적법하다고 판단하였지만 위원회의 결정에 대하여 아무런 사법심사를 하지 못하는 다른 나라의 위원회와는 다소 다른 모습을 볼 수 있다. 위원회의 최종보고서를 공개하지 못하도록 하기 위하여 제기된 소송들은 그 목적을 달성하지 못하였다.

최종보고서는 1998년 10월 공개되었는데, 몇 개월 뒤 의회는 보고서를 공식적으로 검토하였다. 남아공에서 인종차별철폐투쟁을 벌였던 아프리카 민족회의(African National Congress, ANC)는 보고서가 해방투쟁의 정당성을 훼손하였다는 이유로 위원회의 결론을 받아들이지 않았으며, 위원회의 권고사항을 이행하겠다는 약속도 하지 않았다.

위원회의 최초의 보고서가 공개된 이후에도 사면위원회는 2001년까지 활동을 지속하였다. 위원회는 피해자 배상을 명단 작성 활동을 계속하여 2003년까지 이에 관한 보고서를 제출하였다. 위원회의 활동을 비교적 성공적이었음에도 불구하고 그 권고사항을 이행하기 위한 정치적인 의지는 부족하였다. 남아공의 대통령은 최종보고서가 나온 후 사면절차에서 사면을 얻지 못한 ANC 구성원들에게 사면을 부여하였다.

다. 칠 레

피노체트는 1973년 칠레에서 군사쿠데타를 일으켜 정권을 장악하고 반대자들을 공산주의자로 몰아 탄압하였다. 약 17년의 집권기간 동안 수많은 사람들이 살해, 실종, 고문, 구금 등의 인권침해를 당하였다. 그는 집권을 연장하는 국민투표에서 패하자 물러났으며 1990년 민간정부가 들어섰다. 그런데 피노체트는 이미 1978년 사면법으로 쿠데타 이후의 인권침해범죄에 대하여 사면을 부여하였다. 그리고 피노체트는 1980년의 헌법개정으로 1998년까지 군최고사령관의 지위를 갖게 되었으며, 그 이후에도 종신 상원의원의 지위를 보장받았다.

칠레의 민간정부는 사면법을 무효화하는 조치를 취하지 않고, 진실화해위원회(National Commission on Truth and Reconciliation)를 설립하여 과거의 인권침해를 조사하기로 하였다. 위원회는 과거 피노체트를 지지했던 4인과 이에 반대했던 4인으로 구성되었다. 이러한 구성은 최종보고서가 공개되었을 때 매우 설득력을 발휘하였다.

칠레의 위원회의 임무는 정부기관이나 개인이 정치적인 이유로 저지른 강제실종, 처형, 고문으로 인한 사망을 조사하는 것이었다. 고문이 있었지만 피해자가 사망하지 않은 경우는 조사대상에서 제외되었다.

보고서는 1991년 2월에 공개되었다. 아윌린 대통령은 피해자들에게 용서와 화해를 구하고, 군대에게는 과거의 잘못을 인정하라고 요구하였다. 그러나 피노체트는 위원회의 결론에 동의하지 않는다는 성명을 발표하고, 군대가 조국의 자유와 주권을 수호하였다고 주장하였다.

위원회의 보고서가 공개된 후 화해를 위한 움직임이 있었으나 피노체트측 인사들에 대한 공격이 발생한 후 그러한 움직임은 중단되었다. 그러나 사망자 및 실종자를 위한 배상을 위하여 위원회가 설치되었다. 1998년 피노체트가 런던에서 체포된 이후 칠레에서 과거의 인권침해를 바로잡기 위한 노력이 활기를 띠게 되었다. 위원회의 보고서를 기초로 하여 가해자들을 상대로 한 수 백 건의 기소가 이루어졌으며, 적지 않은 가해자들이 유죄판결을 받았다.

칠레 정부는 종전의 위원회의 활동에서 제외된 고문에 대하여 조사하기 위하여 2003년 위원회(National Commission on Political Imprisonment and Torture)를 설치하였다. 이 위원회의 임무는 1973년부터 1990년까지 군사통치 시기에 불법적으로 구금되고, 정치적인 이유로 고문을 받은 사람들을 확인하는 것이었다. 위원회는 2004년 공개된 보고서에서 고문이 국가의 정책이었음을 지적하였으며 28,549건의 정치적 투옥이 있었음을 밝혀냈다. 그러나 위원회는 가해자들의 이름은 공개하지 않았으며, 관련 정보를 검찰에 제공하지도 않았다. 그러나 위원회의 활동으로 인하여 군부는 고문에 대한 책임을 인정하였으며, 고문의 피해자들은 피해배상의 일환으로 연금을 수령하게 되었다.

라. 페 루

페루는 1980년대 이후 정부군과 반군 사이의 내전으로 즉결처형, 강제실종, 고문을 비롯한 인권침해가 계속되었다. 그러다가 2000년에 후지모리 대통령이 부패혐의로 물러난 이후 과거의 인권침해의 가해자에 대한 책임을 묻고자 하는 움직임이 생기게 되었다. 그리하여 페루 정부는 2001년 7월 진실위원회(Truth Commission)를 설립하였으며, 이는 나중에 진실화해위원회(Truth and Reconciliation Commission)로 명칭이 변경되었다. 이 위원회의 임무는 1980년 5월부터 2000년 11월까지 국가 및 테러단체에 의한 인권침해 및 인도법위반의 사례를 조사하는 것이었다. 위원회는 폭력의 원인을 조사하고 배상안을 마련하며 개혁 조치들을 권고하는 임무도 가지고 있었다.

위원회는 24개월 동안 활동하였는데, 그 기간 동안 위원회는 국제적십자사 등과 협력으로 실종자들을 찾기 위한 노력을 하였다. 위원회는 2003년 8월에 최종보고서를 제출하였다. 보고서는 정부군과 반군의 대립으로 약 69,280명의 사람이 죽거나 실종되었으며, 그 피해자의 대부분은 원주민이었다는 사실을 확인하였다. 그리고 정부군 및 반군이 모두 피해자들의 사망과 실종에 책임이 있음을 확인하였다. 그리고 위원회는 페루 전체에서 약 4,600여 곳의 비밀매장지를 확인하였다. 위원회는 배상을 위한 계획도 수립하였다.

위원회는 최종보고서를 대통령에게 제출하였으며 가장 피해가 심하였던 지역에서 대중에게 공개하였다. 위원회는 가장 심각한 범죄를 저지른 가해자들을 형사처벌할 것을 권고하는 비밀보고서를 제출하였다. 위원회의 활동 및 보고서에 대하여는 반발이 적지 않았다. 대부분은 위원회의 활동이 테러리스트들의 활동을 옹호한다는 비난이었다. 그리하여 위원회는 상당히 조심스럽게 최종적인 결론에 접근하였으며, 위원회의 활동을 연장하는 데에 상당한 제약을 받았다. 위원회의 활동에 대한 군장교들의 반발은 노골적이어서 위원으로 선임된 군장교도 위원회의 결론을 비난하는 성명에 동참하였다.

위원회의 권고에 따라 피해자 배상을 위한 조치가 시행된 것은 큰 진전이었다. 2004년 대통령령으로 피해배상을 위한 기구가 설치되었다. 그리고 의회에도 위원회의 권고사항을 이행하기 위한 위원회가 설치되었다. 진실위원회는 그 동안 축척한 자료들을 인권 옴부즈만 사무소에 이관하였으며 인권 옴부즈만 사무소는 이를 모아 기록원을 개관하였다. 2006년에는 관련 정부 부처들의 협력으로 실종자들을 발굴하기 위한 논의가 시작되었다. 2005년 가해자들을 처벌하기 위한 재판이 시작되었다. 페루의 헌법재판소는 진실에 관한 권리를 인정하면서 실종자들과 관련된 범죄에 대하여는 공소시효가 적용되지 않는다고 판단하였다. 2005년에는 인권침해를 이유로 후지모리 대통령에 대한 재판이 개시되어 2009년 유죄판결이 선고되었다.

마. 동티모르

동티모르는 1974년부터 1999년까지 약 24년 동안 인도네시아의 점령을 받았다. 동티모르는 1999년 국민투표를 통하여 독립을 인정받았다. 동티모르의 독립이 결정된 직후 독립을 반대하여 인도네시아의 일부로 남기를 원하는 민병대들이 마을을 불태우고 시민들을 학살하였다.

동티모르는 국민투표를 통하여 독립을 결정하고 정부를 수립하는 과도기 동안 유엔의 관리를 받았다. 그 과정에서 인도네시아의 강점기 동안에 발생한 인권침해의 진실을 확인하고 화해를 도모하기 위하여 2001년 용서, 진실 및 화해위원회(Commission for Reception, Truth and Reconciliation)가 설치되었다. 위원회는 증인소환권, 경찰의 협조를 얻을 권한, 압수 및 수색권을 부여받았으며, 2년의 활동기간을 인정받았다. 위원회는 수천건의 진술을 청취하였으며, 전국적으로 공개적으로 진술을 청취하고 화해를 위한 모임을 열었다. 위원회의 직원들은 자국민들이었으나 법적인 조언을 위하여 일부 외국인들도 고문으로 참여하였다.

위원회는 다소 가벼운 범죄를 저지른 사람들이 범죄를 시인하고 사과하면 귀환을 허용하는 화해절차를 운용하였다. 그러나 살인, 성범죄를 저지르거나 폭력범죄를 조직, 사주하거나 심각한 범죄를 저지른 사람은 이러한 화해절차를 이용할 수 없었다.

위원회의 보고서는 2006년에 공개되었다. 위원회는 1974년부터 1999년까지 24년의 인도네시아 점령기간 동안 102,800명의 티모르인이 사망한 사실을 확인하였다. 위원회는 인도네시아 정부군이 인도에 반한 범죄 및 전쟁범죄에 준하는 인권침해행위이며, 이러한 인권침해행위가 광범위하고 체계적으로 저질러졌음을 확인하였다. 보고서는 인도네시아군이 동티모르의 독립에 동조하는 사람들에게 자의적인 처형, 심각한 고문을 일상적으로 저질렀다고 하였다. 위원회는 국민투표에 의하여 동티모르의 독립이 결정된 직후 독립에 반대하는 민병대들이 저지른 1999년의 인권침해행위는 인도네시아 정부의 고위층에 의하여 사주되었다고 하였다. 나아가 위원회의 보고서는 동티모르에서 광범위한 인권침해행위가 벌어지는 동안 동티모르에 관할권을 가진 인도네시아의 군지휘자들의 직위와 이름을 구체적으로 적시하였다. 그러나 동티모르에서 벌어진 인권침해행위의 가해자에 대한 형사처벌은 대체로 이루어지지 못하였다.

3. 진실화해위원회의 필요성, 구성, 기능과 활동

가. 위원회의 필요성

첫째, 내전을 겪은 사회에서는 가해자를 처벌할 만한 대중적인 지지나 법적인 장치 또는 조건들이 결여되어 있다는 점을 들 수 있다. 허약한 신생 정부가 아직도 강력한 힘을 보유한 가해자들을 처벌하는 것은 쉽지 않다. 많은 경우에 가해자들은 군대나 경찰의 고위층인 경우가 많아서 처벌의 위협을 느끼는 경우에 새로운 정부를 전복할 가능성도 없지 않다. 둘째, 내전 당사자들의 화해를 통하여 적대행위가 종식된 경우에는 인권침해의 가해자에 대한 처벌이 평화를 파괴할 가능성이 있다. 내전 당사자들이 사면조항이 포함된 평화협정에 합의한 경우에 사후에 사면조항의 효력을 부인하기는 쉽지 않을 것이다. 내전을 종식시킨 평화협정의 사면조항을 부인하는 경우에 내전이 재발할 가능성도 존재한다. 셋째, 내전을 겪은 후의 정부는 많은 경우에 공정하고 신속한 재판을 수행하기에는 사법체제가 상당히 허약하고 전문가도 부족한 것이 현실이다. 사법부 자체가 인권침해의 공범인 경우가 많아서 재판을 통한 가해자처벌이 의도한 바대로 되지 않을 가능성도 많다. 가해자들이 형식적인 재판을 통하여 오히려 면죄부를 받을 가능성도 없지 않다. 넷째, 물리적으로 모든 가해자를 처벌하는 것이 불가능할 수도 있다. 오랜 기간 동안 광범위한 인권침해가 발생한 경우에 모든 관련자들을 찾아내어 처벌하는 것은 어려울 것이다. 따라서 일부의 가해자만을 찾아내어 처벌하는 것은 적당하지 않으므로 모든 가해자들을 사면하는 것이 필요할 수 있다.

위와 같은 이유로 일정한 경우에는 인권침해의 가해자들을 처벌하는 것은 바람직하지 않으며, 오히려 적극적으로 사면할 필요가 있다는 주장이 제기된다. 가해자에 대한 명시적 또는 묵시적인 사면이 필요하다는 입장에서도 과거의 인권침해사실에 대한 진실이나 사실의 확인도 없이 가해자들을 전면적으로 사면해야 한다는 주장은 찾기 힘들다. 적어도 과거의 인권침해사실에 대한 조사는 이루어져야 한다고 주장하는 것이 보통이다. 가해자에 대한 형사처벌을 시도함으로써 평화를 깨고 가해자들이 진실을 은폐하도록 하는 것보다는 진실고백을 유도하여 진실을 밝히는 것이 사회의 평화와 화해를 위하여 바람직하며, 이를 위하여 진실화해위원회가 적합할 수 있다는 것이다.

나. 위원회의 구성

진실화해위원회는 억압적인 정권에 의한 인권침해를 겪거나 내전을 겪은 사회에서 서로 대립하는 세력이 다른 구세력을 완전히 압도하는 경우가 아니라 양 세력이 어느 정도의 수준에서 타협하거나 구체제의 세력이 아직도 영향력을 갖는 경우에 설치된다. 다시 말하면 위원회의 설치는 제도의 장단점에 대한 이론적인 분석의 결과물이 아니라 사회 내부의 각 세력 사이의 일종의 타협의 결과물이다. 억압적인 정권에 의한 인권침해의 경우에는 새로운 세력과 종전의 세력이, 내전과정의 인권침해의 경우에는 내전에 참여한 각 세력 사이에서 일종의 타협이 이루어지며, 이 과정에서 위원회가 설치되는 것이다.

위원회는 보통 여러 명의 위원들로 구성되며, 이들은 대통령 또는 의회의 관여 아래 임명된다. 위원회의 임무 및 권한은 매우 다양하다. 극히 제한적인 경우도 있으며 상당히 광범위할 수도 있다. 위원회의 권한이 강력한 경우에는 증인 등을 소환하거나 구속력이 있는 권고를 할 수도 있다. 가해자를 특정하거나 개인에 대한 처벌 또는 사면을 권고하는 경우도 있다. 남아공의 위원회는 사면권, 압수·수색권, 증인소환권, 증인보호프로그램 등을 가지고 있어서 상당히 강력한 권한을 가지고 있으나 위원회의 권한이 약한 경우에는 권고를 할 권한조차 없는 경우가 있다.

남아공의 진실화해위원회에서 알 수 있는 것처럼 위원회의 임무는 제한적인 경우가 보통이다. 즉, 남아공의 위원회는 인종차별 기간 동안의 인권침해행위를 조사하는 임무를 부여받았지만 인종차별자체를 조사할 권한은 갖지 않았다. 사실조사의 대상을 구체적인 인권침해행위 및 인종차별 정권 아래서의 법률에 위반하여 인권침해범죄를 저지른 사람들로 한정하고, 인종차별적인 법률 자체나 이를 집행한 사람들에 대하여는 조사의 범위에서 제외하였다. 이는 과도적 정의의 관점에서는 어느 정도 타당성을 인정받을 수 있을 것이다.

다. 위원회의 기능과 활동

(1) 사실조사

진실화해위원회의 임무는 위원회의 설립 근거가 되는 법률, 대통령의 명령, 내전을 종식하는 평화협정 등에 규정되어 있는 것이 보통이다. 이러한 근거법령 등은 조사대상이 되는 문제, 활동범위, 활동시한 등을 규정하여 위원회가 법적인 근거에 기초하여 활동하게 해주는 바탕이 되기도 하지만 다른 한편으로는 위원회의 활동을 제약하는 요인으로 작용하기도 한다. 대부분의 진실화해위원회는 수사 및 기소의 권한을 갖지 않는 단순한 사실조사의 기능만을 갖는 것이 보통이다. 다만, 위원회의 임무에 포함되는 사실조사의 대상은 인권침해의 구체적 사실만이 아니라 인권침해의 역사적 배경 등을 포함하는 다양한 내용을 담을 수 있다. 위원회는 특정한 무력충돌 또는 정권에서의 인권침해를 조사하는 경우가 일반적이나 일부의 위원회는 보다 광범위하게 사실조사를 하는 경우도 있다.

대부분의 위원회가 수사 및 기소의 권한을 갖지 않기 때문에 대부분 범죄행위에 해당하는 고문, 집단학살 등의 사실을 조사하는데 상당한 제한을 받는 것이 사실이지만 그러한 기능을 갖는 것만으로도 상당한 성과를 거두는 경우가 적지 않다. 예를 들어, 과테말라의 역사규명위원회(Commission for Historical Clarification)는 1980년대 및 1990년대에 우익정권과 좌익반군 사이에 벌어진 내전과정에서 발생한 인권침해행위를 조사하기 위하여 설립되었는데, 위원회는 최종보고서에서 42,000명의 사망자 및 실종자를 확인하였으며, 626건의 집단학살이 발생하였다는 사실을 확인하였다.

진실화해위원회의 활동이 가해자에 대한 수사 및 재판을 촉진하는 경우가 없지 않다. 아르헨티나에서는 군부정권이 민간정부에 정권을 이양하기 이전에 공포한 사면법이 민간정부에 의하여 무효화되고, 가해자들에 대한 형사재판이 개시되었는데, 이 과정에서 위원회가 수집한 증거들은 검사에게 제출되어 중요한 증거자료로 사용되었다.

(2) 사면의 부여

일부의 국가에서는 진실화해위원회가 사실조사의 기능과 함께 가해자에 대하여 사면을 부여할 권한을 갖기도 한다. 남아공의 위원회는 1960년부터 1994년 4월까지 정치적인 동기로 저질러진 범죄에 대하여 개별적인 사면을 부여할 권한을 가지고 있었다. 이 점에서 남아공의 위원회는 다른 진실화해위원회와는 다른 특징을 보여준다. 남아공의 진실화해위원회 안에 설치된 사면위원회(Amnesty Committee)는 가해자가 과거의 인종차별시기에 저지른 모든 관련 사실을 완전하게 밝히고 그 행위가 정치적인 목적과 관련이 있다는 것을 입증한 경우에는 사면을 부여할 권한을 행사하였다. 위원회는 7,115건의 사면신청을 받았으며 그 중 약 4,500건에 대하여는 정치적인 동기에 의한 범죄가 아니라는 이유로 사면을 거부하였다.

남아공의 위원회에서 가해자가 사면을 받기 위해서는 "모든 관련 사실의 완전한 공개(full disclosure of all relevant facts)"가 필요하다. 사면은 과거의 범죄에 대하여 완전히 밝히고 그 범죄가 정치적인 동기에 기인한 것이라는 점을 입증한 사람에게만 부여되었다. 남아공에서는 최종적으로 1,167명에게 사면이 부여되었으며, 145명에게는 부분적인 사면이 인정되었다.

일부 위원회들은 처음부터 사면이 이미 결정된 이후에 활동에 들어간다. 시에라리온이 그러하다. 시에라리온에서는 정부군과 반군 사이의 내전이 종식된 이후 1999년 7월 체결된 Lome Accord에 의하면 1991년 이후의 모든 전투원들의 행위에 대하여는 완전하고 무조적적인 전면 사면이 인정되었다. 엘살바도르에서는 위원회의 보고서가 공개된 이후에 사면이 결정되었다. 엘살바도르에서는 진실위원회의 보고서가 공개된 직후, 대통령이 위원회의 보고서가 과거를 용서하고 잊고자 하는 대다수의 염원에 부응하지 않았다고 지적하면서 사면조치를 취하였다. 이 사면조치에는 정치적인 범죄 이외에 인권침해에 묵시적으로 관여한 사법부의 책임도 면제하는 광범위한 것이었다. 나아가 가해자의 민, 형사상의 책임도 면제하였다.

진실화해위원회가 직접적으로 사면을 부여할 권한은 없지만 사면을 권고할 권한을 공식적으로 인정받는 경우도 있다. 인도네시아에 설립된 진실우호위원회는 그 설립의 근거가 된 법령에서 미리 심각한 범죄에 대하여도 사면을 권고할 권한을 미리 부여받았다.

(3) 피해배상, 화해, 법의 지배를 위한 정책권고

진실화해위원회의 한 가지 장점은 사실조사를 마친 후 다양한 권고를 할 수 있다는 점이다. 수사기관에 의한 조사는 기소와 처벌을 목적으로 한다는 점에서 그 목표가 단일하지만 진실화해위원회는 다양한 권고기능을 갖는 것이 보통이다. 진실화해위원회는 개별적인 인권침해의 구체적인 사실을 조사하기 보다는 광범위하고 포괄적인 인권침해의 양상이나 범위 등을 조사하므로 과도적 정의의 실현을 위한 정책적 권고기능을 수행하는 것이 필요하다고 볼 수 있다. 진실화해위원회가 하는 권고에는 피해자에 대한 배상, 가해자의 처벌, 가해자의 사면, 제도의 개혁 등 다양하다.

2009년 모리셔스에 설치된 진실정의위원회는 수백 년 전의 식민시기 및 그 이후의 노예제도 및 노예에 준하는 강제노동의 역사에 관한 자료와 이것이 후손들에게 미친 영향에 관한 증거를 수집하기 위하여 설치되었다. 그 과정에서 토지수탈의 사례에 관한 자료를 수집하는 것도 위원회의 임무의 하나였다. 위원회는 이러한 조사결과를 바탕으로 정부에 대하여 적절한 권고를 행하는 임무를 부여받았다.

동티모르에서는 인권침해의 결과로 심각한 부상을 입은 사람들에게 일정한 금액이 지급되었다. 이 보상제도는 세계은행이 취약계층을 보조하기 위한 제도의 일환으로 마련된 것으로 NGO들과의 협력을 통하여 집행되었다. 피해자들은 심리적인 치유 프로그램에도 참가할 수 있었다.

4. 진실화해위원회의 한계

가. 책임자의 처벌없는 화해와 평화가 가능한가?

화해는 가해자가 진실을 밝히고 뉘우치거나 가해자에 대한 처벌이 이루어질 때 비로소 이루어질 수 있다. 그러나 오랜 기간 동안 억압적인 정권의 통치를 받거나 내전을 겪은 사회에서 진실화해위원회를 통한 진실의 발견이나 화해는 매우 어려운 것이 사실이다. 그 이유로는 여러 가지를 들 수 있다. 첫째, 대부분의 진실화해위원회는 압수, 수색, 증인소환 등 강제수사의 권한이 결여되어 있는 경우가 대부분이다. 위원회가 진실을 발견하는데 근본적인 한계가 있는 것이다. 진실이 발견되지 않으면 진정한 화해는 불가능하다. 둘째, 군대, 경찰 등 구체제를 유지하였던 기관이 여전히 그 힘을 유지하는 경우가 많아서 진실화해위원회가 철저하게 과거의 진실을 밝히는 것을 꺼리는 경우가 많다. 남아프리카 공화국에서도 위원회는 법적으로 보장된 압수, 수색권 등 강제력을 충분하지 이용하지 않았으며, 진실의 발견보다는 화해를 우선한다는 비판을 받았다. 셋째, 과거의 인권침해의 증거들이 대부분 폐기되었거나 군대, 경찰 등의 비협조로 증거를 얻지 못하는 경우가 많다. 남아프리카 공화국에서도 위원회는 국방부로부터 관련 증거를 얻는데 많은 어려움을 겪었다. 그러므로 진실화해위원회에 의한 사실조사로 평화 및 화해를 얻을 수 있다는 전제는 전제에서 많은 문제가 있다. 위원회의 활동으로 평화와 화해가 달성될 수 있다기보다는 그 사회가 가해자를 처벌할 사회적 여건이 성숙되지 않아 처벌이 어려운 경우가 더욱 많은 것이다.

진실화해위원회의 한계 중의 하나는 군대, 경찰 등 종전의 인권침해의 책임자들이 아직도 권력을 유지하고 있는 국가에서 형사책임을 회피하기 위한 수단으로 이용되는 경향이 있다는 점이다. 그러므로 과도적 정의의 시기에 각국에서 정부군과 반군 사이의 평화협정을 주선하고 그 서명에 참여하였던 유엔의 특사들은 일반적으로 전쟁범죄, 집단학살, 인도에 반한 범죄 등에 관한 광범위한 사면을 인정하지 않는다는 점을 분명히 하였다.

나. 진실에 관한 권리의 침해

모든 사람은 대규모의 인권침해 등 심각한 범죄에 관한 과거의 사실 및 그러한 범죄가 저질러진 정황에 관한 진실을 알 권리를 가지고 있다. 그리고 국가는 이러한 진실에 관한 권리를 보장할 의무가 있다. 진실에 관한 권리는 근본적인 권리로 훼손할 수 없는 권리로 인식되고 있다. 인권침해의 피해자 및 그 가족들이 가지는 진실에 관한 권리는 최근에 더욱 중요해지고 있는데, 이 개념은 원래 국제인도법상 무력충돌과정에서 가족을 잃은 희생자들이 가족의 행방을 알 권리와 실종자를 찾아야 할 무력충돌 당사국의 의무에 바탕을 두고 있다. 1949년 제네바 협약 추가의정서 제32조는 강제실종의 피해자를 포함한 실종자의 가족이 가지는 진실의 권리를 규정하고 있는데, 국제적십자사는 진실에 관한 권리가 국제적, 비국제적 무력충돌에 적용되는 관습국제법상의 규범이라고 하고 있다. 이에 의하면 무력충돌의 당사자는 무력충돌로 인한 실종자에 관한 정보를 가족에게 제공할 의무가 있다.

피해자의 진실에 관한 권리는 인권을 보장할 국가의 의무와 직접적으로 관련된다. 피해자는 피해배상, 철저하고 실효적인 조사, 가해자처벌 및 조사과정의 참여

등을 요구할 권리가 있으며, 국가는 이를 보장할 의무가 있다. 그 결과, 인권침해의 가해자에 대한 조사와 처벌을 제한하는 사면 및 기타 조치는 진실에 관한 권리를 침해하는 것이 된다. 만일 진실화해위원회의 형식적이고 피상적인 사실조사활동 이후에 가해자에게 사면이 내려지는 경우에 진실화해위원회의 활동이 오히려 피해자의 진실의 권리를 침해하는 결과가 될 수 있다.

5. 한국의 진실·화해를 위한 과거사정리위원회

한국도 군부에 의한 두 번의 군사쿠데타가 있었으며, 이들의 집권기간 동안 수많은 인권침해가 발생하였지만 그 책임자들의 책임을 제대로 추궁하였다고 보기는 어렵다. 다만, 1979년 신군부가 일으킨 군사쿠데타에 대하여만 형식적인 처벌이 이루어진 바가 있다. 1979년 12월 12일 군사쿠데타를 일으켜 정권을 탈취한 전두환 등 신군부는 1980년 5월 광주에서 민주화를 요구하는 다수의 시민들을 살상하였다. 김영삼 대통령이 취임한 이후 이들에 대한 처벌 여론이 높아졌다. 그러나 검찰은 성공한 쿠데타는 처벌할 수 없다는 논리로 관련자들을 기소하지 않았다. 우여곡절 끝에 기소가 이루어졌으며, 대법원은 1997년 4월 17일 이들에 대하여 반란 및 내란 등의 혐의로 유죄를 확정하였다. 전두환은 무기징역, 노태우는 징역 17년, 기타의 참여자들에게도 징역형이 확정되었다. 그러나 1997년 이들은 국민화합을 이유로 사면되었다.

인권침해 사건에 대하여는 특별법을 통한 진상조사 및 법원에 의한 재심 등을 통한 개별적인 구제가 이루어졌으며, 가해자에 대한 처벌은 거의 이루어지지 않았다. 한국에서도 진실화해위원회에 의한 과거사정리방식이 채택되었다고 볼 수 있다.

한국에서는 진실화해를 위한 과거사정리기본법에 따라 2005년 12월 1일 진실화해를 위한 과거사정리위원회가 출범하였다. 이 위원회는 일제 강점기의 항일독립운동, 한국전쟁 전후의 민간인 집단 희생사건, 권위주의 통치시의 헌정질서 파괴행위 등 위법 또는 현저히 부당한 공권력의 행사로 인하여 발생한 인권침해사건과 조작의혹사건 등의 진실을 규명할 권한을 부여받았다.

희생자, 피해자 및 그 유족이나 이들과 친족관계에 있는 자나 진실규명사건에 관하여 특별한 사실을 알고 있는 자는 위원회에 진상규명을 신청할 수 있다. 위원회는 조사대상자 및 참고인에 대한 진술서 제출요구, 출석요구 및 진술청취, 관련자 등에 대한 자료 또는 물건의 제출요구, 사실 또는 정보에 대한 조회, 감정의뢰, 실지조사 등의 방법으로 조사를 실시할 수 있다. 그 외에 출석요구를 받은 자가 출석요구에 응하지 아니하는 때에는 동행명령장을 발부할 수 있다.

위원회는 4년간 존속하며 2년의 범위 내에서 조사기간을 연장할 수 있다. 위원회는 활동이 최종 종료되는 경우에 종합보고서를 작성하여 대통령과 국회에 보고하여야 한다. 종합보고서에는 피해자 등의 명예를 회복하기 위하여 국가가 하여야 할 조치, 재발방지를 위하여 필요한 조치, 화해조치에 관한 사항 등에 대한 권고를 포함하여야 한다. 국가는 진실규명사건 피해자의 피해 및 명예의 회복을 위하여 노력하여야 하고, 가해자에 대하여 적절한 법적, 정치적 화해조치를 취하여야 하며, 국민 화해와 통합을 위하여 필요한 조치를 취하여야 한다.

위원회는 2010년 6월 30일 4년 2개월 동안의 조사활동을 마무리하고 활동을 종료하였으며, 2010년 12월 대통령과 국회에 보고서를 제출하고, 같은 해 12월 31일 해산하였다. 위원회는 이 기간 동안 총 11,175건을 처리하였는데, 이 중에 8,206건이 한국전쟁 기간 중의 민간인집단희생 사건이었다. 위원회의 진실규명활동으로 민족일보 조용수 사건, 간첩조작 사건 등 권위주의 통치시의 인권침해사건들의 피해자들이 이 법원의 재심을 통하여 무죄판결을 선고받았다. 위와 같이 과거의 인권침해사건들이 일차적으로 위원회를 통하여 사실관계가 확인되고 나아가 법원에 의하여 피해자가 구제를 받는 방식은 매우 유용한 것으로 보인다.

한국의 과거사위원회(과거사위원회종합보고서Ⅰ, 207 및 208쪽 중)

의문사진상규명위원회 (1기, 2000)	국가사과, 유족 피해보상, 기념사업, 국가보안법폐지, 수용자 인권보호, 군수사기관 독립, 군의문사 조사기구 설립, 인권교육, 가해자 처벌 및 공소시효 배제, 진상규명 계속 등 권고	
의문사진상규명위원회 (2기, 2003)	반인권적 범죄의 공소시효 배제, 배상청구권 소멸시효 배제, 민주화운동 관련자 유죄판결 무효 등 권고	
제주 4·3사건진상규명 및 희생자명예회복위원회 (2000)	정부의 사과와 추모기념일 지정, 추가 진상규명, 기업사업, 평화공원조성, 생계비지원, 유해 발굴 등 권고	제주 4·3사건 진상보고서 작성
국방부과거사위원회 (2005)	피해구제, 국방부 사과, 광주민주화운동 헌법 수록, 군 인권교육 등 권고	
국정원과거사건진실규명을 통한 발전위원회(2004)	과거 사건 유감표시, 정치적 중립성 유지, 자료 공개, 진상규명, 피해자구제 등 권고	
경찰청과거사진상규명위원회(2004)	경찰인권의식혁신, 경찰의 정치적 중립 확립 등 권고	백서 발간

해설 및 검토

1. 과거의 인권침해행위에 대한 책임자를 처벌할 경우의 긍정적 측면과 부정적 측면은 무엇인가?

2. 인권침해의 가해자가 처벌을 받거나 반성하지 않는 상황에서 가해자와 피해자 사이에 화해가 가능할 수 있는가?

3. 남북한이 평화적으로 통일을 이룩한 경우에 북한의 인권침해에 책임이 있는 자들을 사면하는 것이 바람직한가 아니면 처벌해야 하는가?

판례색인

【국내판례】

【해외판례】

저자 약력

▣ 오 승 진

- 서울대학교 법과대학 졸업
- 코넬대학교 로스쿨 법학석사(LLM) 및 법학박사(JSD)
- 제28회 사법시험 합격 및 사법 연수원 18기 수료
- 육군 법무관 전역
- 한국변호사 및 뉴욕주 변호사
- 대한국제법학회 연구이사, 국제이사 및 부회장 역임
- 단국대학교 법과대학 교수(국제법 담당)

- 국제법, 국제인권법에 관한 논문 다수

[제3판] 인권법 강의

저 자	오 승 진	2014년 8월 29일 초 판 발행
발행인	양 진 수	2017년 2월 28일 제2판 발행
발행처	진 원 사	2021년 2월 22일 제3판 인쇄
		2021년 3월 4일 제3판 발행

서울시 송파구 법원로 9길 26, C동 1107호 (문정동, H비즈니스파크)
전화 : 02) 916 - 1850 / 팩스 : 02) 916 - 3442
신고번호 제 2018 - 000026호
http://www.jinwonsa.co.kr
http://www.lawbookstore.co.kr
e-mail : hhansin@hanmail.net

ISBN : 978-89-6346-584-5 93360 **정가 28,000원**